Von Verteidigung zu kollektiver Sicherheit

Kölner Schriften zu Recht und Staat

Herausgegeben von
Prof. Dr. Hartmut Schiedermair und
Prof. Dr. Bernhard Kempen

Band 19

PETER LANG
Frankfurt am Main · Berlin · Bern · Bruxelles · New York · Oxford · Wien

GUNTER WARG

Von Verteidigung zu kollektiver Sicherheit

Der Nato-Vertrag *auf Rädern*

PETER LANG
Europäischer Verlag der Wissenschaften

Bibliografische Information Der Deutschen Bibliothek
Die Deutsche Bibliothek verzeichnet diese Publikation in der Deutschen Nationalbibliografie; detaillierte bibliografische Daten sind im Internet über <http://dnb.ddb.de> abrufbar.

Zugl.: Mainz, Univ., Diss., 2002

D 77
ISSN 1433-0253
ISBN 3-631-50271-0
US-ISBN 0-8204-6077-X

www.peterlang.de

Psalm 100

Vorwort

Der Fachbereich Rechts- und Wirtschaftswissenschaften der Johannes-Gutenberg-Universität Mainz hat die vorliegende Arbeit im Sommersemester 2002 als Dissertation angenommen.

Sie wurde im wesentlichen während meiner Zeit am Institut für Völkerrecht der Universität Göttingen in den Jahren 1999 und 2000 angefertigt; die Beobachtungen zur Staatenpraxis befinden sich daher auf dem Stand von März 2000. Die Literatur konnte teilweise noch bis zum Frühsommer 2002 berücksichtigt werden.

Sehr herzlich danken möchte ich meinem Doktorvater, Herrn Univ.-Prof. Dr. UDO FINK, danken. Er hat nicht nur das interessante und facettenreiche Thema des völkerrechtlichen Vertrages „auf Rädern" angeregt und die Anfertigung der Arbeit umsichtig betreut, sondern mir während meiner Tätigkeit an seinem Lehrstuhl durch seinen kooperativen und freundschaftlichen Führungsstil auch einen erheblichen fachlichen Freiraum gewährt, der mich sehr gerne an diese Zeit zurückdenken lässt.

Ebenfalls danken möchte ich Herrn Univ.-Prof. Dr. DIETER DÖRR für die rasche Erstellung des Zweitgutachtens.

Die Arbeit beschäftigt sich mit den völkerrechtlichen und verfassungsrechtlichen Auswirkungen einer dynamischen Vertragsauslegung, die sich inhaltlich als Vertragsfortbildung herausstellt. Hierbei „überholt" die Vertragspraxis gewissermaßen den Vertragswortlaut. Die Frage der völkerrechtlichen und staatsrechtlichen Zulässigkeit einer derartigen Praxis beantwortet sich im wesentlichen danach, welchem Vertragskonzept man folgen möchte.

Ich widme diese Arbeit meinen lieben Eltern. Sie haben mich während meiner gesamten Ausbildungszeit persönlich und finanziell unterstützt und mir stets ein hohes Maß an Geborgenheit vermittelt.

Kassel, im Frühjahr 2004 Gunter Warg

Inhaltsverzeichnis

1. Kapitel: Von Verteidigung zu kollektiver Sicherheit

A. Einleitung und Problemstellung

Die Praxis der Mitgliedsstaaten des NATO-Vertrages hat in neuerer Zeit die Frage aufgeworfen, ob die dynamische Fortbildung (Weiterentwicklung) des NATO-Vertrages durch die Nutzung des Bündnisses für „neue Aufgaben“ jenseits der Verteidigung zu einem derart bedeutsamen inhaltlichen Wandel des Vertrages geführt hat, daß nach völkerrechtlichen Regeln ein geänderter Vertrag vorliegt. Daran schließt sich das verfassungsrechtliche Problem an, ob die ursprüngliche Zustimmung des deutschen Gesetzgebers im Wege des Vertragsgesetzes gemäß Art. 59 II 1 GG diese Rechtsfortbildung noch abdeckt – gewissermaßen also eine dynamische Entwicklung antizipiert hat -, oder aber eine verfassungsrechtlich relevante inhaltliche Vertragsänderung angenommen werden muß, die auch ohne Neuformulierung des Vertragstextes zu einem Beteiligungsrecht des Parlaments führt. Im ersten Teil beschäftigt sich die Analyse daher im Wesentlichen mit der Frage, ob die inhaltliche Weiterentwicklung des NATO-Vertrages eine Vertragsänderung bedeutet oder noch eine vom Vertragswortlaut zugelassene Interpretation darstellt. Dabei meint Vertragsänderung in dem hier gebrauchten Sinn nicht Änderung des Vertrags*texts*,[1] sondern Änderung des Vertrags*inhalts*, die im untechnischen Sinn als jede Form der Abweichung von einem als gegeben vorgestellten Vertragsinhalt verstanden werden kann.[2] Sollte eine Vertragsänderung zu bejahen sein, ist der Frage nachzugehen, ob die Regeln über die *Auslegung* völkerrechtlicher Verträge auch materielle Vertrags*ergänzungen* zulassen. Im Anschluß daran ist zu erörtern, ob die deutsche Verfassungsrechtsordnung sich den völkerrechtlichen Kategorien über „Auslegung“ und „Änderung“ anschließt – was im Falle der Bejahung einer „vertragsändernden Auslegung“ die Vertragsänderung auch ohne Beteiligung des Gesetzgebers bedeuten könnte -, oder einen eigenen verfassungsrechtlichen Vertragsbegriff zugrundelegt, der einen inhaltlichen Wandel ohne Ergänzung des Vertragstexts und ohne erneute Zustimmung des Gesetzgebers ausschließt.

---

1 Zu einer Änderung des Wortlauts des NATO-Vertrages ist es bislang nicht gekommen.

2 Im allgemeinen werden nur solche inhaltlichen und formlosen Vertragsabweichungen unter dem Aspekt einer extensiv verstandenen Auslegungsmöglichkeit als problematisch angesehen, vgl. KARL, in: SCHREUER (Hg.), Autorität und internationale Ordnung, S. 15. Formelle Änderungen des Wortlauts oder als Änderung verstandene stillschweigende und formlose Verhaltensweisen der Parteien sind vor dem Hintergrund der vollständigen Parteiautonomie unproblematisch.

Dies hätte im Hinblick auf die „neuen Aufgaben" der NATO möglicherweise ein Auseinanderfallen von völkerrechtlicher Rechtmäßigkeit und verfassungsrechtlicher Rechtswidrigkeit zur Folge.

Für den „Grauzonenbereich" zwischen einem nach Art. 59 II 1 GG zustimmungsbedürftigen Änderungsvertrag und der - u.U. noch zulässigen - Vertragsfortbildung durch völkerrechtliche Vertragsauslegung im Wege eines konsensualen Zusammenwirkens der Vertragsparteien (authentische Interpretation) hat erstmalig GEORG RESS 1987 den Begriff des völkerrechtlichen Vertrages *"auf Rädern"* geprägt.[3] Damit war das Problem der Vertragsidentität angesprochen, das immer dann auftaucht, wenn sich eine der Vertragspraxis folgende Interpretation vom Wortlaut des Vertrages entfernt. Ein Vertrag sei, so RESS, immer dann "auf Räder" gesetzt, wenn die Fortbildungsmöglichkeiten durch Parteikonsens und nachfolgende Praxis als nahezu unbegrenzt angesehen würden und damit die Vertragsidentität nur noch schwer eingrenzbar sei.

Hierdurch ist die Frage aufgeworfen, ob und unter welchen Voraussetzungen ein formeller Vertrag durch späteres schlüssiges Verhalten der Parteien abgeändert oder aufgehoben werden kann und ob ein solcher Inhaltswandel ohne nochmalige parlamentarische Mitwirkung zulässig ist. Besonders problematisch ist in diesem Zusammenhang, daß die Grenzen zwischen eigentlicher Vertragsinterpretation und Vertragsmodifizierung fließend sind[4], also unter Umständen gar kein konkret festgelegter Mitwirkungsgegenstand auszumachen ist. Die Zulässigkeit der „Evolution" des Inhalts völkerrechtlicher Verträge, insbesondere solcher, die eine Internationale Organisation gründen, spielt als Problem eben nicht nur auf der völkerrechtlichen Ebene eine Rolle, sondern auch innerstaatlich bei der Frage, wieweit die Verfassungsrechtsordnung eine derartige Fortentwicklung antizipativ bei der Zustimmung zu diesem Vertrag inkorporiert hat.

---

3 in: FS WOLFGANG ZEIDLER, Bd. 2, S. 1775 (1779).

4 MÜLLER, Vertrauensschutz im Völkerrecht, S. 176; KARL, in: SCHREUER (Hg.), Autorität und internationale Ordnung, S. 9f.

B. Die dynamische Fortentwicklung des NATO-Vertrages

I. Der "Vertrag auf Rädern" im Zusammenhang mit dem AWACS-Urteil des Bundesverfassungsgerichts

Wieder aufgegriffen wurde die Formulierung des "Vertrages auf Rädern" im abweichenden Votum der vier Bundesverfassungsrichter LIMBACH, BÖCKENFÖRDE, KRUIS und SOMMER im Urteil vom 12.7.1994 über die Zulässigkeit des Einsatzes bewaffneter Bundeswehrstreitkräfte im Ausland.[5]

1. Gegenstand des Verfahrens

Gegenstand des Organstreitverfahrens nach Art. 93 I Nr. 1 GG, §§ 13 Nr. 5, 63 ff. BVerfGG waren Anträge der SPD- und FDP-Bundestagsfraktion gegen die Beschlüsse der Bundesregierung zur Beteiligung deutscher Streitkräfte an militärischen Einsätzen zur Umsetzung von Entschließungen des UN-Sicherheitsrates, wodurch parlamentarische Mitwirkungsrechte des Bundestages verletzt worden seien.[6] Konkret wandte sich die SPD-Fraktion gegen die am 15.7.1992 getroffene Entsendeentscheidung der Bundesregierung zur Beteiligung des Zerstörers "Bayern" an der Aktion von Seestreitkräften der NATO und der WEU in der Adria zur Überwachung eines von den Vereinten Nationen in den Sicherheitsratsresolutionen 713[7] und 757[8] gegen die Föderative Republik Jugoslawien verhängten Embargos[9] sowie gegen die am 2.4.1993 beschlossene Teilnahme von AWACS- Fernaufklärern der Bundesluftwaffe an der Durchsetzung des in den Sicherheitsratsresolutionen 781[10] und 816[11] verhängten Flugverbots im Luftraum von Bosnien-Herzegowina.[12] Resolution 816 ermächtigte die Mitgliedstaaten, bei Verletzung des Flugverbots "alle erforderlichen Maßnahmen" (d.h. auch Gewalt) anzuwenden, um die Befolgung des Flugverbots sicherzustellen. In der Resolution 787 vom 16.11.1992 hatte der Sicherheitsrat "die Staaten, die einzelstaatlich oder über regionale Abmachungen tätig werden" bereits zur Durchsetzung des gegen die BR Jugoslawien verhängten Han-

---

5 BVerfGE 90, 286 (373).
6 BVerfGE 90, 286 (290f., 315ff.).
7 S/Res. 713 vom 25.9.1991 (VN 1991, 175).
8 S/Res. 757 vom 30.5.1992 (VN 1992, 110).
9 Az. 2 BvE 3/92.
10 S/Res. 781 vom 9.10.1992 (VN 1992, 219).
11 S/Res. 816 vom 31.3.1993 (VN 1993, 73).
12 Az. 2 BvE 7/93.

dels- und Waffenembargos ermächtigt.[13] Zu diesem Zweck sollten die Schiffe in der Adria sowie auf der Donau angehalten und durchsucht werden können. An dieser notfalls gewaltsamen Kontrollmission nahm die Bundeswehr jedoch nicht teil. Schließlich rügte die SPD-Fraktion[14] auch die auf Anforderung des UN-Generalsekretärs erfolgte Bereitstellung eines verstärkten Nachschub- und Transportbataillons für die aufgrund der Resolutionen 794[15] (Ermächtigung einiger Mitgliedstaaten zur Schaffung eines sicheren Umfeldes für humanitäre Hilfsmaßnahmen nach Kap. VII SVN) und 814[16] (Aufstellung einer humanitären Friedenstruppe) ins Leben gerufene UNO-eigene Friedensmission UNOSOM II zur Herstellung friedlicher Verhältnisse in Somalia. Diese UN-Mission wies die Besonderheit auf, daß einer Blauhelmtruppe erstmals auch die Anwendung von Gewaltmaßnahmen nach Kapitel VII SVN eröffnet worden war.[17] Hierbei hatte die Bundesregierung am 21.4.1993 beschlossen, die UNO in befriedeten Regionen Somalias bei humanitären Einsätzen zu unterstützen.[18] Die FDP-Bundestagsfraktion hingegen klagte lediglich gegen die Beteiligung von Feuerleitoffizieren der Bundeswehr in den AWACS- Frühwarn- und Einsatzführungssystemen zur Überwachung und Durchsetzung des Flugverbots über Bosnien-Herzegowina.[19]

Die Antragsteller vertraten die Ansicht, ein solcher Auslandseinsatz zu anderen als Verteidigungszwecken bedürfe einer vorherigen Grundgesetzänderung,[20] zumindest aber einer gesetzlichen Ermächtigung nach Art. 59 II und Art. 24 I GG.[21] Letzteres sei deshalb anzunehmen, weil der Einsatz von NATO-

---

13 Text in VN 1992, 220f.

14 im Verfahren Az. 2 BvE 8/93.

15 S/Res. 794 vom 3.12.1992 (VN 1993, 65).

16 S/Res. 814 vom 26.3.1993 (VN 1993, 66).

17 In S/Res. 794 wurde der unter wesentlicher Beteiligung der USA handelnde Eingreifverband UNITAF nach Kap. VII SVN zur Schaffung der Voraussetzungen für eine humanitäre Hilfsaktion ermächtigt.

18 Vgl. Bulletin der BReg. Nr. 32 vom 23.4.1993, S. 280.

19 Az. 2 BvE 5/93.

20 Vgl. hierzu den Bericht über die Beratungen der Gemeinsamen Verfassungskommission, Deutscher Bundestag, 12. Wahlperiode (BT-Drs. 12/6000, S. 101ff.): "...im Kern geht der Streit darum, ob Auslandseinsätze der Streitkräfte im Rahmen der Vereinten Nationen sowie im Rahmen vertraglich vereinbarter *über den NATO- und WEU-Vertrag hinausgehender Beistand- und Bündnisverpflichtungen* bereits nach der gegenwärtigen Verfassungslage in der Sache zulässig sind, so daß es allenfalls einer `klarstellenden Ergänzung` des Grundgesetzes bedarf, oder ob hierfür eine ausdrückliche Ermächtigung in der Verfassung - und damit eine entsprechende Änderung und Ergänzung des Grundgesetzes - notwendig ist". Empfehlungen zu diesem Beratungspunkt wurden nicht ausgesprochen. Vgl. zu der Rechtsauffassung der Antragsteller auch BVerfGE 90, 286 (314ff.).

21 BVerfGE 90, 286 (320ff.).

Verbänden unter der Autorität der Vereinten Nationen zu einem inhaltlichen Wandel (dynamische Erweiterung) des NATO-Vertrages führe, an dem die Bundesregierung nicht ohne Beteiligung des Bundestages mitwirken dürfe.

Das Bundesverfassungsgericht mußte also im Ergebnis darüber entscheiden, in welchem Umfang dem Bundestag die Teilhabe an Entscheidungen der Regierung im Bereich der auswärtigen Gewalt, und zwar in bezug auf den bewaffneten Einsatz deutscher Streitkräfte im Ausland, zu eröffnen ist. Mit seinem Urteil hat das BVerfG nicht nur diese Fragen über die Verteilung der *war power* geklärt, sondern auch den seit den fünfziger Jahren andauernden Streit über die Verfassungsmäßigkeit von Auslandseinsätzen generell[22] beendet. Indem es entschieden hat, daß die drei umstrittenen Bundeswehreinsätze (Adria-Überwachungsaktion, AWACS-Flugüberwachung, Somalia-Friedensmission) aufgrund der geltenden Verfassung zulässig seien, ist insbesondere die Frage, ob es einer Grundgesetzänderung bedürfe, um Auslandseinsätze der Bundeswehr in anderen Fällen als denen der Verteidigung zu ermöglichen (vgl. Art. 87 a II GG), im Sinne der schon vorher von einer Mehrheit der einschlägigen Literatur[23] vertretenen Ansicht entschieden worden.[24]

Grundlage für die Einsätze unter UN-Oberaufsicht waren die verschiedenen Absichtserklärungen der Regierungsvertreter der NATO- und WEU-Mitgliedsstaaten, mit denen diese ihre Bereitschaft bekundeten, die vorhandenen Bündnisstrukturen von NATO und WEU zu Maßnahmen der internationalen Friedenssicherung zu nutzen und das Know-how der Organisationen auch den Vereinten Nationen zur Verfügung zu stellen. Konkret handelte es sich dabei um die sog. *Petersberg*-Erklärung der WEU-Außen- und Verteidigungsminister vom 19.6.1992, in der die Bereitschaft erklärt wurde, die wirksame Durchführung von Konfliktverhütungs- und Krisenbewältigungsmaßnahmen einschließlich friedenserhaltender Aktivitäten der KSZE oder des UN-Sicherheitsrates "in Übereinstimmung mit Art. 5 NATO-Vertrag bzw. Art. V des Brüsseler Vertrages" zu unterstützen. Hierbei sollten militärische Einheiten der WEU-Mitgliedstaaten auch bei Kampfeinsätzen zur Herbeiführung des Friedens ein-

---

22 Vgl. GREWE, Völkerrecht und Außenpolitik im Grundgesetz, in: 40 Jahre Grundgesetz: Der Einfluß des Verfassungsrechts auf die Entwicklung der Rechtsordnung (1990), S. 27ff.

23 BLUMENWITZ, NZWehrr 1988, 133 (140); SCHOLZ, Deutsche UNO-Soldaten, in: KOCH (Hg.), Die Blauhelme, S. 205 (206); RANDELZHOFER, in: MAUNZ/DÜRIG, GG, Art. 24 II Rn. 54; KRIELE, ZRP 1994, 103 (105); TOMUSCHAT, in: BoK-GG, Art. 24 Rn. 174; WIELAND, DVBl. 1991, 1174 (1180); GORNIG, JZ 1993, 123 (127); RIEDEL, ZRP 1991, 5 (6); ZIPPELIUS, BayVBl. 1992, 289 (293); MUßGNUG, in: FROWEIN/STEIN, Rechtliche Aspekte, S. 66; DOEHRING, ebd., S. 42f., 60; ZIMMER, Einsätze der Bundeswehr, S. 69.

24 Vgl. zum Meinungsstand FROWEIN/STEIN, Rechtliche Aspekte einer Beteiligung der Bundesrepublik Deutschland an Friedenstruppen der Vereinten Nationen (1990).

gesetzt werden können.[25] Am 10.7.1992 erklärte sich die WEU dann auch bereit, an der Überwachung des UN-Waffen- und Handelsembargos mitzuwirken, nachdem schon in der zu den Petersberger Beschlüssen hinzugefügten "Erklärung zur Krise in Jugoslawien" die Bereitschaft der WEU erklärt wurde, einen Beitrag zur wirksamen Umsetzung von UN-Sicherheitsratsresolutionen im Zusammenhang mit dem Konflikt im ehemaligen Jugoslawien zu leisten. In die gleiche Richtung wiesen Erklärungen der Ministertagung des Nordatlantikrats vom 4.6.1992 in Oslo, in der die NATO erstmals ein militärisches Handeln aufgrund eines Mandats der KSZE oder der UN als konkrete Möglichkeit in Aussicht gestellt hatte[26] sowie der Beschluß des NATO-Außenministerrats vom 10.7.1992 in Helsinki, in dem die Teilnahme der Allianz an der Seeüberwachung des Waffen- und Handelsembargos gegen Serbien und Montenegro verabschiedet wurde. Auch die Erklärung des Ministerrates der WEU vom 5.4.1993, mit der den Donauanrainerstaaten Polizei- und Zolleinheiten zum Zwecke der Embargoüberwachung angeboten wurden, bekräftigte die Entschlossenheit der westeuropäischen Regierungen, einen Beitrag zur Umsetzung der einschlägigen Resolutionen 713, 757 und 787 zu leisten.[27] Schließlich beschloß der Nordatlantikrat am 2.8.1993 - gestützt auf die Resolution Nr. 836 vom 4.6.1993[28], in welcher der Sicherheitsrat die Mitgliedstaaten autorisiert hatte, die Schutztruppe der Vereinten Nationen (UNPROFOR) beim Schutz der um Sarajewo und weitere Städte eingerichteten Sicherheitszonen zu unterstützen - mit Luftangriffen gegen diejenigen zu drohen, die entweder Einheiten der UNPROFOR angriffen oder Sarajewo weiter von der Versorgung abschnitten und humanitäre Hilfslieferungen behinderten.

2. Die Argumentation der Antragsteller sowie der vier dissentierenden Richter

Die Mitwirkung der Bundesregierung an diesen Erklärungen und Beschlüssen habe - so die Antragsteller im Organstreitverfahren - die Beteiligungsrechte des Bundestages verletzt, weil durch den hiermit bewirkten inhaltlichen Wandel des NATO- und WEU-Vertrages die parlamentarische Zustimmungsbedürftigkeit des Art. 59 II 1 GG ausgelöst worden sei. Ähnlich argumentierten auch die vier dissentierenden Richter, nach deren Ansicht es zwar zu einer Vertragsrevision in Gestalt einer expliziten oder konkludenten Vertragsänderung

[25] Bulletin der BReg Nr. 68 vom 23.6.1992, S. 649ff., 654, Punkte I. 2. und II. 4.

[26] Bulletin der BReg Nr. 64 vom 12.6.1992, S. 613ff., 615, Nrn. 11 und 13 des Kommuniqués.

[27] Bulletin der BReg. Nr. 30 vom 14.4.1993, S. 265.

[28] Text in VN 1993, 156.

noch nicht gekommen sei, jedoch die Vertragspartner durch ihr Zusammenwirken die Gefahr heraufbeschworen hätten, daß der Inhalt der Gründungsverträge von NATO und WEU außerhalb der traditionellen Verfahrensweisen verbindlich modifiziert und so der Mitwirkung des Parlaments entzogen werde. Durch wiederholte gemeinsame politische Erklärungen und die Teilnahme an den Überwachungsaktionen im Jugoslawien-Konflikt habe die Bundesregierung an einer dynamischen Erweiterung des ursprünglichen Konzepts des NATO- und Brüsseler Vertrages mitgewirkt.[29] Sowohl die NATO als auch die WEU seien gemäß den Gründungsverträgen Verteidigungsbündnisse, deren Aufgabe der gegenseitige Beistand im Falle eines bewaffneten Angriffs auf eines oder mehrere ihrer Mitglieder sei. Die Übernahme von friedenssichernden und friedensschaffenden Maßnahmen in Drittländern unter der Ägide der Vereinten Nationen seien weder als Aufgabe im Vertragstext angelegt, noch aufgrund der Zielbestimmungen der Präambeln in den Aufgabenkreis der Verträge einbezogen. Zwar sei in letzteren vom Glauben an die Menschenrechte und der Entschlossenheit die Rede, im Interesse des internationalen Friedens und der internationalen Sicherheit einander Beistand zu leisten. Diese in ihren Konturen unscharfen Zielbestimmungen seien aber nicht geeignet, die Übernahme neuer Aufgaben jenseits der im Vertragstext ausdrücklich normierten Pflichten zu legitimieren.[30] Auch die Vorschrift des Art. 12 NATO-Vertrag, der eine Überprüfung des Vertrages im Hinblick auf spätere Sicherheitsinteressen des Bündnisses vorsieht, mache deutlich, daß eine Erweiterung des vertraglichen Handlungsrahmens Gegenstand einer Überprüfung des Vertrages und damit das Ergebnis einer Revision sein müsse. Eine automatische Anpassung des vertraglichen Aufgabenspektrums an die jeweilige weltpolitische Lage und der ihr eigenen Sicherheitsbedürfnisse sehe der NATO-Gründungsvertrag nicht vor. Folglich sei auch das Zustimmungsgesetz zum NATO-Vertrag aus dem Jahre 1955 nur als Ermächtigung zum Eintritt in ein Verteidigungsbündnis zu verstehen. Wenn durch informelle Absprachen der Mitgliedstaaten neue Aufgaben in den Bündnisvertrag aufgenommen werden sollen, müsse der Gesetzgeber hieran beteiligt werden. Nach Ansicht der vier abweichenden Richter ist demnach der Anwendungsbereich des Art. 59 II 1 GG extensiv auszulegen, indem auch die Fälle einer progressiven, im vorhinein rechtlich nicht eindeutig als Vertrag zu qualifizierenden Fortschreibung des vertraglichen Pflichtenstatus' durch wiederholt dokumentierte Einigung und nachfolgendes einverständliches Handeln dem Gesetzesvorbehalt dieser Verfassungsnorm zu unterwerfen sind.[31] Damit solle dokumentiert werden, daß bei dem - für das moderne Völkerrecht typi-

---

[29] BVerfGE 90, 286 (372).
[30] BVerfGE 90, 286 (373).
[31] BVerfGE 90, 286 (375f.); SCHULTZ, Die Auslandsentsendung, S. 478.

schen - Nebeneinander von außerrechtlichen und vertraglichen Regelungsmöglichkeiten der entscheidende Schritt vom rechtlich unverbindlichen Konsens zur rechtlich verpflichtenden Übereinkunft kaum im Voraus zu markieren sei. Auch das sog. "weiche Völkerrecht" dürfe nicht völlig aus dem parlamentarischen Verantwortungsbereich herausfallen.[32] Die Tatsache, daß Art. 59 II 1 GG den gesetzgebenden Körperschaften nur für eng begrenzte Tatbestände Mitwirkungsrechte im Bereich der auswärtigen Politik eingeräumt habe, schließe seine Anwendung auf völkerrechtliche Äußerungs- und Handlungsformen nicht aus, die potentiell auf die Änderung eines politischen Vertrages angelegt sind.[33] Gegenstand der Zustimmung sei dann nicht eine politische Absichtserklärung, eine Vorform oder ein Ersatzprodukt des Vertrages, sondern die Vertragsänderung mit dem in den einverständlichen Erklärungen formulierten Inhalt.[34] Der Anwendungsbereich des Art. 59 II 1 GG könne aufgrund der zerfließenden Formen völkerrechtlicher Vertragsfortbildung nicht nur auf die Vertragsänderung durch Änderungsvertrag beschränkt werden, da man ansonsten dem Sinn und Zweck der Norm - Schutz des Gesetzgebers vor der Gefahr, unversehens mit völkerrechtlichen Pflichten konfrontiert zu werden - nicht gerecht werde.[35] Diese extensive Auslegung sei auch im Hinblick auf eine eventuelle Kompetenzbeschränkung der Bundesregierung unbedenklich; schließlich könne diese im Falle, daß der Bundestag einer Vertragsänderung zustimmt, selbst weiterhin frei das ihr geeignete Handlungsinstrumentarium wählen und sich nach wie vor für oder gegen eine vertragliche Bindung entscheiden.[36]

Die vier dissentierenden Richter kommen zu dem Ergebnis, daß, selbst wenn eine Änderung wesentlicher Vertragsinhalte durch eine authentische Interpretation zulässig sein sollte,[37] ein solcher Änderungskonsens dem Zustimmungserfordernis des Art. 59 II 1 GG zu unterwerfen sei. Anderenfalls würde das dort vorgesehene Mitwirkungsrecht des Gesetzgebers gegenstandslos.[38] Eine dynamische inhaltliche Weiterentwicklung eines völkerrechtlichen Vertrages dürfe also nicht die parlamentarischen Beteiligungsrechte in der Weise aushebeln, daß

[32] BVerfGE 90, 286 (376).
[33] BVerfGE 90, 286 (377).
[34] BVerfGE 90, 286 (377).
[35] BVerfGE, a.a.O.
[36] BVerfGE, a.a.O.
[37] Diese Möglichkeit wird durch das abw. Votum im konkreten Fall aber abgelehnt, da die Grenze zwischen authentischer Auslegung und Vertragsänderung nicht eingeebnet werden dürfe. Das Ziehen dieser Grenze sei nicht in das Belieben der Vertragspartner gestellt, sondern es müsse anhand objektiver Kriterien, insbesondere mit Hilfe des Vertragstextes die Frage beantwortet werden, ob es sich um eine materielle Änderung oder lediglich um eine Entfaltung des bisherigen Vertragsinhalts handelt (a.a.O., S. 374f.).
[38] BVerfGE 90, 286 (375).

unter Hinweis auf ein - aus welchen Gründen auch immer - fehlendes formelles Vertragsänderungsverfahren die Notwendigkeit eines zustimmungsbedürftigen Vertragsgesetzes abgelehnt werde. Die Bundesregierung habe daher im Falle eines von ihr selbst so bezeichneten "fortschreitenden Umgestaltungsprozesses" des NATO-Bündnisses dem Gesetzgeber das neue strategische Konzept zur Zustimmung vorzulegen, auch wenn dieses nicht in das Gewand eines völkerrechtlichen Änderungsvertrages gekleidet sei. Dabei könne es weder Sache des Bundestages noch des Bundesverfassungsgerichts sein, völkerrechtlich zu überprüfen, ob schon ein Vertrag vorliegt oder aber die Erklärungen der NATO- und WEU-Partner sich noch im Vorfeld des rechtlich Verbindlichen bewegen. Die vier dissentierenden Richter lassen also offen, ob ein auf mehreren Bündnistagungen entwickeltes "Neues Strategisches Konzept" als neue rechtsverbindliche Absprache anzusehen ist. Entscheidend sei vielmehr, daß in dem Stadium, wo der inhaltliche Rahmen eines Vertrages umgestaltet und weiterentwickelt wird, die Rechte des Bundestages aus Art. 59 II 1 GG bereits konkret gefährdet seien.[39]

3. Die Ansicht der das Urteil tragenden Verfassungsrichter

Demgegenüber legen die Verfassungsrichter, auf deren Votum die "Streitkräfteentscheidung" beruht, Art. 59 II 1 GG seinem Wortlaut nach entsprechend restriktiv aus und sehen in der Nichteinbeziehung des Bundestages in den Prozeß dynamischer Vertragsfortentwicklungen grundsätzlich keinen Verfassungsverstoß.

Die Vorschrift des Art. 59 II 1 GG beschränke das Zustimmungserfordernis des Bundestages auf völkerrechtliche *Verträge*, d.h. auf solche Handlungsformen, die mit Rechtsbindungswillen in der Absicht vorgenommen wurden, bisher nicht bestehende Rechte und Pflichten nach Völkerrecht zu erzeugen.[40] Das Entstehen von Völkerrecht aus anderer Quelle (z.B. aus rechtlich unverbindlichen Absprachen), mag es sich auch auf den Inhalt bestimmter Verträge auswirken, werde von dieser Vorschrift nicht erfaßt. Die in den Regeln über die auswärtige Gewalt angelegte Kompetenz der Bundesregierung, das ihr jeweils im völkerrechtlichen Verkehr angemessen erscheinende Handlungsinstrumentarium zu wählen, lasse die Möglichkeit offen, über den Zeitpunkt und Inhalt einer neuen völkerrechtlichen Bindung frei zu entscheiden und durch Verzicht auf einen Vertrag die vertragliche Bindung auch ganz zu vermeiden. Art. 59 II 1 GG könne nicht entnommen werden, daß immer dann, wenn ein Handeln der Bundesregierung im völkerrechtlichen Verkehr die politischen Beziehungen

---

39 BVerfGE, a.a.O.
40 BVerfGE 90, 286 (360).

Deutschlands regelt oder Gegenstände der Bundesgesetzgebung betrifft, die Form eines zustimmungsbedürftigen Vertrages gewählt werden muß.[41] Ein Verzicht auf einen Vertrag sei insbesondere dann sinnvoll, wenn die beteiligten Völkerrechtssubjekte sich in der Phase der Vertragsanbahnung, der Erprobung neuer Formen der Zusammenarbeit oder der Abstimmung und Rücksichtnahme auf weitere Völkerrechtssubjekte befinden.[42] In einem solchen Fall könne es Ausdruck politischer Klugheit sein, sich zunächst nur schritt- und versuchsweise auf ein neues vertragliches Aufgabenspektrum einzulassen, ohne daß der gegenwärtige Entwicklungsstand - etwa mit Rücksicht auf noch nicht abgeschlossene und nicht genügend überschaubare politische Entwicklungen - durch eine völkervertragliche Bindung frühzeitig "zementiert" wird.[43]

a) Ausdrückliche oder konkludente Vertragsänderung

Das Mitwirkungsrecht des Gesetzgebers könne nur dann verletzt sein, wenn die Exekutive mit Vertragsabschluß- bzw. Rechtsbindungswillen handele. Dieser Vertragsänderungswille werde von den Vertragsparteien regelmäßig zum Ausdruck gebracht. Fehle es an einem erkennbaren Rechtsbindungswillen, könne nur in Ausnahmefällen angenommen werden, daß konkludent ein Vertrag geschlossen oder geändert wurde.[44] Die hierfür erforderlichen Anhaltspunkte müßten nach ihrem Gesamtinhalt ergeben, daß die Parteien den Willen haben, neue Vertragsbindungen eintreten zu lassen, obgleich sie entsprechende ausdrückliche Willenserklärungen nicht abgegeben haben. Ein derartiger übereinstimmend zum Ausdruck gebrachter Wille der Vertragsparteien, die bestehende vertragliche Rechtslage zu verändern, könne im Hinblick auf den NATO- bzw. WEU-Vertrag nicht angenommen werden. In der "Petersberg-Erklärung" der WEU-Mitglieder vom 19.6.1992 fehle jedweder Anhaltspunkt für einen ausdrücklichen oder konkludenten Vertragsänderungswillen.[45] Dort seien zwar Möglichkeiten zukünftiger Aufgaben und Ziele benannt worden, die neben der gemeinsamen Verteidigung nach Art. V WEU-Vertrag den Einsatz militärischer Einheiten auch für andere Zwecke vorsehen können ("could be employed for").[46] In der "Erklärung zur Krise in Jugoslawien" habe man diesen erweiterten Vertragszweck durch die Bereitschaft dokumentiert, die Operation der Ver-

---

41 BVerfGE 90, 286 (358) mit Verweis auf E 68, 1 (86).

42 BVerfGE 90, 286 (360).

43 BVerfGE, a.a.O. Die Gefahr, daß mit der Festschreibung in einer eindeutigen völkerrechtlichen Rechtsform das gerade neu erprobte Sicherheitskonzept vorzeitig erstarren könnte, räumt auch das abweichende Votum ein (S. 375).

44 BVerfGE 90, 286 (360f.).

45 BVerfGE 90, 286 (368).

46 Bulletin der BReg. Nr. 68 vom 23.6.1992, S. 649.

einten Nationen zur Wahrung des Friedens in Kroatien im Rahmen ihrer Möglichkeiten in vollem Umfang unterstützen zu wollen. Allerdings erklärten die europäischen Partner aber auch ausdrücklich, daß diese "neuen" Aufgaben sich noch im Stadium der Planung befänden und als vorläufige Konzepte noch ergänzt werden könnten. Die Ausführung der den Krieg im ehemaligen Jugoslawien betreffenden UN-Resolutionen sollte aus einer akuten humanitären Notlage heraus menschliches Leid lindern und zu einer Beendigung des Krieges beitragen. Ein Wille, mit der Verwirklichung dieser Maßnahmen den Vertrag bereits verbindlich um die Aufgaben der Wahrnehmnehmung von UN-Mandaten erweitern zu wollen, sei darin nicht zum Ausdruck gekommen.[47] Ein Indiz für den fehlenden Rechtsbindungswillen ergebe sich auch aus dem Umstand, daß sich die WEU-Mitgliedstaaten ausschließlich als durch die Resolutionen des Sicherheitsrates autorisiert und angehalten betrachteten, also nicht aus eigener (vertraglicher) Kompetenz handeln wollten. Die "Petersberg-Erklärung" bekunde daher politische Handlungsabsichten, enthalte aber keine Veränderung der Vertragsgrundlage des WEU-Vertrages.[48]

b) Dynamische Auslegung

Von einer Vertragsänderung durch ausdrückliches oder konkludentes Handeln sei die interpretative Vertragsfortbildung durch Auslegung des bestehenden Vertrages zu unterscheiden.[49] Aufgrund der fehlenden verbindlichen Rechtsabsprachen könne man allenfalls von einer "dynamischen Auslegung" des NATO-Vertrages sprechen, durch die ein völkerrechtlicher Vertrag nicht rechtlich umgestaltet, sondern lediglich das dem Vertrag innewohnende Vertragsprogramm durch die nachfolgende Vertragspraxis progressiv fortentwickelt werde. Eine derartige interpretative Fortbildung des Vertragsrechts durch die sog. authentische Interpretation im Sinne des Art. 31 III lit. c WVRK stütze sich auf den bestehenden Vertrag und sei deshalb vom Zustimmungsgesetz nach Art. 59 II 1 GG gedeckt. Selbst wenn sich durch Interpretation eines bestehenden völkerrechtlichen Vertrages eine Inhaltsänderung ereignen sollte,[50] käme dadurch mangels eines entsprechenden Vertragsänderungswillens kein Änderungsvertrag zustande.[51] Bei einem nur faktischen Vertragsverhalten der Parteien ohne Kundgabe entsprechender Rechtsüberzeugungen fehlten die Anhaltspunkte, derer es bedürfe, um von einem bestimmten Handeln oder Erklären auf

47 BVerfGE 90, 286 (369).

48 BVerfGE 90, 286 (366, 369).

49 BVerfGE 90, 286 (361ff.).

50 Was nicht auszuschließen sei, da in der völkerrechtlichen Praxis fließende Übergänge zwischen Vertragsauslegung und Vertragsänderung bestünden.

51 BVerfGE 90, 286 (362).

den Willen zu schließen, *neue* vertragliche Bindungen eintreten zu lassen. Erklärten die Vertragspartner sogar ausdrücklich, durch eine bestimmte Vertragsauslegung eine neue Vertragspraxis begründen zu wollen, könne der Gesetzgeber selbst dann nicht aufgrund des Art. 59 II 1 GG den Abschluß eines "Ergänzungsvertrages" verlangen, wenn entgegen der erklärten Auffassung der Vertragsparteien die neue Vertragspraxis über den Vertragsinhalt hinausgreift.[52] Entscheidend für einen völkerrechtlichen Vertrag sei stets, daß die Parteien deutlich zum Ausdruck bringen, neue vertragliche Rechtsbindungen eingehen zu wollen. Letztlich könne also nicht ausgeschlossen werden, daß durch rechtserhebliches Handeln der Bundesregierung "im Rahmen" bestehender Verträge neue völkerrechtliche Rechte und Pflichten entstehen. Diese inhaltliche Erweiterung des vertraglichen Aufgabenspektrums eröffne aber nicht den Anwendungsbereich des Art. 59 II 1 GG, sondern bewege sich in dem von der Vertragsautonomie geschützten Bereich "authentischer Auslegung". Wolle man Art. 59 II 1 GG auch auf Rechtsänderungen jenseits formeller Vertragsabschlüsse anwenden, müßte die Bundesregierung bei jedem Schritt, der in der Abfolge des Geschehens zu einer inhaltlichen Erweiterung eines Vertrages führen könnte, die Zustimmung des Gesetzgebers einholen. Ein solches Ergebnis würde die durch den eindeutigen Wortlaut des Art. 59 II 1 GG vorgegebene restriktive Auslegung dieser - eine parlamentarische Mitwirkung an der auswärtigen Gewalt einräumenden - Vorschrift unterlaufen und die erforderliche klare Kompetenzabgrenzung zwischen der für die auswärtige Politik verantwortlichen Regierung und dem mitentscheidungsberechtigten Gesetzgeber verwischen.[53]

Da nun bei allen Erklärungen und Beschlüssen der NATO- und WEU-Organe für die Einsätze im Rahmen des Krieges im ehemaligen Jugoslawien ein Vertragsänderungswille nicht erkennbar sei, könne allenfalls von einer dynamischen, vertragsfortbildenden Interpretation der Gründungsverträge von NATO und WEU gesprochen werden. Rechte des Bundestages aus Art. 59 II 1 GG seien hierbei jedenfalls nicht verletzt.[54]

c) Die konkreten Einsatzbeschlüsse als dynamische Auslegung

Auch der Beschluß des NATO-Außenministerrates vom 10.7.1992 über die Bereitschaft zur Unterstützung der Vereinten Nationen bei der Umsetzung mehrerer Resolutionen durch die Bereitstellung von Seestreitkräften in der Adria, sowie die Beschlüsse des NATO-Rates vom 2.4. und 8.4.1993 über die Beteiligung an der Durchsetzung des Flugverbots über Bosnien-Herzegowina könnten nicht als konkludenter Abschluß eines Änderungsvertrages über das am 7. und

---

52 BVerfGE 90, 286 (363).
53 BVerfGE 90, 286 (363f.).
54 BVerfGE 90, 286 (365).

8.11.1991 in Rom vorgestellte neue Strategische Konzept der NATO gedeutet werden. Da die Mitgliedstaaten ausdrücklich bestätigt hätten, daß ihre Rechte und Pflichten aus dem NATO-Vertrag unverändert blieben, bewege sich das neue Strategiekonzept im Rahmen des bisherigen Vertrages. Auch die Beschlüsse des NATO-Rates über die konkrete Durchführung der Militäraktionen im ehemaligen Jugoslawien hätten ein tatsächliches Handeln zur Durchführung der Resolutionen Nrn. 713, 757 und 816 zum Gegenstand, nicht aber eine vertragliche Regelung mit Wirkung für zukünftige Fälle.[55]

Auch hinsichtlich der konkreten Einsatzbeschlüsse schließt das Gericht aus einem tatsächlichen Verhalten ohne eine gleichzeitig geäußerte Rechtsauffassung auf den mangelnden Vertragsänderungswillen. Die vier das Urteil tragenden Richter sind also sowohl bei der WEU als auch bei der NATO der Ansicht, daß das Handeln dieser Bündnisse außerhalb ihres Bündnisgebietes ein rein faktisches Umsetzen der durch den Sicherheitsrat vorgegebenen und durch die Mitgliedschaft in den Vereinten Nationen völkerrechtlich erlaubten UN-Mandate sei. Ob ein derartiges tatsächliches Tätigwerden als "Organ" der Vereinten Nationen einer vertraglichen Grundlage in den jeweiligen Bündnisverträgen bedarf, wird offengelassen. Zwar wird von den vier Richtern an dieser Stelle der Eindruck vermittelt, daß WEU und NATO selber rechtlich gar nicht in Erscheinung treten, sondern für die beteiligten Staaten lediglich den instrumentalen Rahmen für die Durchführung der UN-Resolutionen ermöglichen sollen. Mithin sei für diese Einsätze keine explizite Vertragsgrundlage erforderlich. Diesem Eindruck steht die ausführlich Diskussion im Votum entgegen, ob die angegriffenen Maßnahmen der WEU- und NATO-Ministerräte eine ausdrückliche oder konkludente Vertragsänderung darstellen. Somit liegt die Vermutung nahe, daß auch nach Ansicht der das Urteil tragenden Richter ein Tätigwerden der Bündnisse nur im Rahmen ihres vertraglichen Aufgabenkreises erfolgen kann.

4. Die NATO als System gegenseitiger kollektiver Sicherheit im Sinne des Art. 24 II GG

Auch die umfangreichen Ausführungen zu der Fragestellung, ob NATO und WEU neben ihrer primären Verteidigungsaufgabe auch als Systeme gegenseitiger kollektiver Sicherheit angesehen werden können,[56] zeigt, daß das Bundesverfassungsgericht die Zulässigkeit von militärischen Aktionen der NATO zur Umsetzung von Resolutionen des Sicherheitsrates nicht ausschließlich an der UN-Charta messen will. Zum zentralen Ausgangspunkt seiner Argumen-

[55] BVerfGE 90, 286 (370f.).
[56] BVerfGE 90, 286 (345ff.).

tation wählt das BVerfG nicht den naheliegenden Art. 87 a GG, der sich ausdrücklich mit dem Einsatz von Streitkräften befaßt, sondern erörtert die Zulässigkeit von Bundeswehreinsätzen im Rahmen des Art. 24 II GG. Hierbei hat es nicht nur die Frage geklärt, ob die Mitgliedschaft in einem System gegenseitiger kollektiver Sicherheit[57] das Erfordernis militärischer Beistandsleistungen mit sich bringt, sondern hat auch explizit zu dem Problem Stellung bezogen, ob Verteidigungsbündnisse - wie die NATO eines ist - unter den Begriff der "gegenseitigen kollektiven Sicherheitsbündnisse" i.S.d. Art. 24 II GG subsumiert werden können. Diese Frage ist nicht nur von akademischem Interesse, sondern betrifft unmittelbar das Problem, ob die NATO-Militäraktionen jenseits der Verteidigung des Bündnisgebietes eine Fortschreibung des ursprünglichen Aufgabenkreises des NATO-Vertrages bedeuten, oder aber als Maßnahmen kollektiver Sicherheit bereits bei der Schaffung des Nordatlantikpaktes eingeplant waren. Wäre die NATO als ein System gegenseitiger kollektiver Sicherheit zu qualifizieren, könnte man auch ein militärisches Handeln ohne Vorliegen des Verteidigungsfalles zumindest in den Fällen als vertragskonform ansehen, wo sich die Einsätze gegen Mitglieder des Kollektivbündnisses richten. Dann wäre der Vertrag so zu verstehen, daß sich dessen friedenssicherndes Regelwerk nicht nur gegen Angriffe von außen wendet, sondern auch bei friedensbedrohenden Krisenfällen innerhalb des Bündnisses unterhalb der Schwelle des bewaffneten Angriffs zum Tragen kommt. Wenden sich die Bündniseinsätze jedoch gegen Drittstaaten, die nicht Vertragspartner sind – wie z.B. im Falle Jugoslawiens -, stellt sich die Frage, ob ein derart weit verstandener Begriff des „kollektiven Sicherheitsbündnisses“ nicht wegen Verstoßes einer derartigen Vertragsauslegung gegen die „pacta tertiis“-Regel unwirksam oder gar nichtig ist.

a) Art. 24 II GG als verfassungsrechtliche Grundlage für den Auslandseinsatz

aa) Art. 24 II GG als Ausgangspunkt der Zulässigkeitsprüfung

Das BVerfG sieht die verfassungsrechtliche Grundlage für die von der Bundesregierung beschlossenen Einsätze deutscher Streitkräfte in Art. 24 II GG.[58] Diese Vorschrift ermächtigt den Bund, sich zur Wahrung des Friedens einem System gegenseitiger kollektiver Sicherheit einzuordnen. Damit wählt das Gericht einen anderen Weg als die Vorgängerentscheidungen[59] und das überwiegende Schrifttum, die nämlich alle den nach außen gerichteten Einsatz deutscher Streitkräfte mit einem enger oder weiter gefaßten Verteidigungsbegriff in

---

57 Vgl. zur Entstehung und Definition des Begriffes MENK, Gewalt für den Frieden, S. 25ff.

58 BVerfGE 90, 286 (344ff.).

59 BVerfGE 69, 1 (21); 48, 127 (159).

Art. 87 a GG[60] verknüpfen.[61] Bei dieser Anknüpfung an den Art. 87 a GG wird die Zulässigkeit von Auslandseinsätzen allerdings meist am Abs. II festgemacht, obwohl dem Wortlaut nach der Abs. I die Grundlage für den bewaffneten Streitkräfteeinsatz darstellt.

Indem das BVerfG nunmehr den Auslandseinsatz allein auf Art. 24 II GG stützt, lehnt es ein Verständnis des Art. 87 a GG ab, das einen Einsatz von Streitkräften im Rahmen eines Systems gegenseitiger kollektiver Sicherheit für unzulässig hält, wenn der Einsatz nicht entweder der Verteidigung dient oder ausdrücklich durch die Verfassung an anderer Stelle zugelassen wird.[62] Das BVerfG übernimmt dabei letztlich die Argumente derjenigen, die in Art. 87 a GG eine Vorschrift sehen, die nur den Einsatz der Streitkräfte im Inland regeln will.[63] Dabei läßt es allerdings ausdrücklich offen, ob Art. 24 II GG als ausdrückliche Zulassung des Auslandseinsatzes i.S.d. Art. 87 a II GG anzusehen ist, oder aber Art. 87 a II GG den Auslandseinsatz gar nicht regelt; in diesem Fall könnten die Verfassungsorgane weitgehend frei über den Auslandseinsatz entscheiden.[64] Anzunehmen ist, daß das Gericht der ersten Auffassung folgen wollte, weil es sonst des Rückgriffs auf Art. 24 II GG als Ermächtigungsgrundlage gar nicht bedurft hätte.[65]

---

60 Art. 87a GG lautet: Abs. I: „Der Bund stellt Streitkräfte zur Verteidigung auf. [...]"; Abs. II: „Außer zur Verteidigung dürfen die Streitkräfte nur eingesetzt werden, soweit es dieses Grundgesetz ausdrücklich zuläßt".

61 BACHMANN, MDR 1993, 397 (397); BÄHR, ZRP 1994, 97 f.; BLUMENWITZ, NZWehrr. 1988, 133 (136f.); DERS., BayVBl. 1994, 641; BURMESTER, NZWehrr. 1993, 133 (141); EPPING, NZWehrr. 1993, 103 (108); FIBICH, ZRP 1993, 5 (6); GORNIG, JZ 1993, 123 (124); HEUN, JZ 1994, 1073 (1073); KIRCHOF, HStR III, § 78 Rn. 10; KLEIN, Diskussionsbeitrag, in: FROWEIN/STEIN, S. 62; FRANZKE, NJW 1992, 3075 (3076); RIEDEL, Einsatz deutscher Streitkräfte, S. 61; ROELLECKE, Der Staat 34 (1995), 415 (415); SCHULTZ, Die Auslandsentsendung, S. 13; WIELAND, DVBl. 1991, 1174 (1175).

62 HEUN, JZ 1994, 1073 m.w.N.

63 So z.B. STEIN, in: FROWEIN/STEIN, S. 17, 22ff.; STERN, Staatsrecht II, § 56 IV 3 c; KIRCHOF, HStR III, § 78 Rn. 29; RANDELZHOFER, in: MAUNZ/DÜRIG, GG, Art. 24 II, Rn. 63ff.
Art. 87 a GG unterwirft nach dieser Ansicht nur den Inneneinsatz der Streitkräfte einer Schranke; der Außeneinsatz soll ungeregelt bleiben. Auslandsentsendungen der Bundeswehr würden dann nur der Beschränkung des Art. 26 GG unterliegen.

64 BVerfGE 90, 286 (355).

65 HEUN, JZ 1994, 1073; SCHULTZ, Die Auslandsentsendung, S. 150f., begründet den Regelungsumfang des Art. 87 a GG auch für Auslandseinsätze zusätzlich damit, daß sich sonst ein Wertungswiderspruch zu Art. 24 II GG ergeben würde, wenn nach Art. 24 II ein Auslandseinsatz lediglich im Rahmen und nach den Regeln eines Systems gegenseitiger kollektiver Sicherheit erfolgen darf, Art. 87 a hingegen Auslandseinsätze gar nicht erfaßt und damit jeden Auslandseinsatz - also auch denjenigen, der nicht der Verteidigung dient -, lediglich der weiten Schranke des Art. 26 GG unterwerfen würde.

bb) Die Übernahme militärischer Beistandspflichten

Nach Ansicht des BVerfG bietet der Art. 24 II GG neben der Möglichkeit einer Einordnung in ein System gegenseitiger kollektiver Sicherheit "auch die verfassungsrechtliche Grundlage für die Übernahme der mit der Zugehörigkeit zu einem solchen System typischerweise verbundenen Aufgaben und damit auch für eine Verwendung der Bundeswehr zu Einsätzen, die im Rahmen und nach den Regeln dieses Systems stattfinden".[66] Durch den Beitritt in ein solches System werde verfassungsrechtlich also auch die militärische Mitwirkung in einem solchen Sicherheitssystem ermöglicht. Diese Ermächtigung sei von Anfang an im Grundgesetz enthalten gewesen und auch der verfassungsändernde Gesetzgeber habe daran 1956 bzw. 1968 mit der Einführung der Vorschriften der Wehrverfassung bzw. Notstandsverfassung, insbesondere des Art. 87 a GG, nichts ändern wollen.[67] Die Verfassungsgeber von 1949 seien sich bei der Formulierung des Art. 24 II GG der - auch militärischen - Voraussetzungen für ein effektives System kollektiver Sicherheit und einer entsprechenden Verpflichtung der Bundesrepublik Deutschland durchaus bewußt gewesen.[68] Als Beleg hierfür wird angeführt, daß im Parlamentarischen Rat der Antrag des Abgeordneten RENNER (KPD) abgelehnt wurde, der dem Art. 24 II GG den Zusatz anfügen wollte, daß bei einer Einordnung i.S.d. Art. 24 II GG keine militärischen Hilfeleistungen irgendwelcher Art erbracht werden dürften.[69] Systeme gegenseitiger kollektiver Sicherheit, so das überwiegende Gerichtsvotum, bedienten sich nun einmal des Einsatzes von Streitkräften, so daß Beitritt und die Zurverfügungstellung militärischer Mittel miteinander verknüpft seien.[70] Durch die im Rahmen von NATO und WEU durchgeführten Militäroperationen leisteten deren Mitglieder ihren Beitrag zur Durchsetzung des für sie als UN-Mitglieder gemäß Art. 41 SVN i.V.m. Art. 48 SVN verbindlichen Embargos, wobei dann NATO und WEU quasi als ein gemeinsames Instrument ihrer Mitglieder in das UN-Friedenssicherungssystem einbezogen würden.[71] Das BVerfG betont hierbei, daß das Handeln der NATO bzw. WEU im Rahmen bewaffneter UN-Missionen seinerseits nicht *ultra vires*, d.h. nicht satzungswidrig sei, und damit vom nationalen Zustimmungsgesetz (Art. 59 II 1 GG) gedeckt werde.[72] Es verstoße nicht gegen den NATO-Vertrag, wenn integrierte Verbände der NATO

---

66 BVerfGE 90, 286 (345).
67 BVerfGE 90, 286 (356).
68 BVerfGE 90, 286 (346).
69 Vgl. v. DOEMMING/FÜSSLEIN/MATZ, Die Entstehungsgeschichte der Artikel des Grundgesetzes, JöR 1 n.F. (1951), 227.
70 BVerfGE 90, 286 (345).
71 BVerfGE 90, 286 (354).
72 BVerfGE 90, 286 (355).

bei einer Aktion der Vereinten Nationen eingesetzt werden, denn hiermit würden nur Verpflichtungen der NATO-Mitglieder aus der UN-Charta befolgt.

Das Argument, der Verfassungsgeber habe mit der Formulierung des Art. 24 II GG den Einsatz bewaffneter Streitkräfte im Rahmen eines Systems kollektiver Sicherheit schon von Anfang an bewußt mit einkalkuliert, hat aus Teilen der Literatur Kritik hervorgerufen. Zum einen könne man aus der Ablehnung des Antrags des Abgeordneten RENNER nicht ohne weiteres auf eine Billigung militärischer Hilfeleistungen durch den Parlamentarischen Rat schließen, denn die Anträge von RENNER seien durchweg abgelehnt, also aus politischen Gründen nicht in den Verfassungstext aufgenommen worden.[73] Außerdem sei das Begehren RENNER*s* nur ein Teil eines mehrere Punkte umfassenden Antrages gewesen, so daß unklar bleibe, welche Punkte die Mitglieder des Rates zur Ablehnung veranlaßt hätten.[74] Zum anderen sei die heutige Fassung des Art. 24 II GG keineswegs von Anfang an von der Mehrheit der Ratsmitglieder favorisiert worden, denn fast bis zum Schluß der Beratungen sei folgende Fassung diskutiert worden: "Der Bund kann im Interesse der Aufrechterhaltung des Friedens *sein Gebiet* (Hervorhebung durch Verf.) in ein System gegenseitiger kollektiver Sicherheit einordnen."[75] Es sei damit also die innerstaatliche Legalisierung der damaligen Besatzungsverhältnisse und ein Einbringen des *Gebietes* der Bundesrepublik in ein System kollektiver Sicherheit gemeint gewesen, keinesfalls aber die Ermächtigung zu Auslandseinsätzen von Streitkräften. Die geltende Fassung habe im wesentlichen der allgemeine Redaktionsausschuß nach der ersten Lesung im Hauptausschuß mit der Begründung vorgeschlagen, die Beschränkung auf die Einordnung des Gebietes erscheine zu eng, denn die Wahrung des Friedens könne eine Einordnung in ein System erforderlich machen, ohne daß das Gebiet als solches eingegliedert werden müsse.[76] Art. 24 II GG beziehe sich also auf das Gebiet der Bundesrepublik und ermächtige zur Stationierung ausländischer Truppen im Inland. Wie Art. 87 a GG den Einsatz inländischer Streitkräfte im Innern regele, so regele Art. 24 II GG den Einsatz ausländischer Streitkräfte im Innern.[77] Das Recht, sich in ein militärisches System kollektiver Sicherheit einzuordnen und eigene Truppen fremder Kommandogewalt zu unterstellen, ergebe sich nicht aus Art. 24 II GG, sondern sei ein selbstverständliches Souveränitätsrecht, das jedem Staat kraft seiner Staatlichkeit (ohne verfassungsrechtliche Ermächtigung) zustehe.[78]

---

73 ROELLECKE, Der Staat 34 (1995), 415 (417).
74 NOLTE, ZaöRV 54 (1994), 652 (656).
75 Vgl. ROELLECKE, a.a.O.
76 v. Doemming/Füsslein/Matz, a.a.O., S. 228.
77 ROELLECKE, a.a.O., S. 418.
78 ROELLECKE, a.a.O.

b) Kennzeichen von Systemen kollektiver Sicherheit nach der Definition des BVerfG

Ein System gegenseitiger kollektiver Sicherheit i.S.d. Art. 24 II GG ist gemäß der Entscheidung des BVerfG dadurch gekennzeichnet, daß es "durch ein friedenssicherndes Regelwerk und den Aufbau einer eigenen Organisation für jedes Mitglied einen Status völkerrechtlicher Gebundenheit begründet, der wechselseitig zur Wahrung des Friedens verpflichtet und Sicherheit gewährt".[79] Die Einbeziehung eines potentiellen Gegners wird damit nicht mehr vorausgesetzt.[80] Regelungsziel des Art. 24 II GG sei im Jahre 1949 gewesen, ein staatenübergreifendes System der Friedenssicherung zu schaffen, das der Bundesrepublik zudem die militärische Sicherheit geben sollte, die sie damals schon mangels eigener Streitkräfte nicht gewährleisten konnte. "Gegenseitige kollektive Sicherheit" sollte den militärischen Schutz durch die Vertragspartner vermitteln und dabei sicherstellen, daß die Bundesrepublik nicht lediglich Pflichten übernimmt, sondern auch das Recht auf Beistand gleichsam als Gegenleistung erhält.[81] Jeder Staat und damit auch Deutschland sollte gleichzeitig Garant und Garantieempfänger sein. Insoweit bestünde auch kein Gegensatz zwischen Systemen kollektiver Sicherheit und kollektiver Selbstverteidigung, denn ob ein System ausschließlich oder vornehmlich unter den Mitgliedstaaten Frieden garantieren oder bei Angriffen von außen zum kollektiven Beistand verpflichten soll, sei unerheblich.[82] Auch die UN-Charta lasse kollektive Verteidigungsbündnisse ausdrücklich zu und bestätige damit, daß - obwohl auf einem binnengerichteten Schutz basierend - sich zur Wahrung des internationalen Friedens eine Organisationsform, in der alle Mitglieder einem Angegriffenen bei einem Angriff eines Mitgliedstaates beistehen, und eine solche, in der sich die Mitgliedstaaten zur gegenseitigen Unterstützung bei einem Angriff durch einen Nicht-Mitgliedstaat verpflichten, ergänzten.[83] Auch Bündnisse kollektiver Selbstverteidigung könnten somit Systeme gegenseitiger kollektiver Sicherheit i.S.d. Art. 24 II GG sein, wenn und soweit sie strikt auf die Friedenswahrung verpflichtet sind.

Während nun nach Ansicht des BVerfG und der großen Mehrheit in der Literatur zu einem solchen friedenssichernden System unstrittig von Anfang an die

---

[79] BVerfGE 90, 286 (349).
[80] Vgl. NOLTE, ZaöRV 54 (1994), 652 (658).
[81] BVerfGE 90, 286 (348f.).
[82] BVerfGE 90, 286 (349).
[83] BVerfGE, a.a.O.

Friedenssicherung in den Vereinten Nationen zählte,[84] war LANGE Zeit umstritten, ob auch Organisationen wie die NATO[85] und die WEU,[86] die ihrem Satzungszweck entsprechend als Verteidigungsbündnisse gelten[87] (vgl. Art. 5 NATO-Vertrag bzw. Art. V WEU-Vertrag) als Systeme gegenseitiger kollektiver Sicherheit angesehen werden können. Diese Frage konnte im sog. Mittelstreckenwaffen-Urteil vom BVerfG noch ausdrücklich offengelassen werden, weil dort die Stationierung von Atomraketen gemäß dem Zusammenwirken von NATO-Vertrag, Aufenthaltsvertrag und Deutschlandvertrag in seinen Auswirkungen auf die deutsche Gebietshoheit als Einräumung von Hoheitsrechten i.S.d. Art. 24 I GG qualifiziert wurde.[88] Im Urteil vom 12.7.1994 hingegen sah das Verfassungsgericht unter dem Blickwinkel eine Notwendigkeit zur Beantwortung, daß NATO und WEU Mandate des UN-Sicherheitsrates im ehemaligen Jugoslawien ausgeführt und dabei integrierte Strukturen der NATO in Anspruch genommen haben.[89] Die Einwilligung in die Beschränkung deutscher Hoheitsrechte, die mit der Einordnung in solche Strukturen unter Überlassung militärischer Kommandogewalt verbunden sei, müsse am Maßstab des Art. 24 II GG gemessen werden. Die NATO bilde ein Sicherheitssystem, in dem die Mitglieder "ihre Bemühungen für die gemeinsame Verteidigung und für die Erhaltung des Friedens und der Sicherheit vereinigen" (Präambel des NATO-Vertrages). Diesem Ziel entspreche die eigentliche Bündnisverpflichtung in Art. 5 NATO-Vertrag ebenso wie die Verpflichtungen, Streitfälle, an denen die Vertragsstaaten beteiligt sind, mit friedlichen Mitteln zu lösen (Art. 1 NATO-Vertrag) und Konsultationen bei Krisenfällen einzuberufen (Art. 4 NATO-Vertrag). Damit, so das BVerfG, sei die NATO durch ein friedenssicherndes Regelwerk und den Aufbau einer Organisation gekennzeichnet, die es zulassen, sie als System gegenseitiger kollektiver Sicherheit i.S.d. Art. 24 II GG zu bewerten.[90]

---

[84] Vgl. RIEDEL, DÖV 1989, 890 (894f.) m.w.N.; BLUMENWITZ, BayVBl. 1994, 641; DOEHRING, HStR VII, § 177 Rn. 6, 14; VERDROSS/SIMMA, Universelles Völkerrecht, §§ 92ff., 231ff.; ZIMMER, Einsätze, S. 64, 131; NOLTE, ZaöRV 54 (1994), 95 (111); RAAP, JuS 1996, 980 (982); so wohl auch die Abgeordneten V. MANGOLDT und SCHMID im Parlamentarischen Rat in der 20. Sitzung des Ausschusses für Grundsatzfragen vom 10.11.1948 (Wortprotokoll), in: Der Parlamentarische Rat 1948-1949. Akten und Protokolle, Bd. 5/2 (1993), Dokument Nr. 25, S. 521 (543).

[85] Nordatlantikvertrag vom 4.4.1949 i.d.F. vom 17.10.1951, BGBl. 1955 II, 289ff.

[86] Vertrag über die Westeuropäische Union (vormals "Brüsseler Vertrag") vom 17.3.1948 i.d.F. vom 23.10.1954, BGBl. 1955 II, 283ff.

[87] WOLFRUM, HStR VII, § 176 Rn. 3ff.

[88] BVerfGE 68, 1 (80f., 95) - Urteil vom 18.12.1984.

[89] BVerfGE 90, 286 (350).

[90] BVerfGE 90, 286 (351).

c) Enge völkerrechtliche Auslegung des Begriffs "kollektive Sicherheit"

Diese weite Auslegung des Begriffs "kollektive Sicherheit" wird von einer verbreiteten Ansicht in der Literatur abgelehnt. Nach dieser Auffassung ist der in Art. 24 II GG verwendete Begriff "System gegenseitiger kollektiver Sicherheit" ein völkerrechtlicher Terminus technicus, der in Abgrenzung zu Verteidigungsbündnissen so zu interpretieren sei, daß sich die Mitglieder durch gegenseitigen Gewaltverzicht Sicherheit sowie Hilfe für den Fall der Gewaltanwendung *durch einen Mitgliedstaat* versprechen.[91] Die NATO und die WEU fallen demzufolge nicht unter diesen Begriff, da ihre Hauptaufgabe[92] gemäß den Satzungen lediglich eine Beistandspflicht im Falle eines bewaffneten Angriffs durch einen Nichtmitgliedstaat darstelle.[93] Die NATO als ein System gegenseitiger kollektiver Sicherheit zu qualifizieren sei vor allem deshalb bedenklich, weil ihre bei Gründung einseitige Ausrichtung gegen die Expansionspolitik der Sowjetunion[94] dem Grundgedanken der kollektiven Sicherheit widerspreche.[95] Kollektive Sicherheitsbündnisse dürften sich nicht nur gegen einen oder bestimmte potentielle Angreifer richten, sondern müßten jedem potentiellen Friedensbrecher glaubhaft signalisieren, daß das Risiko einer Aggression untragbar ist.[96] Während nun kollektive Sicherheit die Friedenserhaltung- und Wiederherstellung im Konflikt- und Kriegsfalle als gemeinsames Problem be-

---

[91] WIELAND, DVBl. 1991, 1174 (1177); FRANK, in: AK-GG, Art. 24 Rn. 7; MENZEL, in: Schaumann, Gewaltverbot, S. 261 (286f.); WOLFRUM, HStR VII, § 176 Rn. 17; IPSEN, Völkerrecht, § 60 Rn. 38, 40; MÖSSNER, in: FS SCHLOCHAUER, S. 97 (110); CARLO SCHMID, Diskussion im Parlamentarischen Rat im Ausschuß für Grundsatzfragen, JöR 1 n.F. (1951), 227.

[92] Art. 5 NATO-Vertrag lautet: „Die Parteien vereinbaren, daß ein bewaffneter Angriff gegen eine oder mehrere von ihnen in Europa oder Nordamerika als ein Angriff gegen sie alle angesehen wird; sie vereinbaren daher, daß im Falle eines solchen bewaffneten Angriffs jede von ihnen in Ausübung des in Artikel 51 der Satzung der Vereinten Nationen anerkannten Rechts der individuellen oder kollektiven Selbstverteidigung der Partei,...die angegriffen wird, Beistand leistet, indem jede von ihnen unverzüglich für sich und im Zusammenwirken mit den anderen Parteien die Maßnahmen, einschließlich der Anwendung von Waffengewalt, trifft, die sie für erforderlich erachtet, um die Sicherheit des nordatlantischen Gebiets wiederherzustellen und zu erhalten...".

[93] In diesem Sinne DOEHRING, HStR VII, § 177 Rn. 13; DERS., Völkerrecht, Rn. 458; GEIGER, Grundgesetz und Völkerrecht, § 67 II; WOLFRUM, a.a.O.; ZIMMER, Einsätze, S. 134f.; LUTZ, NJ 1994, 505f.

[94] Die Eindämmung sowjetischer Expansionspolitik war bis Ende der achtziger Jahre unbestritten die Hauptfunktion der NATO, vgl. RICHARDSON, Deutschland und die NATO, S. 138; STEINHOFF, Wohin treibt die NATO?, S. 52. Vgl. die sowjetische Sichtweise bei WETTIG, Die NATO im amtlichen sowjetischen Denken und Handeln, in: Berichte des Bundesinstituts für ostwissenschaftl. u. internat. Studien, Nr. 50/1989.

[95] RIEDEL, Einsatz deutscher Streitkräfte, S. 116; EICHEN, NZWehrr 1984, 221 (231).

[96] LUTZ, NJ 1994, 505f.

greift und die Sicherheit nicht nur auf der unsicheren Stabilität eines stets gefährdeten Gleichgewichts gegeneinandergerichteter Militärblöcke stützen will (sondern durch die Übermacht und überwältigende Überlegenheit der friedliebenden Mitglieder des Systems garantieren will), folge das System kollektiver Selbstverteidigung genau dem umgekehrten Prinzip: mit Hilfe eines militärischen Abschreckungssystems solle strategische Stabilität (*balance of power*) durch militärisches Gleichgewicht erreicht werden.[97] Der Unterschied zwischen beiden Systemen sei auch von der Charta der Vereinten Nationen berücksichtigt worden, die zu Recht in Art. 51 SVN einerseits und Art. 52 bis 54 SVN andererseits zwischen Systemen der kollektiven Verteidigung und (regionalen) Systemen der kollektiven Sicherheit differenziere.[98] Den einzigen, wenn auch recht unklaren Anhaltspunkt für die Einordnung des Verteidigungsbündnisses NATO als ein System kollektiver Sicherheit biete Art. 1 des NATO-Vertrages, wonach die Parteien sich verpflichten, Streitfälle, an denen sie beteiligt sind, mit friedlichen Mitteln beizulegen. Da der Vertrag über diese Art der Streitbeilegung unter den Mitgliedern selbst - falls solche gemeint sein sollten - keine Regelungen zur Verfügung stellt,[99] sondern solche nur für den Fall der gemeinsamen Verteidigung nach außen vorsieht, könne man bestenfalls von einer Verpflichtung zu kollektiver Sicherheit sprechen, nicht aber von einem entsprechenden "System".[100]

Letztlich begründe sich die Unterscheidung zwischen Systemen kollektiver Selbstverteidigung und kollektiver Sicherheit - trotz gewisser Gemeinsamkeiten[101] - also darin, daß erstere nach außen, letztere nach innen gerichtet seien.[102] Dies werde durch die Verwendung des Wortes "gegenseitig" in Art. 24 II GG auch vom Grundgesetz so gesehen.[103]

---

97 Vgl. zur militärischen Abschreckung als wesentliches Element der Sicherheitspolitik der westlichen Allianz ROSENKRANZ, in: KAISER/KREIS, Sicherheitspolitik, S. 273ff.

98 LUTZ, a.a.O.

99 So schon US-Außenminister DULLES am 22.5.1956, Department of State Bulletin 1956, 925.

100 DOEHRING, HStR VII, § 177 Rn. 13. Ähnlich argumentiert SCHROEDER (JuS 1995, 398, 402), der es allerdings aufgrund der in Art. 1, 2 und 4 NATO-Vertrag niedergelegten konkreten Verpflichtungen zu Konsultationen zumindest für vertretbar hält, daß der NATO-Vertrag neben einem Verteidigungsbündnis zumindest *auch* als ein System gegenseitiger kollektiver Sicherheit angesehen wird.

101 DOEHRING, a.a.O., Fn. 47 betont die gemeinsame Friedenssicherungsfunktion beider Systemarten. Vgl. auch RANDELZHOFER, in: MAUNZ/DÜRIG, GG, Art. 24 II, Rn. 20ff.

102 Das Kriterium der Binnengerichtetheit, also der Einbeziehung potentieller Gegner, betont auch DELBRÜCK, in: EPIL 3 (1982), 105.

103 WOLFRUM, HStR VII, § 176 Rn. 17; TOLUSCH, Die Verpflichtungen der Bundesrepublik, S. 119f.

Auch wenn eine einheitliche Definition des Terminus "kollektive Sicherheit" bislang fehlt,[104] lassen sich nach der engeren völkerrechtlichen Definition folgende Wesensmerkmale festhalten:[105]

- das Vorliegen eines die Friedenssicherung verfolgenden Regelungswerkes bzw. Vertragssystems,
- der Zusammenschluß zu einer Organisation, die über die Mittel verfügt, Streitigkeiten unter den Mitgliedern notfalls durch Gewaltanwendung zu beenden,
- der Anspruch auf Universalität und damit Einbeziehung potentieller Gegner in das System,
- die Wechselseitigkeit von Sicherheit empfangen und Sicherheit gewähren, und
- die Verpflichtung zum Gewaltverzicht bei gleichzeitiger Bereitschaft der Gewaltanwendung gegen den Friedensbrecher.

d) Weite verfassungsrechtliche Auslegung

Entgegen der engen völkerrechtlichen Auslegung messen andere Autoren dem in Art. 24 II GG verwendeten Begriff "System gegenseitiger kollektiver Sicherheit" eine eigenständige verfassungsrechtliche Bedeutung zu. Von dieser Vorschrift seien auch solche Systeme erfaßt, die dem Schutz gegen Angriffe durch Dritte dienen.[106] Damit fallen auch kollektive Verteidigungsbündnisse in den Anwendungsbereich des Art. 24 II GG, denn auch für diese gelte das Prinzip "Alle für einen, einer für alle"; eine Differenzierung insoweit sei daher nicht geboten. Dieser Ansicht hat sich nunmehr nicht nur das BVerfG angeschlossen, sondern seinerzeit offenbar auch die Bundesregierung, die im Beitritt zur NATO "einen Anwendungsfall des Art. 24 II GG" sah.[107] Der Kreis der Systeme gegenseitiger kollektiver Sicherheit wird damit auch auf solche Organisationen ausgedehnt, bei denen sich einzelne Staaten zu einem nach außen gerichte-

---

104 Die Vielfalt der diesbezüglich von Anfang an (V. MANGOLDT, Das Bonner Grundgesetz, 1953, Art. 24 Erl. 4) und bis in die Gegenwart (RANDELZHOFER, in: MAUNZ/DÜRIG, GG, Art. 24 II Rn. 11; STERN, Staatsrecht II, § 15 IV 3; TOMUSCHAT, in: BoK-GG, 1985, Art. 24 Rn. 136; BLECKMANN, Grundgesetz und Völkerrecht, S. 230; DÄUBLER, Stationierung und Grundgesetz, S. 114) vertretenen unterschiedlichen Deutungsmöglichkeiten hebt das BVerfG selbst hervor (E 90, 286, 347f.).

105 Nach SCHULTZ, Die Auslandsentsendung, S. 324.

106 RANDELZHOFER, in: MAUNZ/DÜRIG, GG, Art. 24 II Rn. 21; GREWE, AöR 78 (1952/53), 242ff.; DERS., HStR III, § 77 Rn. 77; STERN, Staatsrecht I, § 15 IV 3; KLEIN, in: V. MANGOLDT/KLEIN, GG, Art. 24 Anm. 4; HERDEGEN, Völkerrecht, § 46 Rn. 4; ROJAHN, in: v. MÜNCH/KUNIG, GG, Art. 24 Rn. 88. Im Ergebnis auch HEUN, JZ 1994, 1073 (1074).

107 Antwort der BReg. vom 5.10.1983 auf eine Anfrage der Abg. SCHILY u.a., BT-Drs. 10/444, S. 12.

ten Bündnis zusammenschließen, das jeden bekämpft, der nicht Organisationsmitglied ist und ein Mitglied der Organisation angreift. Die Befürworter dieses "erweiterten" Verständnisses kollektiver Sicherheit verweisen darauf, daß ein solches System nicht universell wie die UNO organisiert sein müsse, sondern auch als regionale Einrichtung einen stabilisierenden Zweck erfüllen könne. Dies könne man daran ersehen, daß sich bisher alle Systeme kollektiver Sicherheit auf regionale Untergruppierungen abgestützt hätten.[108] NATO und WEU seien nämlich ursprünglich *auch* als Regionalorganisationen i.S. des Achten Kapitels der UN-Satzung und damit als Bausteine im kollektiven Sicherheitssystem der Vereinten Nationen konzipiert.[109] Außerdem sei die kollektive Selbstverteidigung durch Art. 51 der Satzung der Vereinten Nationen von dem "Prototypen" eines Systems gegenseitiger kollektiver Sicherheit[110] ausdrücklich anerkannt, so daß sich kollektive Sicherheit und kollektive Selbstverteidigung nicht gegenseitig ausschlössen, sondern ergänzten, sofern sie sich am gemeinsamen Ziel der Friedenssicherung orientierten.[111] Beide Systemarten unterschieden sich lediglich in der Anzahl der Staaten, die dem Angegriffenen beistünden. Daher solle man sich bei der Auslegung des Art. 24 II GG nicht an theoretischen Konzepten, sondern an dessen Ziel - der Friedenswahrung - orientieren. Letztlich handele es sich bei NATO und WEU ohnehin um keine reinen Militärbündnisse herkömmlicher Art, sondern um Zusammenschlüsse ausschließlich zur Verteidigung, die in ihren Satzungen das Gewaltverbot im Rahmen der UN-Charta wie auch deren übrige Vorschriften achteten[112] und daher als Ergänzung des UN-Systems angesehen werden könnten. Zudem führe das große NATO-Vertragsgebiet und die hohe Zahl der Mitgliedstaaten zu einer "Rationalisierung der Entscheidungsprozesse und zur Sicherung gegen Übereilung und Emotionalität".[113]

e) Bewertung

Im Ergebnis ist der weiten verfassungsrechtlichen Auffassung zu folgen, der sich auch das Bundesverfassungsgericht angeschlossen hat. Entscheidend für diese Auffassung spricht die offensichtliche Motivation des Verfassungsgebers im Jahre 1949, ein staatenübergreifendes System der Friedenssicherung zu

---

108 TOMUSCHAT, in: BoK-GG, Art. 24 Rn. 135, 179f.; EMDE, NZWehrr 1992, 133 (137f.).

109 NOLTE, ZaöRV 54 (1994), 95 (99, 112).

110 So SCHULTZ, Die Auslandsentsendung, S. 324.

111 RANDELZHOFER, in: MAUNZ/DÜRIG, GG, Art. 24 II Rn. 15.

112 Vgl. Art. 1 NATO-Vertrag: Verpflichtung zur friedlichen Streitbeilegung gemäß Art. 33 ff. SVN; Art. 5: Selbstverteidigung nur in Übereinstimmung mit Art. 51 SVN; Art. 7: Rechte und Pflichten aus der UN-Charta bleiben unberührt. Ähnliche Bestimmungen finden sich in Art. V, VI und X WEU-Vertrag.

113 TOMUSCHAT, in: BoK-GG, Art. 24 Rn. 137.

schaffen, in dem sich die Mitglieder „Sicherheit" im weitesten Sinn versprechen, mithin eine militärische Beistandspflicht bei allen Krisensituationen vereinbart werden sollte, gleichgültig, ob die Gefahr von Mitgliedern des Bündnisses oder Dritten ausgeht. Es ist kein Grund ersichtlich, daß sich die Verfassung einer engen, völkerrechtlichen Definition des Begriffs „kollektive Sicherheit" angeschlossen hat, zumal die Begriffselemente dieser restriktiven Sichtweise durchaus nicht unumstritten sind. Der Verfassungsgeber hat sich in Kenntnis der unterschiedlichen Definitionsansätze und angesichts der bereits existierenden UNO, WEU und NATO gegen eine ausdrückliche Umschreibung der Begriffsmerkmale „kollektive Sicherheit" entschieden, und somit die Möglichkeit alternativer Deutungsmöglichkeiten einkalkuliert. In Anbetracht der vergangenen nationalsozialistischen Aggressionspolitik und des erkennbaren kommunistischen Bedrohungspotentials war das entscheidende Ziel die Einordnung in ein System der Friedenswahrung – gleichgültig, mit welchem Konzept dieses verfolgt werden konnte.

Somit können sowohl NATO als auch WEU aufgrund ihres friedenssichernden Regelwerks unter dem Begriff des "Systems gegenseitiger kollektiver Sicherheit" gemäß Art. 24 II GG subsumiert werden. Der Charakter einer den Frieden wahrenden Organisation ergibt sich u.a. aus dem starken inneren Bezug, den der NATO-Vertrag zur UN-Charta herstellt. Insbesondere verpflichten sich die Mitgliedstaaten der NATO zur Achtung des Gewaltverbots und zur friedlichen Streitbeilegung.[114]

f) Auswirkungen der Subsumtion von NATO und WEU unter Art. 24 II GG für die Ausgangsfrage

Interessanterweise haben auch die vier dissentierenden Richter die Auffassung mitgetragen, daß die Zustimmung des deutschen Gesetzgebers zum NATO-Vertrag auch den Fall abdeckt, daß integrierte Verbände im Rahmen einer Aktion der Vereinten Nationen, deren Mitglied die Bundesrepublik ist, eingesetzt werden.[115] Diese Feststellung impliziert die Auffassung, daß ein Tätigwerden der NATO für die Vereinten Nationen bereits im NATO-Vertrag angelegt sei. Dies steht zu der später geäußerten Ansicht der dissentierenden Richter in Widerspruch, wonach der NATO-Vertrag friedenssichernde und friedens-

---

[114] Vgl. den Wortlaut von Art. 1 NATO-Vertrag: "Die Parteien verpflichten sich, in Übereinstimmung mit der Satzung der Vereinten Nationen jeden internationalen Streitfall, an dem sie beteiligt sind, auf friedlichem Wege so zu regeln, daß der internationale Friede, die Sicherheit und die Gerechtigkeit nicht gefährdet werden, und sich in ihren internationalen Beziehungen jeder Gewaltandrohung oder Gewaltanwendung zu enthalten, die mit den Zielen der Vereinten Nationen nicht vereinbar ist".

[115] BVerfGE 90, 286 (355).

schaffende Maßnahmen in Drittländern unter der Ägide der Vereinten Nationen nicht als Aufgabe im Vertragstext vorgesehen habe.[116] Diese widersprüchliche Argumentation der dissentierenden Richter ist nur dann verständlich, wenn man die Diskussion um den Charakter der NATO als spezifisch verfassungsrechtliche Fragestellung betrachtet, mit der keine abschließende völkerrechtliche Bewertung der Kennzeichen eines Systems kollektiver Sicherheit verbunden sein sollte. Der Senat in seiner Gesamtheit wollte lediglich die Frage entscheiden, ob die Mitwirkung an den entsprechenden NATO- und WEU-Militäraktionen *verfassungsrechtlich* erlaubt ist. Er hat damit die Frage, ob NATO und WEU als Systeme kollektiver Sicherheit im Sinne des Art. 24 II GG anzusehen sind, bewußt von dem Problem der möglicherweise zustimmungsbedürftigen dynamischen Weiterentwicklung der Bündnisverträge unterschieden.

aa) NATO und WEU als Systeme kollektiver Sicherheit: eine entscheidungserhebliche Frage?

Allerdings taucht zu Recht die Frage auf, ob denn die allgemeine Frage, ob auch NATO und WEU kollektive Sicherheitssysteme i.S.d. Art. 24 II GG seien, vom BVerfG überhaupt hätte beantwortet werden müssen.[117]

(1) Keine Entscheidungserheblichkeit der Frage

Dagegen spricht, daß sich das Gericht auf die unbestrittene Feststellung hätte beschränken können, daß die Vereinten Nationen ein Sicherheitssystem i.S.d. Art. 24 II GG sind und die fraglichen Einsätze alle zur Umsetzung von Beschlüssen des Sicherheitsrates durchgeführt worden waren.[118] Auf dieser Grundlage hätte es die Einschaltung von NATO und WEU ohne weiteres als Erscheinungsformen des kollektiven Sicherheitsmechanismus der Vereinten Nationen erklären können.[119] Dies hätte zur Folge gehabt, daß es für die Annahme der verfassungsrechtlichen Zulässigkeit einer deutschen Beteiligung an UN-

---

[116] SCHULTZ, Auslandsentsendung, S. 480.

[117] Bejahend SCHROEDER, JuS 1995, 398 (402); HEUN, JZ 1994, 1073 (1074); verneinend NOLTE, ZaöRV 54 (1994), 652 (657); STEIN/KRÖNINGER, Jura 1995, 254 (260).

[118] Vgl. die vorgetragene Auffassung der Bundesregierung in BVerfGE 90, 286 (329).

[119] NOLTE, a.a.O. Eine diesbezügliche Andeutung bringt das BVerfG (E 90, 286, 354) selber, indem es ausdrücklich anerkennt, daß bei den von NATO und WEU durchgeführten Operationen deren Mitgliedstaaten ihren Beitrag zur Durchsetzung des für sie verbindlichen UN-Embargos leisten, diese sich also lediglich des institutionellen Rahmens der Organisation bedienten, um ihrer Pflicht zur Umsetzung der Beschlüsse des Sicherheitsrats nachzukommen. NATO und WEU werden danach als Instrumente zur Umsetzung der Verpflichtungen aus der UN-Charta angesehen.

Einsätzen in integrierten NATO-Verbänden nach Art. 24 II GG genügt hätte, wenn der Einsatz nach der UN-Charta zulässig ist, und die Vereinten Nationen ihre Mitgliedstaaten zum Ergreifen von Maßnahmen autorisiert hätten.

(2) Bundeswehrbeteiligung erfordert auch Zulässigkeit im Rahmen des NATO-Vertrages

Eine Reihe von Autoren hält allerdings die Charakterisierung von NATO und WEU als Systeme gegenseitiger kollektiver Sicherheit im Rahmen der Entscheidung durchaus für notwendig. Denn eine Mitwirkung deutscher Streitkräfte an den Aktionen integrierter NATO-Verbände sei verfassungsrechtlich nur dann zulässig, wenn diese Tätigkeiten im Rahmen der UN-Friedenssicherung der NATO vertraglich übertragen worden seien, d.h. sich nicht *ultra vires* abgespielt hätten.[120] Es sei unbestritten, daß die NATO nur im Rahmen ihrer vertraglich begründeten Aufgabenzuweisung tätig werden dürfe. Selbst wenn also die NATO-Mitgliedstaaten von der UNO zu bestimmten Handlungen autorisiert worden seien, sei die verfassungsrechtliche Zulässigkeit dieser Aktionen im Rahmen des Art. 24 II GG nur dann gegeben, wenn ein entsprechender Kompetenzübertragungsakt (hier: das Zustimmungsgesetz zum NATO-Vertrag) eine deutsche Beteiligung innerhalb integrierter NATO-Verbände erlaube. Bei der rechtlichen Beurteilung des Handelns der NATO spiele es keine Rolle, ob sie kraft eigener Kompetenz oder quasi als "Subunternehmer" für andere fungiert. In allen Fällen müsse das Handeln im Einklang mit den jeweiligen Statuten stehen.[121]

Das BVerfG hat sich dieser Ansicht angeschlossen und einen Bundeswehreinsatz im Rahmen einer kollektiven Sicherheitsmaßnahme mit Hilfe von NATO-Militärverbänden verfassungsrechtlich nur dann für zulässig angesehen, wenn er nach den Regeln *beider* Systeme, also nach der UN-Charta *und* nach dem Nordatlantikvertrag zulässig ist ("doppelte Zulässigkeitsprüfung"). Dies wird daran deutlich, daß das Gericht betont, die mit der Einordnung in ein System gegenseitiger kollektiver Sicherheit (gemeint ist hier die NATO) verbundene Beschränkung von Hoheitsrechten[122] erlaube auch die Beteiligung deutscher Soldaten an militärischen Unternehmungen auf der Grundlage des Zusammenwirkens von Sicherheitssystemen (der UNO und der NATO) in deren jeweiligen

---

[120] SCHROEDER, JuS 1995, 398 (402).

[121] SCHULTZ, Auslandsentsendung, S. 338. In diesem Sinne auch NOLTE, ZaöRV 54 (1994), 652 (667f.).

[122] Das BVerfG hat die Unterstellung deutscher Truppen nicht als Übertragung von Hoheitsrechten i.S.d. Art. 24 I GG gewertet, sondern unter Art. 24 II GG gefaßt.

Rahmen, wenn sich Deutschland mit gesetzlicher Zustimmung diesen Systemen eingeordnet hat.[123]

(3) Bewertung der Fragestellung

Letztlich sprechen für die Notwendigkeit einer Entscheidung, ob denn NATO und WEU als Systeme gegenseitiger kollektiver Sicherheit angesehen werden können, die besseren Argumente. Allein der Umstand, daß den NATO-Befehlseinrichtungen bei den Einsätzen in Restjugoslawien Kommandogewalt über deutsche Truppen eingeräumt wurde - und dies vom BVerfG als Einschränkung von Hoheitsrechten gewertet wurde[124]- macht eine entsprechende Qualifizierung der NATO erforderlich, denn nur zugunsten von Systemen gegenseitiger kollektiver Sicherheit ist eine Einschränkung von Hoheitsrechten gemäß Art. 24 II GG überhaupt zulässig. Das Argument, die Zulässigkeit von NATO-Aktionen zur Umsetzung entsprechender Resolutionen des Sicherheitsrates ergebe sich bereits aus Art. 41 i.V.m. Art. 48 der Satzung der Vereinten Nationen und bedürfe deshalb keiner Legitimation durch den NATO-Vertrag, greift zu kurz, denn der völkerrechtliche Grundsatz, daß eine internationale Organisation[125] grundsätzlich nur mit solchen Kompetenzen ausgestattet ist, die ihr zur Erfüllung ihrer im Gründungsvertrag zugewiesenen Aufgaben ausdrücklich eingeräumt werden,[126] verbietet ein Tätigwerden außerhalb der Reichweite des Gründungsvertrages. Das BVerfG mußte also darüber eine Entscheidung treffen, ob das Zustimmungsgesetz zum Nordatlantikvertrag auch den Fall abdeckt, daß integrierte Verbände der NATO im Rahmen einer Aktion der Vereinten Nationen eingesetzt werden. Indem es diese Frage bejaht,[127] legt es den Nordatlantikvertrag in der Weise aus, daß dieser militärische Einsätze nicht nur zur kollektiven Selbstverteidigung, sondern auch zur kollektiven Friedenssicherung zumindest zuläßt. Damit deutet das Gericht schon im Rahmen der Prüfung der generellen Zulässigkeit von *out of area*-Einsätzen der Bundeswehr an, daß es bei der Wahrnehmung von Aufgaben der kollektiven Friedenssicherung keine derart wesentliche Änderung des Aufgabenkreises des Nordatlantikpaktes erblickt, die einer Ergänzung des Vertrages und damit einer Änderung

---

[123] BVerfGE 90, 286 (351). Eine ähnliche Feststellung trifft das Gericht auf S. 353, wo die verfassungsrechtliche Grundlage für die Beteiligung an der Umsetzung der Sicherheitsratsbeschlüsse in Art. 24 II GG in Verbindung mit den Zustimmungsgesetzen zum Beitritt zum Nordatlantikvertrag und zur Charta der Vereinten Nationen gesehen wird.

[124] BVerfGE 90, 286 (350).

[125] Es wird allerdings noch zu zeigen sein, daß die NATO als eine internationale Organisation anzusehen ist, siehe unten VI. 1.

[126] Vgl. IPSEN, Völkerrecht, § 6 Rn. 6. Die Frage, ob die NATO nach den Grundsätzen der "implied powers" hier ungeschriebene Kompetenzen in Anspruch nehmen konnte, wird noch erörtert, siehe unten VI.

[127] BVerfGE 90, 286 (355).

des ursprünglichen Zustimmungsgesetzes bedurft hätte. Diese Sichtweise ist zwar mit dem Argument in Frage gestellt worden, daß die von der NATO im Zusammenhang mit dem Krieg im ehemaligen Jugoslawien durchgeführte Luft- und Seeüberwachung nicht zu den im NATO-Vertrag genannten Aufgaben zähle, und sich auch keinesfalls unter die Aufgaben eines Systems gegenseitiger kollektiver Sicherheit im *völkerrechtlichen* Sinne subsumieren lasse, da die von den Operationen betroffenen Völkerrechtssubjekte nicht Mitglieder der NATO seien.[128] Allerdings wird der Einsatz dann doch mit der Begründung als verfassungsrechtlich unbedenklich angesehen, im Hinblick auf Art. 24 II GG genüge es, daß die NATO ein zur Friedenswahrung verpflichtetes Bündnis sei.

Letztlich ist die Entscheidung der Frage, ob denn auch die NATO ein System kollektiver Sicherheit sei, mit Blick auf die oben bereits kurz dargestellte Fragestellung dieser Arbeit deshalb von Bedeutung, weil von ihrer Beantwortung abhängt, ob der NATO-Vertrag in dieser Hinsicht eine - nicht mehr vom ursprünglichen Vertragszweck gedeckte - dynamische Fortentwicklung erfahren hat. Lassen sich unabhängig von einer - zugegebenermaßen nur bedingt aussagekräftigen - verfassungsrechtlichen Auslegung auch Hinweise aus der Staatenpraxis für den NATO-Vertragszweck "kollektive Friedenssicherung" finden, dann liegt die Annahme nahe, daß die Übernahme von friedenssichernden und friedensschaffenden Maßnahmen in Drittländern doch als Aufgabe im NATO-Vertragstext angelegt ist.

bb) Historische und teleologische Argumente für die Qualifizierung der NATO als System kollektiver Sicherheit

Im folgenden soll gezeigt werden, daß das Kriterium der Friedenspflicht tatsächlich eine Qualifizierung der NATO als System gegenseitiger kollektiver Sicherheit erlaubt, und dies auch durch die Entstehungsgeschichte des Nordatlantikvertrages gestützt wird.

Mit der vereinzelt vertretenen Behauptung, die nordatlantische Allianz diene sogar *in erster Linie* den Zielen und Prinzipien der UN-Charta und der Bildung einer neuen Weltordnung,[129] wird schon von vornherein der singuläre Charakter der NATO als reines Verteidigungsbündnis in Abrede gestellt. Gründe für diese Sichtweise können der sog. *Vandenberg-Resolution* entnommen werden, einer Entschließung des US-Senats vom 11.6.1948 (benannt nach dem Vorsitzenden des Senatsausschusses für Auswärtige Angelegenheiten), mit der der amerikanischen Regierung eine Reihe von sicherheitspolitischen Vorschlägen unterbreitet wurden.[130] Mit der Vandenberg-Resolution wurde die Gründung der NATO

---

128 WOLFRUM, ZaöRV 53 (1993), 576 (593); SCHROEDER, JuS 1995, 398 (402).

129 BARRETT, in: PETERS (Hg.), New Security Challenges, S. 129, Fn. 12.

130 Text der Resolution in Department of State Bulletin 1948, S. 366.

1949 eingeleitet, wobei sich die Gründungsmitglieder bei den Verhandlungen im wesentlichen von den darin enthaltenen Ideen leiten ließen.[131] Unter anderem wurde den USA der Beitritt zu solchen regionalen oder anderen kollektiven Abkommen empfohlen, welche auf ständiger wirksamer Selbsthilfe und gegenseitiger Hilfe beruhen (Punkt 3 der Resolution). Gleichzeitig sollte mit einer gesteigerten Entwicklung regionaler und anderer kollektiver Abkommen bezüglich individueller und kollektiver Selbstverteidigung *in Übereinstimmung mit den Zielen, Grundsätzen und Vorschriften der Satzung* (der Vereinten Nationen) begonnen werden (Punkt 2). Außerdem sollten "äußerste Anstrengungen zur Herbeiführung von solchen Übereinkommen unternommen werden, durch welche die Vereinten Nationen - wie in der Satzung vorgesehen - mit Streitkräften versehen werden". Damit sieht die Vandenberg-Resolution die Funktion eines atlantischen Verteidigungsbündnisses eindeutig noch in der Ergänzung und Stärkung der Vereinten Nationen.[132] Verschiedene Äußerungen westeuropäischer Politiker vor Beginn des Ost-West-Konfliktes lassen darauf schließen, daß zunächst an die Gründung einer umfassenden regionalen atlantischen Sicherheitsgemeinschaft im Sinne einer kollektiven Sicherheitsorganisation gedacht war, die einen Ersatz für den erkennbaren Abbau der alliierten Kooperation darstellen sollte.[133] Der britische Außenminister ERNEST BEVIN sprach noch auf der Londoner Außenministertagung im Dezember 1947 von der Bildung „einer Art westlichem demokratischen System", das Amerikaner, Briten, Franzosen, Italiener usw." umfassen sollte.[134] Von einer direkten militärischen Bedrohung durch die Sowjetunion, der man mittels eines westlichen Verteidigungsbündnisses begegnen müsse, war zu diesem Zeitpunkt noch nicht die Rede. Erst ab dem Frühjahr 1948 wurde wegen mehrerer von der Sowjetunion unterstützter kommunistischer Umsturzversuche in verschiedenen Staaten Mittel- und Osteuropas die Notwendigkeit eines gemeinsamen Verteidigungsbündnisses des Westens mit der These begründet, daß „friedliche Koexistenz" mit der Sowjetunion auf Dauer unmöglich sei.[135] Damit ist zwar unbestreitbar, daß die Schaffung der NATO letztlich auf den Vertrauensverlust in die Funktionsfähigkeit des universalen

---

131 Vgl. Department of State Bulletin 1949, S. 533.

132 Abgedruckt in: American Foreign Policy 1950-1955, Basic Documents, Bd. 1 (1957), S. 827. Auch die britische Vorstellung war, daß die NATO die UNO nicht ersetzen sollte, "but to implement and strengthen it" (zitiert nach CAMPANELLA, Western Justification of the North Atlantic Pact, 1952, S. 12).

133 So der Belgier PAUL-HENRI SPAAK, der Brite ERNEST BEVIN oder die Außenminister Norwegens und der Niederlande, TRYGVE LIE und EELCO VAN KLEFFENS (Nachweise bei LOTH, in: WIGGERSHAUS/HEINEMANN (Hg.), Nationale Außen- und Bündnispolitik, S. 312).

134 Foreign Relations of the United States 1947 II, S. 815-817.

135 Foreign Relations of the United States 1948 III, S. 237-248; Memorandum vom 9.9.1948.

Friedenssicherungsmechanismus′ der Vereinten Nationen zurückzuführen ist.[136] Schon 1948 begann sich nämlich die begrenzte Leistungsfähigkeit des universellen Friedenssicherungssystems der Vereinten Nationen abzuzeichnen.[137] Allerdings war das Ziel der in die Vandenberg-Resolution mündenden Senatsbestrebungen nicht nur, ohne Rücksicht auf die ursprünglich geplante gemeinsame alliierten Kooperation im Sinne der „Atlantik-Charta“ eine isolationistische westliche Defensivallianz zu schaffen, sondern die durch die sowjetische Expansionspolitik[138] hervorgerufene sicherheitsgefährdende weltpolitische Entwicklung auch durch eine Stärkung der Vereinten Nationen abzufangen.[139] Dabei sollte ein Konzept gefunden werden, mit dem die Vereinigten Staaten unter Beachtung der UN-Charta, aber frei von den in ihr enthaltenen Blockierungsmöglichkeiten - "inside the Charter, but outside the veto"[140] - der sowjetischen Politik nachhaltiger als bisher entgegenwirken konnten. Die US-Regierung hatte erkannt, daß die Schaffung einer dauerhaften Übereinkunft der verbündeten Großmächte zur Sicherung des Friedens auf Grund der Blockierungsmöglichkeiten im Sicherheitssystem der UNO durch ein entsprechend taktierendes Mitglied scheitern mußte. Gerade hinsichtlich der gegebenenfalls einmal erforderlichen Bewältigung eines bewaffneten Konflikts zwischen den Blöcken würde letzteres nicht die erhoffte Effektivität zeigen können.[141] In jedem Falle sollte aber, so die Erklärung von US-Außenminister ACHESON, der Vertragsinhalt "sorgfältig und gewissenhaft" darauf abgestimmt werden, daß er "in jeder Einzelheit mit der Satzung der Vereinten Nationen vereinbar sei und zur Erfüllung ihrer Zwecke beitrage".[142]

Daraus wird deutlich, daß die NATO nicht als völlige Neugestaltung eines weltweiten Friedenssicherungssystems gedacht war, sondern als Ergänzung des zu dieser Zeit erkennbar kaum handlungsfähigen UN-Friedenssicherungsmechanismus′.

---

136 Zur Geschichte der NATO: HELLER/GILLINGHAM (Hg.), NATO: The Founding of the Atlantic Alliance and the Integration of Europe (1992); DI NOLFO (Hg.), The Atlantic Pact Forty Years Later (1991).

137 HOLSTEIN, Das Verhältnis des Sicherheitsrates, S. 151.

138 Von 1945 bis 1948 wurden sieben mittel- und osteuropäische Staaten durch kommunistische Umstürze bzw. sowjetisch kontrollierte Regierungsübernahmen unter die Kontrolle der Sowjetunion gebracht, und zwar das damalige Mitteldeutschland, Polen, Bulgarien, Albanien, Ungarn, Rumänien und die Tschechoslowakei. In Griechenland und der Türkei gab es Umsturzversuche.

139 IPSEN, Rechtsgrundlagen, S. 19.

140 HEINDEL/KALIJARVI/WILCOX, AJIL 43 (1949), 633 (638).

141 Vgl. hierzu die Kongreßbotschaft von US-Präsident TRUMAN, in Department of State Bulletin 1947, S. 536.

142 ACHESON am 27.4.1949 vor dem US-Senatsausschuß für Auswärtige Angelegenheiten, zitiert nach IPSEN, JöR 21 (1972), 1 (9).

Das Ergebnis der Verhandlungen über ein Verteidigungsbündnis, die der Unterstaatssekretär im State Department LOVETT mit den in Washington akkreditierten Botschaftern der Signatarmächte des Brüsseler Vertrages sowie mit dem Botschafter Kanadas führte, war die Unterzeichnung des Nordatlantikvertrages am 4.4.1949, der nach der Hinterlegung der letzten Ratifikationsurkunden am 24.8.1949 in Kraft trat. Bezeichnenderweise sind auch die Mitglieder des Brüsseler Vertrages vom 17.3.1948 (später WEU-Vertrag) Gründungsmitglieder der NATO, waren sie es doch, die als erste unter Berufung auf das individuelle und kollektive Selbstvereidungsrecht des Art. 51 SVN ein reines Verteidigungsbündnis mit automatischer Beistandsverpflichtung (Art. V Brüsseler Vertrag) ins Leben riefen. Auch dieses Parallelbündnis sollte aber - wie sich aus der Präambel ergibt - *in Übereinstimmung mit der Satzung der Vereinten Nationen* eine wechselseitige Beistandspflicht begründen, um so einen Beitrag bei der Aufrechterhaltung des internationalen Friedens zu leisten. Daß dieses europäische Verteidigungsbündnis in einer Kongreßbotschaft die ausdrückliche Billigung des amerikanischen Präsidenten fand,[143] beweist, daß auch der Brüsseler Vertrag nicht als Kontrapunkt zu den Vereinten Nationen angesehen wurde, sondern als willkommene Ergänzung. Der Grund, warum die USA dem Brüsseler Pakt nicht beigetreten sind, lag nicht in der Mißbilligung des reinen Verteidigungscharakters, sondern zum einen in dem Umstand, daß es der außenpolitischen Tradition der Vereinigten Staaten widersprochen hätte, in Friedenszeiten bereits enge militärische Bindungen auf dem Kontinent einzugehen,[144] zum anderen darin, daß die Verfechter der "Containment-Politik" tunlichst vermeiden wollten, den Ost-West-Gegensatz durch ein spektakuläres militärisches Eingreifen in Europa zu verschärfen.[145]

Die Vorgeschichte insbesondere der NATO zeigt also, daß die westlichen Verteidigungsbündnisse nicht die primäre Verantwortung der Vereinten Nationen für die Erhaltung des Weltfriedens aufheben sollten, sondern einen - wenn auch nur zögernden und anerkanntermaßen unvollkommenen - Ersatz für das minder effektive UN-Friedenssicherungssystem schaffen wollten.[146] Die Vertragsparteien beabsichtigten mit dem NATO-Vertrag also nicht, in Konkurrenz zu den Vereinten Nationen zu treten, sondern eine Regionalorganisation im

---

[143] Vgl. Department of State publication 3462, in Department of State Bulletin 1948, S. 347.

[144] So besagt die nach dem damaligen US-Präsidenten MONROE benannte Doktrin (1823), daß sich amerikanische Interessen in erster Linie auf den amerikanischen Kontinent beziehen.

[145] IPSEN, Rechtsgrundlagen, S. 18.

[146] IPSEN, Rechtsgrundlagen, S. 21.

Sinne des weiten Begriffs der UN-Gründungskonferenz von San Francisco zu gründen (siehe dazu unter 5.).[147]

Diese Konzeption hat ihren Niederschlag in Art. 12 des NATO-Vertrages gefunden, wonach als Grund für eine spätere Vertragsrevision auch "die Entwicklung allgemeiner oder regionaler Vereinbarungen..., die im Rahmen der Satzung der Vereinten Nationen zur Aufrechterhaltung des internationalen Friedens und der Sicherheit dienen" in Betracht kommt.

cc) Die Praxis der NATO-Staaten in der Zeit des "Kalten Krieges"

Auch eine Reihe von Erklärungen und Resolutionen der NATO-Mitgliedstaaten im Rahmen der Organpraxis während der Zeit des "Kalten Krieges" belegen, daß sich die Organisation nie als Gegenstück zu den Vereinten Nationen und deren Sicherheitskonzept verstanden hat, sondern stets als deren Ergänzung. Bereits auf der ersten Sitzung des aufgrund Artikel 9 NATO-Vertrag gebildeten "Nordatlantikrats" am 17.9.1949 in Washington hoben die Außenminister hervor, daß das Grundziel der Allianz die Erhaltung des internationalen Friedens und der Sicherheit[148] in Übereinstimmung mit der UN-Charta sei.[149] Mit dieser ausdrücklichen Bezugnahme auf den Hauptzweck der Vereinten Nationen (Art. 1 Ziff. 1 SVN) stellt sich die NATO in den Dienst eines universellen Friedenssicherungssystems, denn auch Art. 39 SVN als Einstiegsnorm zum VII. Kapitel der UN-Charta[150] nennt den Bruch oder die Gefährdung des Weltfriedens und der internationalen Sicherheit als Voraussetzung für ein Eingreifen des Systems kollektiver Sicherheit.

Auf der vierten Sitzung des Nordatlantikrats vom 15. bis 18.5.1950 erklärten die Staatenvertreter ihre Überzeugung, daß ein gemeinsames Vorgehen aufgrund des Paktes sowie das Festhalten an den Grundsätzen der UN-Charta ein "integrierender Bestandteil der Bemühungen darstellt, die alle freien Nationen

147 NERLICH, Deutsche Sicherheitspolitik: Konzeptionelle Grundlagen für multinationale Rahmenbedingungen, Stiftung Wissenschaft und Politik, Arbeitspapier 2822 (Januar 1994), S. 19f.; KAPLAN, in: SMITH, The Origins of NATO, S. 99.

148 Art. 9 NATO-Vertrag lautet: "Die Parteien errichten hiermit einen Rat, in dem jede von ihnen vertreten ist, um Fragen zu prüfen, welche die Durchführung dieses Vertrages betreffen. Der Aufbau dieses Rats ist so zu gestalten, daß er jederzeit schnell zusammentreten kann. Der Rat errichtet, soweit erforderlich, nachgeordnete Stellen; insbesondere setzt er unverzüglich einen Verteidigungsausschuß ein, der Maßnahmen zur Durchführung der Artikel 3 und 5 zu empfehlen hat".

149 Text des Kommuniqués abgedruckt bei ENGEL, Handbuch der NATO, S. 349ff.

150 Die Feststellung, daß der Tatbestand dieses Artikels eingreift, ist die unabdingbare Voraussetzung dafür, daß der Rat die ihm nach diesem Kapitel übertragenen Kompetenzen ausüben kann, vgl. FROWEIN, in: SIMMA, ChUN, Art. 39 MN. 24; FINK, Kollektive Friedenssicherung, S. 865.

machen, um die Bedingungen des Weltfriedens zu sichern".[151] Auch hier wird die NATO nicht als partikuläres Exklusivbündnis einer abgeschlossenen Staatengruppe verstanden, sondern als Rahmen für eine auf Integration angelegte Friedensinitiative. Diese Orientierung an einem weltweiten, nicht nur nordatlantischen Frieden wird ebenfalls deutlich an der Erklärung des Nordatlantikrats vom 19.12.1957, wo die Förderung von Frieden, Wohlstand und sozialem Fortschritt *in der ganzen Welt* als ein wesentliches Ziel des Bündnisses angegeben wurde.[152] Bereits am 9.5.1955 hatte der französische Außenministers PINAY anläßlich der Aufnahme der Bundesrepublik in den Nordatlantikpakt die wirksame Gewährleistung von Sicherheit und Frieden in der Welt als Aufgabe des Atlantikvertrages bekräftigt.[153] Am 4.4.1959 - dem zehnten Jahrestag der Unterzeichnung des Vertrages - gab der Nordatlantikrat seiner Zuversicht Ausdruck, daß das Bündnis sich als die "unerläßliche Grundlage für die Sicherheit der atlantischen Völker und die Verteidigung des Weltfriedens weiterentwickeln wird."[154] Der Weltfriede dürfe allerdings nicht für unbegrenzte Zeit auf einem labilen "Gleichgewicht des Schreckens" beruhen, so der Rat am 15.12.1961 in Paris und am 6.5.1962 in Athen, sondern könne nur durch eine allgemeine und vollständige Abrüstung unter wirksamer internationaler Kontrolle erreicht werden.[155] Die Bereitschaft, am Erhalt des internationalen Friedens mitzuwirken, wurde besonders deutlich auf den Ratstagungen in London (11. bis 12.5.1965) und Paris (14. bis 16.12.1965), wo die Minister insbesondere auch außeratlantische Konfliktherde (Malaysia und Vietnam) ausführlich diskutierten, und dabei eine "ernsthafte Bedrohung der internationalen Sicherheit und des Friedens in der Welt" feststellten; auf die Gefährdung von Allianzinteressen wurde nicht abgestellt.[156] Dies belegt, daß das nordatlantische Bündnis seinen Verantwortungsbereich viel weiter definiert als aus der Umschreibung des Bündnisgebietes in Art. 6 NATO-Vertrag deutlich wird. Das Selbstverständnis der NATO während der Zeit des "Kalten Krieges" ging also dahin, als integrierender Bestandteil des universellen Friedenssicherungssystems der Vereinten Nationen im Rahmen der Bündnisstrukturen Frieden und Stabilität zu wahren, ohne dabei den vorrangigen Charakter der Allianz als Verteidigungsbündnis in Frage zu stellen. In der Erklärung der NATO-Staats- und Regierungschefs vom 10.6.1982 findet sich erstmalig auch ein Anklang an die Notwendigkeit der

---

151 Text abgedruckt bei ENGEL, Handbuch der NATO, S. 377ff.

152 Text zitiert bei POSER, Die NATO, S. 110ff.

153 Text bei ENGEL, Handbuch der NATO, S. 771.

154 Text des Kommuniqués in Die atlantische Gemeinschaft - Eine Dokumentation (Presse- und Informationsamt der Bundesregierung), Bonn o.J., S. 154f.

155 *ebda*, S. 165, 168.

156 *ebda*, S. 182, 186. Siehe auch die Tagung am 10.12.1971 in Brüssel, wo die Feindseligkeiten zwischen Indien und Pakistan Diskussionsgegenstand waren (*ebda*, S. 269).

Einhaltung der Menscherechte als Voraussetzung für das friedliche Zusammenleben zwischen Ost und West.[157] Hieran kann die Bereitschaft zur Beschäftigung mit solchen Themen abgelesen werden, die in der aktuellen Diskussion unter den Begriff der Friedensbedrohung subsumiert werden.

dd) Zwischenergebnis: Die NATO als System kollektiver Sicherheit

Im Ergebnis kann festgehalten werden, daß die besseren Argumente, insbesondere die Entstehungsgeschichte des westlichen Verteidigungsbündnisses sowie die Staatenpraxis, für eine Qualifizierung von NATO als System gegenseitiger kollektiver Sicherheit sprechen.[158] Der Gegenansicht ist zwar zuzugeben, daß kollektive Sicherheit im Sinne der ursprünglichen WILSON'schen Idee einer Einbindung des potentiellen Friedensstörers[159] die idealtypische und auch eine besonders UN-freundliche Form der kollektiven Friedenssicherung ist.[160] Sowohl die Praxis in der Zwischenkriegszeit[161] als auch die neueren Entwicklungen[162] erlauben jedoch die Schlußfolgerung, daß die friedenssichernde Wirkung homogener Organisationen allein schon durch die kollektive Organisation der Sicherheit begründet wird, so daß diese Einrichtungen grundsätzlich geeignet sind, einen Bestandteil im weiteren Sinne des kollektiven Sicherheitssystems der Vereinten Nationen zu bilden.[163]

ee) Kollektive Friedenssicherung als eine der NATO übertragene Befugnis?

Diese Einbeziehung in das UN-System könnte dafür sprechen, das Handeln der NATO in neuerer Zeit als einen zulässigen Anwendungsfalls des im NATO-Vertrag angelegten kollektiven Sicherheitsinstrumentariums anzusehen.

Mit der Anerkennung der NATO (und parallel dazu der WEU) als System kollektiver Sicherheit ist allerdings noch nicht abschließend geklärt, ob der vertragliche Aufgabenkreis dieser Organisation im Rahmen der Einsätze im ehema-

---

[157] Erklärung vom 10.6.1982, Punkt 3 (d), in: The NATO-Facts and Figures (Brüssel 1984), S. 299.

[158] So auch LEURDIJK, The United Nations and NATO in Former Yugoslavia, S. 18. Ähnlich WIGGERSHAUS, in: DERS./HEINEMANN, Nationale Außen- und Sicherheitspolitik, S. XI, der in der Pflicht zur politischen Konsultation in Art. 4 NATO-Vertrag einen Hinweis darauf sieht, daß die NATO von Anfang an als politischer und wirtschaftlicher Staatenverbund anzusehen sei, der eine Kooperation weit über den Bereich der eigentlichen Sicherheitspolitik hinaus beabsichtige.

[159] Siehe zur kollektiven Friedenssicherung im Völkerbund MENK, Gewalt für den Frieden, S. 263ff.

[160] So WOLFRUM, ZaöRV 53 (1993), 576 (596).

[161] Dazu TOMUSCHAT, in: BoK-GG, Art. 24 Rn. 126ff.

[162] Siehe dazu gleich unter 5.

[163] TOMUSCHAT, in: BoK-GG, Art. 24 Rn. 137.

ligen Jugoslawien nicht doch derart erweitert wurde, daß von einem "auf Räder Setzen" des Vertrages gesprochen werden kann. Denn zweifellos bedeutet die Inanspruchnahme von im Vertrag nicht ausdrücklich genannten Kompetenzen eine - zwar im Vertrag möglicherweise versteckt angelegte, aber doch dem Vertragswortlaut widersprechende - Fortbildung des Vertrages, die unter Umständen auch einer ausdrücklichen "Anpassung" des Vertragswortlautes bedarf. Bei der Tätigkeit von Internationalen Organisationen ist es unbestritten, daß diese nur im Rahmen der ihnen vertraglich übertragenen Kompetenzen handeln dürfen, d.h. also im Gegensatz zu Staaten keine Kompetenz-Kompetenz besitzen. Sie sind einem bestimmten Organisationszweck gewidmet, für dessen Erfüllung ihnen nach dem Prinzip der begrenzten Einzelermächtigung[164] vom Gründungsvertrag Kompetenzen eingeräumt werden.[165] Es stellt sich nun hier die Frage, ob die mehrfach geäußerte, aber im Vertragswortlaut nicht artikulierte Intention der NATO-Gründerstaaten, die NATO als System kollektiver Sicherheit zu betrachten, ausreicht, einen solchen Kompetenzübertragungsakt anzunehmen, der das militärische Operieren außerhalb des Vertragsgebietes zur Umsetzung von Maßnahmen der kollektiven Friedenssicherung der Vereinten Nationen erlauben würde. Dagegen spricht, daß praktisch auf jeder Sitzung des NATO-Rates die kollektive *Selbstverteidigung* im Sinne des Art. 5 NATO-Vertrag als *raison d'être* und wesentliche Grundlage für Frieden und Stabilität hervorgehoben wurde. Wenn daher die Vertragsparteien selber den Schwerpunkt ihrer Tätigkeit nicht in einer ungeschriebenen, sondern in der im Vertrag genannten Aufgabe sehen, erscheint es als vom Willen der Parteien nicht gedeckt, innerhalb kurzer Zeit ein ungeschriebenes Vertragsprogramm aktivieren zu wollen.

Zugunsten einer Kompetenz der NATO für *out of area*-Einsätze könnten jedoch zwei – noch näher zu beleuchtende – Auslegungsprinzipien sprechen, die – wenn sie völkerrechtlich anerkannt wären – möglicherweise auch wortlautergänzende Vertragsauslegungen zulassen könnten. Zum einen ist an das Interpretationsprinzip des *effet utile* zu denken, wonach den Vertragsbestimmungen die Auslegung zu geben ist, mit der der Vertragszweck (hier: die Beteiligung an Maßnahmen der kollektiven Friedenssicherung) tatsächlich erreicht werden kann.[166] Zum anderen könnte die Theorie der *implied powers*, nach der eine Internationale Organisation die Rechte und Befugnisse haben muß, die sie zur Erfüllung ihrer Aufgaben benötigt, eine ungeschriebene (aber gewollte) Kompe-

---

164 Das speziell für die EG herausgearbeitete Prinzip (OPPERMANN, Europarecht, Rn. 234ff.) gilt grundsätzlich für alle internationalen- und sogar supranationalen Organisationen, denn eine unbeschränkte Zuständigkeit steht nur souveränen Staaten zu.

165 KLEIN, in: GRAF VITZTHUM (Hg.), Völkerrecht, IV, Rn. 189.

166 BINDSCHEDLER, in: EPIL 5 (1983), 125; OPPERMANN, Europarecht, Rn. 441.

tenz der NATO begründen.[167] Allerdings kann mit Hilfe dieser beiden Auslegungsmaximen auch im Falle ihrer Anerkennung als anwendbare Interpretationshilfen keine "kalte" Vertragsänderung vorgenommen werden, sondern lediglich eine Aktivierung der dem Vertrag inhärenten oder impliziten Rechte und Befugnisse.[168] Ob mit den jüngsten NATO-Einsätzen tatsächlich nur ein bereits angelegter Vertragszweck "neu ans Licht gebracht", oder aber der Vertrag schleichend geändert wurde, wird noch zu klären sein (siehe unten V., VI.).

5. NATO als Regionalorganisation

Eine extensive Vertragsauslegung und unter Umständen auch die Zulässigkeit bewaffneter Friedenseinsätze der NATO könnte allerdings dann geboten sein, wenn die NATO als eine Regionalorganisation im Sinne des Kapitels VIII der UN-Charta anzusehen wäre.

Kennzeichen einer Regionalorganisation ganz allgemein ist es, als Hilfssicherheitssystem der UNO dezentralisiert der regionalen Friedenserhaltung zu dienen und quasi als "Organ" der Vereinten Nationen deren Ziele auf regionaler Ebene zu verwirklichen.[169]

Im Zusammenhang mit der Gründung der NATO wurde diskutiert, ob aus der begrifflichen Unterscheidung zwischen Organisationen kollektiver Selbstverteidigung (Art. 51 SVN) und solchen kollektiver Sicherheit (Art. 52 ff. SVN) nicht Schlußfolgerungen für die Interpretation von Kapitel VIII UN-Charta gezogen werden könnten. Dabei wurden unterschiedliche Ansichten zu der Frage vertreten, ob die NATO als ein evident auf kollektive Selbstverteidigung ausgerichtetes Defensivbündnis (vgl. Art. 5 NATO-Vertrag) auch als eine - die Vereinten Nationen auf regionaler Ebene ergänzende[170] - Regionalorganisation angesehen werden kann. Die Beantwortung dieser Frage ist insofern wichtig, als ein militärisches Tätigwerden der NATO außerhalb ihres Bündnisgebietes eventuell dann nicht als möglicherweise zustimmungsbedürftige dynamische Erweiterung ihres auf Verteidigung ausgerichteten Aufgabenkreises angesehen werden kann, wenn ein Tätigwerden im Rahmen der regionalen Friedenssicherung bei Gründung der UNO im Jahre 1945 schon in den Art. 52 ff. SVN von vornherein angelegt war. In diesem Falle könnte eine solche NATO-Mission *out of area* auch

[167] Vgl. zu diesem Prinzip ZULEEG, in: EPIL 5 (1983), 312ff.; KÖCK, in: FS SEIDL-HOHENVELDERN, S. 279ff.

[168] KLEIN, in: GRAF VITZTHUM (Hg.), Völkerrecht, IV, Rn. 191.

[169] STONE, Legal Controls, S. 247f.; MENZEL, in: STRUPP/SCHLOCHAUER, WV III, S. 91; RUDA, Relaciones de la OEA y la ONU, S. 32.

[170] PERNICE, Die Sicherung des Weltfriedens, S. 32; BÜSCHER, Völkerrechtliche Regionalpakte, S. 111.

vom NATO-Gründungsvertrag vier Jahre später stillschweigend mit berücksichtigt und für zulässig erachtet worden sein. Dies hätte zur Folge, daß eine entsprechende dynamische Fortschreibung des NATO-Aufgabengebietes von den Gründerstaaten von Anbeginn an beabsichtigt gewesen wäre. Dann müßte auch das deutsche Zustimmungsgesetz von 1955 in diesem Licht gesehen werden, und ein vom Wortlaut nicht mehr gedecktes "auf Räder Setzen" des Vertrages im Sinne der vier dissentierenden Bundesverfassungsrichter möglicherweise verneint werden.

a) Argumente gegen eine Qualifizierung der NATO als Regionalabkommen

Gegen die Sichtweise, die NATO (zumindest auch) unter Kapitel VIII zu subsumieren, spricht das wiederholt vorgebrachte Argument, die NATO besitze abgesehen von der allgemeinen Verpflichtung zur friedlichen Erledigung von Streitigkeiten in Art. 1 NATO-Vertrag keine konkret ausgestalteten Mechanismen friedlicher Streiterledigung zwischen den Mitgliedern, und entbehre damit der zur kollektiven Friedenssicherung erforderlichen Streitbeilegungsmittel im Sinne des Art. 33 SVN.[171] Die früher ganz überwiegende Meinung leitete nämlich aus der Vorschrift des Art. 52 II SVN[172] ab, daß eine Organisation nur dann als Abmachung oder Einrichtung i.S. von Kapitel VIII der UN-Charta anerkannt werden könne, wenn sie ihren Mitgliedern Verfahren zur friedlichen Streitbeilegung zur Verfügung stelle.[173] Gegen eine Einordnung von Verteidigungsbündnissen unter Kapitel VIII SVN wurde des weiteren vorgetragen, daß die nach Art. 53 SVN unter der Autorität des Sicherheitsrates durchzuführenden Zwangsmaßnahmen ("enforcement actions") schon sachlogisch etwas anderes darstellten als Maßnahmen, welche in Ausübung des Rechts zur individuellen oder kollektiven Selbstverteidigung getroffen würden.[174] Während erstere als Mittel der Friedenssicherung durch die UNO zu kennzeichnen seien, ständen die zweiten gerade für *den* Fall zur Verfügung, daß sich das Friedens-

[171] So bereits KELSEN, Recent Trends (1951), S. 924 sowie US-Außenminister DULLES am 22.5.1956, in: Department of State Bulletin 1956, S. 925; HUMMER/SCHWEITZER, in: SIMMA, ChVN, Art. 52 Rn. 28, 42; PERNICE, Die Sicherung des Weltfriedens, S. 38.

[172] Art. 52 II SVN besagt, daß "Mitglieder der Vereinten Nationen, die [regionale] Abmachungen treffen oder [regionale] Einrichtungen schaffen, sich nach besten Kräften bemühen [werden], durch Inanspruchnahme dieser Abmachungen oder Einrichtungen örtlich begrenzte Streitigkeiten friedlich beizulegen, bevor sie den Sicherheitsrat damit befassen".

[173] SABA, RdC 80 (1952 I), 635 (686f.); BEBR, AJIL 49 (1955), 166 (169); VELLAS, Le régionalisme international, S. 41; PERNICE, Die Sicherung des Weltfriedens, S 38. In neuester Zeit aber auch IPSEN, Völkerrecht, § 60 Rn. 32.

[174] BECKETT, The North Atlantic Treaty, S. 16

sicherungssystem der Vereinten Nationen noch nicht bzw. nicht effektiv auswirken konnte.[175] Auf diesen Fall aber beziehe sich der Nordatlantikvertrag, indem er ausdrücklich auf Artikel 51 SVN verweise, jedoch jegliche Bezugnahme auf Kapitel VIII der Satzung vermeide. Dies sei auch gar nicht erforderlich, denn schließlich fänden bloße Verteidigungsbündnisse eine ausreichende Rechtsgrundlage in Art. 51 der Charta; sie bedürften daher auch keiner speziellen Regelung in Kapitel VIII.[176] Darunter könne man nur solche Systeme subsumieren, die auf die Wahrung des Friedens unter ihren Mitgliedern gerichtet sind.[177] Zu beachten sei außerdem, daß Maßnahmen regionaler Sicherheit grundsätzlich an die Autorität des Sicherheitsrates gebunden blieben, denn eigene Zwangsmaßnahmen dürften Regionalorganisationen gemäß Art. 53 I 2 SVN nur mit Ermächtigung des Rates ergreifen. Wie sich im *Kosovo-Konflikt* gezeigt habe, wollte sich die NATO aber gerade nicht der Autorität des Sicherheitsrates unterordnen, sondern habe bewußt ohne eine entsprechende Ermächtigung durch den Sicherheitsrat Luftangriffe gegen Jugoslawien durchgeführt.[178] Auch eine - rechtlich ohnehin zweifelhafte - nachträgliche "Genehmigung" des Einsatzes durch Resolution 1244 vom 10.6.1999 zur Schaffung einer internationalen Sicherheitspräsenz im Kosovo[179] könne man nicht annehmen.[180] Dies bedeute, daß der Kosovo-Einsatz nicht nur außerhalb des Kapitels VIII, sondern gänzlich außerhalb des Sicherheitssystems der Vereinten Nationen erfolgt sei. Die NATO habe eigene Allianzinteressen verfolgt und nicht - quasi als verlängerter "regionaler Arm" der Vereinten Nationen - als eine Organisation kollektiver Sicherheit i.S. des Kapitels VIII der Charta fungieren wollen.[181]

b) Argumente für eine Einordnung der NATO unter Kapitel VIII SVN

Die restriktive Sichtweise, nach der nur solche Organisationen als Regionalabkommen gemäß Art. 52 ff. SVN angesehen werden, die gleichsam als "Vereinte Nationen en miniatur" innerhalb ihres Mitgliederkreises kollektive Sicherheit garantieren sollen, hat jedoch in der überwiegenden neuren Literatur keine Zustimmung gefunden und wird auch durch die Organpraxis der Verein-

---

175 IPSEN, Rechtsgrundlagen, S. 30; CLAUDE (Swords into Plowshares, S. 266) spricht dabei treffend von *„selektiver Sicherheit"*.

176 DELBRÜCK, in: EPIL 3 (1982), 114 (116).

177 BOTHE/MARTENCZUK, VN 1999, 125 (127)

178 Vgl. SIMMA, EJIL 1999, 1 (7); TOMUSCHAT, Die Friedens-Warte 1999, S. 33.

179 Text in VN 1999, 116ff.

180 BOTHE/MARTENCZUK, VN 1999, 125 (128).

181 Dieses Ergebnis deuten bereits PERNICE, Die Sicherung des Weltfriedens, S. 62; HUMMER/SCHWEITZER, in: SIMMA, ChUN, Art. 52 MN. 27f., 42ff. und BOWETT, The Law of International Institutions, S. 180, im Falle eines fehlenden UN-Mandats an.

ten Nationen im ehemaligen Jugoslawien[182] widerlegt. Allgemein wird heute der Begriff weiter ausgelegt als zur Zeit des "Kalten Krieges", was auch durchaus der Entstehungsgeschichte der UN-Charta entspricht.[183] Die Entstehungsgeschichte des NATO-Vertrages belegt, daß die Allianz von ihren Gründern nicht deshalb als Verteidigungsbündnis unter Art. 51 SVN gestellt wurde, um den Charakter einer Regionalorganisation auszuschließen, sondern lediglich, um die erweiterte Informationspflicht des Art. 54 SVN und die Kontrolle durch die Vereinten Nationen (Art. 53 SVN) zu vermeiden.[184]

aa) Politische Vorstöße in den UN-Gremien

Nicht erst in neuester Zeit wird die Funktion der NATO als Regionalorganisation im Rahmen des UN-Friedenssicherungssystems diskutiert. Bereits am 26.9.1950 gab es einen – für die rechtliche Beurteilung zwar nicht maßgeblichen, aber für die Staatenpraxis doch interessanten - politischen Vorstoß seitens des saudi-arabischen Delegierten in der UN-Generalversammlung, in dem die direkte Anerkennung der NATO als Regionalorganisation ausgesprochen wurde.[185] Es ist offensichtlich, daß diese Sichtweise wegen der Konfrontation der Militärblöcke während der Zeit des „Kalten Krieges" und der daraus resultierenden Abwehrhaltung der jeweils gegenüberstehenden Verteidigungsallianz keine Weiterentwicklung erfahren konnte. Erst nach Beendigung der Ost-West-Konfrontation war wieder Raum für eine vorurteilsfreie Bewertung der Funktionsmöglichkeiten, die die Militärbündnisse den Vereinten Nationen möglicherweise zur Verfügung stellen können. Im Jahre 1992 hob der ehemalige UN Generalsekretär BOUTROS-GHALI in seiner „Agenda für den Frieden" hervor, daß die Charta den Begriff der regionalen Abmachungen und Einrichtungen bewußt nicht genau abgrenze und damit „ein nützliches Maß an Flexibilität für das Vorgehen einer Gruppe von Staaten im Hinblick auf solche Angelegenheiten lasse, bei denen regionale Maßnahmen angebracht seien."[186]

Auch die Äußerung BOUTROS-GHALIS, in der er die Zusammenarbeit „regionaler Abmachungen und Einrichtungen einschließlich der NATO" mit dem Si-

---

[182] Vgl. zu den Ereignissen im ehemaligen Jugoslawien FINK, Kollektive Friedenssicherung, S. 605ff.

[183] MARAUHN, in: EPIL III (1997), 656; HOLSTEIN, Verhältnis des Sicherheitsrates, S. 52.

[184] DULLES, in: Department of State Bulletin, Vol. 34, No. 884, S. 925ff. vom 4.6.1956; WILCOX, in: International Organization 1965, 793 (795); HEINDEL, AJIL 1949, 633 (638f.).

[185] "...many of the UN-Bodies as well as *such regional arrangements as NATO* held closed meetings", in: UNYB 1950, S. 871. Es ging dabei um die Einladung des Generalsekretärs der Arabischen Liga zu den Sitzungen der UN-GV, die insbsondere Israel verhindern wollte.

[186] "An Agenda for Peace", Ziff. 61 vom 17.6.1992, UN Doc. A/47/277-S/24111.

cherheitsrat als Anwendungsfall des Kapitels VIII der Charta bezeichnet,[187] könnte darauf hinweisen, daß die NATO nach dem Willen des UN-Generalsekretärs zumindest funktional (d.h. in ihren Verwendungsmöglichkeiten) gemäß Kapitel VIII der Charta tätig werden solle.[188] Zwar haben die Verlautbarungen des Generalsekretärs keine direkte rechtliche Relevanz im Sinne einer authentischen Auslegung der Charta, insbesondere nicht für die Auslegung der Kapitel VII und VIII, doch ist bezeichnend, daß die Vorstellungen des Generalsekretärs bei den Mitgliedstaaten auf keinerlei Widerstand gestoßen sind.[189] Damit könnte sich ein Akzept der NATO herausbilden, die politischen Vorschläge des Generalsekretärs zu einer rechtliche Grundlage ihres Handelns aufzuwerten. Diejenigen Organisationen, die aufgefordert wurden, zu den Vorschlägen des Generalsekretärs Stellung zu nehmen (NATO, OAS, OAU, Arabische Liga) haben durchweg kooperationsbereit reagiert[190] und auf diese Weise zu erkennen gegeben, daß sie Kapitel VIII der UN-Charta nicht als für ihre Organisation „wesensfremd" betrachten. Damit sind sie in ein Näheverhältnis zu den Vereinten Nationen gerückt, das es rechtfertigt, sie zur Kerngruppe der gegenwärtig vorhandenen Regionalorganisationen zu zählen.[191] Lediglich die WEU hat die Frage bislang ausdrücklich offengelassen, ob Kapitel VIII SVN auf sie anwendbar sei.[192] Der Ministerrat der WEU erklärte aber auf seiner Tagung am 19.6.1992 in Bonn, daß militärische Einheiten der WEU-Mitgliedstaaten neben ihrem Beitrag zur gemeinsamen Verteidigung auch für humanitäre Aufgaben und Rettungseinsätze, friedenserhaltende Aufgaben und Kampfeinsätze bei der Krisenbewältigung einschließlich Maßnahmen zur Herbeiführung des Friedens eingesetzt werden könnten.[193] Zugunsten der These, daß NATO und WEU nicht nur UN-kompatibel, sondern darüber hinaus auch grundsätzlich UN-komplementär sind, wird der Umstand herangeführt, daß diese sich von den Militärallianzen des 19. Jahrhunderts deutlich unterschieden: Sie richteten sich nicht gegen einen bestimmten Gegner, hätten keine aggressive

---

[187] "Secretary-General Calls Upon Regional Organizations to Help Resolve Yugoslav Crisis", SG/SM 4798 vom 26.8.1992, S. 4.

[188] Zu diesem Ergebnis kommt auch KÜHNE, Friedenssicherung durch regionale Organisationen, S. 201.

[189] GAOR Supplement No. 33 (A/48/33) von 1993, S. 7-24.

[190] Siehe UN Doc. S/25996 vom 15.6.1993, S. 18f.

[191] BARRETT, in: GILMAN/HEROLD (Hg.), Peacekeeping Challenges, S. 43; NOLTE, ZaöRV 54 (1994), 95 (113).

[192] So heißt es in der Stellungnahme des Generalsekretärs der WEU zur Aufforderung des UN-Generalsekretärs, sich zu den in der "Agenda for Peace" gemachten Empfehlungen zu äußern (vgl. UN Doc. S/25184 vom 29.1.1993, S. 2): "My reply is without prejudice to the question of whether the WEU is a regional arrangement or agency as referred to in Chapter VIII of the UNC" (UN Doc. S/25996/Add. 1,2 vom 11.6.1993).

[193] Vgl. die "Petersberger Erklärung" des WEU-Ministerrates, in: EA 1992, D 479-D 485.

Zielsetzung und besäßen sogar insofern eine Binnenstruktur, "als sie den Ausbruch eines Krieges zwischen den Mitgliedern des Bündnisses äußerst unwahrscheinlich machten".[194]

bb) Stellungnahme und Sichtweise der übrigen Staatenpraxis

Diese deutlichen Veränderungen im Vergleich zu den ausschließlich nach außen gerichteten Militärallianzen klassischer Prägung haben allenfalls solange noch Zweifel hinsichtlich der Eigenschaft von NATO und WEU als Regionalorganisationen rechtfertigen können, als diese nicht zur Durchsetzung von UN-Sanktionen unmittelbar in Anspruch genommen wurden (und damit in das Friedenssicherungssystem der Vereinten Nationen eingebunden waren).[195] Die Krise im ehemaligen Jugoslawien hat nun gezeigt, daß der Sicherheitsrat sehr wohl der Ansicht ist, daß WEU- und NATO-Einsätze unter Kapitel VIII SVN subsumiert werden können.[196] In der Resolution 787 vom 16.11.1992 hat der Sicherheitsrat bei Stimmenthaltung Chinas und Simbabwes und tätig werdend nach Kapitel VII *und* Kapitel VIII die Mitgliedstaaten *und geeignete Regionalorganisationen* dazu ermächtigt, zur Durchsetzung der in den Resolutionen 713 (1991) und 757 (1992) verhängten Waffen- und Handelsembargos in der Adria Schiffe anzuhalten und zu durchsuchen.[197] Die Außen- und Verteidigungsminister der WEU-Mitgliedstaaten verstanden die Resolution als Aufforderung, an der Umsetzung derselben mitzuwirken, und beschlossen am 20.11.1992 zur Umsetzung der Resolution Kriegsschiffe und Flugzeuge zur Verfügung zu stellen.[198] Diese Aktionen der WEU wurden in enger Abstimmung und Kooperation mit der NATO durchgeführt.[199] Auch Resolution 816 vom 31.3.1993 rekurriert auf Kapitel VIII SVN, indem die Mitgliedstaaten ermächtigt wurden, allein oder mit Hilfe von Regionalorganisationen das gegenüber der Resolution 781 (1992) ausgedehnte Flugverbot über Bosnien-Herzegowina in Absprache mit dem UN-Generalsekretär und der "United Nations Protection Force" (UNPROFOR) mit

---

194 RANDELZHOFER, in: MAUNZ/DÜRIG, GG, Art. 24 II Rn. 21.

195 NOLTE, ZaöRV 54 (1994), 95 (112).

196 Vgl. dazu WOLFRUM, ZaöRV 53 (1993), 576 (578f.).

197 Unter Ziff. 12 heißt es: "Acting under Chapter VII and VIII of the Charter of the United Nations, calls upon all States, acting nationally or through regional agencies or arrangements, to use such measures under the authority of the Security Council to halt all inward and outward maritime shipping in order to inspect and verify their cargoes and destinations and to ensure strict implementation of the provisions of resolutions 713 and 757" (S/Res 787, SCOR/Resolutions and Decisions 1992, S. 29ff.).

198 Kommuniqué der Ministertagung der WEU vom 20.11.1992 in Rom, in: EA 1993/2, D 120ff.

199 FINK, Kollektive Friedenssicherung, S. 646.

allen notwendigen Mitteln durchzusetzen.[200] Schließlich ermächtigte auch Resolution 836 vom 4.6.1993 die Mitgliedstaaten und Regionalorganisationen, die UN-Schutztruppe bei der Abwehr von Angriffen auf die Schutzzonen in Bosnien-Herzegowina mit Luftangriffen zu unterstützen.[201] Obwohl in all diesen Resolutionen unmittelbar nur die Mitgliedstaaten angesprochen wurden, und eben nicht die NATO oder WEU,[202] sprechen die tatsächlichen Umstände eindeutig dafür, daß nur diese Organisationen gemeint sein können.[203] Dies wird hinsichtlich des Flugverbots über dem Luftraum von Bosnien-Herzegowina besonders deutlich, denn nur die NATO war aufgrund ihres militärischen Potentials und ihrer geopolitischen Bedeutung in der Lage, seine Einhaltung zu überwachen. Zwar hätten die Vereinigten Staaten auch alleine die militärische Fähigkeit hierzu besessen, doch ist nicht anzunehmen, daß für eine derart weitreichende unilaterale Militäraktion die notwendige Akzeptanz in der Staatenwelt hätte erzielt werden können; aus militärpolitischen Gründen mußte sich der Militäreinsatz auf der höheren Legitimationsstufe einer Bündnisaktion abstützen. Dies konnte nur erreicht werden, indem die gesamte westliche Militärallianz im Rahmen der NATO tätig wurde. Somit war bei Erlaß der UN-Resolutionen klar, daß sich für deren militärische Umsetzung nur die NATO und die WEU als Organisationen – und nicht lediglich ihre Mitgliedstaaten – angesprochen fühlen sollten. Da zudem die Aktivitäten der beiden Verteidigungsorganisationen genau auf die entsprechenden Sicherheitsratsresolutionen abgestimmt waren,[204] liegt eine zumindest indirekte Anerkennung von NATO und WEU als Regionalorganisationen nahe. Diese Schlußfolgerung zieht auch das überwiegende Schrifttum, das die Rolle der NATO im ehemaligen Jugoslawien beleuchtet hat.[205]

Noch deutlicher wird diese Annahme durch die zahlreichen Resolutionen, die sich auf die - im Friedensabkommen von Dayton vom 10.11.1995 vorgesehene - Einrichtung einer multinationalen Friedensumsetzungstruppe (Implementation

---

200 "The Security Council...- Recalling the provisions of Chapter VIII of the Charter...- 4. Authorizes Member States...acting nationally or through regional organizations or arrangements, to take, under the authority of the Security Council...all necessary measures..." (S/Res 816, SCOR/Resolutions and Decisions 1993/S.4f.).

201 "10. Decides that, notwithstanding paragraph 1 of Res. 816, Member States, acting nationally or through regional organizations or arrangements, may take, under the authority of the Security Council...all necessary measures, through the use of air power..." (S/Res 836, SCOR/Resolutions and Decisions 1993, S. 13f.).

202 Darauf weist HOLSTEIN, Das Verhältnis des Sicherheitsrates, S. 114, mit Recht hin.

203 WALTER, Regionalorganisationen, S. 57.

204 Siehe dazu WALTER, a.a.O., S. 54ff.

205 NOLTE, ZaöRV 54 (1994), 95 (99f., 112f.); HOLSTEIN, Verhältnis des Sicherheitsrates, S. 115; WALTER, Regionalorganisationen, S. 103f.; SCHROEDER, JuS 1995, 398 (401); FROWEIN, in: FS BERNHARDT, S. 57 (58); WOLFRUM, ZaöRV 53 (1993), 576 (578f.)

Force, IFOR) beziehen, die mittlerweile durch die multinationale Stabilisierungstruppe (Stabilization Force, SFOR) abgelöst wurde. In allen Resolutionen, die das Mandat dieser Friedenstruppe betrafen,[206] wurden die Mitgliedstaaten ermächtigt, "durch die in Anlage 1-A des Friedensübereinkommens genannte Organisation oder in Zusammenarbeit mit ihr tätig zu werden". Mit dieser Formulierung wird die NATO direkt angesprochen und ihr eine aktive Rolle bei der kollektiven Friedenssicherung im ehemaligen Jugoslawien zuerkannt. Eine ähnliche Bezugnahme auf die NATO findet sich in Resolution 1244 über die Schaffung einer zivilen und militärischen Sicherheitspräsenz im Kosovo,[207] wo dem Nordatlantikpakt eine Führungsrolle in der KFOR-Friedensmission zuerkannt wurde. Auch der Militäreinsatz der Staatengemeinschaft zur Befreiung Kuwaits von irakischer Besetzung Anfang 1991 stellt die NATO in eine führende Position bei der militärischen Umsetzung der entsprechenden Resolution Nr. 678 des Sicherheitsrates vom 29.11.1990.[208] Zwar wurde in diesem Fall die NATO von den Vereinten Nationen nicht formell mandatiert, sondern nur die UN-Mitgliedstaaten zum Gebrauch aller "notwendigen" (militärischen) Maßnahmen ermächtigt, um den Rückzug des Irak aus Kuwait zu erzwingen. Dies war allerdings mit der Aufforderung an die Staaten verbunden, für diese (Militär)Aktionen die "angemessene Unterstützung" zu leisten (was auch durch die Bereitstellung militärischer Bündnisstrukturen geschehen konnte). Formell trug also zwar die Staatenkoalition die militärische Befreiung Kuwaits. Realiter war es jedoch die NATO unter Führung der USA und anderer westlicher Staaten, die mit der Nutzung der vorhandenen Kommunikationsstrukturen, der Logistik und sonstigen Kapazitäten militärisch nicht nur den Status quo ante

---

206 Res. 1031 (15.12.1995), die unter Bezugnahme auf das Dayton-Agreement die IFOR einrichtete; Res. 1088 (12.12.1996), die die IFOR durch die SFOR ersetzte; Res. 1144 (19.12.1997), 1174 (15.6.1998) und 1247 (18.6.1999), die jeweils die Verlängerung des SFOR-Mandats zum Gegenstand hatten. Auch auf der New Yorker Tagung über die Zukunft des kollektiven Sicherheitssystems der Vereinten Nationen wurden NATO und WEU überwiegend als Regionalorganisationen angesehen, vgl. NOLTE, ZRP 1994, 237ff.

207 S/Res 1244 vom 10.6.1999, in: VN 1999, 116f.

208 S/Res 678, SCOR/Resolutions and Decisions 1990, S. 27f.

wiederherstellte, sondern unter der Ägide der Vereinten Nationen[209] auch neue militärisch-strategische Gegebenheiten im Nahen Osten schuf.[210]

Im Ergebnis kann also nicht mehr ohne weiteres behauptet werden, die NATO (und dementsprechend die WEU) sei gegenüber dem kollektiven Sicherheitsmechanismus der Vereinten Nationen wesensverschieden. Jedenfalls dort, wo sie die Funktion als Regionalorganisationen i.S. des Achten Kapitels der UN-Charta tatsächlich erfüllt (wie im ehemaligen Jugoslawien), müssen auch Verteidigungsbündnisse als "regionale Abmachungen" anerkannt werden. Für ein weites Verständnis dieses Begriffs spricht auch die Entstehungsgeschichte der UN-Charta. Auf der Konferenz von San Francisco hatte man durchaus nicht so klar zwischen verschiedenen Typen internationaler Organisationen mit Sicherheitsfunktionen unterschieden. Dort wurde ein ägyptischer Definitionsvorschlag des Begriffs der Regionalorganisation, der sowohl binnen- wie außengerichtete Merkmale enthielt, bezeichnenderweise nur deswegen verworfen, weil er zu eng war.[211] Gegen eine systematische Trennung von Verteidigungs- und Regionalorganisationen spricht auch, daß der spätere Art. 51 der Satzung LANGE im Rahmen des späteren Kapitels VIII diskutiert und letztlich nur aus anderweitigen systematischen Erwägungen an das Ende des VII. Kapitels gestellt wurde.[212] Bei Schaffung der Charta war also nicht die Natur kollektiver Sicherheitssysteme umstritten, sondern nur ihre möglichen Kompetenzen im Verhältnis zur Weltorganisation.[213]

---

[209] "The Security Council...3. Requests all States to provide appropriate support for the actions undertaken [to uphold and implement resolution 660 and all subsequent relevant resolutions]...". Allerdings ist umstritten, ob der Sicherheitsrat in Res. 678 kollektive Zwangsmaßnahmen nach Art. 42 SVN verhängt hat, deren Vollzug er gemäß Art. 48 SVN weitgehend den Mitgliedstaaten überließ, oder aber eine Ermächtigung zur Ausübung kollektiver Selbstverteidigung gemäß Art. 51 SVN ausgesprochen hat (vgl. dazu FINK, Kollektive Friedenssicherung, S. 591ff.). Wäre letzteres der Fall, hätten die NATO-Mitgliedstaaten nicht im Rahmen des UN-Friedenssicherungssystems gehandelt, sondern in Ausübung eines kollektiv wahrgenommen individualstaatlichen Rechts. Die Stellungnahmen der die Resolution tragenden Ratsmitglieder sprechen jedoch dafür, die Resolution als Zwangsmaßnahme nach Art. 42ff. SVN anzusehen.

[210] PRADETTO, APuZ B 11/1999, S. 26 (27).

[211] UNCIO, Vol. XII, S. 708f.: "d'autre part il est probable qu'ils n'embrassent pas toutes les situations qui peuvent être prévues par des arrangements régionaux."

[212] UNCIO, Vol. XVII, S. 286ff.: "should not be placed after Chapter VIII as a separate section...because it might have the effect there of limiting the right of self-defense only to regional arrangements, thus depriving a state which was not a party to such arrangements of that right." (S. 287).

[213] NOLTE, ZaöRV 54 (1994), 95 (98).

cc) Gegenargumente zur ablehnenden Literaturansicht

Schließlich sind auch die in der Literatur vorgebrachten Bedenken gegen eine Einordnung von Verteidigungsbündnissen unter Kapitel VIII der UN-Charta nicht stichhaltig.

Die Ansicht, der Begriff der Regionalorganisation verlange notwendigerweise einen Mechanismus der friedlichen Streitbeilegung,[214] verkennt, daß Art. 52 II SVN keine über Art. 52 I SVN hinausgehenden Strukturelemente einer Regionalorganisation enthält, sondern eine Kompetenzverteilungsvorschrift darstellt. Sie besagt, daß *für den Fall paralleler Mechanismen* zunächst die Regionalorganisation zu bemühen ist, und dient somit der Zuständigkeitsverteilung zwischen Sicherheitsrat und Regionalorganisationen.[215]

Auch das Argument, Organisationen kollektiver Selbstverteidigung und solche kollektiver Sicherheit seien wesensverschieden, weil Art. 51 SVN einerseits und Art. 52 ff. SVN andererseits unterschiedliche Voraussetzungen und Rechtsfolgen enthielten, kann nicht überzeugen. Bereits die Diskussion über die richtige Rechtsgrundlage für das Vorgehen der alliierten Streitkräfte gegen den Irak während des Kuwait-Krieges[216] hat gezeigt, daß zwischen Maßnahmen nach Art. 51 SVN und solchen nach Art. 39 ff. SVN nicht notwendigerweise ein Gegensatz bestehen muß.[217] Art. 51 SVN dient eben nicht nur dem Schutz von einzelstaatlichen Rechten, sondern kann als Grundlage für kollektive Selbstverteidigung auch eine friedenswahrende und -wiederherstellende Funktion einnehmen. Der Vorrang, den Art. 51 SVN dem Sicherheitsrat auch bei der Ausübung des Selbstverteidigungsrechts zuweist (Selbstverteidigung nur bis zum Tätigwerden des Sicherheitsrats; Anzeigepflicht des handelnden Staates) bedeutet keinen Ausschließlichkeitsanspruch für Maßnahmen kollektiver Sicherheit im Gefüge der Optionen zur Abwendung einer militärischen Krise, sondern stellt lediglich den subsidiären Charakter heraus, den die Selbstverteidigung im Friedenssicherungssystem der Vereinten Nationen unter der Primärverantwortung des Sicherheitsrates einnehmen soll. In einem System kollektiver Sicherheit wie den Vereinten Nationen soll bei Vorhandensein eines entsprechenden Instrumentariums eben zunächst die Organisation selber mit Hilfe ihrer höheren Legitimationswirkung die Krise zu beheben versuchen; erst wenn dies

---

[214] Der im NATO-Vertrag allenfalls rudimentär ausgebildet ist, vgl. Art. 1 NATO-Vertrag.

[215] WALTER, Regionalorganisationen, S. 99ff. mit instruktiven Belegen aus der Entstehungsgeschichte der Norm. Aus dieser wird die generelle Zurückhaltung der Staatenvertreter gegenüber einer abschließenden Definition der Regionalorganisation deutlich, die über die allgemeinen Merkmale des Art. 52 I hinausgeht.

[216] Siehe oben Fn. 208-209 sowie FROWEIN, in: SIMMA, ChUN, Art. 42 MN. 22f.

[217] WALTER, a.a.O., S. 62.

keinen Erfolg hat, sollen die Staaten in Eigenverantwortung die rechtmäßige Lage wiederherstellen können. Schon die Formulierung „beeinträchtigt...keineswegs...das Recht zur Selbstverteidigung" in Art. 51 S. 1 SVN macht deutlich, daß der Friedensmechanismus der Vereinten Nationen das Notwehrrecht der Staaten keinesfalls hemmen soll, geschweige denn, diesem den Charakter eines friedenswahrenden Instruments absprechen möchte; Kapitel VII SVN berücksichtigt lediglich das erhöhte Risiko eines Selbsthilferechts im Vergleich zu kollektiven Zwangsmaßnahmen. Die grundsätzliche Vorrangstellung des Sicherheitsrates bei allen militärischen Gewaltanwendungen ist daher nur Ausdruck seiner Hauptverantwortung zur Wahrung des Weltfriedens und der internationalen Sicherheit nach dem Prinzip *„try Security Council first"*, bedeutet aber keine Schlechterstellung der Selbstverteidigung im System der friedenswahrenden und –wiederherstellenden Maßnahmen.

Aber selbst wenn davon ausgeht, daß Maßnahmen des Sicherheitsrates die Ausübung des Selbstverteidigungsrechts ausschließen, ist damit noch nicht bewiesen, warum die in Art. 51 S. 1 SVN enthaltene Regelung des Verhältnisses von Zwangsmaßnahmen durch den Sicherheitsrat und kollektiver Selbstverteidigung auf das Verhältnis von Kollektivmaßnahmen einer Regionalorganisation nach Kapitel VIII SVN übertragbar sein soll. Die Frage, ob Maßnahmen kollektiver Sicherheit oder kollektiver Selbstverteidigung vorrangig sein sollen, wird nur im Rahmen des VII. Kapitels der UN-Charta zugunsten des Sicherheitsrates beantwortet; das VIII. Kapitel schweigt über diese Frage. Der Einwand, Zwangsmaßnahmen nach Kapitel VIII und Aktionen zur Selbstverteidigung stünden in begrifflichem und funktionellem Gegensatz, weil ein Vorgehen des Sicherheitsrates nach Art. 39 ff. SVN die Ausübung des Selbstverteidigungsrechts nach Art. 51 SVN ausschließe, könnte allenfalls für Kapitel VII zutreffen, und verkennt somit, daß es sich bei der Frage der Subsumtion von Verteidigungsbündnissen unter Kapitel VIII nicht um eine Frage des Vorrangs bestimmter Mittel der Friedenssicherung handelt (Kollektivmaßnahme oder Selbstverteidigung), sondern um die Subsumtion ein und desselben Mittels (Vorgehen gegen einen Friedensstörer) unter verschiedene Vorschriften. In der Praxis sind durchaus Fälle denkbar, bei denen eine Maßnahme zur Selbstverteidigung als Abschreckung weiterer Angriffe dient und damit einen Beitrag zur Wahrung des Friedens leistet.

Die in der Literatur verbreitete Ansicht, wegen der Bindung an die Ziele und Grundsätze der Vereinten Nationen in Art. 52 SVN müßten die Regionalorganisationen als regionale Systeme kollektiver Sicherheit organisiert sein,[218] ist ebenfalls zweifelhaft. Da im Rahmen von Maßnahmen kollektiver Sicherheit

---

[218] So z.B. KUNZMANN, VN 1962, 103 (104); PERNICE, Die Sicherung des Weltfriedens, S. 60f.

nach Kapitel VII SVN der negative (enge) Friedensbegriff im Sinne der Abwesenheit militärischer Gewalt gemeint ist,[219] und eben nicht der umfassende, positive Friedensbegriff des Art. 1 Ziff. 1 SVN,[220] ist für die Zwecke des Kapitels VIII ebenfalls vom negativen Friedensbegriff auszugehen.[221] Da Organisationen kollektiver Selbstverteidigung zur Friedenswahrung in diesem Sinne beitragen,[222] spricht die von den binnengerichteten Vereinten Nationen verschiedene Struktur nicht gegen die Anwendbarkeit von Kapitel VIII SVN auf einzelne Maßnahmen solcher Organisationen. Es ist kein – zumindest politischer - Grund ersichtlich, warum z.B. die NATO nicht in gleicher Weise wie etwa die OAS durch eine militärische Präsenz einen drohenden oder bereits ausgefochtenen Konflikt eindämmen könnte. Im Hinblick auf die Einschüchterungs- und Befriedungsfunktion aufgrund ihres politischen und militärischen Potentials besteht zwischen beiden Organisationstypen kein Unterschied. Allenfalls auf rechtlicher Ebene bedeutet die fehlende vertragliche Bindung des von dem Verteidigungsbündnis in Anspruch genommenen Staates ein Manko bei der Effektivität der Friedenswahrung, denn während Systeme kollektiver Sicherheit gegen ihre Mitgliedstaaten aufgrund einer vertraglichen Verpflichtung vorgehen können – ihr Vorgehen mithin eine höhere Legitimationsstufe erreicht -, verbleibt den Verteidigungsbündnissen nur das allgemeine völkerrechtliche Notwehr- und Nothilferecht, aufgrund dessen sie einen Nichtmitgliedstaat in Anspruch nehmen können. Bündnisse kollektiver Sicherheit haben somit umfassende vertragliche Eingriffsbefugnisse, wohingegen Verteidigungsbündnisse sich nur in dem engen Rahmen des allgemeinen Völkerrechts bewegen dürfen. Diese Einschränkung würde aber dann kein ernstes Problem mehr darstellen, wenn der Kreis der notwehr- und nothilfefähigen Rechtsgüter mittlerweile derart erweitert ist, daß auch solche bedrohten Interessen das Selbsthilferecht auslösen, die bislang nur zum Gegenstand von Zwangsmaßnahmen kollektiver Sicherheitsbündnisse gemacht worden sind. Insbesondere im Bereich des Schutzes fundamentaler Menschenrechte könnte sich ein derartiger Wandel abzeichnen, mit der Folge, daß die Handlungsbefugnisse beider Bündnisarten – unabhängig von einer vertraglichen Bindung der Mitgliedstaaten an das binnengerichtete System - sich mehr und mehr angleichen würden. Von daher ist abzusehen, daß auch auf rechtlicher Ebene mittelfristig nicht in jedem Falle eine höhe-

---

[219] FROWEIN, in: SIMMA, ChUN, Art. 39 MN. 6.

[220] Der positive Friedensbegriff verlangt die Entwicklung freundschaftlicher Beziehungen zwischen den Völkern, enthält also ein aktives friedensstiftendes Element, vgl. WOLFRUM, in: SIMMA, ChUN, Art. 1 (1) MN. 5.

[221] WALTER, Regionalorganisationen, S. 64.

[222] Die Geschichte des "Kalten Krieges" belegt, daß auch sich gegenüberstehende Militärallianzen durch Schaffung eines strategischen Kräftegleichgewichts zumindest einen Frieden im Sinne von Abwesenheit von bewaffneter Gewalt erhalten können.

re Eignungsstufe von Systemen kollektiver Sicherheit für die Erhaltung des Friedens und der internationalen Sicherheit angenommen werden muß; der insoweit sich möglicherweise vollziehende Wandel der völkergewohnheitsrechtlich als selbsthilfefähig anerkannten Rechtsgüter würde eine entsprechende Ausweitung der Eingriffsbefugnisse auch von Verteidigungsbündnissen bedeuten (vgl. hierzu unten IV. 3. b. bb.).

Entscheidend für die Kompatibilität von Verteidigungsbündnissen und Einrichtungen kollektiver Sicherheit spricht aber die bereits erwähnte Zurückhaltung der Delegierten auf der Gründungskonferenz in San Francisco gegenüber einer abschließenden Definition des Begriffs „Regionalorganisation". Die Delegierten haben seinerzeit deutlich gemacht, daß eine Beschränkung von Kapitel VIII auf Organisationen mit einer bestimmten inneren Struktur gerade nicht stattfinden soll.

Aber selbst wenn man eine strikte Abgrenzung von Art. 51 SVN und Kapitel VIII in der Weise vornehmen wollte, daß erstere Vorschrift nach außen gerichtete Verteidigungsbündnisse erfaßt, Art. 52 SVN hingegen nur binnengerichtete Organisationen,[223] ist der Schluß keinesfalls zwingend, daß Verteidigungsbündnisse nur außengerichtet sein können. So ist der Vorschrift des Art. 51 SVN bzw. Art. 5 NATO-Vertrag nicht ohne weiteres zu entnehmen, daß sie nur nach außen wirken soll.[224] Art. 5 NATO-Vertrag war sicherlich für einen Angriff von außen gedacht, paßt seinem Wortlaut nach aber auch für den Fall eines bewaffneten Angriffs eines Mitgliedstaates auf einen anderen.[225] Die Bündnisklausel verlangt nur, daß ein bewaffneter Angriff eines Staates auf einen anderen vorliegt, unabhängig davon, ob diese Staaten Mitglieder eines Systems kollektiver Sicherheit oder einer Organisation kollektiver Selbstverteidigung sind. Dem Wortlaut des Art. 51 SVN läßt sich nicht entnehmen, daß das Selbstverteidigungsrecht nach außen gerichtet sein muß. Ein "inherent right" kann auch gegenüber einem Verbündeten geltend gemacht werden, da es Ausdruck originärer Staatsgewalt ist, auf die auch durch Beitritt zu einem Verteidigungsbündnis insoweit nicht verzichtet wird. Die Mitglieder eines Verteidigungsbündnisses haben sich bei ihrem Beitritt ihrer Souveränität eben nicht so weit entäußert, daß sie untereinander auf die Ausübung ihres Selbstverteidigungsrechts verzichten wollten, sondern haben sich zur besseren und konzertierten Verwirklichung ihres einzelstaatlichen Rechts auf Selbstverteidigung zusammengeschlossen. Der Einwand, bei einer Binnengerichtetheit von Verteidigungsbündnissen wandele sich die Defensivklausel inhaltlich zu einem vertraglichen Interventionsinstrument, greift deshalb nicht durch: Die Vereinbarung einer Defensivklausel

---

223 So etwa DELBRÜCK, in: EPIL 3 (1982), 104 (105f.); WOLF, in: EPIL 6 (1983), 289.

224 So auch TOMUSCHAT, in: BoK-GG, Art. 24 GG Rn. 179.

225 Ähnlich EIDE, Journal of Peace Research 3 (1966), 125 (138).

schließt deren Anwendung auch im Verhältnis untereinander wegen des Charakters der Selbstverteidigung als „inherent right“ nicht aus. Auf diese Weise kann sich die kollektive Selbstverteidigung als Maßnahme kollektiver Sicherheit darstellen, was nach der Doppelfunktion der Selbstverteidigung als Individualabwehrrecht und friedenswahrende Maßnahme aber kein Widerspruch sein muß. Versteht man kollektive Sicherheit als Abwehr bestehender oder drohender militärischer Gefahren im Rahmen einer Organisation, macht es keinen Unterschied, ob die Gefahr von außen oder innen kommt; der Begriff „kollektive Sicherheit“ stellt somit gleichsam den Oberbegriff für Zwangsmaßnahmen in beide Richtungen dar. Daraus folgt, daß die Frage einer Binnen- oder Außenrichtung einer Organisation für das Verhältnis von Verteidigungsbündnissen zu Kapitel VIII der UN-Charta nicht wesentlich ist. Es spricht also nichts dagegen, auch die NATO mit Maßnahmen der kollektiven Friedenssicherung zu betrauen.

c) Zwischenergebnis: Die NATO als Regionalorganisation

Damit kann festgehalten werden, daß weder die Entstehungsgeschichte von Kapitel VIII der Charta noch systematische Erwägungen gegen eine Charakterisierung von Verteidigungsbündnissen als Regionalorganisationen im Sinne des Achten Kapitels der Satzung der Vereinten Nationen sprechen. Aus dem weiten Wortlaut des Art. 52 SVN ergibt sich, daß die Unterscheidung zwischen kollektiver Selbstverteidigung und kollektiver Sicherheit für den Begriff der Regionalorganisation irrelevant ist.[223] Vielmehr hat die Organpraxis der Vereinten Nationen in den letzten Jahren seit Überwindung des - die Funktionsmöglichkeiten des kollektiven Sicherheitssystems paralysierenden - Ost-West-Konflikts (1989/90) bewiesen, daß nunmehr sowohl die NATO als auch die WEU zumindest indirekt als Regionalorganisationen anerkannt werden.[224] Diese Entwicklung war natürlich bei Gründung der NATO 1949 noch nicht absehbar. Sie belegt jedoch, daß nunmehr der NATO die Rolle zukommen soll, die ihr von Anfang an zugedacht war, nämlich als regionale Abmachung das System der kollektiven Friedenssicherung der Vereinten Nationen zu unterstützen.[225]

6. Vorläufige Bewertung des Aufgabenprogramms der NATO

Sowohl historische als auch systematische Erwägungen deuten somit darauf hin, daß nach der Intention der Vertragsparteien die Kompetenzen der NATO umfangreicher sein sollten, als aus dem Vertragswortlaut deutlich wird. Es spricht einiges dafür, den der NATO eingeräumten Aufgabenkreis weit auszule-

---

223 WALTER, Regionalorganisationen, S. 125.
224 So auch RESS, in: SIMMA, ChUN, Art. 53 MN. 11.
225 BRING, in: NATO-Brief Nr. 3/1999, S. 24 (26).

gen und im Sinne eines bereits 1949 auf die Durchführung von Maßnahmen kollektiver Sicherheit angelegten Vertragsprogramms zu verstehen. Wie die NATO-Staatenpraxis gezeigt hat, versteht sich auch das Bündnis selber nicht mehr nur als kollektives Verteidigungsbündnis.[229] Für die Ausgangsfragestellung ist dies insofern von Bedeutung, als militärische Maßnahmen der NATO-Staaten, die, obwohl sie nicht der Verteidigung im Sinne der Art. 51 SVN, 5 NATO-Vertrag dienen, gleichwohl als vertragskonformes - weil im Gründungsvertrag angelegtes - Handeln angesehen werden können. Insoweit wäre kein neuer vertraglicher Kompetenzübertragungsakt (also eine Vertragsänderung) anzunehmen, sondern eine "Wiederbelebung" des ursprünglich weitgefaßten Vertragsprogramms. Man könnte sich dann der Auffassung der vier das "AWACS"-Urteil tragenden Bundesverfassungsrichter anschließen, die bei den umstrittenen Maßnahmen der Bundesregierung zur Umsetzung der UN-Resolutionen keinen Änderungsvertrag erblickten, sondern lediglich die Entfaltung des bereits vorhandenen Vertragsinhalts.[230]

Allerdings bleibt zu untersuchen, ob die herkömmlichen völkerrechtlichen Auslegungsmethoden der Wortlautanalyse unter Berücksichtigung der Systematik und Entstehungsgeschichte des Vertrags eine solche über die Verteidigung hinausgehende Kompetenz der NATO belegen können. Anschließend soll geprüft werden, ob die teleologischen Auslegungsmaximen des „effet utile" und der „implied powers" eine extensive Interpretation der maßgeblichen Vertragsbegriffe erlaubt.

II. Grundsätzliches zur Auslegung völkerrechtlicherVerträge

Im folgenden sollen daher die Ziele und Instrumente der Vertragsauslegung erörtert werden. Schwerpunktmäßig soll der Frage nachgegangen werden, ob eine Auslegung bewirken kann, daß auf der Grundlage des textlich unveränderten Vertrages auch vom Wortlaut abweichendes Verhalten völkerrechtlich zulässig ist. Die Beantwortung dieser Frage hängt wesentlich davon ab, ob man dem Wortlaut eines Vertrages letztverbindliche Bedeutung beimißt oder aber in ihm nur ein Indiz unter mehreren zur Erforschung des endgültig maßgeblichen subjektiven Parteiwillens erblickt.

---

229 So auch BARRETT, in: PETERS (Hg.), New Security Challenges, S. 123 (129).
230 BVerfGE 90, 286 (362).

1. Das Wesen der Auslegung

Die Vertragsauslegung hat die Feststellung des Vertrags*inhalts* zum Gegenstand und ist damit grundsätzlich von der Vertragsänderung zu unterscheiden.[231] Während das Ziel der Vertragsauslegung die Feststellung der Tragweite und des normativen Gehalts des gegebenen Vertrages ist,[232] will die Änderung diesen normativen Gehalt gerade nicht ermitteln, sondern erneuern. Auslegung ist daher die Erforschung des Vertragssinns[233] und ein Hilfsmittel zur Verständlichmachung eines Textes.[234] Obwohl es bei völkerrechtlichen Verträgen wie bei allen Rechtstexten naturgemäß ein Verständnisproblem hinsichtlich der darin verankerten Normen gibt, gilt grundsätzlich auch weiterhin die klassisch gewordene Formulierung von EMERIC DE VATTEL "qu´il n´est pas permis d´interpréter ce qui n´a pas besoin d´interprétation".[235] Auch der IGH hat diese Position im Gutachten über die Zuständigkeit der Generalversammlung zur Aufnahme eines Staates in die Vereinten Nationen eingenommen.[236] Die Feststellung, ein Vertrag bedürfe keiner Auslegung, weil etwa sein Wortlaut eindeutig sei, wird jedoch zu einer *petitio principii*, wenn ein solcher Befund seinerseits das Ergebnis einer vorausgegangenen Auslegung ist.[237] Der "klare Wortlaut" eines Begriffs ist nämlich vielfach erst im systematischen Zusammenhang mit anderen Begriffen zu ermitteln.[238] Sollte man der Ansicht sein, der NATO-Vertrag bedürfe insofern keiner Auslegung mehr, weil die in ihm genannten militärischen Einsatzmöglichkeiten abschließend in Art. 5 NATO-Vertrag genannt seien, dann ist dieses Ergebnis entweder durch eine restriktive Auslegung des Begriffs "Verteidigung" in Art. 5 NATO-Vertrag oder durch ein ausschließliches Abstellen auf den Wortlaut des gesamten Vertrages ohne Berücksichtigung der Entstehungsgeschichte und des Regelungsziels des Vertrages zustande gekommen. Auch die Betonung des Wortlauts als alleiniges Instrument der Ermitt-

---

231 KARL, Vertrag und spätere Praxis, S. 21. Vgl. auch die ILC: "Although the line may sometimes be blurred between interpretation and amendment of a treaty...legally the processes are distinct" (ILC-Entwurf von 1966, Kommentar zu Art. 38, in: YBILC 1966 II, S. 236, § 1).

232 BERNHARDT, Auslegung, S. 32.

233 KÖCK, Vertragsinterpretation, S. 22 ("Schlüssel zum richtigen Verständnis des Vertrags"); ROUSSEAU, Droit international public, Bd. 1, S. 241: "L´ interprétation est l´opération intellectuelle qui consiste à déterminer le sens d´un acte juridique, à en préciser la portée et à en éclairer les points obscurs ou ambigus".

234 KÖCK, ZÖR 53 (1998), 217 (220).

235 in: Le Droit des Gens, ou Principles de la Loi Naturelle II (1758), § 263.

236 ICJ-Reports 1950, 8: "If the relevant words in their natural and ordinary meaning make sense in their context, that is an end of the matter".

237 Vgl. DISTEFANO, AFDI 1994, 41 (44).

238 IPSEN, Völkerrecht, § 11 Rn. 7.

lung des Vertragssinns ist "Auslegung", denn auch ein scheinbar feststehender Wortlaut muß nicht zu jeder Zeit in identischer Weise verstanden werden, sondern unterliegt zeit- und gesellschaftsbezogenen Wandelungen. Er kann daher nur im Gesamtzusammenhang mit seiner Entstehungszeit und der von den Vertragsparteien zu diesem Zeitpunkt beigelegten Bedeutung historisch richtig erfaßt werden. Was aber zum Zeitpunkt des Vertragsschlusses beispielsweise unter "Verteidigung" verstanden wurde (etwa die Abwehr bewaffneter Angriffe auf das Staatsgebiet im Sinne des Art. 51 SVN), kann im Laufe von mehreren Jahrzehnten einer sprachlichen und politischen Umdeutung unterlegen sein. Um herauszufinden, ob der ursprünglich einem Begriff zugemessene Bedeutungsgehalt immer noch "aktuell" ist, d.h. semantisch immer noch dasselbe damit ausgedrückt werden soll, ist auch ein scheinbar nicht auslegungsbedürftiger Wortlaut nicht das "Ende aller Unklarheit", sondern muß ebenfalls Gegenstand der Auslegung sein. Anderenfalls bestände die Gefahr, eben gerade nicht die richtige Bedeutung des Wortlauts, sondern eine zeitgebundene, historisch zementierte (möglicherweise singuläre) Bedeutungsvariante als allein möglichen Bedeutungsgehalt festzulegen.[239] Die Auslegung eines Vertrages ist damit als Teil der Anwendung bindenden Rechts[240] die Feststellung des augenblicklich geltenden Rechts.[241]

2. Abgrenzung zur Vertragsänderung

Damit ist ein weiteres wichtiges Kriterium angesprochen, das die Vertragsauslegung von der Vertragsänderung unterscheidet: Auslegung ist eine Tätigkeit, die auf die rein erkenntnismäßige Feststellung des Vertragsinhalts gerichtet und in ihren Auswirkungen auf den zu entscheidenden *Einzelfall* beschränkt ist. Mit der Vertragsänderung hingegen meint man eine Umgestaltung des Vertragsinhalts, die sich nicht auf einen einzelnen Fall beschränkt, sondern auch zukünftige Fälle der Vertragsanwendung bestimmt.[242] Obwohl man – wie später noch zu zeigen ist – auch an der auslegenden Tätigkeit Elemente der Vertragsänderung erkennen kann,[243] besteht wegen der unterschiedlichen Rechts-

239 Vgl. zur UN-Charta RESS, in: SIMMA, ChUN, Interpretation, MN. 3; SCHACHTER, in: EPIL 5 (1983), 287 (292): "Interpretation has significantly added to and modified the understanding of the Charter provisions...".

240 BERNHARDT, in: EPIL 7 (1984), 321.

241 MÖSSNER, in: FS SEIDL-HOHENVELDERN, S. 403 (403).

242 KARL, in: SCHREUER, Autorität und internationale Ordnung, S. 9, 28: gemeint ist hiermit die Vertragsänderung im materiellen Sinn, die unabhängig von der Änderung des Vertragstexts verlaufen kann.

243 BERNHARDT, Auslegung, S. 44: "Die Grenze zwischen der Auslegung und der Änderung oder Ergänzung eines Vertrages wird sich nie eindeutig beantworten lassen...".

schöpfungskompetenz und der Autorität von Rechtsschöpfungsakten doch ein qualitativer Unterschied zwischen beiden. Während Auslegung gewöhnlich als eine Tätigkeit von Gerichten und Schiedsgerichten zur Entscheidung von Rechtsstreitigkeiten angesehen wird,[244] findet Vertragsänderung auf der Regierungsebene der Vertragsparteien statt. Zwar leisten die Gerichte den größten Beitrag zur Entwicklung der Auslegungsgrundsätze,[245] doch ist Auslegung keinesfalls nur eine Sache internationaler Gerichte. Da die Vertragsauslegung die Voraussetzung jeglicher Vertragsanwendung ist, werden Verträge sogar viel häufiger durch Außenministerien, sonstige staatliche Behörden und Gerichte sowie durch internationale Organe wie etwa die Sekretariate internationaler Organisationen ausgelegt.[246] Diese jurisdiktionellen, administrativen, exekutiven, organisationellen Auslegungsformen, oder wie immer man sie bezeichnet,[247] teilen mit der wissenschaftlichen Auslegung das Ziel, den Vertragsinhalt zu erhellen.[248] Die Erkenntnis eines Vertragsinhalts bedeutet das Verstehen eines Vertragstexts als Ausdruck des von den Parteien Gewollten.[249] Aber Vertragsauslegung erschöpft sich nicht darin. Als Teil normativer Auslegung hat sie primär die Vertragsbedeutung im Rahmen der Rechtsordnung, den *normativen Vertragssinn*, zu suchen und nur mittelbar – gewissermaßen im Auftrag der Rechtsordnung – ist es ihr aufgegeben, den tatsächlichen Parteiwillen zu erforschen.[250] Damit ist nicht gesagt, daß der Parteiwille im Rahmen der Vertragsauslegung geringzuachten wäre, da ja die primäre Funktion des völkerrechtlichen Vertrages in der Verwirklichung der Vorstellungen und Ziele der Vertragsparteien liegt.[251] Doch schon von Anfang an greift die Rechtsordnung sinngebend ein, indem sie z.B. einem Vertrag schlechtweg die Rechtsgültigkeit

---

[244] FALK, VJIL 8 (1967/68), 323ff.; JACOBS, ICLQ 18 (1969), 318 (342).

[245] Auslegungsgrundsätze werden daher von BERNHARDT im wesentlichen als Konfliktsregeln verstanden, die helfen sollen, Meinungsverschiedenheiten und Streitigkeiten über die Rechte und Pflichten der Vertragspartner zu überwinden (in: Auslegung, S. 46).

[246] KARL, in: SCHREUER, Autorität und internationale Ordnung, S. 9 (10); DERS., Vertrag und spätere Praxis, S. 22.

[247] Einteilungen nach dem *locus interpretandi*, die zugleich Aufschluß über die terminologische Fragestellung geben, finden sich etwa bei EHRLICH, L'interprétation des traités, RdC 24 (1928 IV), 34ff.; REUTER, Introduction au droit des traités, S. 101ff.

[248] Vgl. EHRLICH, RdC 24 (1928 IV), 34 (39): «Toute interprétation...doit rechercher la vérité».

[249] BERNHARDT, Auslegung, S. 32.

[250] Vgl. BERNHARDT, Auslegung, S. 32, und besonders deutlich LARENZ: "Ziel der Gesetzesauslegung kann demnach nur sein die Ermittlung des heute rechtlich maßgeblichen, also eines normativen Sinnes des Gesetzes" (Methodenlehre, 4. Aufl., S. 305). Für internationale Verträge ebenso FAVRE, SchwJIR 17 (1960), 75 (77).

[251] BERNHARDT, Auslegung, S. 34ff.; KARL, in: SCHREUER, Autorität und internationale Ordnung, S. 9 (12).

verweigert[252] oder nur das als von den Parteien als verabschiedeten Konsens annimmt, was Treu und Glauben und das Prinzip des Vertrauensschutzes objektiv nahe legen.[253] Dieser Balanceakt zwischen der Erforschung des wirklichen Parteiwillens und der Berücksichtigung des festgeschriebenen Wortlauts als möglicherweise verbindlich kodifizierter Parteiwille ist die Aufgabe der Hermeneutik.

III. Gegenstand und Ziel der Auslegung

1. Die Auslegungskonzeptionen

Bei der Frage, was denn nun genau Gegenstand (Objekt) der Vertragauslegung ist, stehen sich im wesentlichen zwei Extrempositionen gegenüber. Bevor die heute gültigen Auslegungsgrundsätze der WVRK behandelt werden, sollen die Hintergründe dieser – in der WVRK Berücksichtigung findenden – herkömmlichen gewohnheitsrechtlichen Konzepte vorgestellt werden.

Für die Vertreter einer subjektiven Auslegungskonzeption steht die Ermittlung des wahren Parteiwillens im Vordergrund. Vertrag und damit Gegenstand jeder Auslegung könne nur dasjenige sein, was die Parteien wirklich regeln wollten. Der hinter einem Wortlaut stehende Wille sei Ausdruck der mit dem Vertrag zu verwirklichenden Absicht der Parteien und könne damit letztlich nur allein über Ziel und Zweck, also über das von den Parteien mit dem Vertrag Gewollte, entscheiden.[254] Dem liegt der Gedanke zugrunde, daß die Parteien mit

---

252 Z.B. bei fehlerhaftem Abschluß oder bei Verstoß gegen zwingendes Recht.

253 Bei der rein objektiven Feststellung des Vertragsinhalts geht die Erklärung dem tatsächlichen, inneren Willen vor, wobei man die "Erklärung" jedoch nicht auf den Text beschränken darf; vielmehr sind alle Umstände des Vertragsabschlusses einzubeziehen. Siehe dazu MÜLLER, Vertrauensschutz, S. 151ff.

254 So schon VATTEL, in: Le Droit des Gens, ou Principles de la Loi Naturelle, Bd. II (1758), § 287. Dabei ist bemerkenswert, daß die Formel vom "object and purpose" erst durch das Rechtsgutachten des IGH betreffend *Vorbehalte zur Völkermordkonvention* (ICJ-Reports 1951, 15) allgemein akzeptiert worden ist. Der *Harvard-Draft, Law of Treaties*, AJIL 1935 (Suppl.), 952 spricht in diesem Zusammenhang vom Konzept der "intention of the parties", womit deutlich wird, daß zwischen der wahren Absicht der Parteien und Ziel und Zweck des Vertrages ein weit engerer Zusammenhang besteht, als die Zurückdrängung der Erforschung des Parteiwillens als nur subsidiäres Auslegungsmittel gemäß Art. 32 WVRK hinter die primären Auslegungsregeln in Art. 31 WVRK vermuten lassen könnte.

dem Vertrag etwas ganz Bestimmtes erreichen wollen.[255] Daher sei es nur recht und billig, den Vertrag in jener Weise auszulegen und anzuwenden, wie die Parteien dies ursprünglich beabsichtigt hätten. Die Vertreter der subjektiven Sichtweise betonen den souveränen Staatswillen bei der Eingehung völkerrechtlicher Verpflichtungen, der nicht durch theoretisch-wissenschaftliche und zeitgebundene Wortlautauslegungen präjudiziert werden dürfe.[256]

Wenn es dieser Konzeption folgend darauf ankommt, den Vertrag allein in dem Licht des dahinterstehenden Parteiwillens zu interpretieren, müßten auch die Begriffe "Verteidigung" und "Sicherheit" des NATO-Vertrages nach dem historischen[257] oder aktuellen[258] Verständnis der Vertragspartner weit aufgefaßt werden. Wie sich aus der jüngsten Praxis der NATO-Partner, insbesondere im Kosovo-Konflikt, gezeigt hat, versteht sich das Bündnis als umfassender euro-atlantischer Sicherheitsapparat, der nicht mehr nur Verteidigung gegen bewaffnete Angriffe organisiert, sondern umfassende Konfliktvorsorge und –bewältigung betreibt.[259] Da dies dem Willen der "Herren der Verträge" entspricht, muß nach subjektivem Auslegungsverständnis auch ein dem möglicherweise entgegenstehender Wortlaut entweder im Lichte dieses Willens ausgelegt werden oder bei direktem Widerspruch durch "teleologische Reduktion" begrenzt werden.

Der subjektiven Sichtweise steht die objektive Auslegungskonzeption gegenüber, die den Vertragstext zum primären Gegenstand der Vertragsauslegung macht.[260] Zusätzlich zum Vertragstext besitzen weitere Vertragselemente, wie der Zusammenhang, die Entstehungsgeschichte sowie Ziel und Zweck ein eigenes Gewicht, das von einem empirisch erfahrbaren Parteiwillen unabhängig sei. Würde man – wie die Vertreter der Willenskonzeption - die Suche nach dem "wahren Parteiwillen" zur Maxime machen, wäre der Vertragstext vielleicht das wichtigste Mittel, aber doch nur eines von mehreren, die zur Feststellung des Gewollten zu konsultieren sind. In einem solchen Fall wäre der Begriff "Vertrags*auslegung*" verfehlt, denn es würde sich dann um die Suche nach einem ominösen, vielleicht gar nicht ermittelbaren "wirklichen" Willen handeln, nicht

---

255 HYDE, International Law, Vol. II, S. 1471, 1481; LÜDERITZ, Auslegung von Rechtsgeschäften, S. 321ff.

256 Dazu MÜLLER, Vertrauensschutz, S. 135f.

257 Sofern man den Vertrag als eine *statische*, mit seinem Abschluß fixierte Ordnung begreift. Siehe unten 2.

258 Sieht man einen Vertrag als *dynamische* Ordnung, deren Inhalt jeweils im gegebenen Zeitpunkt zu ermitteln ist, kommt es auf den Parteiwillen zum Zeitpunkt der Auslegung an.

259 Siehe dazu unter V. 1., 2.

260 BERNHARDT, Auslegung, S. 30; WENGLER, Völkerrecht I, S. 354ff.; STONE, Sydney Law Review 1 (1953/55), 344 (347ff.), KARL, in: SCHREUER, Autorität und internationale Ordnung, S. 9 (15).

aber um die Auslegung der schriftlich fixierten Vereinbarung. Entscheidend sei nicht die allgemeine *volition of the parties*, sondern der *niedergelegte* Wille, wie er aus dem Vertragstext und den vorbereitenden Materialien erkennbar sei. Ausgehend von einer Rechts- und Ordnungsidee, der das Recht allgemein und auch völkerrechtliche Verträge dienen müßten, könne ein Rechtssatz nur nach allgemein anerkannten, dem Grundsatz von Treu und Glauben und der Rechtssicherheit verpflichteten Prinzipien ausgelegt werden, die den Vorrang der objektiven Rechtsordnung vor subjektiven Rechtsabsichten nicht in Frage stellten.[261]

Auf den NATO-Vertrag angewandt bedeutet diese strenge Orientierung am Wortlaut der Vertragsbestimmungen, daß die NATO ihrem Wesen nach ein reines Verteidigungsbündnis ist, das nur für den Fall eines bewaffneten Angriffs militärische Maßnahmen vorsieht und im übrigen allenfalls Konsultationen zwischen den Partnern zuläßt. Für Aktionen der Konfliktvorsorge bzw. -bewältigung, etwa bei schwerwiegenden Menschenrechtsverletzungen mit grenzüberschreitenden Auswirkungen, stellt der Vertrag kein Handlungsinstrumentarium zur Verfügung. Wie aus den vereinbarten Vertragspflichten hervorgeht, sehen die Parteien in der gemeinsamen Verteidigung den Sinn des Bündnisses; weitergehende Rechte und Pflichten sind vom Wortlaut her nicht vorgesehen.

Welcher der beiden Hauptkonzeption man sich auch anschließt, beiden gemeinsam ist, daß sie Ziel und Zweck des Vertrages als wichtige Erkenntnismittel des Vertragssinns anerkennen.[262] Hierin weisen beide Auslegungskonzepte Gemeinsamkeiten mit einer dritten, vermittelnden Variante auf, der *teleologischen* Auslegungsmethode.[263] Letztere eignet sich in besonderer Weise für eine „evolutive" Auslegung, also für die Anpassung des Vertrages an neue oder unvorhergesehene Umstände und Bedürfnisse. Durch ihre Orientierung an einem von den Parteien stillschweigend vorausgesetzten Ziel ist sie allerdings eher den subjektiven Auslegungskonzeptionen zuzuordnen. Problematisch an dieser Methode ist, daß sie leicht über die Grenzen der Auslegung hinausführt, und hierbei Gefahr läuft, durch Fixierung auf einen "telos", also ein abstraktes Vertragsziel, keine Rücksicht mehr auf andere normative Gegebenheiten nimmt. Eine solche "Auslegung" wäre in Wirklichkeit Legislation.[264] Im Hinblick auf

---

261 FAVRE, SchwJIR 17 (1960), 77 (79ff., 89); MÜLLER, Vertrauensschutz, S. 145ff.

262 KARL, Vertrag und spätere Praxis, S. 26.

263 Hierzu JACOBS, ICLQ 18 (1969), 318 (319).

264 Vgl. BERNHARDT, Auslegung, S. 97: "So sehr aus dem Vertrag erkennbare Zweck zu respektieren und ihm zum Erfolg zu verhelfen ist, so wenig kann gegenwärtig die zweckmäßigste Regelung eines Gegenstandes grundsätzlich als vertraglich vereinbart gelten". Vgl. zur Gefahr einer Überdehnung des Telos auch den ILC-Entwurf 1966 zur Vertragsrechtskonvention, YBILC 1966 II, S. 177 (219), § 6.

den NATO-Vertrag bedeutet eine teleologische, vornehmlich an Ziel und Zweck des Vertrages ausgerichtete Auslegung, daß die in der Präambel genannte Zielsetzung – Weltfrieden und internationale Sicherheit, freundschaftliche Beziehungen zwischen den Staaten auf Grundlage der Gleichberechtigung und Selbstbestimmung,[265] innere Festigkeit im nordatlantischen Raum – auch solche Bündnisoperationen zulässt, die über den Teilaspekt der Sicherheit "Verteidigung gegen bewaffnete Angriffe" hinausgehen.

Eine vierte Auslegungsvariante, die im Prinzip aber nur eine vermittelnde Spielart des objektiven Auslegungskonzepts darstellt, ist die *systematische* Auslegungsmethode.[266] Sie betont die besondere Wichtigkeit des systematischen Zusammenhangs, in den jeder Begriff des Vertrages eingebunden sei, und ohne den die übliche Bedeutung eines Begriffs nicht erschlossen werden könne. Im allgemeinen wird unter "Zusammenhang" in Verbindung mit einem Vertragstext die Bedeutung eines Wortes oder einer Wortgruppe in einem Satz oder in dem Gesamttext verstanden.[267] Abgestellt wird also auf den Gesamtzusammenhang des Vertrags*texts*, der in sich selber genug Hilfsmittel zur Feststellung seines wirklichen Inhalts biete.[268] Schon nach Auffassung des StIGH war als "Zusammenhang" nicht nur der Artikel oder der Abschnitt, in dem eine Begriff steht, zu verstehen, sondern der Vertrag in seiner Gesamtheit.[269] Auch die ILC hat den Begriff "context" weit verstanden und hierunter nicht nur den operativen Text eines Vertrages, sondern auch die Präambel und die Anlagen verstanden.[270] Auf den NATO-Vertrag angewandt bedeutete die Anwendung der systematischen Auslegungsmethode – entgegen der noch überwiegenden Auffassung[271] - ein weites Verständnis des Verteidigungsbegriffs in Art. 5 NATO-Vertrag, der nicht nur "bewaffnete Angriffe" nach Art. 51 SVN meinen würde, sondern entsprechend der Präambel und Art. 4 NATO-Vertrag auch die Abwehr

---

[265] Durch das Bekenntnis zu den Zielen der Vereinten Nationen (Art. 1 SVN) in der Präambel des NATO-Vertrags werden diese in die Zielvorstellung der Nordatlantischen Allianz gewissermaßen inkorporiert.

[266] Hierzu P. REUTER, YBILC 1966 I/2, S. 188.

[267] IPSEN, Völkerrecht, § 11 Rn. 9.

[268] "A word obtains its meaning from the context in which it is used. If the context requires a meaning which connotes a wide choice, it must be construed accordingly, just as it must be given a restrictive meaning, if the context in which it is used so requires" (IGH, ICJ-Reports 1960, 158).

[269] PCIJ Ser. B, Nos. 2 und 3 (1922), 23.

[270] ILC-Entwurf 1966, YBILC 1966 II, 177 (221).

[271] Zu der Begründung eines weiterhin engen, traditionellen Verteidigungsbegriffs in Art. 5 NATO-Vertrag durch die h.M. vgl. unten V. 3. b), c).

von Sicherheitsbedrohungen jeder Art[272] abdecken könnte. Die Gesamtschau des Vertrags zeigt nämlich, daß nicht nur die Verteidigung im engeren Sinne, sondern ganz allgemein die Erhaltung des Friedens und der Sicherheit als Regelungsziel im Vertrag enthalten ist.

Jedes der Auslegungskonzepte enthält eine Teilwahrheit, führt verabsolutiert jedoch zu falschen Ergebnissen. Gegen ein rein subjektives Verständnis läßt sich anführen, daß auch eine noch so detaillierte Auseinandersetzung mit dem Parteiwillen nicht unbedingt zu Feststellung des tatsächlichen Vertragsinhalts führen muß. Es ist nicht zwingend, daß der Vertragssinn mit der Parteienabsicht identisch ist, ebensowenig ist er unabhängig von ihr. Es ist vielmehr angemessen, im wirklich vom Vertrag Gewollten das Ergebnis eines nur schwer zu nominierenden gedanklichen Prozesses zu sehen, welcher sowohl subjektive als auch objektive Momente einbezieht.[273] Tatsächlich läßt sich die gesamte Auslegungsproblematik nur dann erfassen, wenn der schriftlich fixierte Vertragstext als Objekt der Interpretation anerkannt wird.[274] Nur der Text wird von den Staatenvertretern unterzeichnet und in den wichtigeren Fällen anschließend nochmals überprüft und sodann ratifiziert, nur der Text wird einzuhalten versprochen und bestätigt, nicht aber ein – den wechselnden Auffassungen – unterworfener Parteiwille. Es ist somit der Text, der interpretiert wird, wobei aber das von den Partnern Gewollte natürlich zu berücksichtigen ist. Gegenstand der Vertragsauslegung ist daher der Vertragstext als Niederschlag des Parteiwillens.[275]

Ausgangspunkt jeder Auslegung ist damit der Vertragstext als die objektive Manifestation des Parteiwillens.[276]

Eine Verabsolutierung des Ziels und Zwecks eines Vertrages ist schon deshalb für eine sachgerechte Auslegung untauglich, weil sich nicht jede unklare Bestimmung des Vertrages schon allein aus Ziel und Zweck desselben in ihrem Sinn eindeutig ermitteln läßt. Auch im Rahmen eines allgemein akzeptierten Zieles und Zweckes kann durchaus die Möglichkeit einer im Detail unterschiedlichen Regelung gegeben sein. Dazu kommt noch, daß Ziel und Zweck des Ver-

---

272 Aus der Präambel und Art. 4 NATO-Vertrag läßt sich ablesen, daß nur solche Sicherheitsbedrohungen Gegenstand eines gemeinsamen Bündnisziels sein können, die ähnlich gravierend sind, wie die gleichfalls genannten Bedrohungen des Territoriums oder der politischen Unabhängigkeit eines Bündnispartners.

273 LARENZ, Methodenlehre, S. 305; MAYER-MALY, ÖstJBl. 91 (1969), 413 (415). Es sei stets geboten, alle Instrumente zu mobilisieren, die das Verstehen eines Rechtstexts fördern könnten.

274 QUADRI, Diritto Internazionale Publico, S. 158.

275 So auch das Grundkonzept der ILC bei ihrer Kodifikationsarbeit, YBILC 1966 II, 218 (222f).

276 BERNHARDT, Auslegung, S. 32, 58; RESS, in: SIMMA, ChUN, Interpretation, MN. 9.

trages oft nur eine sehr allgemeine Regelungsrichtung erkennen lassen, während das, worauf sich die Unterhändler während der Verhandlungen endgültig geeinigt haben, als eine Konkretisierung von Ziel und Zweck des Vertrages oft erst aus dem Vertragstext selbst zu entnehmen ist. Somit besteht zwischen diesem Vertragestext und der ihm vorgegebenen Auslegungsgrundlage "Ziel und Zweck" ein gewissermaßen dialektisches Verhältnis, weil sie beide gleichermaßen geeignet sind, einander gegenseitig zu erhellen.[277] Eben in dieser Interdependenz zwischen Wortlaut und Zweckausrichtung eines Vertrages kann das Kernproblem des alten Streits über den Vorrang der bloßen Textauslegung vor der Ermittlung des wahren Parteiwillens erblickt werden, nämlich ob der Wortlaut als "festgegossener" Parteiwille höhere Authentizität und Legitimation beanspruchen kann als ein nicht konkretisierter Wille.

Hinsichtlich der Überbetonung von Gesamtziel und -zweck eines Vertrages ist zusätzlich anzumerken, daß zwischen Ziel und Zweck des Vertrages als ganzem und der von den Parteien mit einer einzelnen Bestimmung desselben verfolgten Absicht unterschieden werden muß. Zwar könnte man annehmen, daß es bei der Auslegung einzelner Bestimmungen nur auf den Gesamtzweck ankommen könnte, weil Ziel und Zweck des Vertrages ja gerade zur Erhebung des Sinnes einer solchen einzelnen Bestimmung herangezogen werden sollen. Doch erscheint es dogmatisch richtiger, dort wo es möglich ist, Ziel und Zweck des Vertrages für einzelne Teile gesondert festzumachen, zuerst immer diesen Teilzweck (natürlich immer unter Berücksichtigung seines Zusammenhangs mit dem Gesamtzweck) in Betracht zu ziehen, und nur dort, wo dieser Teilzweck nicht sicher feststeht, unmittelbar auf den Gesamtzweck zuzugreifen.[278] Anderenfalls besteht die Gefahr, daß der detaillierte Regelungsgehalt gerade der einzelnen Vertragsbestimmungen außer acht gelassen und einem allgemeinen und vielschichtigen Gesamtzweck untergeordnet wird, der vielleicht die übergeordneten Erwägungen der Vertragsparteien wiedergibt, hingegen das durch Auslegung der Einzelvorschriften den Parteien zuzugestehende Regelungsinstrumentarium vernachlässigt. Es ist deshalb nicht falsch, was Ziel und Zweck des Vertrages anbelangt, von einer gewissen Hierarchie der Ziele und Zwecke zu sprechen.[279] Die Ziel- und Zweckhierarchie eines Vertrages bedeutet, daß zwar der jeweils höhere Zweck nicht aus den Augen gelassen werden darf, damit die Ziel- und Zweckeinheit des Vertrages als ganzen gewahrt bleibt; daß aber gleichzeitig zur Ermittlung des Sinns einer einzelnen Bestimmung zuerst auf den ihr unmittelbar übergeordneten Sub- oder Teilzweck zurückzugreifen ist,

---

277 KÖCK, ZÖR 53 (1998), 217 (224, Fn. 25).

278 KÖCK, ZÖR 53 (1998), 217 (225).

279 Eine solche Ziel- und Zweckhierarchie ist nicht ungewöhnlich und entspricht dem hinlänglich bekannten Stufenbau der Rechtsordnung, vgl. KÖCK, in: FS ZEMANEK, S. 69 (86); VERDROSS/SIMMA, Universelles Völkerrecht, § 94 (im Hinblick auf Art. 103 SVN).

weil dieser sich gleichzeitig auch als Konkretisierung des allgemeinen Ziels und Zwecks des Vertrages darstellt.[280]

2. Der Vertrag als statische oder dynamische Ordnung

Mit der Methodenfrage verbunden, aber darüber auch von weichenstellender Bedeutung für die Interpretationslehre überhaupt ist die Frage, ob die Auslegung den Vertrag als statische, mit seinem Abschluß fixierte Ordnung begreifen soll[281] oder als dynamische Ordnung, deren Inhalt jeweils im gegebenen Zeitpunkt zu ermitteln ist. Während beim statischen Vertragsprinzip der Vertragssinn historisch bestimmt ist und die Auslegung auf die Ermittlung der ursprünglichen Vertragsabsicht gerichtet ist,[282] ist der Vertragssinn beim offenen, dynamischen Vertragskonzept – in Grenzen – entwicklungsfähig.[283] Die Frage, welchem Vertragskonzept man sich anschließt, ist für alle Auslegungsvarianten relevant, da ihre Beantwortung den Zeitpunkt angibt, der Ausgangspunkt für eine eher am Wortlaut oder am Parteiwillen orientierten Vertragsauslegung sein soll. Zwar können auch nach der statischen Konzeption Veränderungen der vertraglichen Norm erfaßt werden, allerdings nicht durch ein „evolutives" informelles Weiterentwickeln, sondern nur mit Hilfe eines vertragsändernden Tatbestandes. Das statische Vertragsverständnis knüpft also an den Vertragsgründungs bzw. -änderungsakt als Ausgangspunkt des Vertragsverständnisses an.[284] Von daher korrespondiert es mit der am jeweils aktuellen Wortlaut orientierten objektiven Auslegungsmethode. Nach der dynamischen Konzeption ist der Vertragsinhalt nicht mit dem Abschluß festgeschrieben, sondern einem ständigen Prozeß der Anpassung an die Erwartungen und die Anforderungen der Rechtsordnung unterworfen.[285] Vertragsänderungen werden dabei nicht unbedingt als solche identifiziert, aber in der Auslegung berücksichtigt. Der dynamischen Konzeption am nächsten kommt naturgemäß die am Parteiwillen ausgerichtete Auslegungsmethode, da sie auf eine durch entsprechenden Parteikonsens bewirkte Fortentwicklung eines Vertrages am ehesten und flexibelsten reagieren kann. Ein statisches Vertragsverständnis benötigt für die Weiterentwicklung hingegen stets

[280] KÖCK, ZÖR 53 (1998), 217 (225).

[281] In diesem Sinne der *St*IGH, PCIJ Ser. B No. 12, S. 24 (Frontière entre la Turquie et l'Irak): «Les faits postérieurs à la conclusion du Traité ne peuvent occuper la Cour que pour autant qu'ils sont de nature à jeter de la lumière sur la volonté des Parties telle qu'elle existait au moment de cette conclusion».

[282] Vgl. dazu JACOBS, ICLQ 18 (1969), 318 (319ff.).

[283] Vgl. zur Übersicht allgemein BERNHARDT, ZaöRV 33 (1973), 33ff.

[284] Ähnlich KARL, Vertrag und spätere Praxis, S. 27.

[285] Eine dynamische Betrachtungsweise wählen MCDOUGAL/LASSWELL/MILLER, The Interpretation of Agreements, S. 135; COT, RGDIP 70 (1966), 632 (652).

einen Vertragsänderungsakt, der dem Parteiverhalten aber oft nur schwer zu entnehmen ist. Während also nach statischer Konzeption Änderungen der vertraglichen Norm eben nur als Vertragsänderungen gewürdigt werden können, gehen diese nach der dynamischen Konzeption einfach in den Vertragssinn ein, ohne daß eine Vertragsänderung bewußt oder sichtbar würde.

Im Hinblick auf den NATO-Vertrag kann bei einer statischen Vertragskonzeption die Durchführung von gewaltsamen friedensschaffenden Einsätzen vom "Typ Kosovo" nur als vertragsändernder Tatbestand Berücksichtigung finden. Bei dynamischer Konzeption hingegen würde eine solche "spätere Praxis" einfach als maßgeblicher Auslegungsgesichtspunkt in die Sinnbestimmung Eingang finden. Ob Auslegung oder Änderung hängt insofern nicht vom Inhalt der Vertragspraxis, sondern von der Betrachtungsweise ab.[286]

Bei Beantwortung der Frage, welche Auslegungskonzeption sich durchgesetzt und Eingang in die Auslegungsregeln der WVRK gefunden hat, wird man davon ausgehen können, daß die in Art. 31 WVRK zugelassenen Auslegungsprinzipien die entwicklungswirksamen Auslegungsmittel in den Vordergrund rücken und sich damit für ein dynamisches Vertragskonzept entscheiden. Bereits der in Art. 31 I WVRK genannte primäre Anknüpfungspunkt des Wortlauts beherbergt bei der unvermeidlichen Unschärfe des sprachlichen Ausdrucks[287] und angesichts der Ausfüllungsbedürftigkeit unbestimmter Rechtsbegriffe ein gewisses Entwicklungspotential. Auch der zentrale Gedanke von Treu und Glauben stellt sich einer mäßigen Vertragsentwicklung nicht entgegen, sondern verlangt vielmehr eine Berücksichtigung neuer Umstände wie auch neuer gemeinsamer Wertauffassungen.[288] Das Vertragsbild der WVRK erscheint daher als ein relativ dynamisches.[289]

3. Bedeutung des Parteiwillens in einem objektiven Auslegungskonzept

a) Auslegung auch bei Einigkeit?

Fraglich ist, ob es der Existenz allgemein anerkannter Auslegungsregeln überhaupt bedarf, wenn man diese lediglich als Konfliktsregeln betrachtet, die nur im Falle von Meinungsverschiedenheiten und Streitigkeiten über die Rechte

---

286 Vgl. KARL, Vertrag und spätere Praxis, S. 28.

287 Vgl. HILF, Die Auslegung mehrsprachiger Verträge, S. 21; HART, The Concept of Law, S. 123.

288 JACOBS, ICLQ 18 (1969), 318 (333f.). Ob dieses Prinzip beim NATO-Vertrag aber nicht gerade umgekehrt die extensive Auslegung zugunsten eines weiten Sicherheitsbegriffs mit umfangreichen militärischen Einsatzmöglichkeiten verbietet, siehe unten IV. 1. a.

289 KARL, in: BIEBER/Ress, S. 84.

und Pflichten der Vertragspartner Anwendung finden sollen, bei Einigkeit der Partner aber weitgehend überflüssig sind.[290] Teilweise wird vertreten, daß im Falle der Einigkeit zwischen den Parteien über Auslegung und Anwendung eines Vertrages kein Bedürfnis mehr bestehe, den hierdurch zum Ausdruck gekommenen "wahren" Parteiwillen durch allgemeine Regeln noch weiter zu "konkretisieren", wo doch die Parteien durch ihre unstrittige Vertragsdurchführung zum Ausdruck gebracht haben, gar keinen weiteren Konkretisierungsbedarf zu haben. Gegen diesen rein subjektiven Ansatz spricht aber schon die bereits angedeutete Hauptaufgabe der Vertragsauslegung, nämlich die Erforschung der Vertragsbedeutung *im Rahmen* der Rechtsordnung, d.h. als Teil eines Gesamtrechtssystems, das für Außenstehende zugänglich sein muß und nicht - isoliert und allein auf die Parteien fixiert - solche allgemeinen Prinzipien wie Treu und Glauben oder den Vertrauensschutz ausklammern darf.[291]

b) Der "wahre Parteiwille" als Hilfsmittel eines objektiven Ansatzes

Wenn es also nötig ist, einen Vertrag trotz einheitlichem Parteiwillen noch auszulegen, taucht die Frage auf, welche Bedeutung letzterem angesichts der gezeigten Vielzahl von möglichen Auslegungstopoi im Prozeß der Auslegung letztlich zuzugestehen ist.

Zunächst besteht Einigkeit darüber, daß nicht der Wille eines Partners, sondern der gemeinsame Wille aller Kontrahenten für die Auslegung völkerrechtlicher Verträge von Bedeutung ist.[292] Dieser Umstand wäre hinsichtlich der von den NATO-Partnern durchgeführten "neuen Aufgaben" unproblematisch, da diese auf den entsprechenden Staatenkonferenzen gemeinsam und einstimmig verabschiedet wurden.[293]

Einigkeit besteht auch darüber, daß der Parteiwille bei der Auslegung nicht ignoriert werden darf. Der gewichtigste Teil der Literatur[294] und die internationale Rechtsprechung[295] hat nahezu einhellig die grundsätzliche Bedeutung des Parteiwillens für die Auslegung anerkannt. Dieser kann aber nicht ohne Rückgriff auf objektive Kriterien ermittelt werden. Aufgabe und Ziel der Ver-

---

290 So BERNHARDT, Auslegung, S. 46.

291 Vgl. KARL, in: SCHREUER, Autorität und internationale Ordnung, S. 12.

292 EHRLICH, RdC 24 (1928 IV), 5 (60, 82); FITZMAURICE, BYIL 33 (1957), 203 (205f.).

293 Siehe dazu unten VI. 1.

294 BERNHARDT, Auslegung, S. 37; KÖCK, ZÖR 53 (1998), 217 (226); KARL, Vertrag und spätere Praxis, S. 27.

295 StIGH, PCIJ Ser. B No. 7, S. 18; Ser. B No. 12, S. 19; Ser. B No. 13, S. 18; Ser. B No. 15, S. 17f.;Ser. A/B No. 68, S. 60; IGH, ICJ-Reports 1960, 160; 1961, 31 (*Temple of Preah Vihear*): "Where…, as it is generally the case in international law, which places the principal emphasis on the intentions of the parties…".

tragsauslegung ist nicht das Eindringen in psychologische Vorgänge beim Vertragsschluß und das Anstellen hypothetischer Überlegungen zu den Gedankengängen der Vertragsunterhändler, sondern die Erhellung und verstehende Deutung des Vertragstexts.[296] Dazu müssen alle Erkenntnismittel eingesetzt werden, die einen vernünftig nachvollziehbaren Schluß auf die Zielsetzung und die verfolgten Absichten der Parteien und ihrer Repräsentanten zulassen. Solche konkreten Anhaltspunkte, aus denen der Wille der Kontrahenten abgeleitet werden kann, finden sich innerhalb und außerhalb des Vertragstexts, nämlich in der Präambel, den Einzelbestimmungen und dem systematischen Zusammenhang einerseits und den Vorarbeiten und sonstigen Begleitumständen andererseits.[297] Nur wenn aus diesen konkreten Äußerungen und Umständen der sichere Schluß gezogen werden kann, daß die Partner mit dem speziellen Vertrag bestimmte Ziele verfolgt haben, kann von dem Parteiwillen als Auslegungshilfe gesprochen werden. Er ist also nur insoweit von Bedeutung, als er durch empirisch nachprüfbare Vertragsbestandteile belegt werden kann. Demzufolge sind Entscheidungen, die ausdrücklich der Feststellung des wirklich Gewollten den Vorzug geben, außerordentlich selten.[298] Vielmehr hat die internationale Rechtsprechung dem Vertragstext bei der Auslegung den ersten und oft einzigen Platz zugewiesen.[299] Dieser Linie hat sich auch die ILC angeschlossen, die im Vertragstext zudem den authentischsten und deutlichsten Hinweis auf den tatsächlichen Parteiwillen erblickt.[300] Der Wortlaut ist somit nicht nur ein Instrument der Rechtssicherheit, sondern auch das aussagekräftigste Indiz dafür, was die Parteien tatsächlich gemeint haben. Das INSTITUT DE DROIT INTERNATIONAL brachte diesen Umstand wie folgt zum Ausdruck:

---

296 BERNHARDT, Auslegung, S. 38.

297 Vgl. etwa LAUTERPACHT, BYIL 26 (1948), 48 (79f.).

298 Siehe demgegenüber die Vielzahl der Entscheidungen, die dem Wortlaut den Vorzug geben. Auf den Parteiwillen abgestellt hat etwa die britisch-italienische Schiedskommission in einer Entscheidung vom 8.5.1954, ILR 1955, 867 (870f.): "...it is only when one knows what the Contracting Parties proposed to do, the object they wished to achieve, that one ascertain that the natural sense of the terms used either remains within or exceeds the said intention". Allerdings folgt dann auf S. 874 recht unvermittelt die Äußerung, vom Wortlaut dürfe nur bei einem absurden Ergebnis abgewichen werden. Ähnlich willensbezogen hat sich auch die italienisch-amerikanische Schiedskommission geäußert (ILR 1955, 945, 950). Auch die italienisch-französische Schiedskommission verwarf gelegentlich die Auffassung, ein klarer Wortlaut erübrige jede weitere Interpretation (Commission de Conciliation Franco-Italienne, Décision No. 95, Fasc. 1, S. 67, 75).

299 Vgl. den IGH in seinem ersten Gutachten vom 28.5.1948, ICJ-Reports 1948, 63 sowie die Nachweise in Fn. 313.

300 YBILC 1966 II, 218 (222f.). Das Vereinigte Königreich hat sich dieser Auffassung ausdrücklich angeschlossen (WETZEL/RAUSCHNING, Materialien, S. 241).

"Le texte signé est, sauf de rares exceptions, la seule et la plus récente expRESSion de la volonté commune des parties".[301]

Eine Vertragsauslegung, die sich nicht zunächst einmal am Vertragstext orientiert,[302] stellt neben ihrem eigentlichen Objekt folglich auch die Rechtssicherheit in Frage. Demzufolge hat das Völkerrecht – und als spezielle Ausprägung hiervon die Wiener Konvention über das Recht der Staatenverträge[303] - darauf verzichtet, dem "wahren Willen" der Parteien als psychologischem Faktor besondere Bedeutung zuzumessen (vgl. die relevanten Auslegungskriterien in Art. 31 f. WVRK). Ein Rückgriff auf den tatsächlichen Parteiwillen ist infolge der Subsidiaritätsklausel Art. 32 WVRK stets dort ausgeschlossen, wo ein solcher zu einer Korrektur des Texts führen würde. Zwar könnte dieser Parteiwille im Wege der *travaux préparatoires* des Vertrages mittelbar Eingang finden, doch ist dieses Auslegungsmittel gemäß Art. 32 WVRK abgewertet und lediglich subsidiär verwendbar.[304] Der Vorschlag der Niederlande und Ungarns, die Erforschung des tatsächlichen Parteiwillens als maßgebliches Ziel der Auslegung ausdrücklich in die Regelung mit aufzunehmen, wurde vom Sonderberichterstatter WALDOCK mit der Begründung abgelehnt, die Bevorzugung des Parteiwillens gegenüber dem Wortlaut als *starting point of interpretation* würde der Grundkonzeption der ILC widersprechen.[305] Dies entspricht der Linie der internationalen Rechtsprechung, wonach Ergebnisse, die sich aus dem Vertragstext unmittelbar ergeben, nur bei außerordentlichen Umständen in Frage gestellt oder umgeworfen werden sollten.[306] Die WVRK gibt – wie noch näher auszuführen sein wird – der Rechtssicherheit den Vorrang vor dem Parteiwillen.[307] Nach diesem heute herrschenden *objektiven Ansatz* ist der Vertragstext im Sinne des

---

301 Ann. IDI 44 (1952), 199. Bei diesen und ähnlichen Stellungnahmen ist allerdings noch zu beachten, daß stets die Auffassung im Vordergrund stand, der Wortlaut einer *Einzel*bestimmung dürfe nicht verabsolutiert werden, sondern die Betrachtung des Zusammenhangs, des Vertragszwecks usw. müsse den wirklichen Willen aufhellen. Daß hierfür dann auch auf objektive Auslegungsmittel zurückgegriffen werden muß, wird leider nicht immer ausdrücklich eingeräumt.

302 Zur Frage der "falsa demonstratio" siehe unten IV. 1 b. Die Möglichkeit, dem Wortlaut einvernehmlich eine andere Bedeutung beizumessen, kommt erst dann zum Tragen, wenn Anhaltspunkte hierfür bestehen.

303 Vom 23.5.1969; im folgenden WVRK genannt. Text des Übereinkommens in BGBl. 1985 II, 927ff. oder UNTS Vol. 1155 (1980), 331ff.

304 Vgl. KARL, in: BIEBER/RESS, S. 83f.

305 Das Vereinigte Königreich hat sich dieser Auffassung ausdrücklich angeschlossen. Vgl. die Ausführungen zum ILC-Draft 1964, zitiert bei WETZEL/RAUSCHNING, Materialien, S. 240f., 243.

306 Vgl. BERNHARDT, Auslegung, S. 66.

307 KARL, in: BIEBER/RESS, S. 83f.; KÖCK, ZÖR 53 (1998), 217 (226).

"objective" oder "textual approach"[308] die Grundlage, von der aus ein Vertragsbegriff oder eine Vertragsnorm auf den zu regelnden Sachverhalt hin mit Hilfe der Auslegungsmethoden gleichsam "zu Ende zu denken" ist.[309]

Damit kann festgehalten werden, daß das Völkerrecht der Interpretation des Textes aus sich heraus die Hauptbedeutung zumisst. Die Suche nach dem Parteiwillen außerhalb des Textes steht erst an zweiter Stelle.[310]

c) Parteiwille bei rechtsetzenden Verträgen

Diese in der WVRK ganz allgemein enthaltene Regel[311] hat sich durch die Judikatur des StIGH und IGH[312] anhand von rechtsetzenden Verträgen ("law-making treaties") herausgebildet.[313] Rechtsetzende Verträge sind abzugrenzen von rechtsgeschäftlichen Verträgen, bei denen in der Regel ein Leistungsaustausch im Vordergrund steht, nicht hingegen die generell-abstrakte Regelung zukünftigen Verhaltens der Parteien. Diese Unterscheidung entspricht der innerstaatlichen zwischen der Auslegung von Gesetzen einerseits und Rechtsgeschäften andererseits. Bei ersteren wird der objektiv-teleologischen Auslegung heute regelmäßig der Vorzug mit der Begründung gegeben, das Prinzip der Gewaltenteilung im Rechtsstaat erfordere, das Gesetz mit dem Gesetzgebungsakt von seinem Erzeuger zu trennen und ihm ein objektives Dasein zuzusprechen.[314] Damit ist gemeint, daß sich der Normadressat auf den objektiven Gesetzessinn verlassen können muß, wie er in den Bestimmungen des kundgemachten Rechtsaktes zutage tritt. Daraus folgt der vom Gedanken der Rechtssicherheit gespeiste Grundsatz, daß bei Gesetzen deren objektiver, auf der Grundlage ihres Textes zu ermittelnde Sinn maßgeblich ist, und nicht der "wahre" Wille des Gesetzgebers. Im Völkerrecht hingegen werden auch die der innerstaatlichen Ge-

---

[308] Die ILC hat sich diesen Ansatz der Vertragsinterpretation ausdrücklich zu eigen gemacht, YBILC 1966 II, 218 (220).

[309] IPSEN, Völkerrecht, § 11 Rn. 5; RESS, BDGV 23 (1982), 7 (13).

[310] BERNHARDT, Auslegung, S. 43.

[311] YASSEEN, RdC 151 (1976 III), 1 (16) entnimmt zwar der Aufzählung der allgemein anwendbaren Auslegungsgesichtspunkte in Art. 31, daß die WVRK objektive und subjektive Elemente kombiniere, doch gilt dies aus systematischen Erwägungen nur subsidiär im Hinblick auf die Absätze 2 bis 4. Die objektiven Gesichtspunkten folgende allgemeine Regel des Art. 31 I WVRK ist Ausgangspunkt der Auslegung.

[312] Wobei SIR HERSCH LAUTERPACHT jedoch Zweifel angemeldet hat, ob sich der IGH tatsächlich selbst streng an die Maxime des absoluten Vorrangs der Textinterpretation vor der Ermittlung des wahren Willens der Parteien hält (in: The Development of International Law by the International Court, 1958, S. 117, 124).

[313] StIGH, Auslegung der Konvention von 1919 betreffend die Nachtarbeit der Frauen, PCIJ, Ser. A/B No. 50 (1932), S. 365; Ser. B No. 12 (1925), S. 22; IGH, ICJ-Reports 1947/48, 57 (63); 1950, 4 (8); 1950, 221 (226).

[314] Vgl. STRASSER, DRdA 1979, 91.

setzgebung vergleichbaren rechtsetzenden Verträge[315] von den Rechtsadressaten selbst abgeschlossen. Dies bedeutet, daß im koordinationsrechtlich organisierten Bereich des Völkerrechts die Normerzeuger zugleich auch die Normadressaten sind. Kein Staat ist bei rechtsetzenden Verträgen ohne seine Zustimmung denselben unterworfen. Ihm ist somit grundsätzlich eine Kenntnis dessen, was mit dem betreffenden Vertrag bzw. einer seiner Bestimmungen tatsächlich gemeint ist, zuzumuten. Daher ist es gerechtfertigt, bei rechtsetzenden Verträgen einen objektiven Auslegungsmaßstab anzuwenden.[316] Darüber hinaus haben insbesondere auch solche Staaten, die einer Konvention erst später beitreten, ein schutzwürdiges Interesse daran, nicht durch subjektive Vorstellungen der Gründungsmitglieder bei Abschluß des Vertrages von vornherein an eine bestimmte objektiv nicht erkennbare Auslegung gebunden zu sein; neue Vertragsmitglieder treten nicht einem Konsens der Gründungsmitglieder, sondern einem Vertragstext bei.[317] Durch das Verbot der Heranziehung ergänzender Auslegungsmittel in Art. 32 WVRK wollte man die später beitretenden Staaten gerade von der Verpflichtung entheben, sich über die gesamte Entstehungsgeschichte des Vertrages eingehend zu informieren.[318]

Der NATO-Vertrag ist als ein solcher rechtsetzender Vertrag anzusehen, der nicht den Austausch von Leistungen regelt,[319] sondern generell-abstrakte Verhaltenspflichten bzw. Handlungsmöglichkeiten für einen erweiterbaren Kreis von "Sicherheitsteilnehmern" begründet. Auf ihn ist deshalb schon im Hinblick auf seine Rechtsnatur die von Rechtsprechung und Literatur für *law-making treaties* bejahte objektiv-teleologische Auslegungsmethode anzuwenden. Ohnedies trifft die WVRK auch gerade keine Unterscheidung zwischen rechtsetzenden und rechtsgeschäftlichen Verträgen.[320] Die ILC hat die unterscheidungsbedürftigen Merkmale zwischen diesen beiden Vertragstypen nicht für so wesentlich gehalten, als daß sie bei der Formulierung einer allgemeinen Auslegungsre-

---

[315] Vgl. KOCK/FISCHER, Allgemeines Völkerrecht, S. 37.

[316] CALVARÉ, Droit international public, Bd. II, S. 111, 116.

[317] So machte die Regierung Jugoslawiens in ihrer Stellungnahme zum ILC-Draft 1964 deutlich, "that States acceding to a multilateral treaty ordinarily have in view only the text itself and not its *travaux préparatoires*" (WETZEL/RAUSCHNING, Materialien, S. 242).

[318] Vgl. die Ausführungen des Vertreters des Neustaats Kenia zu Art. 28 des ILC-Drafts, United Nations Conference on the Law of Treaties, Official Records of the plenary meetings, S. 180: "The ILC had been right in giving pride of place to the textual approach, since it would lead to certainty in treaty relations. The difficulty of establishing the intention of the parties was due to the fact that it would require extensive recourse to the preparatory work…".

[319] Gegenstand des Art. 5 NATO-Vertrag ist kein Austausch der Dienstleistung "gegenseitige Nothilfe im Falle eines bewaffneten Angriffs", sondern die Installation einer Sicherheitsordnung für den euro-atlantischen Raum.

[320] RESS, BDGV 23 (1982), 7 (13).

gel hätten berücksichtigt werden müssen.[321] Auf die Grundregel des Art. 31 I WVRK mit ihrer wörtlichen Auslegung wäre also in jedem Falle abzustellen.

d) Parteiwille bei multilateralen Verträgen

Darüber hinaus spricht auch der Charakter des NATO-Vertrages als multilateraler Vertrag gegen eine am "wahren Parteiwillen" orientierte rein subjektive Auslegungsmethode. Während bei einem bilateralen Vertrag die Ermittlung des Parteiwillens wegen der Begrenztheit der divergierenden Vorstellungen als realitätsnah erscheint, ist das multilaterale Vertragsverfahren - insbesondere dann, wenn an ihm so viele Staaten teilnehmen, daß es in Form eines Konferenzverfahrens durchgeführt wird -, so geartet, daß sich in Wahrheit nur schwer zeigen ließe, ob alle Staaten beim Vertragsabschluß einer Bestimmung tatsächlich dasselbe Verständnis beigelegt und damit in diesem Punkt dasselbe gewollt haben.[322] Vielmehr ist davon auszugehen, daß ein solches gemeinsames Verständnis nicht selten gar nicht erreicht wird, ohne daß diesem Umstand von Seiten der Vertragspartner wirklich eine entscheidende Bedeutung beigemessen würde.[323] Der wahre Wille der Parteien ist bei multilateralen Verträgen – wie der NATO-Vertrag einer ist -, häufig nur ein Annäherungswert, weil den Parteien an einer weiteren Konkretisierung, die das Vertragsverfahren möglicherweise wesentlich verlängern und den Vertragsabschluß sogar in Frage stellen könnte, gar nichts liegt. So gesehen liefern sich die Parteien einer vernünftigen Rechtsfindung aus, die erst später – sei es durch sie selbst, sei es durch einen Dritten – vorgenommen werden soll. Kontrahenten eines multilateralen Vertrages nehmen also häufig in Kauf, daß ihr Vertrag aufgrund der erkennbaren Interessen- und Auslegungsgegensätze nicht als uniforme Zusammenstellung der einzelnen Parteiwillen gesehen wird, die einheitlich interpretiert werden müßte, sondern als wenig detaillierten Interessenkompromiß, der nur durch objektive Auslegung auch als solcher verstanden werden kann. Aus diesem Grund macht die Auslegungsregel des Art. 31 WVRK in Abs. 4 nur dann eine Ausnahme von der "ordinary meaning rule",[324] wenn feststeht, daß die Parteien einem Begriff eine besondere Bedeutung geben *wollten*.

---

321 YBILC 1966 II, 218 (219).

322 Köck, ZÖR 53 (1998), 217 (227).

323 Vgl. Jessup, RdC 89 (1956 I), 185ff.; Skubiszewski, in: EPIL, Vol. II (1995), 1255.

324 Nach Art. 31 I WVRK ist ein Begriff nach der wörtlichen Methode gemäß seiner üblichen Bedeutung auszulegen, d.h. er ist so zu verstehen, wie ein heutiger unbeteiligter, aber sachkundiger Interpret ihn auffassen würde (Hummer, ÖZöR 26 [1975], 88, 96ff., 109).

IV. Der Auslegungsansatz der WVRK

Aus dieser Viegelstaltigkeit möglicher Herangehensweisen an die Auslegung eines Vertrags hat die Wiener Konvention über das Recht der Staatenverträge eine Mehrzahl von Auslegungstopoi in den Art. 31 f. zusammengefaßt. Das Auslegungskonzept faßt gewissermaßen die verschiedenen von der Rspr. entwickelten gewohnheitsrechtlichen Auslegungshilfen zusammen, so daß die Konvention nach h.M. lediglich als Kodifikation des vorher bestehenden Gewohnheitsrechts angesehen werden kann.[325] Sie bindet daher nicht nur auch Nichtmitglieder,[326] sondern kann auch als allgemeine Rechtsüberzeugung der Staatenwelt hinsichtlich des anerkannten Auslegungsinstrumentariums gelten.[327] Die Abstimmung der Staaten über Art. 27 des ILC-Final Draft (nunmehr Art. 31 WVRK) auf der Wiener Konferenz, bei der 97 Ja-Stimmen bei keiner Gegenstimme und keiner Enthaltung zu verbuchen waren, spricht insbesondere für eine allgemeine Akzeptanz der dort verabschiedeten Auslegungsregeln.[328]

Art. 5 WVRK bestimmt, daß "dieses Übereinkommen auf jeden Vertrag Anwendung findet, der die Gründungsurkunde einer internationalen Organisation bildet,...unbeschadet aller einschlägigen Vorschriften der Organisation". Allerdings legt Art. 4 WVRK die Anwendbarkeit der Konvention *ratione temporis* ganz selbstverständlich auf den Zeitpunkt nach ihrem Inkrafttretens (im Jahre 1980), was zur Folge hat, daß hinsichtlich der Auslegung des NATO-Vertrages die Auslegungsregeln der Art. 31 f. WVRK nicht direkt, sondern nur analog herangezogen werden können. Es spricht allerdings nichts gegen diese sinngemäße Anwendung, denn Art. 4 WVRK ist nur Ausdruck des allgemeinen Rückwirkungsverbots völkerrechtlicher Verträge, will hingegen nicht den Geltungs-

---

325 Statt vieler KIMMINICH/HOBE, Einführung in das Völkerrecht, S. 201; IPSEN, Völkerrecht, § 9 Rn. 5; GRAF VITZTHUM, in: DERS., Völkerrecht, I, Rn. 115; RESS, in: SIMMA, ChUN, Interpretation, MN. 8; DERS., in: BIEBER/Ress, S. 51; BVerfGE 40, 141 (166).

326 Folgende NATO-Staaten sind der WVRK nicht beigetreten: Frankreich, Island, Luxemburg, Norwegen, Portugal, die Türkei und die Vereinigten Staaten (BGBl. 2000 II, Fundstellennachweis B, S. 496f. Stand: 31.12.1999).

327 So hat der IGH hinsichtlich Art. 60 und 62 WVRK eine gewohnheitsrechtliche Geltung angenommen (ICJ-Reports 1971, 16 [47]; 1973, 3 [18]). Da er die WVRK hierbei "in many respects to be considered as a codification of existing customary law" bezeichnet hat, ist kein Grund ersichtlich, nicht auch die Art. 31f. als Kodifikation des bestehenden Gewohnheitsrechts aufzufassen.

328 Vgl. WETZEL/RAUSCHNING, Materialien, S. 256. Bislang sind dem Vertrag 87 Staaten beigetreten (Stand: 31.12.1999). Daß es noch nicht mehr sind, begründet sich mit individueller Kritik an den einzelnen Formulierungen, nicht aber an der Leugnung des gewohnheitsrechtlichen Charakters.

grund bestimmter Rechtsregeln für die Vergangenheit verbieten. Es ist nichts dafür ersichtlich, daß die Vertragsparteien der WVRK die Rechtswirkungen ihrer Kodifikation auf die Zukunft beschränken wollten, so daß die Konvention in allen ihren Teilen auf den NATO-Vertrag entsprechende Anwendung finden kann.[329] Wenn in Art. 5 WVRK ein Vorbehalt zugunsten des internen Organisationsrechts angebracht wird, so handelt es sich für den Zweck der Auslegung nur um einen Verweis auf Ziel und Zweck des Organisationsvertrages[330] und damit auf ein Element, welches im Zusammenhang mit anderen völkerrechtlichen Verträgen ohnehin entscheidend ist.

Das Ziel der kodifizierten Auslegungsregeln ist es, den aktuellen Vertragssinn samt allen seit dem Vertragsschluß eingetretenen Änderungen zu erfassen.[331] Damit schließt sich die WVRK einem breiten Auslegungsbegriff an, der zugleich auch ein dynamischer ist.[332] Wie aus den weiteren Absätzen des Art. 31 WVRK erkennbar, werden spätere Veränderungen der Vertragsnorm in einem gewissen Ausmaß berücksichtigt.

Die ILC sah, entgegen den Bedenken einiger Staaten (z.B. der USA),[333] in der Reihenfolge der in Art. 31 WVRK enthaltenen Auslegungsmethoden keine gestufte Rangordnung, welche z.B. der "ordinary meaning rule" des Absatzes 1 einen Vorrang gegenüber der systematischen oder der teleologischen Methode geben würde.[334] Vielmehr folgt bereits aus der Überschrift des Art. 31 WVRK –

[329] Vgl. KLEIN, in: GRAF VITZTHUM, Völkerrecht, IV, Rn. 39.

[330] So KOCK, ZÖR 53 (1998), 217 (235).

[331] COT, RGDIP 70 (1966), 632 (653); KARL, Vertrag und spätere Praxis, S. 184.

[332] Art. 69 I lit. b ILC-Draft 1964 enthielt noch die Wendung, daß eine Vertragsbestimmung "im Licht des zur Zeit des Vertragsschlusses geltenden Völkerrechts" ausgelegt werden müsse. Die Regierung Griechenlands schloss daraus, daß damit die sog. "evolutionary interpretation" als Element der Auslegung ausdrücklich ausgeschlossen sein sollte (WETZEL/RAUSCHNING, Materialien, S. 242). Diese Vorstellung wies Sonderberichterstatter WALDOCK zurück und schloss sich der Auffassung der Niederlande an, das "temporale Element" sei einer Auslegung nach Treu und Glauben von Natur aus innewohnend. Obwohl der Vorschlag erwogen wurde, die Möglichkeit der Änderung einer Wortbedeutung als "evolution of international law" ausdrücklich in den Entwurf mit aufzunehmen, wurde letztlich nur auf den Zusatz "...at the time of its conclusion" verzichtet (vgl. nunmehr den Wortlaut von Art. 31 I WVRK; Stellungnahmen bei WETZEL/RAUSCHNING, Materialien, S. 246).

[333] Die USA und Griechenland betonten in ihren Stellungnahmen zum ILC-Draft 1964, daß die Reihenfolge, in der die Auslegungsmittel genannt würden, keinerlei Bedeutung hinsichtlich ihrer spezifischen Wichtigkeit haben könnten (WETZEL/RAUSCHNING, Materialien, S. 241f.).

[334] YBILC 1966 II, 218 (220): "The Commission considered that the article, when read as a whole, cannot properly be regarded as laying down a hierarchy of norms for the interpretation of treaties...These elements are all of an obligatory character and by their very nature could not be considered to be norms of interpretation in any way inferior to those which precede them".

"Allgemeine Auslegungsregel" -, daß die Auslegung ein einheitlicher Vorgang unter Anwendung der Auslegungsmethoden in einem sachgemäßen Verbund ist.[335] Aus der Charakterisierung der allgemeinen Auslegungsregel als "single combined operation"[336] kann man schließen, daß es trotz der Bedeutung der "ordinary meaning rule" zumeist nicht ausreicht, bei der Auslegung allein auf die gewöhnliche Wortbedeutung eines Begriffs abzustellen. Auch der Zusammenhang, in dem ein Vertragstext steht, sowie Ziel und Zweck des Vertrages müssen dazu dienen, den Vertragstext zu erhellen.

Ein grundsätzliches Problem eines Vertrag, der Regeln für die Interpretation anderer Verträge liefern soll, ist, daß derartige Regeln ihrerseits wiederum der Auslegung bedürftig sein können. Die Auslegung ist daher ihrer eigenen Normierung gewissermaßen immer um zumindest einen Schritt voraus. Angesichts dieses Zirkelschlusses von einer notwendigen Auslegung dessen, was eigentlich die Auslegung liefern sollte, ist entscheidend festzuhalten, daß normierte Auslegungsregeln nicht in erster Linie deshalb beachtenswert sind, weil man ohne sie nicht zu einem Verstehen des auslegungsbedürftigen Rechtstexts kommen könnte. Allenfalls können sie dazu geeignet sein, einem vorübergehend gänzlich zum Erliegen gekommenen Verstehensprozeß einen neuen Anstoß zu geben, sich um das Verstehen des Rechtstexts zu bemühen.[337] Andererseits wurde bereits gezeigt, daß selbst bei vollständiger Einigkeit der Parteien über die Auslegung und Anwendung einer Vertragsbestimmung gleichwohl aus Rechtsschutzgesichtspunkten eine an objektiven Kriterien orientierte Auslegung stattfinden muß.[338] Die Normierung solcher objektiven Auslegungsregeln ist aber kein Selbstzweck, sondern dient nur dazu, das im Verstehensprozeß Verstandene im Sinne des "Gesetzgebers" entsprechend zu korrigieren.[339] Ein Beispiel dafür ist die in Art. 32 WVRK enthaltene Bestimmung, nach welcher die Heranziehung sogenannter ergänzender Auslegungsmittel nicht zu einer Korrektur des durch die bloße Textauslegung gewonnenen Ergebnisses führen dürfe. Diese Favorisierung des Vertragstexts erscheint als eine im positiven Recht veran-

---

[335] Die ILC verglich die Systematik in Art. 31 WVRK mit der des Art. 38 I lit. a-c IGH-Statut: Auch hier sei keine hierarchische Anordnung im Sinne der Vorrangigkeit einer Rechtsquelle gegenüber der anderen statuiert worden, sondern man habe eine logische und sinnvolle Anordnung zu schaffen versucht, vgl. IPSEN, Völkerrecht, § 11 Rn. 12.

[336] YBILC 1966 II, 218 (219).

[337] So haben die USA in ihrer Stellungnahme zum ILC-Draft 1964 den Vorschlag gemacht, die Auslegungsprinzipien eher als "Richtlinien" (guidelines) denn als "Regeln" zu bezeichnen (WETZEL/RAUSCHNING, Materialen, S. 241).

[338] Siehe oben II. 3. a.

[339] KÖCK, ZÖR 53 (1998), 217 (221).

kerte Grundsatzentscheidung.[340] Dabei meint "Text" das übliche Verständnis, das ein heutiger unbeteiligter, aber sachkundiger Interpret mit einem Wortlaut verbinden würde.[341] Bereits in seinem ersten Urteil hat der StIGH auf die Entscheidungserheblichkeit eines nach allgemeinen Kriterien verständlichen Texts hingewiesen.[342] Derselbe Gerichtshof hat in seinem Gutachten vom 16.5.1925 unter anderem gesagt: "It is a cardinal principle of interpretation that words must be interpreted in the sense which they would normally have in their context, unless such interpretation would lead to something unreasonable or absurd".[343] Der IGH hat in der Asyl-Entscheidung vom 20.11.1950 den *sens naturel et ordinaire des mots* besonders unterstrichen.[344] Auch der Gerichtshof der Europäischen Gemeinschaft für Kohle und Stahl hat von Anfang an den Vertragstext in den Vordergrund gestellt und Vorschriften, die er für klar hielt, als allein maßgeblich erklärt.[345] So betonte denn auch die ILC in ihrem Kommentar zu Art. 69 ILC-Draft 1964 unter Bezugnahme auf den IGH[346] die Entbehrlichkeit einer Auslegung bei klarem Wortlaut[347] mit dem Hinweis, es sei nicht die Aufgabe der Auslegung, Verträge zu ändern oder in sie etwas hineinzulesen, was sie gar nicht enthielten.[348]

Allerdings können die Parteien in einer Spezialvereinbarung nach Art. 31 IV WVRK selber eine individuelle Wortbedeutung festlegen. Diese ist dann maßgebend, auch wenn sie der allgemeinen oder fachlichen Wortbedeutung wider-

---

340 Vgl. den Präzedenzfall des *St*IGH betreffend die Auslegung der Konvention von 1919 über die *Nachtarbeit von Frauen*, PCIJ Ser. A/B No. 50 (1932), S. 365.

341 HUMMER, ÖZöR 26 (1975), 88 (96ff., 109).

342 StIGH, PCIJ Ser. A No. 1 ("Wimbledon"), S. 22f.: «Si le régime d'accès du Canal devait etre également modifié,...le Traité n'aurait pas manqué de le dire. Il ne l'a pas dit, et sans doute il n'a pas volu le dire».

343 PCIJ Ser. B No. 11 ("Polish Postal Service"), S. 39.

344 ICJ-Reports 1950, 266 (279).

345 Vgl. etwa EuGHE 1, 25ff., 1, 146, 2, 225ff., 6, 180, 6, 408f., 7, 461, 8, 20.

346 *United States Nationals in Morocco*, ICJ-Reports 1952, 176 (196, 199).

347 Jugoslawien machte in seinem Kommentar zum ILC-Draft 1964 den Vorschlag, ein ausdrückliches Verbot der Bezugnahme auf andere Hilfsmittel, insbesondere die Vorarbeiten, zu formulieren, wenn der Vertragstext eindeutig ist (WETZEL/RAUSCHNING, Materialien, S. 242). Ein solches Verbot wurde von der ILC als "unrealistisch" abgelehnt, weil auch nach sorgfältiger Anwendung der vertragsbezogenen Auslegungsmittel immer noch Unklarheiten bestehen könnten. Nur in diesem Fall könnten die *travaux préparatoires* zum Zwecke der Bestätigung eines Ergebnisses, das sich scheinbar aufgrund der anderen Methoden ergebe, herangezogen werden (YBILC 1966 II, 218, 223).

348 YBILC 1966 II, 218 (220f.).

spricht.[349] Bezüglich des NATO-Vertrages ergeben sich keine Anhaltspunkte dafür, daß die Parteien etwa mit den Begriffen "Verteidigung" in Art. 5 NATO-Vertrag oder "Konsultation" in Art. 4 NATO-Vertrag eine spezielle, weitergehende militärische Befugnis verbunden haben als sie die normale Bedeutung dieser Begriffe nahe legt. Vielmehr ist davon auszugehen, daß die westlichen Bündnispartner angesichts der angespannten Sicherheitslage im Jahre 1949 unter "Verteidigung" tatsächlich vorerst nur Schutz gegen einen bewaffneten sowjetischen Angriff verstanden haben.[350] Obwohl es sich die NATO-Partner darüber hinaus zum Ziel machen, neben der militärischen auch die politische, wirtschaftliche, soziale und kulturelle Zusammenarbeit zu fördern und damit die Verteidigung einer Lebensform in den Vordergrund der Werte- und Sicherheitsgemeinschaft "NATO" stellen (Art. 2 NATO-Vertrag),[351] spricht nichts dafür, daß die Parteien über den zuvorderst dringlichen Aspekt der Abwehr bewaffneter Angriffe hinaus weitere Rechtsgüter für verteidigungsfähig gehalten haben. Auch die Konsultationspflicht des Art. 4 NATO-Vertrag wollte – wie schon die systematische Stellung vor Art. 5 NATO-Vertrag zeigt – nur präventive Beratungen für den Fall vorschreiben, daß eine Sicherheitsbedrohung die Gefahr eines militärischen Konflikts mit sich bringt; nicht gemeint waren "Konsultationen" als "Festlegung der jeweiligen militärischen Reaktion auf die Sicherheitsbedrohung".

Somit ist bei den Schlüsselbegriffen der maßgeblichen Vorschriften des NATO-Vertrages von der allgemeinen Bedeutung auszugehen, die ihnen ein sachkundiger Interpret bei Analyse des Wortlauts beilegen würde. Da das auf die allgemeine Bedeutung abstellende Verständnis keine Aufgaben kollektiver Friedenssicherung im NATO-Vertrag erkennen kann, käme man bei ausschließlichem Abstellen auf das Grundkonzept der WVRK zur Völkerrechtswidrigkeit von humanitären und sonstigen Friedenseinsätzen der NATO.

---

349 HUMMER, ÖZöR 26 (1975), 88 (96ff.). Hierdurch wird die textuelle Haltung der WVRK wohl erheblich abgeschwächt. Zur Frage, ob neben einer ausdrücklichen Auslegungsvereinbarung auch schlichte Auslegungen dem Vertragswortlaut widersprechen dürfen, siehe unten 3. Kapitel, B. II.

350 Vgl. LÖWE, Peacekeeping-Operationen, S. 157f.

351 Der über bloße militärische Verteidigung von Anfang an verfolgte weitergehende Bündniszweck wurde bereits erläutert (oben I. 4. d. bb.). Er liegt darin, im euro-atlantischen Raum als "Sicherheitsmanager" eine stabile und werteorientierte Sicherheitsstruktur zu schaffen, die über den singulären Teilaspekt "Verteidigung" hinausreicht (LAW/RÜHLE, EA 1992, 439, 440).

1. Die Wortlautauslegung

Gemäß dem gefundenen Ergebnis, daß der Wortlaut die Grundlage jeder Vertragsauslegung sein muß, bestimmt die "ordinary meaning rule"[352] des Art. 31 I WVRK, daß

"ein Vertrag...nach Treu und Glauben in Übereinstimmung mit der gewöhnlichen, seinen Bestimmungen in ihrem Zusammenhang zukommenden Bedeutung und im Lichte seines Zweckes und Zieles auszulegen ist".

Durch diese Grundregel ist der Akzent von vornherein auf objektive Auslegungsmittel gesetzt worden, und zwar beginnend mit dem Wortlaut nach seiner gewöhnlichen Bedeutung. Wie bereits gezeigt wurde, basiert die Zuersterwähnung der wörtlichen Auslegungsmethode nur auf logischen Erwägungen (Wortlaut als Ausgangspunkt), soll hingegen aber nicht eine hierarchische Benachteiligung der anderen objektiven Kriterien, wie der Systematik oder des Ziels und Zwecks bedeuten.[353] Sie umfaßt eine Reihe von Elementen, die alle gemeinsam bei der Auslegung zu berücksichtigen sind.[354] Die ILC[355] hat durch die Zusammenfassung aller dieser Elemente in *einer* Grundregel deutlich gemacht, daß gerade keinem von ihnen ein Vorrang vor den anderen eingeräumt werden sollte.[356]

---

352 So die englische Bezeichnung von "gewöhnliche Bedeutung".

353 YBILC 1966 II, 218 (220).

354 Vgl. den Kommentar zu Art. 27 des ILC-Drafts 1966, YBILC 1966 II, 218 (219): "The Commission, by heading the Article `General Rule of Interpretation` in the Singular...intended to indicate that their application of the means of interpretation of the article would be a single combined operation".

355 Die Vertreter der Tschechoslowakei und Thailands verlangten in ihren Kommentaren zum ILC-Draft 1964 eine ausdrückliche Erwähnung des Prinzips, daß der Wortlaut Ausgangspunkt jeder Interpretation sein müsse (Waldock Report VI, zitiert in: WETZEL/RAUSCHNING, Materialien, S. 240, 242). Die ILC hat diesen Vorschlag nur aus taktischen Erwägungen nicht aufgegriffen, weil sie bei einer derart rigiden Formulierung Unklarheiten hinsichtlich des Verhältnisses zu den anderen Auslegungsregeln befürchtete (ebd., S. 243). Gleichwohl betonte die ILC, daß sie von der Annahme ausgehe, daß der Vertragstext als authentische Äußerung des Parteiwillens der Ausgangspunkt der Auslegung sein müsse ("the starting point of interpretation is the eludication of the meaning of the text, not an investigation *ab initio* into the intentions of the parties"; YBILC 1966 II, 218, 220).

356 So heißt es im Kommentar zu Art. 27 ILC-Draft, ebd.: "The observations by governments appeared to indicate a possible fear thar the successive paragraphs of article 27 might be taken as laying down a hierarchical order for the application of the various elements of interpretation in the article...article 27 is entitled `General rule of interpretation` in the singular, not `General *rules*` in the plural, because the Commission desired to emphasize that the process of interpretation is a unity and that the provisions of the article form a single, closely integrated rule". Ähnlich auch KARL, in: SCHREUER, Autorität und internationale Ordnung, S. 14.

a) Treu und Glauben

Zunächst wird die Pflicht zur Wahrung der *bona fides* aufgestellt. Zwar ist fraglich, ob es sich bei der "Treu und Glauben"-Regel um eine Interpretationsregel im eigentlichen Sinn handelt,[357] doch ist unproblematisch, daß sie als Schranke gegen eine willkürliche und spitzfindige Auslegung einen allgemeinen materiellen Grundsatz des Völkerrechts darstellt.[358] Die Erwähnung des Grundsatzes von "Treu und Glauben" fand sich bereits in Art. 70 des dritten Berichts des ILC-Sonderberichterstatters WALDOCK[359] sowie in Art. 69 des ILC-Entwurfs von 1964.[360] Die Gültigkeit dieses Prinzips als Ausfluß der Maxime *pacta sunt servanda*[361] wurde von keinem Staat in seiner für die Auslegung grundlegenden Bedeutung bestritten. Es schreibt vor, daß das tatsächlich Verstandene auch in redlicher Weise anzunehmen ist[362] und richtet sich somit gegen eine Abweichung von der "wahren" inhaltlichen Bedeutung.[363] Mit Hilfe dieser materiellen Verhaltensvorschrift wird zwar kein eigener Weg zum Verstehen eines Textes eröffnet, allerdings verpflichtet sie die Vertragsparteien, während des gesamten Auslegungsvorgangs auf Winkelzüge und Spitzfindigkeiten zu verzichten, und kann deshalb als spezifische Ausprägung des Mißbrauchsverbot[364] gekennzeichnet werden.[365] Treu und Glauben begrenzen damit den Bereich zulässiger Rechtsausübung, indem sie den Rechtsmißbrauch untersagen und damit eine dem vertraglichen Treueverhältnis und seinem Sinn widersprechende Auslegung verbieten, auch wenn sie dem Wortlaut nach möglich erscheint.[366]

Fraglich ist, ob die Herleitung von Befugnissen kollektiver Sicherheit aus dem NATO-Vertrag, in dem ganz eindeutig nur von Verteidigung als militärischer Bündnisaufgabe die Rede ist, als solch ein Verstoß gegen die *bona fides* bezeichnet werden kann. Dafür spricht, daß der Wortlaut des Art. 5 NATO-Vertrag "Verteidigung" nur im Falle eines bewaffneten Angriffs vorsieht und

---

357 KÖCK, ZÖR 53 (1998), 217 (218).

358 IPSEN, Völkerrecht, § 11 Rn. 20.

359 YBILC 1964 II, 52.

360 YBILC 1964 II, 199.

361 So die ILC in ihrer Kommentierung des Art. 27 ILC-Draft 1966, YBILC 1966 II, 218 (221).

362 KÖCK, Vertragsinterpretation, S. 80.

363 RESS, in: SIMMA, ChUN, Interpretation, MN. 11; KÖCK, ZÖR 53 (1998), 217 (218, Fn. 5); BERNHARDT, Auslegung, S. 25.

364 Vgl. zur Anerkennung des Verbots des Rechtsmissbrauchs im Völkerrecht den StIGH, PCIJ Ser. A No. 7, S. 30, 37f.; Ser. A No. 24, S. 12; Ser. A/B No. 46, S. 167 sowie den IGH, ICJ-Reports 1951, 142; 1988, 69 (105f.).

365 IPSEN, Völkerrecht, § 11 Rn. 20.

366 BERNHARDT, Auslegung, S. 25.

kollektive Friedensmissionen keinerlei textliche Stütze im Vertrag finden. Vielmehr legt der ausdrückliche Rekurs auf Art. 51 SVN im Wortlaut des Art. 5 NATO-Vertrag nahe, daß "Verteidigung" in allen anderen Fällen vertragsmißbräuchlich ist und als abwegige Vertragsneugestaltung angesehen werden könnte. Problematisch an einem solchen Befund wäre aber, daß in jüngerer Zeit kaum Fälle bekannt sind, wo internationale Gerichte oder die Vertragsparteien selber einen Verstoß gegen Treu und Glauben geltend gemacht haben. Die historischen Beispiele aus der Antike, wie etwa die kuriose Übergabe von halbierten Schiffen im Anschluß an die Vereinbarung, die halbe Flotte auszuliefern,[367] weisen auf ganz krasse und absurde Mißbräuche des Vertragstextes hin.[368] Da der NATO-Vertrag immerhin die Sicherheit seiner Mitglieder im weitesten Sinn als sein Regelungsziel nennt und sich zur Festigung einer demokratischen Wertegemeinschaft bekennt, könnten kollektive Friedensmissionen zumindest theoretisch im Bereich seiner Aufgabenbefugnisse liegen. Die Bejahung einer rechtsmißbräuchlichen weil absurden Vertragsausdehnung ist daher nicht zwingend. Zudem fällt es schwer, im Anwendungsbereich eines multilateralen und objektiv rechtsetzenden Vertrages wie dem NATO-Vertrag,[369] wo keine rechtsgeschäftlichen Interessengegensätze bestehen, sondern die Parteien ein gemeinsames Ziel im Konsens verfolgen, ein treuwidriges Verhalten zu unterstellen. Da die "neuen" Aufgaben im Rahmen der Krise im ehemaligen Jugoslawien alle einstimmig beschlossen und durchgeführt wurden, hätten die NATO-Partner – im Gegensatz zu einem mühevoll ausgehandelten bilateralen Austauschvertrag - keine Schwierigkeiten gehabt, vor der Übernahme neuer Bündnisaufgaben diese durch eine verbindliche Vertragsänderungsvereinbarung rechtlich abzusichern. Von daher ist es nicht angebracht, eine durch die Herren der Verträge im Konsens beschlossene Vertragspraxis als mißbräuchliche und völlig aus dem Vertragsrahmen fallende Willkürauslegung zu bezeichnen. Sachgerechter ist es in jedem Fall, eine solche evidente Wortlautüberschreitung am Erfordernis der "gewöhnlichen Wortbedeutung" scheitern zu lassen.

b) Normale Wortbedeutung und "Begriffsevolution"

Das zweite grundlegende Auslegungsprinzip ist der eigentliche Gegenstand der "ordinary meaning rule",[370] nämlich die Orientierung an der gewöhnlichen Bedeutung der im Vertrag gebrauchten Worte. Dabei wird den Parteien unter-

---

[367] Vgl. GROTIUS, De iure belli ac pacis, Lib. II, Cap. XVI, § 5.

[368] Ähnlich auch der Fall, wo die Herausgabe von Gefangenen versprochen worden war, diese aber zuvor getötet und erst dann herausgegeben wurden.

[369] Siehe oben II. 3. b.

[370] Die ILC nennt sie "the very essence of the textual approach" (YBILC 1966 II, 218, 221).

stellt, daß sie bei der Verwendung eines Begriffs diejenige Absicht verfolgt haben, die normalerweise beim Gebrauch dieses Begriffs darunter verstanden wird.[371] Umgekehrt bedeutet dies, daß die Parteien – *argumentum e contrario* – durch die Nichtverwendung eines bestimmten Begriffs in dieser Hinsicht eben *keine* Absicht verfolgt haben. Diese Regel ist auch für Satzungen internationaler Organisationen anerkannt worden.[372]

Wie bereits erwähnt, haben die einzigen, im NATO-Vertrag eine militärische Einsatzmöglichkeit andeutenden Wendungen "Verteidigung" und "Konsultation" keinerlei Bezug zu Friedenseinsätzen vom "Typ Kosovo". Vielmehr ist den Parteien durch die Beschränkung der Bündnismöglichkeiten auf Konsultation und Nothilfe im Falle eines bewaffneten Angriffs zu unterstellen, daß mit den gewählten Formulierungen eben keine weitergehenden militärischen Einsatzmöglichkeiten beabsichtigt waren. Der Begriff "Selbstverteidigung", wie er in Art. 5 NATO-Vertrag unter Bezugnahme auf Art. 51 SVN gebraucht wird, meint ganz eindeutig nur Verteidigung gegen bewaffnete Angriffe. Zwar ist richtig, daß zum Zeitpunkt des Inkrafttretens der UN-Charta sich das traditionelle Selbstverteidigungsrecht nicht nur auf Fälle des bewaffneten Angriffs beschränkte, sondern weite Bereiche der politischen und wirtschaftlichen Selbsthilfe umfaßte,[373] doch hat das Recht, sich zu verteidigen, zu jeder Zeit eine gravierende Verletzung eines eigenen Rechts der Staaten vorausgesetzt.[374] Ein solches "eigenes" Recht der NATO-Partner, das durch humanitäre Katastrophen oder instabile politische Lagen im euro-atlantischen Raum ohne territorialen Bezug zum Staatsgebiet eines der NATO-Staaten verletzt sein könnte, ist angesichts des nach wie vor traditionell verstandenen restriktiven Verteidigungsbegriffes[375] nicht ersichtlich. Ziel und Zweck des Art. 51 SVN war es gerade, das frühere weite Recht der Selbstverteidigung zu überlagern, zu verdrängen und ausdrücklich auf den Fall des bewaffneten Angriff zu beschränken.[376] Eine deutliche Mehrheit der Staatenwelt vertritt eine solche wörtliche Auslegung des

---

[371] ILC-Kommentar zu Art. 27 ILC-Draft 1966, YBILC 1966 II, 218 (221).

[372] StIGH, PCIJ Ser. B Nos. 2, 3 (Competence of the ILO, 1922), S. 35; Ser. B No. 10 (Exchange of Greek and Turkish Population, 1925), S. 20; Ser. A/B No. 50 (Convention of 1919 concerning Employment of Women during the NIGHt, 1932), S. 373; IGH (Constitution of the Maritime Safety Commission), ICJ-Reports 1960, 150 (158f.).

[373] VERDROSS/SIMMA, Universelles Völkerrecht, § 460; CASSESE, in: COT/PELLET, ONU-La Charte, S. 772.

[374] BRYDE, in: EPIL 4 (1982), 212 (212).

[375] Daß der Kreis der Rechtsgüter, den die Staaten als eigenen geltend machen und gemäß Art. 51 SVN verteidigen können, trotz des *erga omnes*-Charakters bislang noch nicht um die fundamentalen Menschenrechte erweitert wurde, wird noch zu erläutern sein (unten V. 3. c.).

[376] SCHINDLER, BDGV 26 (1986), 11 (17); SCHULZE, in: WOLFRUM (Hg.), HdbVN, § 102 Rn. 33; VERDROSS/SIMMA, Universelles Völkerrecht, § 470; RANDELZHOFER, in: SIMMA, ChUN, Art. 51 MN. 40; BRYDE, in: EPIL 4 (1982), 212 (214).

Art. 51 SVN.[377] Demzufolge gilt zumindest für UN-Mitglieder – was auf alle NATO-Staaten zutrifft – und auch für die NATO-Mitglieder aufgrund der rechtlichen Bezugnahme auf Art. 51 SVN in Art. 5 NATO-Vertrag ein wörtlicher Verteidigungsbegriff, der auf die Abwehr bewaffneter Angriffe beschränkt ist. Auch der Begriff "Konsultation" in Art. 4 NATO-Vertrag meint in seiner völkerrechtlichen Bedeutung nur einen *Meinungsaustausch* über die internationale Lage und wichtige Fragen, welche die Interessen der Bündnismitglieder betreffen,[378] schafft aber keinen eigenständigen Eingriffstatbestand.

Allerdings ist zu beachten, daß die übliche Wortbedeutung für die individuelle Auslegung der Parteien nicht verbindlich ist. Aufgrund des Satzes *falsa demonstratia non nocet*, der im klassischen Völkerrecht Gültigkeit hatte[379] und durch Art. 31 IV WVRK auch für das moderne Vertragsrecht für anwendbar erklärt wird, ist auch eine Auslegung erlaubt, die zum Vertragswortlaut im Widerspruch steht, wenn die Parteien einig sind, daß ein Begriff eine von der üblichen Wortbedeutung abweichende Bedeutung erhalten soll. Es handelt sich hierbei um eine ausdrücklich zugelassene und angesichts der notwendigen Offenkundigkeit auch unbedenkliche Ausnahme vom Prinzip, daß dem Text nach seinem gewöhnlichen Verständnis die Hauptbedeutung zukommen soll. Zwar entsteht in den Fällen, wo die Parteien mit einem Wortlaut eine individuelle Wortbedeutung verbinden das Problem, daß möglicherweise Wortlaut und Vertragssinn divergieren, ohne daß eine Vertragänderung dahinter stünde.[380] Nach Art. 31 IV WVRK muß nach objektiv erkennbaren Kriterien jedoch feststehen, daß eine solche von den Parteien vorgesehene Abweichung tatsächlich gewollt ist.

Da die NATO-Partner keine Anhaltspunkte dafür geliefert haben, daß sie den Schlüsselbegriffen des NATO-Vertrages eine solche "besondere Bedeutung" zugewiesen haben, die Friedenseinsätze vom "Typ Kosovo" abdecken könnten, ist die Möglichkeit der Durchführung von "Nicht-Artikel-5-Operationen" nach der gewöhnlichen Bedeutung des NATO-Vertrages zu verneinen.

Allerdings könnten sich die Parteien zu Beginn ihrer Friedensmissionen im ehemaligen Jugoslawien *ad hoc* darüber einig geworden sein, daß "Verteidigung" nunmehr nicht mehr nur die Abwehr bewaffneter Angriffe umfassen soll, sondern angesichts der unsicherer gewordenen sicherheitspolitischen Lage seit 1990 eben auch die Abwehr allgemeiner euro-atlantischer Krisen. Eine solche einmütige und stillschweigende Neudefinition des Begriffs "Verteidigung" ist

---

[377] Vgl. Nachweise bei FONTEYNE, in: LILLICH (Hg.), Humanitarian Intervention, S. 197 (211ff.); WESTERDIEK, ArchVR 21 (1983), 383 (397).

[378] Vgl. MEISSNER, in: SEIDL-HOHENVELDERN, LdR-VR, S. 298.

[379] *Ständiger Haager Schiedshof*, AJIL 9 (1915) (*Timor-Fall*), S. 240 (249ff.); KAISER, in: STRUPP/SCHLOCHAUER, WV III, S. 444.

[380] KARL, Vertrag und spätere Praxis, S. 37.

nicht schon deshalb ausgeschlossen, weil sie lange nach Vertragsschluß und damit nach Festlegung des ursprünglichen Wortlauts stattgefunden hat. Die Gegenwartsform des Art. 31 IV WVRK macht deutlich, daß es nicht auf die historische Definition ankommt, sondern die Parteien frei sind, einem Begriff auch zu einem späteren Zeitpunkt eine besondere Bedeutung beizulegen.[381] Dies würde auch der oben aufgestellten These entsprechen, wonach die WVRK ein relativ dynamisches Vertragskonzept verfolgt. Auch die Existenz der Regelung des Art. 31 IV WVRK als Ausnahmetatbestand[382] zu Art. 31 I WVRK an sich kann als Wille zur Zurückdrängung des historischen Parteiwillens gegenüber einer zeitgemäßen Auslegung interpretiert werden: nur im Ausnahmefall wird dem (historischen) Parteiwillen der Vorrang vor einer dynamischen, Ziel und Zweck berücksichtigenden Auslegung gegeben.[383] Auch Art. 31 III lit. a und b WVRK, nach denen bei der Auslegung nachfolgende Übereinkünfte und die spätere Übung der Parteien zu berücksichtigen sind, verbieten eine starre Bindung an den historischen Parteiwillen.[384] Sogar die Anhänger einer subjektiven Auslegungsrichtung geben sich in letzter Zeit "dynamisch-evolutiv". Statt an der historischen Vertragsabsicht orientiert man sich an den aktuellen Parteierwartungen und macht den Vertrag somit zu einem Prozeß, dessen Inhalt ständiger Entwicklung ausgesetzt ist.[385] Der IGH hat in seinem *Namibia-Gutachten* 1971 festgestellt, daß ein Vertragskonzept entwicklungsfähig sei und dessen Auslegung demgemäß nicht von nachträglichen Veränderungen der Rechtslage unbeeinflußt bleiben könne.[386] Dies gelte um so mehr, als ein modernes Auslegungskonzept die Frage nach der historischen oder aktuellen Wortlautbedeutung nicht starr beantworten könne, sondern von der Beurteilung des jeweiligen Vertragstypus', also des einzelnen Vertrages und seiner Bestimmungen, abhän-

---

381 Daß im Falle eines eindeutigen Parteiwillens die individuell gewollte Wortbedeutung ausnahmsweise als gleichwertiges Auslegungskriterium zu gelten hat, wurde bisher nirgends bestritten. Obwohl von einigen Staaten die Notwendigkeit einer speziellen Regelung hierfür bezweifelt wurde – die spezielle Bedeutung ergäbe sich nämlich bereits aus dem Kontext und habe daher als "gewöhnliche" Bedeutung zu gelten -, erkannten alle Staaten die Stellung des Art. 31 IV im Kanon der gleichrangigen Auslegungsregeln an. Auf Vorschlag Israels wurde der ehemalige Art. 71 ILC-Draft 1964 wegen seiner systematischen Nähe zur "Grundregel" als dessen Absatz 4 sogar in den Kontext der primären Auslegungshilfen aufgenommen (WETZEL/RAUSCHNING, Materialien, S. 240f.).

382 RESS, BDGV 23 (1982), 7 (12).

383 RESS, in: BIEBER/RESS, S. 54.

384 IPSEN, Völkerrecht, § 11 Rn. 21.

385 Vgl. MCDOUGAL/LASSWELL/MILLER, Interpretation of Agreements, S. 134ff.; COT, RGDIP 70 (1966), 632 (647ff.); RESS, in: BIEBER/RESS, S. 83.

386 ICJ-Reports 1971, 16 (31).

gig machen müsse.[387] Insbesondere bei internationalen Organisationen gehe es darum, dem Zweck der Institution Rechnung zu tragen und nicht einem subjektivem Parteiwillen zum Zeitpunkt des Vertragsschlusses zur Wirksamkeit zu verhelfen. Der IGH-Richter ALVAREZ äußerte in einem Sondervotum sogar die Ansicht, daß eine einmal gegründete Institution ein "Eigenleben" erhalte, das sich unabhängig von den Gründern der Organisation selbständig entwickle und auch von diesen abweichende Rechtsauffassungen besitzen könne.[388] Es spricht unter diesem Blickwinkel viel dafür, zur Ermittlung des Wortsinns nicht starr an einer historischen Bedeutung festzuhalten, sondern, je nachdem ob es dem Parteiwillen oder Verbandszweck entspricht, dynamische Tendenzen bei der Wortbedeutung zu berücksichtigen.[389]

Für eine „evolutive" Auslegung des NATO-Vertrages spricht, daß es sich bei ihm um einen rechtsetzenden Vertrag handelt und bei solchen wegen ihrer das aktuelle Recht regelnden Eigenschaft eine starke Vermutung dafür spricht, das historische Element gegenüber einer gegenwartsbezogenen Auslegung zurücktreten zu lassen. Der IGH-Richter **JESSUP** stellte in einem abweichenden Votum zum *South West Africa*-Fall 1966 fest:

"The law can never be oblivious to the changes in life, circumstance and community standards in which it functions. Treaties – especially multi-partite treaties of a constitutional or legislative character – cannot have an absolutely immutable character".[390]

Dieser dynamischen Sichtweise[391] steht die Feststellung **BERNHARDTS** sowie die Argumente weiterer Autoren gegenüber, nach dessen Befund das Schrifttum und die Praxis angeblich dem Sprachgebrauch zur Zeit des Vertragsschlusses

---

387 So die neuere Literatur, vgl. KLEIN, Statusverträge, S. 339f.; BERNHARDT, ZaöRV 33 (1973), 1 (36); RESS, in: BIEBER/RESS, S. 83.

388 Conditions of Admission to Membership in the United Nations, ICJ-Reports 1947/48, 57 (67f.).

389 Der IGH stellte im *Aegean Sea Continental Shelf Case* fest (ICJ-Reports 1978, 3, 32): "...that its meaning was intended to follow the evolution of the law and to correspond with the meaning attached to the expression by the law in force at any time given".

390 Abw. Meinung JESSUP, ICJ-Reports 1966, 325 (439).

391 So der StIGH, PCIJ Ser. B No. 4, S. 24. Für BERNHARDT ist bei der Annahme einer dynamischen Begriffsentwicklung entscheidend, ob ein Vertrag dauerhafte Beziehungen zwischen den Kontrahenten schaffen will (in: Auslegung, S. 43, Fn. 222; ebenso FROWEIN, EuGRZ 1980, 231, 235). Dies ist beim NATO-Vertrag zweifellos der Fall, wie der Wille seiner Mitglieder z.B. auf dem Washingtoner Gipfel 1999, eine neue Sicherheitsarchitektur für das 21. Jahrhundert zu schaffen, beweist.

den Vorrang geben.[392] Auch der StIGH hat in einer früheren Entscheidung auf den Parteiwillen zum Zeitpunkt des Vertragsschlusses abgestellt.[393] Die Resolution des INSTITUT DE DROIT INTERNATIONAL zur Frage des intertemporalen Rechts (Session Wiesbaden 1975) wiederum bestimmt den maßgeblichen Zeitpunkt der Auslegung - wie die wohl überwiegende Literatur – flexibel anhand des jeweiligen Vertragstypus'.[394]

Allerdings haben einige Staaten beim Entwurf der WVRK gegen die dynamische Anpassung von Vertragsbegriffen an die jeweils aktuelle Begriffsbedeutung grundlegende Bedenken angemeldet. Israel und Griechenland befürchteten im Hinblick auf die ursprüngliche Formulierung "a treaty shall be interpreted...in accordance with the ordinary meaning to be given to *each* term...", daß hieraus die Möglichkeit einer sprachlichen Umdeutung einzelner Vertragsbegriffe nach Festlegung des Vertragstexts abgeleitet werden könnte.[395] Zum Zwecke der Ablehnung einer solchen zeitlichen Anpassung der historischen an die gegenwärtige Wortlautbedeutung verwiesen die beiden Staaten auf einen Fall des IGH, wo dieser auf die Bedeutung eines Begriffes zum Zeitpunkt des Vertragsschlusses als maßgeblichen Moment abgestellt hatte.[396] Die ILC lehnte es jedoch ab, einen ausdrücklichen Hinweis in den Entwurf aufzunehmen, der einen solchen "intertemporalen" Bedeutungswandel ausschließen würde. Vielmehr folgte die Kommission der Auffassung der Niederlande, die den zeitlichen Bedeutungswandel als Problem von Treu und Glauben auffaßte und dementsprechend solche Änderungen der ursprünglichen Bedeutung als nicht zulässig erachtete, die sich als grob treuwidrig und sinnentstellend darstellen.[397] Maßgebend in diesem Zusammenhang war für die ILC insbesondere, ob die Parteien einen Begriff in einem allgemeinen Zusammenhang gebraucht oder ihm offenkundig einen konkreten Inhalt zugewiesen haben. Im ersteren Fall sei ein Be-

---

392 In: Auslegung, S. 74f. Auch DISTEFANO stellt bei der Auslegung auf den Parteiwillen zum Zeitpunkt des Vertragsschlusses ab (AFDI 1994, 41, 45). VERDROSS/SIMMA bezweifeln, daß jedes internationale Instrument dem Wandel des Völkerrechts angepasst werden kann, weil so keine Rücksicht darauf genommen werde, ob dies auch wirklich der Absicht der Parteien entspreche (in: Universelles Völkerrecht, § 782). Diese Ansicht entspricht im Ansatz dem subjektiven Auslegungskonzept – allerdings mit einem Argument, daß sonst die Vertreter einer objektiven Sichtweise benutzen.

393 PCIJ, Ser. B No. 12, S. 24 (*Mossul-Fall*, 1925): "The facts subsequent to the conclusion of the Treaty of Lausanne can only concern the Court in so far as they are calculated to throw light on the intention of the Parties at the time of the conclusion of that Treaty".

394 Ann. IDI 56 (1975), 539.

395 WETZEL/RAUSCHNING, Materialien, S. 240, 242. Die Niederlande betonten hingegen, daß Rechtsbegriffe in vielen Fällen gemäß dem Recht ausgelegt werden müßten, das zum Zeitpunkt der Auslegung Gültigkeit hat.

396 United States Nationals in Morocco, ICJ-Reports 1952, 175 (189).

397 WETZEL/RAUSCHNING, Materialien, S. 244.

griff weiter entwicklungsfähig als bei den Verträgen, wo das Vertragskonzept einen fest besetzten Bedeutungsinhalt voraussetze. In Folge dieser, im Anschluß an den VI. Bericht des Sonderberichterstatters WALDOCK vorgebrachten Bedenken, wurde der Zusatz "each" bei der "ordinary meaning rule" gestrichen und damit den Bedenken hinsichtlich einer, den Wortlaut jeweils zeitgebunden interpretierenden, "Wortlautinflation" Rechnung getragen.

Aufgrund dieser ablehnenden Haltung im Hinblick auf einen dynamischen Wandel einer Begriffsbedeutung spricht viel dafür, auch nachträgliche Umdefinitionen[398] im Sinne des Art. 31 IV WVRK nur in den Grenzen von Treu und Glauben zuzulassen.[399] Bezüglich des NATO-Vertrages ergibt sich dann aber kein anderes Ergebnis, da bereits davon ausgegangen wurde, daß die Auslegung des Begriffes "Verteidigung" als umfassende Friedenssicherungsaufgabe nicht derart absurd und sinnentstellend ist, daß von einer rechtsmißbräuchlichen Pervertierung eines Vertragsbegriffes gesprochen werden kann.

Prinzipiell wäre also eine Neudefinition des Begriffes "Verteidigung" im Sinne von umfassenden Friedensaufgaben nach Art. 31 IV WVRK zulässig.

Allerdings ging die ILC ebenso wie die sich zu dieser Regel äußernden Staaten bei der Zulassung eines Begriffswandels davon aus, daß es sich bei der Anwendung der *special meaning rule* um Fachtermini handele, die im Vertrag speziell für die Bedürfnisse der Vertragsparteien gewählt würden. Diese Fachbegriffe ständen unter der besonderen Interpretations- und Bedürfnishoheit der Kontrahenten und dienten der Klärung spezifischer Bedürfnisse der Parteien.[400] Unter dem Begriff "Verteidigung", wie er in Art. 5 NATO-Vertrag unter enger Anlehnung an den restriktiven Verteidigungsbegriff der UN-Charta gebraucht wird, ist jedoch ein fixer Rechtsbegriff zu verstehen, der nur insoweit einer Wandelung unterliegt, als seine authentischen Interpreten – nämlich die UN-Staatengemeinschaft – ihm eine neue Bedeutung geben wollen. Wie an anderer Stelle noch ausführlicher zu zeigen ist, wird "Verteidigung" von der Staatenwelt weiterhin in einem herkömmlichen Sinn als Abwehr bewaffneter Angriffe verstanden. Dieser Begriff unterliegt folglich derzeit (noch) keiner zeit- und epochenabhängigen Neuinterpretation. Nach wahrscheinlichem Willen der ILC

---

[398] Diese sind zu unterscheiden von den Auslegungsvereinbarungen nach Art. 31 III lit. a WVRK, die ein gleichwertiges und anerkanntes Auslegungsmittel darstellen und wegen ihres rechtlichen Charakters auch völlig fernliegende Interpretationen abdecken.

[399] RESS, in: BIEBER/RESS, S. 83, Fn. 12.

[400] Diese Wendungen können individuell den Bedürfnissen der Vertragsparteien angepaßt werden. In multilateralen Verträgen gebrauchte allgemeine Wendungen, wie das an Art. 51 SVN ausgerichtete Recht zur Selbstverteidigung, haben hingegen zum gegenwärtigen Zeitpunkt noch einen Fixcharakter.

kann er daher nicht Gegenstand einer von den Parteien gewollten "besonderen Bedeutung" sein.[401]

Hinzu kommt, daß eine "besondere Bedeutung" gemäß Art. 31 IV WVRK klare Anhaltspunkte für einen diesbezüglichen Auslegungs*willen* voraussetzt. Daß die Parteien die historische Bedeutung des Begriffs "Verteidigung" angesichts einer drohenden sowjetischen Expansion in Mitteleuropa zunächst auf bewaffnete Angriffe beschränken wollten, ist bereits erläutert worden. Aber auch in den letzten Jahren seit Wegfall der unmittelbaren Angriffsbedrohung ist nichts dafür ersichtlich, daß die Parteien den Begriff "Verteidigung" umdefinieren wollten; weder die Friedensmissionen im ehemaligen Jugoslawien, noch der Angriffseinsatz beim Kosovo-Konflikt wurden auf Art. 5 NATO-Vertrag gestützt. Vielmehr betonen die Strategischen Konzepte von 1991 und 1999, daß die dort vorgesehenen "neuen" Aufgaben eben "Nicht-Artikel-5-Operationen" seien, die gerade über den traditionellen, der Zeit des "Kalten Krieges" entstammenden Verteidigungsaspekt hinausgehen sollten, und der Entfaltung der im NATO-Vertrag angelegten weitergehenden sicherheitspolitischen Elemente dienten.[402] Militäroperationen zu humanitären oder sicherheitspolitischen Zwecken werden nicht mit der Notwendigkeit von "Verteidigung" begründet, sondern als kollektive Sicherheit zum Zwecke der Verhinderung oder Beseitigung sicherheitsbedrohender Krisen bezeichnet.

Von daher bleibt festzuhalten, daß eine Anwendung des Art. 31 IV WVRK auf den Begriff der "Verteidigung" aus mehreren Erwägungen ausscheidet.

c) Ziel und Zweck des Vertrages

Einer speziellen Bedeutungszuweisung seitens der Parteien bedürfte es aber dann nicht, wenn der NATO-Vertrag nach seinem Ziel und Zweck so ausgelegt werden könnte, daß auch Maßnahmen kollektiver Sicherheit zulässig sind. Die am Zweck eines Vertrages orientierte Auslegungsmethode mit den Elementen des *effet utile* und der *implied powers* ist gerade im Rahmen der Auslegung von Gründungsverträgen internationaler Organisationen allgemein anerkannt.[403] Sie

---

[401] Vgl. auch VERDROSS/SIMMA, Universelles Völkerrecht, § 782: danach muß in jedem Einzelfall geprüft werden, ob es sich bei den auszulegenden Begriffen um solche handelt, die nach allgemeiner Auffassung, aber auch nach dem Willen der Parteien, offen und „evolutiv" in dem Sinne sind, daß sich ihr Inhalt einem Wandel der Verhältnisse und rechtlichen Wertungen angleichen muß. Dies sei aber eher selten der Fall.

[402] Vgl. LAW/RÜHLE, EA 1992, 439 (439f., 444).

[403] IGH, *Injuries Suffered in the Service of the UN*, ICJ-Reports 1949, 174 (182ff.); *Administrative Court of the UN*, ICJ-Reports 1954, 47 (57); *Certain Expenses of the UN*, ICJ-Reports 1962, 151 (167f.); RESS, ZaöRV 36 (1976), 227 (246); weitere Nachweise bei BERNHARDT, Auslegung, S. 102ff.

ist als teleologisches Auslegungskonzept (*telos*=Ziel) an der größtmöglichen Effektivität eines Vertrages interessiert,[404] und gehört seit dem Rechtsgutachten des IGH betreffend die *Zulässigkeit von Vorbehalten zur Völkermordkonvention* 1951 zum festen Bestand der völkerrechtlichen Terminologie.[405] Auch auf den Wiener Vorarbeiten zur Vertragsrechtskonvention wurde die Bedeutung der *object and purpose*-Formel als gleichberechtigtes grundlegendes Auslegungselement neben dem Wortlaut und Zusammenhang nie bestritten.[406] Wegen der Ausrichtung an dem wirklichem Ziel und Zweck der Satzung einer internationalen Organisation[407] ist die teleologische Methode[408] in besonderer Weise für eine „evolutive" Auslegung geeignet, also für die Anpassung des Vertrages an neue oder unvorhergesehene Umstände und Bedürfnisse.[409] Hierbei kommt dem Prinzip *ut res magis valeat quam pereat* als Umschreibung der Maxime des *effet utile* eine besondere Rolle zu. Danach ist bei zwei oder mehr möglichen Interpretationen diejenige zu wählen, welche am besten dem erkennbaren Zweck (wörtlich: Gegenstand) des Vertrages und seinen Einzelvorschriften gerecht wird.[410] Übertragen auf den Gründungsvertrag einer internationalen Organisation ist dieses Prinzip als *necessary implication* oder *implied powers* bekannt und bezeichnet die Herleitung von solchen ungeschriebenen Organisa-

---

[404] Vgl. den StIGH, PCIJ Ser. B Nos. 2,3, S. 23: "... a treaty must be read as a whole, and its meaning is not to be determined merely upon particular phrases which, if detached from the context, may be interpreted in more than one sense". Siehe auch das abw. Votum des IGH-Richters READ, ICJ-Reports 1950, 221; 231 (235): "Particular provisions should be interpreted in such a manner as to give effect to the general purposes and objects of a treaty".

[405] ICJ-Reports 1951, 15 (24). Im *Case Concerning US Nationals in Morocco* (ICJ-Reports 1952, 176, 197f.) hat der IGH die Bedeutung einer zielorientierten Auslegung erneut hervorgehoben.

[406] Vgl. den Kommentar der ILC unter Bezugnahme auf die einschlägigen IGH-Entscheidungen, YBILC 1966 II, 218 (221, § 12).

[407] Vgl. SKUBISZEWSKI, in: FS MOSLER, S. 893: "...the emphasis on the purposes of the Organization favors the teleological method and the application of the doctrine of implied powers".

[408] Sonderberichterstatter WALDOCK sah sowohl in "Ziel und Zweck" als auch im Wortlaut des Vertrages nur zwei Nebenaspekte des Hauptauslegungsziels "Ermittlung des Vertragszusammenhangs" (context), dem beide Instrumente zu dienen hätten (WETZEL/RAUSCHNING, Materialien, S. 245, § 10). Alle drei Elemente gehören nach seiner Auffassung zwar in eine Regelung zusammengefasst, der Zusammenhang als Gesamtschau der Einzelbestimmungen stelle aber das übergeordnete Auslegungsprinzip dar.

[409] KARL, Vertrag und spätere Praxis, S. 26.

[410] Vgl. BERNHARDT, Auslegung, S. 96f.; KLEIN, Statusverträge, S. 333 m.w.N. So auch die ILC in ihrer Kommentierung, YBILC 1966 II, 218 (219, § 6).

tionsrechten und -befugnissen, die zur Erfüllung des Vertragszwecks erforderlich sind,[411] die also der Vertragserfüllung am ehesten gerecht werden.

An anderer Stelle wird noch ausführlicher darauf einzugehen sein, ob die „implied powers"-Regel als eigenständiges Auslegungsinstrument anerkannt ist, und möglicherweise auch wortlautwidrige Vertragsauslegungen abdeckt.[412]

Zunächst ist zu beachten, daß sowohl die "implied powers"-Doktrin als auch das verwandte Prinzip des "effet utile" von der ILC und ihr folgend von der Wiener Vertragsrechtskonferenz nicht in die Konvention aufgenommen wurden. Diese bewusste Auslassung geschah nicht, weil das Effektivitätsprinzip für völkerrechtliche Verträge nicht etwa nicht anerkannt worden wäre; die ILC hat selber die Anwendung dieses Prinzips unter Berücksichtigung der einschlägigen Rechtsprechung für gewisse Fälle befürwortet.[413] Während sie die Frage ausdrücklich offenließ, ob die *ut res magis*-Maxime[414] eine eigene Interpretationsregel darstelle, verneinte sie aber die Notwendigkeit, diese in eine spezielle Wendung zu fassen und den anderen Prinzipien der *ordinary meaning rule* hinzuzufügen. Vielmehr sei sie im existierenden Wortlaut der Grundregel bereits enthalten und könne daher als Ausfluss der Regeln über Treu und Glauben, der normalen Wortbedeutung und des Ziels und Zwecks eines Vertrages angesehen werden.[415] Die "rule of effective interpretation" habe keinen eigenen Regelungscharakter dergestalt, daß sie über das hinausgehen könne, was ausdrücklich oder notwendigerweise im Vertragswortlaut enthalten sei. Auch der IGH, der Verträgen bisweilen eine umfassende Begriffsausdehnung zugestehe, habe dem Prinzip des *ut res magis valeat* klare Grenzen gesetzt.[416] Insbesondere habe der Gerichtshof die Möglichkeit einer Auslegung verworfen, die gegen die klare Bedeutung eines Wortes verstoße; dies wäre Vertragsänderung, nicht aber Vertragsauslegung. Die explizite Nennung des Effektivitätsprinzips im Kanon der Auslegungsregeln sei nicht nur überflüssig, sondern angesichts seiner begrenzten Möglichkeiten auch irreführend.

Diese Argumentation ist unter dem Blickwinkel eines objektiven Auslegungsansatzes gerade bei funktionell begrenzten Gründungsverträgen internationaler Organisationen überzeugend. Da der Inhalt solcher Verträge nur aus ihrem im konkreten Vertragswerk zum Ausdruck gelangten Ziel und Zweck er-

---

[411] Vgl. die st. Rspr. des StIGH, PCIJ Ser. B No. 13, S. 18; Ser. B No. 14, S. 64, 67 und des IGH, ICJ-Reports 1949, 174 (182); ICJ-Reports 1954, 47 (56); abw. Meinung FITZMAURICE, ICJ-Reports 1962, 151 (198ff., 208, 213).

[412] Siehe unten VI.

[413] YBILC 1966 II, 218 (219, § 6).

[414] Der IGH hat das Prinzip des *ut res magis valeat* mit dem Effektivitätsprinzip gleichgesetzt, ICJ-Reports 1950, 221 (229).

[415] YBILC 1966 II, 218 (219, § 6).

[416] Die ILC bezieht sich hier auf ICJ-Reports 1950, 221 (229).

schlossen werden kann,[417] hat das Effektivitätsprinzip keine eigenständige Bedeutung in dem Sinne, daß aus ihm weitergehende Befugnisse abgeleitet werden könnten, die über die aus den anderen objektiven Auslegungselementen – Wortlaut, Treu und Glauben, Ziel und Zweck – gewonnenen hinausgehen.[418]

Bei dieser streng wortlautorientierten Betrachtungsweise ist aber zu berücksichtigen, daß selbst die nicht nach den jeweiligen Vertragstypen differenzierende Grundregel des Art. 31 I WVRK nicht nur gestattet, sondern über die *object and purpose*-Formel sogar verlangt, daß vertragsspezifische Besonderheiten – insbesondere die notwendig zu implizierenden Befugnisse internationaler Organisationen – bei der Auslegung berücksichtigt werden.[419] Die ILC hat bei der Formulierung der Grundregel nicht in erster Linie deshalb auf eine Erwähnung der verschiedenen Vertragstypen verzichtet, weil die Unterschiede beispielsweise zwischen rechtsetzenden und rechtsgeschäftlichen Verträgen vernachlässigenswert gewesen wären, sondern weil die zu unterscheidenden Begriffe in ihrer Bedeutung unklar und umstritten gewesen wären.[420] Ohne den Streit zu entscheiden, ob es ein Fehler war, in der WVRK nicht zwischen rechtsetzenden und rechtsgeschäftlichen Verträgen zu unterscheiden,[421] erlauben auch die vorhandenen Auslegungsregeln eine Differenzierung nach Vertragstypen, welche je nach Zweckrichtung und Funktion des Vertrages die Gesichtspunkte des *effet utile* oder der *implied powers* als Elemente des teleologischen Vertragsverständnisses bei der Vertragsauslegung gestatten. BERNHARDT geht davon aus, daß, je enger die internationale Zusammenarbeit und vertragliche Verflechtung ist, desto größer auch die Möglichkeit extensiver Auslegung.[422] Je mehr ein völkerrechtlicher Vertrag eine "materielle Doppelnatur" in der Weise entwickele, daß er zunehmend materiellen Verfassungscharakter annimmt, desto stärker sei der Ansatz für eine objektive, stärker an den „evolutiven" Zielen der Organisation als am Willen der Vertragsschöpfer orientierten Auslegung.[423] Den evolutiven Charakter gerade von Gründungsverträgen internationaler Organisationen machte IGH-Richter ALVAREZ in seinem Sondervotum zum

---

[417] Vgl. LANG, ÖZöR 24 (1973), 113ff.

[418] Vgl. VERDROSS/SIMMA, Universelles Völkerrecht, § 781.

[419] BERNHARDT, ZaöRV 27 (1967), 491 (495); LANG, ÖZöR 24 (1973), 113 (129ff.); REST, Interpretation von Rechtsbegriffen, S. 81ff.; RESS, BDGV 23 (1982), 7 (14f.).

[420] Vgl. BERNHARDT, ZaöRV 27 (1967), 491 (495).

[421] So RESS, in: BIEBER/RESS, S. 52; DERS., BDGV 23 (1982), 7 (13); KÖCK, Vertragsinterpretation, S. 84f.

[422] In: Auslegung, S. 99. Ihm folgend RESS, in: BIEBER/RESS, S. 53.

[423] So die Ansicht im Hinblick auf die Europäischen Gemeinschaften, deren Funktionsfähigkeit als entscheidender Maßstab des *effet utile* eine gewisse rechtliche Homogenität der Teile und des Ganzen verlangt, vgl. BLECKMANN, EuR 1979, 239ff.; DERS., Souveränitätsverständnis, S. 61f.; ZULEEG, EuR 1969, 97ff.; PESCATORE, in: FS KUTSCHER, S. 319 (381ff.).

nen machte IGH-Richter ALVAREZ in seinem Sondervotum zum *Admissions-Fall* bildhaft deutlich:

"...an institution, once established, acquires a life of its own, independent of the elements which have given birth to it, and it must develop, not in accordance with the view of those who created it, but in accordance with the requirements of international life".[424]

Trotz dieser anzuerkennenden Dynamik eines Vertrages bleiben die Grenzen einer Vertragsfortbildung jedoch klar. Ausgehend von einem objektiven Vertragskonzept hat Auslegung als Rechtserkenntnis dort ihre Grenze, wo sie rechtsfortbildend tätig wird und damit ihr eigentliches Anliegen aus dem Auge verliert. Ausgangspunkt und Grenze jeder Auslegung kann auch bei einer konsequent an Ziel und Zweck orientierten Auslegung unter Berücksichtigung vertragsspezifischer Besonderheiten nur der erkennbare eindeutige Wortlaut der Vertragsbestimmungen, einschließlich seiner Präambel und seinen Anhängen, sein. Ziel und Zweck des Vertrages sind nach dem objektiven Ansatz also nur aus dem operativen (dem regelnden) Vertragstext zu ermitteln, nicht aufgrund von sekundären Zielerwägungen. Ähnlich wie bei der (begrenzten) Ermittlung des wahren Parteiwillens wird man zunächst davon auszugehen haben, daß auch der Vertragszweck, der wie der ganze Vertrag von den Parteien gesetzt ist, regelmäßig im Vertragstext seinen Niederschlag gefunden hat.[425] Ziel (eigentlich: Gegenstand) und der davon zu unterscheidende Zweck ergeben sich mithin aus dem geschriebenem Text, nicht aus anderweitig ergründetem (tatsächlichem, mutmaßlichen oder unterstelltem) Parteiwillen.[426] Während der Vertragsgegenstand (das Ziel) sich aus den Regelungen über Befugnisse, Rechte und Pflichten ergibt, mit denen der Vertragszweck erreicht werden soll, ist der Vertragszweck selbst aus der Gesamtheit der einzelnen Regeln zu ermitteln.[427] Schon daraus ergibt sich, daß sich eine vom Zweck her bestimmte Auslegung im Rahmen der Vertragsbestimmungen zu halten hat.[428]

Auch der IGH hat es im Gutachten zum *Friedensverträge-Fall* abgelehnt, einer "unbefriedigenden" Vertragslage abzuhelfen und über den geschriebenen Text hinauszugehen; es sei nicht Aufgabe des Auslegers, dort materielle Vertragsergänzungen vorzunehmen, wo die Parteien bewusst oder unbewusst eine

---

424 Conditions of Admission of a State to Membership in the UN, Advisory Opinion, ICJ-Reports 1948, 67 (68).

425 BERNHARDT, Auslegung, S. 89.

426 IPSEN, Völkerrecht, § 11 Rn. 15.

427 BERNHARDT, Auslegung, S. 89.

428 KLEIN, Statusverträge, S. 334; BERNHARDT, Auslegung, S. 93, Fn. 475.

Lücke im Vertrag gelassen hätten.[429] Eine Lückenfüllung als zulässiger Anwendungsfall einer Rechtsfortbildung durch interpretative Methoden im Sinne von ergänzender oder korrigierender Auslegung[430] kommt nach allgemeinen Regeln erst in Betracht, wenn der gewünschte Vertragsinhalt im vorliegenden Vertragstext nur unzureichend zum Ausdruck kommt und daher eine "planwidrige Unvollständigkeit" des Vertrages vorliegt.[431] Wann letztere gegeben ist, bestimmt sich nach der dem Vertrag zugrundeliegenden Regelungsabsicht. Eine Lücke in diesem Sinne liegt etwa dann vor, wenn eine zur Erfüllung einer Vertragsbestimmung notwendige Regelung überhaupt fehlt,[432] wenn also der Vertrag Aufgaben festlegt, aber keine Instrumente zu ihrer Erfüllung bereitstellt. Dies ist beim NATO-Vertrag gerade nicht der Fall: auch wenn die Beschränkung des Vertragswortlauts auf Verteidigung im Hinblick auf den historischen Vertragscharakter als unbefriedigend empfunden werden mag, sieht der Vertrag mit der Konsultations- und Beistandspflicht doch ausreichende Mittel zur Erfüllung der gestellten Aufgabe vor. Da der NATO-Vertrag keine Vertragsaufgabe der kollektiven Sicherheit enthält (sondern diese nur implizit als Möglichkeit voraussetzt), würde es sich bei der stillschweigenden Annahme von solchen nicht um eine notwendige Ergänzung der Vertragslage zur "Abrundung" der erforderlichen Kompetenzen handeln, sondern um eine Erweiterung der *Rechts*lage insgesamt. Bei der Schließung einer als Lücke empfundenen, weil in sich zwar vollständigen, aber politisch als unbefriedigend angesehenen Rechtslage, hat stets Vorsicht zu walten, da Stillschweigen des Vertrags auch "beredtes" Schweigen in dem Sinne sein kann, daß ein nicht ausdrücklich erfasster Sachverhalt eben nicht erfaßt werden sollte.[433] Solche "politischen" Lücken sind in

---

429 ICJ-Reports 1950, 221 (229): "...a breach of a Treaty cannot be remedied by creating a Commission which is not the kind of Commission contemplated by the Parties. It is a duty of the Court to interpret the Treaties, not to revise them...The refusal of the Commission by one Party does not justify the Court in exceeding its judicial function on the pretext of remedying a default for the occurrence of which the Treaty has made no provision".

430 Eine methodisch geleitete Rechtsfortbildung, welche die Grenzen des möglichen Wortsinns der anzuwendenden Bestimmung zwar verläßt, sich aber noch im Rahmen des ursprünglichen Plans und der Teleologie der zugrundeliegenden Rechtsordnung hält, ist vertragsimmanente Rechtsfortbildung, die sich nach wie vor interpretativer Methoden bedient. Vgl. HOLSTEIN, Das Verhältnis des Sicherheitsrates, S. 108.

431 Vgl. zur Lückenproblematik im Völkerrecht LAUTERPACHT, in: Symbolae Verzijl, S. 196f.; SIORAT, Le problème des lacunes en droit international; STONE, BYIL 35 (1959), 124ff.; SALMON, RBDI 3 (1967), 440ff.; BLECKMANN, ArchVR 17 (1977), 161ff.; DERS., Grundprobleme und Methoden des Völkerrechts, S. 203. Zur Frage im staatlichen Recht siehe CANARIS, Die Feststellung von Lücken im Gesetz, S. 30.

432 KARL, in: SCHREUER, Autorität und internationale Ordnung, S. 19.

433 Vgl. DAHM, Völkerrecht I, S. 45f.; LARENZ, Methodenlehre, S. 370; CANARIS, Die Feststellung von Lücken im Gesetz, S. 40ff.

erster Linie von den Vertragsparteien durch Verhandlungen oder einem sonstigen Vertragsänderungsprozess[434] zu füllen, nicht aber durch Auslegung in den Vertrag hineinzuinterpretieren. Zwar kann Lückenfüllung durchaus rechtsschöpferisch in dem Sinne sein, daß der Interpret bisher noch nicht Gedachtes ausdrückt und ins Bewußtsein hebt.[435] Hierin unterscheidet sie sich von der reinen Auslegung im engeren Sinn, deren Grenze der mögliche Wortsinn einer *vorhandenen* Bestimmung ist.[436] Aber sie muß gleichwohl durch die Absicht des Interpreten begrenzt sein, das Recht anzuwenden, wie er es vorfindet.[437] Ist dieses in sich schlüssig und vollständig, liegt mithin keine planwidrige Lücke vor, hat er sich an die Auslegung des vorhandenen Rechts zu halten. Eine Rechtsfortbildung zur Ausfüllung der vermeintlichen Lücke ist in diesen Fällen unzulässig.[438]

Wie bereits erläutert, ist es daher stets wesensnotwendig für die Annahme von "implied powers" als eine an Ziel und Zweck ausgerichtete Vertragsausgestaltungsregel, daß sie jedenfalls mittelbar im Recht der Organisation, nicht bloß in den Programmsätzen, verwurzelt sind.[439] "Implied powers" müssen sich der erkennbaren Rechtslage der Organisation entnehmen lassen; ein bloß politisches Wünschenswert-Halten von programmatisch möglichen, aber nicht genannten Aufgaben reicht unter der Geltung eines objektiven Vertragsverständnisses nicht aus. Die in den programmatischen Erklärungen des Gründungsvertrages (z.B. in der Präambel) genannten Ziele, deren Erreichung die Organisation nur mittelbar dienen soll, kommen für die Ermittlung zusätzlicher, den Aufgabenkreis der Organisation erweiternder Befugnisse folglich nicht in Betracht.[440] Als weiter ausgestaltungsfähige unmittelbare Ziele sind vielmehr nur diejenigen anzusehen, die im Gründungsvertrag selbst durch konkrete Aufgaben der Organisation näher ausgestaltet sind.

---

434 Ob die "spätere Praxis" ein solcher lückenfüllender Änderungsprozeß ist, siehe unten 2. Kapitel, III.

435 Vgl. LARENZ, Methodenlehre, S. 366f., 370.

436 HOLSTEIN, Das Verhältnis des Sicherheitsrates, S. 96f.

437 KARL, Vertrag und spätere Praxis, S. 31.

438 Der Interpret selbst ist in dieser Beziehung auch nicht verlässlich, denn die Feststellung einer Lücke, die er rechtsschöpfend füllen müßte, hängt ja von ihm selber ab. Für ihn ist alles "Auslegung", obwohl es in Wirklichkeit schon Vertragsänderung sein könnte. Vgl. SALMON, RBDI 3 (1967), 440 (458).

439 BROWNLIE, Public International Law, S. 688f.; IGH, Dissenting Opinion des Richters HACKWORTH, ICJ-Reports 1949, 151 (198): "Powers not expressed cannot freely be implied. Implied powers flow from a grant of express powers, and are limited to those that are 'necessary' to the exercise of powers expressly granted".

440 KÖCK, in: FS SEIDL-HOHENVELDERN, S. 279 (281).

d) Zusammenhang (context)

Als letztes bei der Wortlautauslegung zu berücksichtigendes Element nennt Art. 31 I WVRK den Zusammenhang (context), in dem ein Vertragsbegriff verwendet wird. Der IGH hat die Bedeutung des Zusammenhangs für die Vertragsauslegung wie folgt zusammengefasst:

"A word obtains its meaning from the context in which it is used. If the context requires a meaning which connotes a wide choice, it must be construed accordingly, just as it must be given a restrictive meaning, if the context in which it is used so requires".[441]

Dieser "context" hat auch für die Auslegung von Satzungen internationaler Organisationen Relevanz.[442] Zum "Zusammenhang" gehören nach Art. 31 II WVRK der operative (d.h. der regelnde) Text, die Präambel und etwaige Anlagen eines Vertrages, darüber hinaus aber auch jede sich auf den Vertrag beziehende Übereinkunft, die zwischen allen Parteien *anlässlich des Vertragsabschlußes* getroffen wurde, sowie jede Urkunde, die von einer oder mehreren Vertragsparteien anlässlich des Vertragsabschlußes abgefasst und von den anderen Vertragsparteien als eine sich auf den Vertrag beziehende Urkunde angenommen wurde.[443] Es ist somit nicht allein die Stellung eines Wortes oder einer Wortgruppe im Satz oder im gesamten Text des Vertrages,[444] die den Zusammenhang ausmacht, sondern das gesamte Vertragswerk einschließlich der darauf bezogenen Erklärungen. Diese weite Fassung war von der ILC von Anfang an beabsichtigt, wobei die Vielzahl der möglichen im Zusammenhang zu betrachtenden Vertragsdokumente zur Feststellung der tatsächlich gemeinten Wortbedeutung beitragen sollten.[445] Die Beachtung des Zusammenhangs eines Vertrages ist daher nicht Selbstzweck, sondern soll sicherstellen, daß ein Begriff nicht isoliert, sondern nur unter Berücksichtigung seiner "Umgebung" ausgelegt werden kann. Anderenfalls liefe man Gefahr, die reine Wortlautbedeutung herauszugreifen und zu verabsolutieren, ohne die relativierende Funktion der anderen Vertragsbegriffe und –dokumente zu berücksichtigen. Wegen der eminenten Bedeutung des Zusammenhangs für das Verständnis eines Begriffes hat es ILC-Sonderberichterstatter WALDOCK und ihm folgend die Wiener Staa-

---

441 Constitution of the Maritime Safety Commission, ICJ-Reports 1960, 150 (158).

442 StIGH, PCIJ Ser. B No. 13, S. 23 (bezüglich der ILO); IGH, ICJ-Reports 1959, 127 (142); ICJ-Reports 1962, 151 (162); ICJ-Reports 1988, 69 (94) – jeweils auf die UNO bezogen; ICJ-Reports 1960, 150 (167).

443 Vgl. zur Akzeptanz der letzteren in der Rechtsprechung des IGH den *Ambatielos Case*, ICJ-Reports 1952, 28 (44) und den *Land, Island and Maritime Frontier Dispute*, ICJ-Reports 1992, 351 (582ff.).

444 So die allgemeine Definition von "Zusammenhang", vgl. P. REUTER, YBILC 1966 I/2, 188.

445 YBILC 1966 II, 218 (221, § 13).

tenkonferenz abgelehnt, die drei Elemente "ordinary meaning", "object and purpose" und "context" voneinander zu trennen und in einer Liste hintereinander aufzuführen.[446] Der Wortlaut ist demnach nicht ein weiteres Auslegungsmittel *neben* dem Zusammenhang, in dem er gebraucht wird, sondern überhaupt nur dann als Auslegungshilfe brauchbar, wenn er *im* Zusammenhang beachtet wird. Wegen dieser "wortlautdienenden" Funktion kann der Vertragszusammenhang nicht dazu benutzt werden, über den Wortlaut hinausgehende Vertragsaufgaben zu konstituieren. Er dient als Instrument zur Aufdeckung des Gesamtregelungswerkes eines Vertrages, nicht aber zu dessen Ergänzung.

Da dem die Vertragsaufgaben bestimmenden operativen Teil des NATO-Vertrages außer der Präambel keine weiteren Dokumente und Annexe in Zusammenhang mit dem Vertragsschluß beigefügt wurden, bleibt es bei dem gefundenen Ergebnis, daß militärische Befugnisse kollektiver Sicherheit nicht zum Regelungswerk des NATO-Vertrages gehören. Auch die spezifische Berücksichtigung eines möglicherweise weiten Sicherheitsbegriffs in der Präambel könnte allenfalls Licht auf bereits vorhandene Kompetenzen dieser Art werfen,[447] nicht aber neue begründen.

2. Historische Interpretation

Gemäß Art. 32 WVRK sind die vorbereitenden Arbeiten (*travaux préparatoires*) zu einem Vertrag sowie die Umstände seines Abschlusses "ergänzende Auslegungsmittel". Sie gehören nicht zum "Zusammenhang" im Sinne des Art. 31 II WVRK[448] und können somit auch nicht als primäre Auslegungshilfe für die Erläuterung eines Begriffes herangezogen werden. Art. 32 WVRK bestimmt, daß auf die historischen Umstände und die Vorarbeiten nur *nach Abschluß des Auslegungsvorgangs* zur Bestätigung der nach Art. 31 WVRK gefundenen Bedeutung eines Wortes zurückgegriffen werden kann. Ihnen kommt konstitutive Bedeutung nur dann zu, wenn die Auslegung die Bedeutung mehrdeutig oder dunkel läßt oder zu einem offensichtlich sinnwidrigen oder unvernünftigen Ergebnis führen würde.

---

[446] Vgl. die Reaktion auf einen entsprechenden Vorschlag der USA bei WETZEL/RAUSCHNING, Materialien, S. 241, 244, § 5 : "...the ordinary meaning of terms is always in international jurisprudence associated with the context".

[447] Wenn im operativen Teil etwa Friedensaktionen bei Sicherheitsbedrohungen vorgesehen wären, ohne daß einzelne Tatbestandsvoraussetzungen genannt würden, wann eine solche vorliegen soll, könnten einem entsprechend auszulegenden Sicherheitsbegriff die Eingriffskriterien entnommen werden.

[448] Vgl. Sonderberichterstatter WALDOCK: "The context of a treaty, as defined by the Commission, comprises not drafts and other preparatory material but separate operative documents formally related to the treaty" (WETZEL/RAUSCHNING, Materialien, S. 248, § 20).

Dieser subsidiäre Charakter der Vorarbeiten zu einem Vertrag ist von der ganz überwiegenden Staatenmehrheit nie in Zweifel gezogen worden. Lediglich die griechische Regierung befürwortete den automatischen und unbegrenzten Zugriff auf die Vorbereitungsarbeiten, indem sie sich auf den Standpunkt stellte, einzig durch den Rückgriff auf alle denkbaren Auslegungsmittel sei das eigentliche Auslegungsziel, die Ermittlung des wahren Parteiwillens, zu erreichen. Ungarn und die Vereinigten Staaten machten hingegen nur Bedenken gegen die Formulierung der "further means of interpretation-rule" geltend. Während Ungarn die Behauptung aufstellte, die Vorbereitungsarbeiten seien von gleicher Wichtigkeit wie die "spätere Praxis" im Sinne des Art. 31 III lit. b WVRK (was sie zu einem primären Auslegungsmittel machen würde), kritisierten die Vereinigten Staaten die engen Voraussetzungen, unter denen ein Rückgriff auf die weiteren Auslegungshilfen nur möglich sein sollte.[449] Sie schlugen statt dessen vor, den Rückgriff auf ergänzende Auslegungsmittel immer dann zuzulassen, wenn die Grundregel des Art. 31 WVRK nicht ausreiche, die richtige Auslegung zu erbringen. Die ILC hat in ihren Stellungnahmen zu diesen Einwänden gleichwohl an ihrer Position festgehalten, und in der endgültigen Fassung des Art. 32 WVRK die subsidiäre Stellung der *travaux préparatoires* noch dadurch betont, daß sie die Vorschrift statt mit "further means of interpretation" mit "supplementary means of interpretation" überschrieben hat. Dadurch sollte herausgestellt werden, daß Art. 32 WVRK keine alternativen, selbständigen Auslegungsmittel enthält, sondern lediglich eine Interpretationshilfe zugunsten der in Art. 31 WVRK enthaltenen Mittel darstellt.[450] Obwohl es nach Auffassung der ILC unrealistisch und unangemessen gewesen wäre, angesichts des häufigen und ganz natürlichen Rückgriffs von Staaten und internationalen Gerichten auf die *travaux préparatoires*, diese als Auslegungshilfe gänzlich auszuschließen, würde es doch das Kardinalprinzip des Vorrangs des Texts unterminieren, diese als primäres Auslegungsmittel zuzulassen. Die einschlägigen Urteile des StIGH[451] und IGH[452] beweisen zwar, daß ein Zugriff auf die Vorbereitungsarbeiten nicht prinzipiell ausgeschlossen ist, in allen entschiedenen Fällen hatten die Gerichte jedoch die Möglichkeit eines Rückgriffs auf weitere Auslegungsmittel als den Vertragstext ausgeschlossen, weil die gewöhnliche

---

[449] WETZEL/RAUSCHNING, Materialien, S. 240f, 242.

[450] YBILC 1966 II, 218 (223, § 19).

[451] PCIJ Ser. A/B, No. 50, S. 380 (*Convention of 1919 concerning Employment of Women*, 1932); PCIJ Ser. A, Nos. 20, 21, S. 30 (*Serbian and Brazilian Loans Case*, 1929).

[452] Die prinzipielle Möglichkeit, auf Vorbereitungsarbeiten zurückzugreifen, wurde anerkannt in ICJ-Reports 1950, 4 (8) (*Competence of the General Assembly*); ICJ-Reports 1947/48, 57 (63) (*Admission of a State to the UN*) und ICJ-Reports 1950, 266 (279). In all diesen Fällen hat der IGH gleichwohl auf den Rückgriff verzichtet, weil der Wortlaut in sich schon hinreichend klar und verständlich war.

Wortbedeutung hinreichend klar gewesen war. Die in Art. 31 f. WVRK gefundene Regelung ist daher ein vernünftiger Kompromiß zwischen dem Primat des Vertragstextes und dem legitimen Rückgriff auf sonstige sekundäre Hilfen "to verify or confirm the meaning resulting from the application of article 31".[453] Diese Betonung des Primats des Wortlauts entspricht dem Grundsatz der ILC, daß der Text eines Vertrages als authentischer Ausdruck des Parteiwillens den absoluten Vorrang haben müsse;[454] nur in den auch von den internationalen Gerichten anerkannten Ausnahmefällen – zweideutige Wortlautbedeutung, absurdes oder unvernünftiges Ergebnis[455] - könne es angebracht sein, auf die Vorarbeiten zurückzugreifen.[456]

Somit kann festgehalten werden, daß in den Fällen, wo die Auslegung allein schon anhand des Wortlauts ein "klares Ergebnis" ergibt, auch bei multilateralen Verträgen ein Rückgriff auf andere außerhalb des Textes liegende Erkenntnismittel, wie z.B. die Vorarbeiten ausscheiden soll.[457] Der IGH hat den Vorrang eines klaren Wortlauts apodiktisch wie folgt zum Ausdruck gebracht:

"If the relevant words in their natural and ordinary meaning make sense in their context, that is an end of the matter. If, on the other hand, the words in their natural and ordinary meaning are ambiguous or lead to an unreasonable result, then, and then only, must the Court, by resort to other methods of interpretation, seek to ascertain what the parties really did mean when they used the words".[458]

Die Vorentscheidung über die Frage, ob ein Rückgriff auf sekundäre Auslegungshilfen zulässig ist, fällt mit der Feststellung, ob ein Wortlaut klar oder unklar ist.[459] Hinsichtlich des NATO-Vertrages gilt, daß sein Wortlaut in sich verständlich und eindeutig ist, und in seiner Anwendung auch nicht zu absurden

---

453 WETZEL/RAUSCHNING, Materialien, S. 248, § 20.

454 Siehe YBILC 1966 II, 218 (223, § 18).

455 So ausdrücklich benannt vom StIGH, PCIJ, Ser. B No. 11, S. 39 (*Polish Postal Service in Danzig*, 1925) und IGH, ICJ-Reports 1950, 4 (8) (*Competence of the General Assembly for the Admission of a State to the UN)*; ICJ-Reports 1960, 150 (159f.) (*Constitution of the Maritime Safety Commission*).

456 Siehe auch den Vorschlag Jugoslawiens, das Art. 32 WVRK noch strikter formuliert wissen wollte, nämlich in der Weise, daß ein Rückgriff ausdrücklich dann untersagt sein sollte, wenn der Text klar und unzweideutig ist. Die ILC hat diesen Vorschlag unkommentiert in ihre Erwägungen übernommen (vgl. WETZEL/RAUSCHNING, Materialien, S. 247f., §§ 19f.).

457 So ausdrücklich der IGH, ICJ-Reports 1960, 150 (159f.): "The words of Article 28 (a) (of the Constitution of the Maritime Safety Commission) must be read in their natural and ordinary meaning, in the sense which they would normally have in their context. It is only if, when this is done, the words of the Article are ambiguous in any way that resort need be had to other methods of construction".

458 ICJ-Reports 1950, 4 (8).

459 BERNHARDT, Auslegung, S. 64f.

oder unvernünftigen Ergebnissen führt. Er bringt das Anliegen der Vertragsparteien zum Ausdruck, in der Zeit einer ideologisch-militärischen Ost-West-Auseinandersetzung einen militärischen Bündnispakt zur Abwehr eines befürchteten expansionistisch motivierten Angriffs der Sowjetunion auf Mitteleuropa zu schaffen, der wegen seiner Abschreckungswirkung die territoriale Sicherheit der Bündnispartner hinreichend gewährleisten würde.[460] Daß die Präambel und Art. 4 NATO-Vertrag möglicherweise eine über Abschreckung und Verteidigung hinausgehende Sicherheitsaufgabe des Bündnisses umschreiben, die zu gegebener Zeit entwickelt werden könnte, macht das gegebene Pflichten- und Befugnisprogramm des NATO-Vertrages weder mißverständlich noch unvernünftig. Ein Rückgriff auf die vorbereitenden Vertragsarbeiten und die sonstigen Umstände bei Vertragsschluß im Jahre 1949 ist daher unzulässig.

Überdies wären die in Betracht kommenden Vorarbeiten bzw. Begleitumstände – die ILC hat ausdrücklich offen gelassen, was alles darunter fällt[461] - beim NATO-Vertrag ohnehin nicht sehr ergiebig. Aus der Vorgeschichte ergibt sich lediglich, daß die Vereinigten Staaten nach Ende des Krieges eine dauerhafte Übereinkunft der verbündeten Siegermächte zur Sicherung des Friedens schaffen wollten, die aber aufgrund der erkennbaren sowjetischen Expansionspolitik scheiterte.[462] Daraufhin beschlossen die USA und Kanada, eine Ausdehnung des rein als europäisches Verteidigungsbündnis konzipierten "Brüsseler Vertrages" vom 17.3.1948 auf den transatlantischen Rahmen voranzutreiben. In einer Reihe von Vorschlägen des US-Senats, wie die sicherheitsgefährdende weltpolitische Lage nach dem Auseinanderbrechen der Siegerallianz am besten aufzufangen wäre, setzte sich die Konzeption der VANDENBERG-*Resolution* (11.6.1948) durch, die als Hauptbeitrag zur Aufrechterhaltung des Friedens die Organisierung bewaffneter Selbsthilfe vorsah.[463] Trotz des erkennbaren ursprünglichen Wunsches, ein umfassendes Friedens- und Stabilitätssicherungskonzept zu installieren, sprechen die Umstände, die zur Ausdehnung des Brüsseler Verteidigungsbündnisses auf die USA und Kanada geführt haben, sowie die zugrundeliegende Vandenberg-Erklärung, gegen eine beabsichtigte Erweite-

---

[460] Im Kommuniqué bei Gründung der KOMINFORM (Oktober 1947) gaben die sowjetischen Machthaber offen zu, daß ihr Hauptziel in der Bekämpfung und Vernichtung der politischen Systeme des Westens bestehe. Dazu festigte die UdSSR mit diplomatischen Mitteln die Solidarität des kommunistischen Blocks, indem sie durch den Abschluß von 23 zweiseitigen Abkommen ein (zunächst bilaterales) Bündnissystem aufbaute (vgl. NATO-Informationsdienst, Die Organisation des Nordatlantikvertrages, Paris 1961, S. 6).

[461] YBILC 1966 II, 218 (223, § 20): durch eine Aufzählung, so befürchtete die ILC, könnten wichtige Gesichtspunkte, die für die Entstehung eines Vertrages relevant sind, vergessen werden.

[462] Vgl. IPSEN, Rechtsgrundlagen, S. 15f.

[463] Text der Vandenberg-Resolution in Department of State Bulletin 1948, S. 366.

rung des NATO-Vertragsrahmens auf Maßnahmen kollektiver Sicherheit. Allein der oben[464] festgestellte historische Wunsch der Vertragsgründer, ein System kollektiver Sicherheit sowie eine Regionalorganisation schaffen zu wollen, begründet noch keine diesbezüglichen Kompetenzen. Selbst wenn die *travaux préparatoires* zur Auslegung des Vertrages herangezogen werden dürften, brächten sie daher keine neuen Erkenntnisse hinsichtlich des vertraglichen Aufgabenspektrums.

Aus diesem Grund bestehen auch erhebliche rechtliche Bedenken gegen die Durchführung von Militäreinsätzen jenseits der Verteidigung, wie sich bei dem jüngsten Militäreinsatzes in der „Kosovo-Krise“ gezeigt hat.

V. Militäreinsätze vom „Typ Kosovo”: Vertragsaufgabe, Völkerrechtsverstoß oder beides?

Bei der Beurteilung der Frage, ob die NATO zu recht Kompetenzen kollektiver Sicherheit für sich in Anspruch nehmen kann, ist zu bedenken, daß alle Maßnahmen, die seinerzeit Gegenstand des „AWACS”-Verfahrens waren, ein tatsächliches Handeln zur Durchführung der Resolutionen 713, 757 und 816 des Sicherheitsrats zum Gegenstand hatten.[465] Rechtlich sollten sie keine Aktionen auf Grundlage des NATO-Vertrages darstellen, sondern faktische Umsetzungen satzungsfremder UN-Beschlüsse.[466]

Demgegenüber wurde bei den Luftschlägen gegen Jugoslawien im Rahmen des Kosovo-Konflikts die eigenmächtige Durchführung von Zwangsmaßnahmen beschlossen und eine eigene NATO-Zuständigkeit hierfür in Anspruch genommen.

Fraglich ist, ob sich die NATO auch dann im Rahmen ihres von den Gründern angedachten "Vertragsprogramms" gehalten hat, wenn sie militärische Operationen nicht nur außerhalb ihres Verteidigungsgebietes (*out of area*), sondern bewußt ohne Mandat des Sicherheitsrates durchführt.

Die militärischen Aktionen der NATO-Vertragspartner im ehemaligen Jugoslawien vor dem Kosovo-Konflikt waren durch Resolutionen des Sicherheitsrats abgedeckt, ja zum Teil ausdrücklich von diesem erbeten. Sie waren direkt von der formell-rechtlichen Ermächtigungswirkung eines Organs der Vereinten Nationen erfaßt. Beim Kosovo-Einsatz fehlte eine solche ausdrückliche Ermächti-

[464] Siehe I. 4., 5.

[465] BVerfGE 90, 286 (371).

[466] Ob der NATO-Vertrag aber auch für die rein tatsächliche Umsetzung von UN-Maßnahmen quasi als deren "Werkzeug" eine Befugnisnorm enthalten muß, wird noch zu klären sein, siehe unten 4. b.

gung zur Gewaltanwendung. Wegen Fehlens eines die Anwendung bewaffneter Gewalt einschließenden UN-Mandats[467] hat sich die NATO bewußt außerhalb des Instrumentariums gestellt, das die Vereinten Nationen im Rahmen ihrer kollektiven Sicherheit bereithalten. Wäre die Entfaltung der im NATO-Vertrag angelegten Vertragsfunktion „kollektive Sicherheit" nur dann zulässig, wenn sie unter der Autorität der Vereinten Nationen stattfindet, könnte im Falle eines eigenmächtigen militärischen Vorgehens die Grenze einer dynamischen oder authentischen Vertragsauslegung überschritten und der NATO-Vertrag endgültig "auf Räder" gesetzt worden sein. Bundesaußenminister FISCHER erklärte denn auch den Einsatz gegen Jugoslawien als „friedenserzwingende Militärmaßnahme" *der NATO*, die verhindert habe, daß durch Fortsetzung der serbischen Okkupationspolitik vom Balkan eine "permanente Kriegsgefahr" für ganz Europa ausgehe.[468] Fraglich ist, ob Gewaltanwendungen im Rahmen regionaler kollektiver Sicherheit auch dann zulässig sind, wenn der Sicherheitsrat – wie in den Resolutionen 1199 und 1203 vom Herbst 1998 geschehen – zwar eine Friedensbedrohung nach Art. 39 SVN feststellt, auf eine Ermächtigung zur Gewaltanwendung jedoch ausdrücklich verzichtet. Eine Ermächtigung nach Art. 53 I 2 SVN setzt nach dem klaren Wortlaut der UN-Charta voraus, daß nicht bloß die Voraussetzungen des VII. Kapitels festgestellt worden sind, sondern auch die Befugnis zur Durchführung der konkreten Zwangsmaßnahme erteilt wurde.[469]

1. Hintergründe des Kosovo-Konflikts 1998/99

Erhebliche rechtliche Bedenken löste deshalb das jüngste Vorgehen der NATO im Kosovo-Konflikt aus, bei dem unter der Operation "Allied Force" vom 24.3.1999 bis 10.6.1999 Ziele in ganz Restjugoslawien massiv bombardiert wurden, um jugoslawische Armee- und Polizeieinheiten zum Rückzug aus dem Kosovo zu zwingen.

Zu Beginn des Jahres 1998 kam es im Kosovo, einer vormals autonomen Provinz der jugoslawischen Teilrepublik Serbien, zu Kämpfen zwischen der albanischen *Kosovo-Befreiungsarmee (UCK)* und serbischer Polizei sowie paramilitärischen Milizionären. Grund hierfür war die Aberkennung des weitgehenden Autonomiestatus' der serbischen Provinz aufgrund einer Verfassungsänderung im Jahre 1989, die auf Initiative des damaligen serbischen Präsidenten MILOSEVIC erfolgte, und der daraufhin entstehenden zunehmenden ethnischen

---

[467] Bisher ist dieses Problem nur bei den Luftangriffen auf Jugoslawien im Frühjahr 1999 aktuell geworden.

[468] FISCHER auf dem Strategiekongreß der "Grünen" am 21.11.1999 in Kassel, in: *Hessisch-Niedersächsische Allgemeine* vom 22.11.1999, S. 1.

[469] RESS, in: SIMMA, ChUN, Art. 53 MN. 10.

und politischen Spannungen zwischen serbischen und albanischen Bevölkerungsteilen. Vor dem Hintergrund der Frustration über die Ausklammerung der Kosovo-Frage aus dem Dayton-Friedensvertrag für Bosnien-Herzegowina und angesichts anhaltender serbischer Repression trat Ende 1997 die UCK mit gewaltsamen Aktionen gegen serbische Sicherheitskräfte, Amtsträger und Wirtschaftsfunktionäre im Kosovo verstärkt in Erscheinung. Am 31.3.1998 erließ der Sicherheitsrat die Resolution 1160, mit der er - gestützt auf Kapitel VII der Charta der Vereinten Nationen - die Bundesrepublik Jugoslawien und die Kosovo-Albaner aufforderte, eine politische Lösung des Konflikts anzustreben, wobei letztere ermahnt wurden, ihre Ziele ausschließlich mit friedlichen Mitteln zu verfolgen. Gleichzeitig wurde gegen Jugoslawien ein Waffenembargo verhängt, dessen Einhaltung von allen Mitgliedstaaten eingefordert wurde.[470] Die zunehmend offenen militärischen Auseinandersetzungen sowie die albanischen Untergrundoperationen gingen jedoch unvermindert weiter. Dies führte im Sommer/Herbst 1998 zu einer massiven Gegenoffensive der serbisch-jugoslawischen Kräfte, nachdem Mitte 1998 die UCK fast 40 % des Kosovo faktisch unter ihre Kontrolle gebracht hatte. Dabei kam es zu erheblichen Übergriffen seitens der serbischen Streitkräfte, insbesondere zu Plünderungen und Brandschatzungen, was umfangreiche Flüchtlingsströme auslöste. Auf dem Höhepunkt der Kosovo-Krise im September 1998 schätzte das UN-Flüchtlingskommissariat die Zahl der Flüchtlinge auf knapp 300.000 Menschen, von denen allerdings etwa 200.000 im Kosovo verblieben waren. Aufgrund der sich abzeichnenden humanitären Katastrophe kam die Forderung nach Militärschlägen zur Durchsetzung der Forderungen der Staatengemeinschaft auf. Rußland und China als ständige Mitglieder des Rates standen einer solchen Ermächtigung zur Anwendung militärischer Gewalt jedoch ablehnend gegenüber, so daß es zu keiner entsprechenden Resolution kam. Am 23.9.1998 verlangte der Sicherheitsrat in seiner Resolution 1199 von den Parteien lediglich eine Waffenruhe und die Verbesserung der humanitären Notlage.[471] Obwohl die Resolution aufgrund von Kapitel VII SVN erlassen wurde und die Feststellung erfolgte, daß die Lage im Kosovo weiterhin "eine Bedrohung des Friedens und der Sicherheit in der Region darstelle", lehnte es der Sicherheitsrat ab, militärische Zwangsmittel zu ergreifen. Aufgrund dieser Unentschlossenheit entschied sich die NATO am 8.10.1998 zum Einsatz von Luftstreitkräften gegen Jugoslawien für den Fall, daß Jugoslawien weiterhin den Forderungen nicht nachkommen sollte. NATO-Generalsekretär SOLANA faßte die Beratungen im NATO-Rat über die Rechtsgrundlage eines solchen Vorgehens wie folgt zusammen:

---

470 S/Res 1160 (1998), Ziff. 1, 2, 8, in: VN 1998, 115f.

471 S/Res 1199 (1998), Ziff. 1, 2, in: VN 1998, 184.

"Die Bundesrepublik Jugoslawien hat die dringlichen Forderungen der Internationalen Gemeinschaft trotz der auf Kapitel VII der UN-Charta gestützten Resolution 1160 vom 31.3.1998 und 1199 vom 23.9.1998 noch nicht erfüllt. Der äußerst eindeutige Bericht des UN-Generalsekretärs zu den beiden Resolutionen hat u.a. vor der Gefahr einer humanitären Katastrophe im Kosovo gewarnt. Die humanitäre Notlage hält wegen der Weigerung der Bundesrepublik Jugoslawien, Maßnahmen zu einer friedlichen Lösung zu ergreifen, unvermindert an. In absehbarer Zeit ist keine weitere Resolution des UN-Sicherheitsrats zu erwarten, die Zwangsmaßnahmen im Blick auf den Kosovo enthält.[...]".[472]

Der Generalsekretär erklärte weiterhin, daß "unter diesen außergewöhnlichen Umständen die Drohung mit und gegebenenfalls der Einsatz von Gewalt durch die NATO gerechtfertigt" sei.[473]

Die Drohung mit Gewalt bewirkte zunächst ein Einlenken Jugoslawiens, so daß es am 15. und 16.10.1998 zum Abschluß von zwei Abkommen mit Jugoslawien über eine Beobachtermission der Organisation über Sicherheit und Zusammenarbeit in Europa (OSZE) im Kosovo sowie eine Luftüberwachung der NATO kam. Hierauf nahm die Resolution 1203 vom 24.10.1998 Bezug, in der der Sicherheitsrat den Abschluß der beiden Abkommen billigt und unterstützt, und die jugoslawische Führung auffordert, mit den OSZE- und NATO-Verifikationsmissionen voll zusammenzuarbeiten.[474] Die Umsetzung dieser Abkommen stieß jedoch bald auf neue Schwierigkeiten. Zugleich kam es zu einem Wideraufflammen der Kämpfe im Kosovo. Die NATO erneuerte daraufhin Anfang 1999 ihre Drohung mit Luftangriffen. Nachdem auch die Friedensverhandlungen von Rambouillet nahe Paris erfolglos geblieben waren, da Belgrad einer NATO-Präsenz im Lande zur Umsetzung der dort ausgearbeiteten Abkommen nicht zustimmen wollte, begann die NATO am 24.3.1999 die Operation "Allied Force". Am 10.6.1999 beschloß der NATO-Rat die zunächst nur vorläufige Aussetzung der Luftangriffe, nachdem die jugoslawische Regierung einer internationalen Militärpräsenz im Kosovo zugestimmt hatte. Auf dieser Grundlage erließ der Sicherheitsrat noch am gleichen Tag die Resolution 1244, in der er die Mitgliedstaaten und relevanten Internationalen Organisationen autorisiert wurden, unter der Schirmherrschaft der Vereinten Nationen eine internationale zivile und Sicherheitspräsenz mit allen dafür erforderlichen Befugnissen im Kosovo zu installieren.[475] Diese internationale Sicherheitspräsenz sollte nach

---

[472] Text in: Internationale Politik 1999, 91ff. Die Stellungnahme des Generalsekretärs wurde in den Beschluß des Deutschen Bundestages vom 16.10.1998 über den möglichen Einsatz deutscher Streitkräfte aufgenommen, der sich dessen Begründung somit zu eigen machte.

[473] Im englischen Wortlaut der Erklärung wird von "legitimate grounds" für das Vorgehen des Bündnisses gesprochen, vgl. SIMMA, EJIL 10 (1999), 1 (7).

[474] S/Res 1203 (1998), in: VN 1998, 185f.

[475] Text in VN 1999, 116ff.

Punkt 4 der Anlage 2 unter "substantieller Beteiligung der Nordatlantikvertrags-Organisation unter gemeinsamer Führung" disloziert werden, und dabei ermächtigt sein, ein sicheres Umfeld für alle Menschen im Kosovo zu schaffen, um so die sichere Rückkehr aller Vertriebenen und Flüchtlingen in ihre Heimat zu erleichtern. Die als Anlage 1 in die Resolution aufgenommene Erklärung der Außenminister der "G-8"-Staaten vom 6.5.1999 sah als Grundlage für die politische Lösung des Konflikts u.a. den Rückzug aller militärischen, polizeilichen und paramilitärischen Kräfte aus dem Kosovo vor sowie die Stationierung einer internationalen Polizeitruppe, die die sichere Rückkehr der Flüchtlinge sicherstellen sollte. Weiterhin sollte durch die Einrichtung einer zivilen Übergangsverwaltung ein politischer Prozeß zur Entwicklung von selbsttragenden und demokratischen Strukturen in Gang gesetzt werden, die Voraussetzung für eine substantielle Selbstverwaltung für das Kosovo innerhalb des jugoslawischen Staatsverbandes sein sollte.

Am 11.6.1999 stimmte der Deutsche Bundestag dem Einsatz der Bundeswehr entsprechend der von der Bundesregierung am selben Tag beschlossenen Beteiligung an einer internationalen Sicherheitspräsenz im Kosovo zur Gewährleistung eines sicheren Umfeldes für die Flüchtlingsrückkehr und zur militärischen Absicherung einer Friedensregelung zu.[476]

2. Die Reaktion der Staatenwelt auf den NATO-Einsatz

a) Die fehlende Zustimmung des Sicherheitsrates

Die Militäraktion der NATO geschah ohne ausdrückliche Ermächtigung des Weltsicherheitsrates.[477] Zwar hatte sich die NATO um eine Bestätigung ihres Vorhabens bemüht, begann aber gleichwohl mit ihrem Einsatz, als sich abzeichnete, daß das Hauptorgan für die Friedenssicherung keine entsprechende Resolution verabschieden würde. Eine von der UN-Generalversammlung ausgesprochene - rechtlich unverbindliche – Billigung, die mit einer in der Folge von „*Uniting for Peace*“[478] ausgesprochenen nachträglichen Ermächtigung vergleichbar gewesen wäre, wurde nicht angestrebt.

Die Resolutionen 1160 vom 31.3.1998 und 1199 vom 23.9.1998 können nicht als Ermächtigungsgrundlage angesehen werden, denn in ihnen werden keine militärischen Zwangsmaßnahmen für den Fall einer Eskalation der Krise angeordnet, sondern die Streitparteien lediglich gemäß Art. 40 SVN verbindlich

---

[476] BT-Drs. 14/1133 vom 11.6.1999.

[477] Vgl. zum Nachweis der fehlenden Ermächtigung DUURSMA, LJIL 12 (1999), 287 (288ff.) und SIMMA, in: MERKEL (Hg.), Der Kosovo-Krieg, S. 9 (27).

[478] UN-Doc. S/Res 377 A (V) vom 3.11.1950.

zur Streitbeilegung und zur Kooperation mit den Beobachtermissionen der OSZE und der NATO aufgefordert. Der Erlaß militärischer Zwangsmaßnahmen scheiterte am ausdrücklich entgegenstehenden Willen der Russischen Föderation und der Volksrepublik China.[479] Während der Beratungen vor Verabschiedung der Resolution 1203 am 24.10.1998 wurde von Brasilien, China, Costa Rica und Rußland ausdrücklich darauf hingewiesen, daß die Annahme der Resolution und die Billigung der OSZE- und NATO-Beobachtermissionen für das Kosovo keinesfalls die Ermächtigung irgendwelcher Mitgliedstaaten zur Gewaltanwendung gegen Jugoslawien beinhalte.[480]

Mit dem Eingreifen im Kosovo wurde folglich ein Präzedenzfall geschaffen: Zum ersten Mal in ihrer Geschichte hat die NATO *peace-* bzw. *law-enforcement* in eigener Regie, und zwar außerhalb ihrer in Art. 5 NATO-Vertrag fixierten Verteidigung gegen bewaffnete Angriffe und außerhalb ihres in Art. 6 NATO-Vertrag genannten Vertragsgebietes wahrgenommen.[481] Auch die am 10.6.1999 erlassene Resolution 1244 enthält keine nachträgliche, konkludent erteilte "Genehmigung" der NATO-Aktionen.[482] Zwar ist eine solche nachträgliche Unterstützung einer Maßnahme einer Regionalorganisation im Rahmen des Art. 53 I 2 SVN grundsätzlich zulässig.[483] Dies folgt bereits aus dem Wortlaut der Vorschrift, der hinsichtlich des Zeitpunkts der Ermächtigung offen ist bzw. die Notwendigkeit einer vorherigen Ermächtigung nicht ausdrücklich erwähnt.[484] Jedoch reicht für die Annahme einer nachträglichen Genehmigung einer regionalen Zwangsmaßnahme die bloße Untätigkeit des Sicherheitsrates nicht aus. Um eine konkludente nachträgliche Ermächtigung annehmen zu können, müssen vielmehr deutliche, offizielle Verlautbarungen abgegeben worden sein, von denen unproblematisch auf einen entsprechenden Unterstützungswillen geschlossen werden kann.[485] Derartige zustimmende Äußerungen hat der Sicherheitsrat zu keinem Zeitpunkt abgegeben. In der Resolu-

---

479 Vgl. FINK, JZ 1999, 1016 (1019).

480 UN-Doc. S/PV. 3937 (1998).

481 PRADETTO, APuZ B 11/1999, S. 26 (28).

482 BOTHE/MARTENCZUK, VN 1999, 125 (128).

483 Im Falle der Verhangung von Zwangsmaßnahmen der OAS gegenüber der Dominikanischen Republik im Jahre 1960 schlug die UdSSR eine nachträgliche Ermächtigung der OAS zur Billigung der Sanktionen durch den Sicherheitsrat vor, vgl. MEEKER, AJIL 57 (1963), 514 (520); MOORE, in: FALK/BLACK, The Future of the International Legal Order, S. 159. - A.A. RESS, in: SIMMA, ChUN, Art. 53 MN. 20: eine effektive Kontrolle über regionale Zwangsmaßnahmen könne nur durch eine klare vorherige Ermächtigung gewährleistet werden. Die Vorschrift solle dem Sicherheitsrat die Möglichkeit einräumen, Zwangsmaßnahmen zu verhindern bzw. zu überwachen, was bei einer lediglich nachträglichen Überprüfung nicht mehr möglich sei.

484 VERDROSS, Völkerrecht, 5. Aufl., S. 654; GEROLD, Die Sicherung des Friedens, S. 135.

485 WALTER, Regionalorganisationen, S. 308; RESS, in: SIMMA, ChUN, Art. 53 MN. 21.

tion 1244 werden die Mitgliedstaaten und relevanten internationalen Organisationen lediglich ermächtigt, eine internationale Sicherheitspräsenz im Kosovo zu schaffen. An keiner Stelle wird aber auf die kurz vorher eingestellten Luftangriffe der NATO verwiesen; weder wird die neu entstandene Situation begrüßt, noch die erfolgreiche Durchführung einer militärischen Zwangsmaßnahme als das von der Staatengemeinschaft angestrebte Ziel bezeichnet. In dem Bericht des UN-Generalsekretärs vom 9.6.1999 über die Notwendigkeit von humanitärer Hilfe an Jugoslawien angesichts der im Luftkrieg entstandenen Schäden[486] wird vielmehr auf das vielfältige menschliche und materielle Leid hingewiesen, das die Luftangriffe verursacht hätten.[487] Statt die erfolgreich abgeschlossenen Luftschläge als Voraussetzung für die Wiederherstellung der Sicherheit im Kosovo zu würdigen, wird schlicht begrüßt, daß Jugoslawien die für eine politische Lösung der Kosovo-Krise aufgestellten Grundsätze der Staatengemeinschaft akzeptiert habe.

Gegen die Annahme einer nachträglichen Zustimmung des Sicherheitsrats in diesem Fall könnte zudem der Umstand sprechen, daß eine solche aufgrund der Anforderungen, die in Art. 52 I 1 SVN an Regionalorganisationen gestellt werden, nur dann in Betracht kommt, wenn Maßnahmen „regionaler Art angebracht sind". Das Kriterium „appropriate for regional action" ist Ausdruck der besonderen Verbindung, die zwischen den von der Zwangsmaßnahme betroffenen Staaten bestehen muß.[488] Das Erfordernis einer besonderen Eignung für eine regionale Friedenssicherung ist zumindest dann nicht erfüllt, wenn eine Regionalorganisation außerhalb ihrer Region – nicht aber schon außerhalb ihres Mitgliederkreises - eingesetzt wird.[489] Wird eine Zwangsmaßnahme außerhalb der Einfluß- und Interessenssphäre der Regionalorganisation durchgeführt, kann von ihr kein besonderer Beitrag zur Beilegung von Streitigkeiten in diesem Gebiet erwartet werden, weil die geographische und politische Beziehung fehlt und daher nicht ersichtlich ist, wie sich das besondere friedenssichernde Potential der Organisation gegenüber diesem Nichtmitglied auswirken könnte.[490] Ein Zusammenhalt zwischen den handelnden und den von der Maßnahme betroffenen Staaten besteht hier nicht, folglich mangelt es der Zwangsmaßnahme an der für die Friedenssicherung im Rahmen des VIII. Kapitels typischen Legitimationswirkung aufgrund regionaler Verbundenheit. Dies kann allerdings nur für

---

486 "Report of the Inter-Agency Needs Assessment Mission dispatched by the Secretary-General of the United Nations to the Federal Republic of Yugoslavia", UN-Doc. S/1999/662.

487 "...as a result of the NATO air strikes, numerous civilians have suffered injury and loss of life, while large-scale destruction of and damage to physical infrastructure...has a devastating impact on industry..."

488 Vgl. WALTER, Regionalorganisationen, S. 40.

489 PERNICE, Die Sicherung des Weltfriedens, S. 149.

490 WALTER, Regionalorganisationen, S. 277, 315.

Einsätze außerhalb der regionalen Interessensphäre der Regionalorganisation gelten, nicht aber für Einsätze gegen Nichtmitglieder. Wie bereits gezeigt, ist die Mitgliedschaft in einem regionalen Bündnis – sei es in einem System kollektiver Sicherheit oder einem Verteidigungsbündnis – keine Voraussetzung dafür, daß gegen diesen Staat Zwangsmaßnahmen angewendet werden dürfen; Regionalorganisationen i.S. der Art. 52 ff. SVN können auch Verteidigungsbündnisse sein, die den Adressaten ihrer Zwangsmaßnahmen gerade nicht aufgrund einer vertraglichen Verpflichtung in Anspruch nehmen können.[491] Kapitel VIII der UN-Charta verlangt lediglich ein friedenssicherndes Regelwerk, das sowohl durch kollektive Sicherheit in einem regionalen Mitgliederkreis als auch mithilfe einer Kollektivierung der Verteidigungsinteressen geschehen kann. Demnach kann auch bei Maßnahmen einer Regionalorganisation gegen einen Nichtmitgliedstaat Art. 53 I 2, 1.HS SVN die einschlägige Rechtsgrundlage sein. Da zudem eine dem Einsatz vorhergehende Feststellung des Sicherheitsrats nach Art. 39 SVN als „Öffnungstür" zum VII. und VIII. Kapitel in den Resolutionen 1199 und 1203 erfolgt ist, wäre eine rechtliche Billigung des NATO-Einsatzes durch den Sicherheitsrat nicht von vornherein ausgeschlossen. Die Voraussetzungen der Art. 52 ff. SVN stellen jedenfalls keinen Hinderungsgrund für eine vorherige oder nachträgliche Zustimmung seitens des Sicherheitsrates dar. Gleichwohl sind in keiner der vom Sicherheitsrat im Rahmen der Kosovo-Krise erlassenen Resolutionen Anhaltspunkte dafür ersichtlich, daß die militärische Gewaltanwendung zur Durchsetzung der geforderten Verbesserung der humanitären Lage gebilligt werden sollte.[492]

b) Bindung der NATO an die Autorität des Sicherheitsrates

Es ist bezeichnend, daß der Sicherheitsrat in den Präambeln der Resolutionen 1203 und 1244 betont, daß ihm nach der Charta der Vereinten Nationen die Hauptverantwortung für die Wahrung des Weltfriedens und der internationalen Sicherheit obliege. Diese Erwägung stellt er in Resolution 1244 sogar an den Anfang der Präambel. Einen solchen Hinweis hatte der Sicherheitsrat in der ganzen Zeit seit der "Wiedererlangung seiner Funktionsfähigkeit" nach Ende des "Kalten Krieges" nur einmal gegeben, und zwar in der Resolution 743 vom 21.2.1992 über die Einrichtung der Schutztruppe der Vereinten Nationen UNPROFOR für das Kriegsgebiet im ehemaligen Jugoslawien.[493] In allen anderen einschlägigen Resolutionen, in denen die Mitgliedstaaten entweder

---

[491] Siehe oben I. 5. b.

[492] A.A. SEIDL-HOHENVELDERN/STEIN, Völkerrecht, Rn. 1783q.

[493] Text in VN 1992, 76.

selber[494] oder mit Hilfe "geeigneter regionaler Abmachungen"[495] durch Gewaltanwendung die Umsetzung von Zwangsmaßnahmen des Sicherheitsrates sicherstellen sollten, fehlt eine derartige Inanspruchnahme vorrangiger eigener Zuständigkeit. Zwar ist zu beachten, daß die Präambel einer Resolution im Gegensatz zum operativen Teil keine Rechtsverbindlichkeit beanspruchen kann, sondern lediglich die tatsächlichen Hintergründe sowie die Erwägungen des Sicherheitsrats wiedergibt.[496] Sie ist daher für die Herleitung von Rechtsauffassungen des Sicherheitsrats nur bedingt tauglich. Dennoch kann sie aber zur Analyse der einer Resolution zugrundeliegenden rechtlichen Erwägungen hilfreich sein. Offensichtlich war der Sicherheitsrat bei der Billigung der Überwachungsabkommen in Resolution 1203 der Ansicht, daß ein sich abzeichnender NATO-Einsatz nur mit Zustimmung und unter der Autorität der Vereinten Nationen stattfinden dürfe. In Resolution 1244 scheint es die Absicht der eine ablehnende Haltung einnehmenden Sicherheitsratsmitglieder gewesen zu sein, durch eine rechtlich neutrale Formulierung der faktisch nicht mehr zu ändernden Kompetenzanmaßung der NATO mit dem Hinweis auf die Letztverantwortung des Sicherheitsrates für kollektive Zwangsmaßnahmen nachträglich zumindest keine rechtliche Billigung zuzusprechen. Mit der Bezugnahme auf den Wortlaut des Art. 24 I SVN wird unterstrichen, daß alleine der Sicherheitsrat befugt ist, die in Kapitel VII SVN vorgesehenen Sanktionen zu verhän-

---

494 Res. 678 vom 29.11.1990 über die Ermächtigung der UN-Mitglieder zur Durchsetzung von Resolution 660, um den vollständigen Abzug irakischer Streitkräfte aus dem besetzten Kuwait mit allen erforderlichen Mitteln durchzusetzen (Text in VN 1990, 218)

- Res. 794 vom 3.12.1992 über die Aufforderung an die Mitgliedstaaten, zur Schaffung einer sicheren Umgebung in Somalia Truppen bereitzustellen
- Res. 929 vom 22.6.1994 über die Ermächtigung der Staaten zur Abwendung einer humanitären Katastrophe in Ruanda (Text in VN 1994, 153)
- Res. 940 vom 31.7.1994 über die Ermächtigung zur Aufstellung einer multinationalen Streitkraft zur Wiedereinsetzung der rechtmäßigen Regierung in Haiti (Text in VN 1994, 195)
- Res. 1080 vom 15.11.1996 als Ermächtigung zur Schaffung einer sicheren Umgebung in Ostzaire (Text in VN 1997, 115)
- Res. 1101 vom 28.3.1997 über die Schaffung von friedlichen Verhältnissen in Albanien durch eine multinationale Friedenstruppe (Text in VN 1997, 154).

495 -Res. 787 (16.11.1992) als Ermächtigung, zur Durchsetzung des Handelsembargos gegenüber der BR Jugoslawien in der Adria Schiffe anzuhalten

- Res. 816 (31.3.1993) zur militärischen Umsetzung des Flugverbots über Bosnien-Herzegowina
- Res. 1031 (15.12.1995) als Ermächtigung zur Aufstellung der multinationalen Friedenstruppe IFOR
- Res. 1088 (12.12.1996) als Ermächtigung zur Einrichtung der multinationalen Stabilisierungstruppe SFOR als Nachfolgerin der IFOR.

496 Vgl. KRÖKEL, Die Bindungswirkung von Resolutionen, S. 127ff.

gen bzw. dazu zu ermächtigen.[497] Denn durch die Verweisung auf die Grundzuständigkeit des Sicherheitsrats erinnert dieser auch an die in Art. 24 II 2 SVN als konkrete Handlungsformen genannten Befugnisse der Kapitel VII und VIII. Damit erfolgt gleichzeitig ein Hinweis auf Art. 53 I 2 SVN, wonach ohne Ermächtigung des Sicherheitsrates keine Zwangsmaßnahmen aufgrund regionaler Abmachungen ergriffen werden dürfen.

c) Die rechtliche Sichtweise der Bündnismitglieder sowie die Diskussion im Sicherheitsrat

Die Kontroverse, ob die NATO für friedenswahrende oder friedensschaffende Operationen - also für über die Selbstverteidigung hinausgehende Einsätze - zwingend der Legitimation durch den UN-Sicherheitsrat bedarf, wurde im Vorfeld des Kosovo-Einsatzes auch innerhalb des Bündnisses geführt. Während nach Auffassung Frankreichs ein militärisches Engagement der NATO in regionalen Krisen zwingend ein Mandat des UN-Sicherheitsrats oder der OSZE erfordere, sahen die Mehrheit der übrigen NATO-Mitglieder - allen voran die USA - darin eine unzulässige Einschränkung des Handlungsrahmens der Atlantischen Allianz.[498] Kritiker der französischen Position verwiesen darauf, daß die jüngsten Erfahrungen mit dem Weltsicherheitsrat gezeigt hätten, wie schwierig es sei, alle fünf ständigen Mitglieder auf eine einheitliche Position festzulegen. Der frühere Konsens im Sicherheitsrat gegenüber dem Irak oder dem serbischen Vorgehen in Bosnien-Herzegowina sei eher die Ausnahme gewesen. Eine ähnlich Übereinstimmung sei künftig angesichts der politischen Entwicklungen in Rußland oder in Anbetracht des wachsenden weltpolitischen Selbstbewußtseins Chinas kaum noch zu erwarten. Dann sei es aber schlicht inakzeptabel, die NATO in einer Krise, die möglicherweise vitale Interessen ihrer Mitglieder berühren würde, zur militärischen Untätigkeit zu verpflichten, nur weil sich UNO oder OSZE nicht auf ein eindeutiges Votum für ein Mandat einigen könnten.

Die Mehrheit der NATO-Vertragsstaaten wollte demnach den Handlungsspielraum ihres Bündnisses weit verstanden wissen, d.h. auch ohne eine Ermächtigung nach Art. 53 I SVN zu militärischen Einsätzen *out of area* in der Lage sein. Bemerkenswerterweise hat schließlich auch Frankreich den Luftschlägen gegen Jugoslawien in Anbetracht einer "humanitären Notwendigkeit" zugestimmt, ungeachtet der unveränderten Haltung in der Mandatsfrage. In vielen NATO-Hauptstädten wurde betont, daß ein UN-Mandat für ein militärisches Engagement der NATO zwar wünschenswert, jedoch nicht zwingend erforderlich sei.[499] Selbst die rot-grüne Bundesregierung entzog sich dem NATO-Kon-

---

[497] Vgl. FINK, Kollektive Friedenssicherung, S. 38.
[498] KAMP, APuZ B 11/1999, S. 19 (21).
[499] KAMP, APuZ B 11/1999, S. 19 (22).

sens nicht, obgleich die Koalitionsvereinbarungen von SPD und Grünen die Zustimmung der Vereinten Nationen zu militärischen Handlungen der NATO jenseits der Bündnisverteidigung explizit vorschrieben.[500] Daraus wird deutlich, daß zumindest die in der NATO zusammengeschlossenen wichtigsten westlichen Staaten eine Ermächtigung des Sicherheitsrates nicht mehr als rechtliche Voraussetzung für ein militärisches Handeln der Allianz ansehen. Damit unterstellen die Bündnispartner, daß die NATO gewissermaßen auch ohne eine instrumentalisierte Einbindung in das Friedenssicherungssystem der Vereinten Nationen allein aufgrund ihrer satzungsmäßigen Kompetenzen militärische Maßnahmen kollektiver Sicherheit durchführen kann. Letztlich bedeutet dies eine Inanspruchnahme ungeschriebener Kompetenzen und eine - noch näher zu charakterisierende - Fortentwicklung des NATO-Vertrages.

Allerdings blieben die Luftangriffe auf jugoslawische Stellungen nicht ohne internationalen Protest. So brachte Rußland, unterstützt von Indien und Weißrußland, am 26.3.1999 im Sicherheitsrat den Entwurf einer Resolution ein, mit der das Vorgehen der NATO als "flagranter Verstoß gegen die Charta der Vereinten Nationen" verurteilt werden sollte.[501] Als angeblich verletzte Vorschriften wurden die Artt. 2 Ziff. 4, 24 und 53 SVN genannt. Unter Berufung auf Kapitel VII und VIII der UN-Charta sollte der Sicherheitsrat eine sofortige Einstellung der Luftangriffe gegen Jugoslawien verlangen. Die Nennung von Kapitel VIII als rechtliche Grundlage für die Aufforderung an die NATO, die Gewaltanwendung zu beenden, könnte ein Hinweis auf die Rechtsauffassung der drei Antragsteller sein, wonach die Vorschrift des Art. 53 I 2 SVN als "Kehrseite" der Ermächtigung auch das nachträgliche Verlangen der Einstellung von Zwangsmaßnahmen einer Regionalorganisation erlaubt.

Auf jeden Fall sollte die Resolution nach dem Willen der Antragsteller den Hinweis enthalten, daß der Sicherheitsrat "tief betroffen" darüber sei, daß die NATO militärische Gewalt ohne Ermächtigung des Sicherheitsrats anwende. Inzident wird der NATO damit auch von den Kritikern des Einsatzes die Rolle einer Regionalorganisation zugesprochen, denn nur im Rahmen von Kapitel VIII kommt die Ermächtigung einer internationalen Organisation zur eigenständigen Durchführung von Zwangsmaßnahmen in Betracht. Einen weiteren Hinweis auf die Mißbilligung von Zwangsmaßnahmen regionaler Organisationen ohne Ermächtigung des Sicherheitsrats sollte Punkt 1 der Präambel enthalten, in dem - wie schon in den Resolutionen 1203 und 1244 - an die Hauptverantwortung des Sicherheitsrates für die Erhaltung des internationalen Friedens und der Sicherheit erinnert werden sollte.

---

[500] Koalitionsvereinbarung vom 20.10.1998, Punkt XI. 7.

[501] UN-Doc. S/1999/328.

Der Resolutionsentwurf fand jedoch bei der Abstimmung noch am gleichen Tag nur die Zustimmung Chinas, Rußlands und Namibias; alle anderen 12 Mitglieder des Sicherheitsrats votierten dagegen.[502]

Die vorhergehende Diskussion im Sicherheitsrat am 24.3.1999 verlief erwartungsgemäß sehr kontrovers. Beratungsgegenstand war ein Brief des ständigen Vertreters Rußlands, den dieser wenige Stunden zuvor an den Präsidenten des Sicherheitsrats gerichtet hatte, und in dem eine Dringlichkeitssitzung des Sicherheitsrats verlangt wurde.[503] Der Repräsentant Rußlands, LAVROV, begründete seine Kritik an dem NATO-Einsatz mit dem Argument, die NATO-Staaten seien nicht nur Mitglieder ihrer Allianz, sondern hätten als Mitglieder der Vereinten Nationen auch die Verpflichtungen aus der UN-Charta, insbesondere aus Art. 103, zu erfüllen, der eine absolute Vorrangstellung der Chartaverpflichtungen begründe.[504] Allein der Sicherheitsrat habe das Recht zu entscheiden, welche Maßnahmen - die Anwendung von Waffengewalt eingeschlossen - ergriffen werden sollen, um den internationalen Frieden und die Sicherheit zu erhalten bzw. wiederherzustellen. Da der Sicherheitsrat im Hinblick auf Jugoslawien keine derartige Feststellung getroffen habe, verletzten die NATO-Staaten ihre Verpflichtung aus Art. 103 SVN. Auch der Versuch, den Einsatz militärischer Gewalt mit dem Ziel der Abwendung einer humanitären Katastrophe zu rechtfertigen, sei völlig unhaltbar: Weder habe ein derartiger Rechtfertigungsversuch eine rechtliche Grundlage in der UN-Charta, noch könne man ein - unterstelltes - humanitäres Verbrechen mit ebenso illegalen Methoden beantworten; rechtliche Legalität könnten ausschließlich Maßnahmen auf gesicherter rechtlicher Grundlage beanspruchen. Die Behauptung, es gebe eine Rechtfertigung für den Einsatz militärischer Gewalt jenseits der in der Charta geregelten Ausnahmefälle könne nicht ernst genommen werden.[505]

Ähnlich äußerte sich der zur Sitzung hinzugeladene jugoslawische Außenminister JOVANOVIC, der eine "flagrante Verletzung der grundlegenden Prinzipien der UN-Charta" feststellte und den NATO-Einsatz als in direktem Widerspruch zu Art. 53 I SVN stehend bezeichnete. Die NATO habe sich von einer defensiven zu einer aggressiven Militärallianz entwickelt, und dabei ihre eigene Satzung verletzt.[506]

Auch der auf Anfrage zur Sitzung hinzugeladene indische Vertreter SHARMA kritisierte das westliche Vorgehen, indem er auf den Wortlaut des Art. 53 I SVN

502 In nach der Abstimmung abgegebenen Erklärungen unterstützten auch die Ukraine, die BR Jugoslawien, Weißrußland, Indien und Kuba die russische Initiative, wohingegen Bosnien-Herzegowina sie ablehnte (UN-Doc. S/PV. 3989 vom 26.3.1999).

503 UN-Doc. S/1999/320.

504 UN-Doc. S/PV .3988 vom 24.3.1999, S. 2.

505 A.a.O., S. 13.

506 A.a.O., S. 14.

verwies, wonach Regionalorganisationen keine Zwangsmaßnahmen ohne die Ermächtigung des Weltsicherheitsrats ergreifen dürften. Kein Staat und keine regionale Abmachung dürfe für sich das Recht herausnehmen, willkürlich und einseitig militärische Maßnahmen gegen andere Staaten zu treffen. Allein der Sicherheitsrat habe nach Kapitel VII der UN-Charta das Recht, in innere Angelegenheiten von Staaten einzugreifen. Dies sei in Art. 2 Ziff. 7 SVN ausdrücklich als einzige Ausnahme vom Interventionsverbot niedergelegt. Da die Angriffe auf Jugoslawien vom Sicherheitsrat nicht nach Kapitel VII autorisiert wurden, seien sie vollständig rechtswidrig.[507]

Daß allein der Sicherheitsrat das Recht habe zu entscheiden, ob eine Situation den internationalen Frieden und die Sicherheit bedrohe und dann auch entsprechende Maßnahmen ergreifen könne, betonte der Repräsentant Chinas, QUIN HUASUN. Eine Handlung, die dieses Prinzip mißachte, gefährde die Autorität des Sicherheitsrates.[508]

Schwere Bedenken gegen den Einsatz militärischer Gewalt ohne Mandat des Sicherheitsrates äußerte auch der Vertreter Malaysias, HASMY. Der Gebrauch von Gewalt sollte allenfalls als letztmögliche Maßnahme in Betracht gezogen werden, und zwar nur mit Erlaubnis des Sicherheitsrates, der die vorrangige Zuständigkeit für den Weltfrieden und die Sicherheit innehabe. Gleichzeitig brachte HASMY sein Bedauern zum Ausdruck, daß wegen Fehlens einer angemessenen Reaktion des Sicherheitsrates auf die Kosovo-Krise nun Zwang außerhalb des Sicherheitsrates angewandt werden müsse.[509]

Der Delegierte Weißrußlands, MARTYNOV, betonte, daß der Gebrauch militärischer Gewalt gegen Jugoslawien ohne eine eindeutige Entscheidung des dafür zweifellos allein zuständigen Weltsicherheitsrats als ein Akt der Aggression zu qualifizieren sei, für den es keinerlei Rechtfertigungsgrund gebe und der deshalb rechtswidrig bleibe.[510]

Außerhalb des Sicherheitsrates nahmen eine ablehnende Haltung auch die 29 zur Rio-Gruppe gehörenden lateinamerikanischen Staaten ein (u.a. Mexiko, Brasilien und Argentinien), wobei insbesondere die Mißachtung der Art. 53 ff. SVN gerügt wurde.[511]

Die Staaten der Blockfreienbewegung formulierten am 21.4.1999 eine Stellungnahme, worin die Prinzipien der Souveränität, der territorialen Integrität, die "Heiligkeit" (*sanctity*) der UN-Charta sowie die Hauptverantwortung des

---

507 A.a.O., S. 15f.
508 A.a.O., S. 13.
509 A.a.O., S. 10.
510 A.a.O., S. 15.
511 UN-Doc. A/53/884 - S/1999/347 vom 26.3.1999.

Sicherheitsrates beschworen wurden und die unmittelbare Einstellung aller Kampfhandlungen verlangt wurde.[512]

Lediglich politische Bedenken äußerte der Vertreter Namibias im Sicherheitsrat, ANDJABA. Eine Krisensituation könne nicht mit noch mehr Gewalt beantwortet werden; militärischer Zwang gegen Jugoslawien sei keine Lösung, sondern berge die Gefahr einer Destabilisierung der ganzen Balkanregion in sich.[513]

Die Vertreter der westlich orientierten Staaten sahen den NATO-Einsatz hingegen durchweg als gerechtfertigt an. Der Delegierte der Vereinigten Staaten, BURLEIGH, begründete die Notwendigkeit der Militäraktion mit der "brutalen Verfolgung der Kosovo-Albaner", die aufgrund der unnachgiebigen jugoslawischen Vorgehensweise zu einer humanitären Katastrophe geführt habe. Die Weigerung Belgrads, das Problem auf friedlichem Wege zu lösen, die Nichteinhaltung der in Resolution 1199 ergangenen Aufforderung, die humanitäre Situation zu verbessern sowie die Nichterfüllung der in den Abkommen mit der NATO und der OSZE vereinbarten Zusammenarbeit mit internationalen Beobachtern und Hilfsorganisationen, verletzten das Völkerrecht.[514] Das Verhalten Jugoslawiens im Kosovo stehe auch im Widerspruch zu der Schlußakte von Helsinki, ebenso verletze es international geschützte Menschenrechte. Es könne deshalb nicht als innere Angelegenheit Jugoslawiens angesehen werden. Unter diesen Gesichtspunkten sei die NATO-Aktion gerechtfertigt und auch notwendig, um ein noch größeres humanitäres Desaster zu verhindern.[515]

Auch der kanadische Delegierte FOWLER wies auf die "klaren rechtlichen Verpflichtungen" Jugoslawiens bezüglich eines Waffenstillstandes und der Zusammenarbeit mit den ausländischen Beobachtern hin, und vertrat ebenfalls die Überzeugung, daß durch die sich verschlechternde Situation im Kosovo eine humanitäre Notlage entstanden sei, die der NATO keine andere Wahl gelassen habe als einzugreifen.[516]

Der gleichen Ansicht war der Vertreter Großbritanniens, SIR JEREMY GREENSTOCK: Es gebe kein anderes Mittel, um die humanitäre Katastrophe abzuwenden. Eine Militäraktion sei in diesen Fällen ausnahmsweise zulässig.[517]

Die einzigartige Situation im Kosovo machte auch der gambische Delegierte JAGNE geltend. Es gebe Zeiten, in denen es erforderlich und auch gerechtfertigt sei, als Staatengemeinschaft entschlossen und sofort zu handeln.[518]

---

512 UN-Doc. S/1999/451 vom 21.4.1999.
513 A.a.O., S. 10.
514 A.a.O., S. 4.
515 A.a.O., S. 5.
516 A.a.O., S. 5f.
517 A.a.O., S. 12.
518 A.a.O., S. 8.

Die Vertreter Frankreichs und Sloweniens, DEJAMMET und TÜRK, brachten ihr Bedauern zum Ausdruck, daß die Entwicklung im Kosovo die Staatengemeinschaft zu dem Punkt gebracht habe, wo alle diplomatischen Mittel ausgeschöpft seien, und nur noch militärischer Zwang die Belgrader Regierung dazu bringen könne, ihre Militäroffensive im Kosovo zu stoppen.[519] TÜRK verwies auf das historische Beispiel der Intervention Indiens in Ostbengalen im Jahre 1971, bei der ein Staat aus humanitären Gründen ohne Autorisierung des Sicherheitsrates Gewalt gegen einen anderen Staat eingesetzt habe, und dies von der Staatengemeinschaft allgemein akzeptiert worden sei.[520] Dies mache deutlich, daß der Sicherheitsrat in diesem Bereich nur eine *vorrangige*, nicht aber eine *ausschließliche* Zuständigkeit habe.

Dies unterstrich der Vertreter der Niederlande, VAN WALSUM. Es sei für einen Staat bzw. eine Staatenallianz, die gezwungen sei, zur Abwendung einer humanitären Katastrophe zu den Waffen zu greifen, zwar wünschenswert, daß sie dies auf der Grundlage einer Resolution des Sicherheitsrates tun könne. Wenn jedoch aufgrund der rigiden Auslegung des Begriffs "innere Angelegenheiten" durch zwei ständige Mitglieder eine solche Resolution nicht erreichbar sei, dürfe man nicht tatenlos zusehen, wie sich eine humanitäre Katastrophe vollziehe. Vielmehr müsse man dann auf die bereits vorhandene rechtliche Basis für derartige Nothilfemaßnahmen zurückgreifen.[521]

Zurückhaltender äußerten sich die Delegierten Bahreins und Brasiliens. Sowohl der brasilianische Vertreter CORDEIRO als auch der Delegierte Bahreins, BUALLAY, bedauerten die jüngste Entwicklung im Kosovo, die letztlich zum Einsatz militärischer Gewalt gegen Jugoslawien geführt habe, und äußerten die Hoffnung, daß durch die Aufnahme eines konstruktiven Dialogs und die Einhaltung aller einschlägigen Resolutionen des Sicherheitsrates die Krise beigelegt werden könne.[522]

Es zeigt sich somit ein vielfältiges Spektrum unterschiedlicher Rechtsauffassungen über die Rechtmäßigkeit der NATO-Militäraktion. Während die Gegner der Luftangriffe auf jugoslawische Stellungen einmütig die Rechtswidrigkeit militärischer Gewalt jenseits der in der Charta ausdrücklich vorgesehenen Ausnahmetatbestände (Art. 42, 51) behaupten, nehmen die Befürworter ein - ungeschriebenes - Recht auf Nothilfe in humanitären Extremsituationen in Anspruch.[523] Letztere sehen eine Ermächtigung durch den Sicherheitsrat in solchen

---

519 A.a.O., S. 9, 6.

520 A.a.O., S. 19.

521 A.a.O., S. 8.

522 A.a.O., S. 7f.

523 Der niederländische Delegierte sprach von einer "bereits vorhandenen rechtlichen Grundlage", die "in diesem Fall mehr als ausreichend" sei ("the legal basis...is more than adequate").

Fällen zwar als wünschenswert an, erblicken darin aber keine Voraussetzung für die Rechtmäßigkeit des Waffengebrauchs durch einzelne Staaten oder Staatengruppen.

Letztere Auffassung wird gestützt durch ein *obiter dictum* des IGH im Verfahren des einstweiligen Rechtsschutzes betreffend die Rechtmäßigkeit des Einsatzes bewaffneter Gewalt gegen die Bundesrepublik Jugoslawien.[524] Dort leitete das Gericht nur eine "spezielle" Verantwortlichkeit des Sicherheitsrates für die Sicherung des Weltfriedens aus Art. 24 I SVN ab, nicht jedoch eine "vorrangige".[525] Dies könnte dafür sprechen, daß der IGH der NATO damit indirekt als dafür befugt ansieht, Maßnahmen zur Sicherung des Weltfriedens zu ergreifen. Denn die neben einer „speziellen Verantwortung" notwendigerweise gleichfalls gegebene „allgemeine" Zuständigkeit konnte sich im konkreten Fall nur auf die NATO beziehen.

Die Gegner des Einsatzes betonten im Sicherheitsrat zwar die aus der Charta angeblich resultierende Alleinzuständigkeit des Sicherheitsrates zur Feststellung der Voraussetzungen für die Anwendung von Zwangsmaßnahmen, und sahen in der eigenmächtigen Aktion der NATO-Staaten einen Verstoß gegen Art. 53 I SVN. Allerdings haben auch sie die Luftschläge der NATO nicht als prinzipiell rechtswidrige Anmaßung von Befugnissen kollektiver Friedenssicherung kritisiert – und damit einen fehlenden Kompetenztitel im NATO-Vertrag moniert -, sondern lediglich das Nichtvorhandensein einer Ermächtigung nach Art. 53 I SVN gerügt.[526] Daß mit der fehlenden Ermächtigung nach Art. 53 I SVN zugleich auch die fehlende NATO-vertragliche Grundlage gerügt werden sollte, ist nicht ersichtlich; die Debatte hatte die Verletzung von UN-Recht zum Gegenstand, woraus nicht ohne weiteres gefolgert werden kann, daß inzident auch NATO-Recht überprüft werden sollte.

Im Ergebnis bleibt festzuhalten, daß - von der Bemerkung des jugoslawischen Außenministers abgesehen - kein Staat die Völkerrechtswidrigkeit der Luftangriffe aufgrund einer fehlenden rechtlichen Grundlage im NATO-Vertrag behauptet hat, sondern nur das fehlende UN-Mandat. Beachtenswert ist auch, daß kein Staat oder Staatengruppe eine sofortige Sitzung der UN-Generalversammlung verlangt hat, was als Zeichen einer grundsätzlichen Opposition hätte gedeutet werden können.[527]

---

524 Legality of Use of Force (Yugoslavia *v.* ten NATO States), Request for the Indication of Provisional Measures; Beschluß vom 2.6.1999.

525 A.a.O., § 50 und passim: "...when such a dispute gives rise to a threat to the peace, breach of the peace or act of aggression, the Security Council has special responsibilities under Chapter VII of the Charter".

526 Vgl. die Zusammenfassung der Debatte im Sicherheitsrat bei DUURSMA, LJIL 12 (1999), 285 (289).

527 Vgl. CASSESE, EJIL 10 (1999), 23 (27).

d) „Humanitäres" Gewaltmonopol des Sicherheitsrats?

Zu untersuchen ist nunmehr, ob der Sicherheitsrat tatsächlich ein Gewaltmonopol in dem Sinne innehat, daß bei einem fehlenden Mandat gemäß Art. 53 I SVN die Zwangsmaßnahme der Regionalorganisation schon aus diesem Grund rechtswidrig ist. Nach Auffassung der Befürworter eines solchen Gewaltmonopols können militärische Zwangsmaßnahmen - vom individuellen und kollektiven Selbstverteidigungsrecht abgesehen – nur dann ergriffen werden, wenn der Sicherheitsrat einen entsprechenden Beschluß nach Art. 42 SVN getroffen habe. Die NATO habe folglich ohne Rechtsgrundlage gehandelt[528] bzw. sei ein "erhebliches rechtliches Risiko" eingegangen, als sie den Einsatz außerhalb des Rahmens der Vereinten Nationen durchgeführt habe.[529]

Gegen diese traditionelle Ansicht eines weitgehenden Gewaltmonopols des Sicherheitsrats läßt sich anführen, daß die überwiegende Reaktion der Staatengemeinschaft auf das Vorgehen der NATO sowie das *obiter dictum* des IGH in seiner Entscheidung vom 2.6.1999 den Schluß zuläßt, daß dem Sicherheitsrat zukünftig nunmehr lediglich eine vorrangige, nicht aber eine ausschließliche Zuständigkeit für die militärische Sicherung des Weltfriedens und der internationalen Sicherheit zukommen soll. Zwar stellte der Bundestagsabgeordnete BRECHT am 15.4.1999 im Deutschen Bundestag zu Recht fest, daß es "keinen seriösen Völkerrechtler" gebe, der sage, daß die Legitimation einer nicht UN-mandatierten gewaltsamen humanitären Intervention klar und eindeutig vorhanden sei.[530] Auf der anderen Seite sei es aber angesichts der zurückhaltenden Kritik an den vier neueren Fällen einer humanitären Intervention ohne Mandat des Sicherheitsrates auch nicht länger vertretbar, die Frage allein im Wege einer schlichten Analyse des Wortlauts der UN-Charta zu beantworten.[531] Diese Analyse ergibt allerdings eine eindeutige Antwort, denn Art. 53 I SVN erklärt militärische Zwangsmaßnahmen regionaler Abkommen ohne konkrete Ermächtigung des Sicherheitsrates für unzulässig.[532] Dabei macht der Wortlaut der Vorschrift klar, daß der Sicherheitsrat auch im Falle einer Ermächtigung die "Auto-

---

528 ZUCK, ZRP 1999, 225 (226).

529 DUURSMA, LJIL 12 (1999), 285 (294).

530 Plenarprotokolle 14/32 vom 15.4.1999, S. 2655 (A).

531 KREß, NJW 1999, 3077 (3082, Fn. 58).

532 Ob auch nicht-militärische Zwangsmaßnahmen dem Genehmigungsvorbehalt des Sicherheitsrates unterliegen, ist strittig, jedoch angesichts der Tatsache, daß auf der Konferenz von San Francisco alle Maßnahmen nach Kapitel VII ausnahmslos als Zwangsmaßnahmen angesehen wurden, wohl zu bejahen (vgl. RESS, in: SIMMA, ChUN, Art. 53 MN. 16f.).

rität" über die Zwangsmaßnahme behält,[533] sie gewissermaßen also nur "delegiert" und dementsprechend rechtlich weiter in den Händen hält.[534]

Die rechtliche Notwendigkeit einer Ermächtigung durch den Sicherheitsrat ergebe sich zudem, so die Kritiker des NATO-Einsatzes, aus dem Charakter militärischer Zwangsmaßnahmen. Da diese tatbestandlich gegen das unter *ius cogens*[535] fallende Gewaltverbot verstoßen, bedürften sie eines völkerrechtlich anerkannten Rechtfertigungstatbestandes. Zwangsmaßnahmen des Sicherheitsrates nach Art. 42 SVN stellten eine solche rechtlich zulässige Ausnahme zum Gewaltverbot des Art. 2 Ziff. 4 SVN dar.[536] Dieser Befund ließe sich nun auch für die Auslegung von Art. 53 I SVN heranziehen. Es zeige sich nämlich, daß nur über eine Ermächtigung seitens des Sicherheitsrates die Ausnahmefunktion gegenüber dem Gewaltverbot auch zugunsten militärischer Zwangsmaßnahmen durch eine Regionalorganisation wirken könne.[537] Die Ausnahmefunktion des Art. 42 SVN gegenüber dem allgemeinen und umfassenden Gewaltverbot könne durch die Satzung einer Regionalorganisation nicht erfüllt werden, von der ge-

---

533 RESS, in: SIMMA, ChUN, Art. 53 MN. 10.

534 Die zeitlich nächsten Präzedenzfälle, die trotz Wiedererlangung der "Funktionsfähigkeit" des Sicherheitsrates im Jahre 1990 ohne UN-Mandat durchgeführt wurden, waren folgende:

a) Das bewaffnete Eingreifen der westafrikanischen Friedenstruppe ECOMOG in Liberia im Jahre 1990 (vgl. dazu NOLTE, ZaöRV 53 [1993], 603ff.);

b) Die inzwischen langjährige militärische Durchsetzung der Flugverbotszone im Irak vor allem durch die USA und das Vereinigte Königreich (hierzu näher NANDA, DJILP 20 [1992], 330);

c) Der Militäreinsatz der ECOMOG in Sierra Leone 1997/98. Hier begann der massive Gewalteinsatz wenige Tage nach einem Staatsstreich durch eine Militär-Junta im Mai 1997, wobei zwar eine Einladung des gewählten Präsidenten vorlag, auf die sich die ECOMOG neben demokratischen und humanitären Erwägungen auch berief. Selbst wenn man den Einsatz in Sierra Leone aber als einen Fall der Intervention auf Einladung sehen will (deren Zulässigkeit in Bürgerkriegssituationen überwiegend abgelehnt wird, vgl. BOTHE, in: GRAF VITZTHUM, Völkerrecht, VIII, Rn. 23) muß man anerkennen, daß die einladende Regierung die Staatsgewalt im maßgeblichen Zeitpunkt nicht mehr effektiv ausübte und daß dies bei herkömmlicher Sichtweise zur Verneinung einer Einladungslösung hätte führen müssen (vgl. NOWROT/SCHABACKER, AULR 14 [1998], 321);

d) Die NATO-Luftangriffe gegen jugoslawische Stellungen und Infrastruktureinrichtungen von Ende März bis Anfang Juni 1999 zur Erzwingung des Rückzugs jugoslawischer Militäreinheiten aus dem Kosovo.

535 BROWNLIE, Principles of Public International Law, S. 515; SCHINDLER, BDGV 26 (1986), 11 (14); KADELBACH, Zwingendes Völkerrecht, S. 227 m.w.N.; IGH im *Nicaragua-Fall*, ICJ-Reports 1986, 100f. (§ 190).

536 Vgl. hierzu RANDELZHOFER, in: SIMMA, ChUN, Art. 2 (4), MN. 39; SCHACHTER, RdC 178 (1982 V), 9 (133).

537 WALTER, Regionalorganisationen, S. 217.

meinsamen Ausübung des individualstaatlichen Selbstverteidigungsrechts im Rahmen von Verteidigungsbündnissen einmal abgesehen. Das Gewaltverbot ließe eine Ausnahme in einem über das „naturgegebene Recht" auf Notwehr und Nothilfe hinausgehendem Umfang nicht zu.[538] Nur über eine Ermächtigung durch den Sicherheitsrat könne daher der Verstoß gegen das Gewaltverbot seitens der Mitgliedstaaten der Regionalorganisation gerechtfertigt werden.

Allerdings haben die Fälle der letzten Jahre, wo Staaten oder Staatengruppen bewaffnete Interventionen zum Schutz fundamentaler Menschenrechte auch ohne Mandat des Sicherheitsrates ausgeführt haben, gezeigt, daß das Rechtsinstitut der humanitären Intervention auch in der Staatenpraxis nunmehr wieder ernsthaft zur Debatte steht.[539] Der Kosovo-Konflikt war nicht der erste Fall, in dem Staaten ein Recht auf Einmischung in staateninterne Menschenrechtsfragen in Anspruch genommen haben, ohne daß der Sicherheitsrat wie in Somalia[540] oder Ruanda[541] eine Ermächtigung nach Kapitel VII SVN zur zwangsweisen Beendigung[542] der humanitären Notlage ausgesprochen hat. Angesichts dieser neueren Entwicklungen in der für die Beurteilung der gegenwärtigen völkerrechtlichen Rechtslage maßgebenden Staatenpraxis werden die rechtlichen Zweifel an der generellen Unzulässigkeit einer humanitären Intervention[543] immer lauter.[544]

---

538 WALTER, Regionalorganisationen, S. 221.

539 NOLTE, Eingreifen auf Einladung, S. 13.

540 S/Res 794 vom 3.12.1992 (SCOR/Resolutions and Decisions 1992, S. 63ff.) und S/Res 814 vom 26.3.1993 (SCOR/Resolutions and Decisions 1993, S. 80ff.).

541 S/Res 929 vom 22.6.1994, in: VN 1994, 153f.

542 Im Falle Ruandas war es strittig, ob es sich tatsächlich um eine Zwangsmaßnahme gehandelt hat, weil der damalige Vertreter Ruandas im Sicherheitsrat dem Einsatz der Friedenstruppe UNAMIR zugestimmt hat (UN-Doc. S/PV. 3392 vom 22.6.1994, S. 4f.).

543 In eine ähnliche Kategorie gehört auch die Intervention der Staatengemeinschaft in Haiti aufgrund S/Res 940 vom 31.7.1994 (Text in VN 1994, 195). Eine gewichtige Motivation der Sicherheitsrats-Ermächtigung war auch hier der Schutz der Menschenrechte, nämlich die Wiederherstellung der Demokratie und die Ermöglichung der Rückkehr des rechtmäßig gewählten Präsidenten ARISTIDE (vgl. die Analyse bei ÖSTERDAHL, Threat to the Peace, S. 65ff.). Eine derartige pro-demokratische Invasion geht allerdings über die Abwendung einer existenziellen Notlage größeren Ausmaßes hinaus, und wird daher von der wohl h.M. als unzulässige Intervention abgelehnt (HILAIRE, RDI 1990, 241, 252; LAUTERPACHT, Recognition in International Law, S. 229; HENKIN, CJTL 1991, 293, 298). Aus dem Selbstbestimmungsrecht wird gefolgert, daß jede Einmischung in die Regierungsangelegenheiten eines Staates - egal, ob zugunsten einer demokratisch legitimierten Regierung oder einer nach Demokratie strebenden Opposition - unzulässig ist (vgl. IGH, ICJ-Reports 1986, 14 [133], § 263). Die gewohnheitsrechtliche Geltung eines Rechts auf Demokratie westlicher Couleur wird überwiegend abgelehnt (FOX, YaleJIL 1992, 539, 556; FROWEIN, ZSchwR 1995, 257, 258).

544 TÉSON, MichiganJIL 17 (1996), 323. Siehe im übrigen gleich unter 3. b.

e) Ergebnis zur Frage einer notwenigen Ermächtigung durch den Sicherheitsrat

Im Ergebnis kann damit festgestellt werden, daß die uneinheitliche Beurteilung der Rechtmäßigkeit des NATO-Einsatzes im Kosovo durch die Staatengemeinschaft und die nur noch zum Teil behauptete vorrangige Zuständigkeit des UN-Sicherheitsrates keinen deutlichen Rückschluß auf die Notwendigkeit einer Ermächtigung der Regionalorganisation zur Durchführung von Zwangsmaßnahmen nahelegt, obwohl der Wortlaut des Art. 53 I SVN dies offensichtlich fordert. Ein Teil der Staatenwelt akzeptiert offensichtlich die von den NATO-Mitgliedstaaten in Anspruch genommene Zuständigkeit, militärische Aktionen nicht nur jenseits der Selbstverteidigung, sondern auch außerhalb des von der UN-Charta vorgegebenen Rahmens durchzuführen. Das neue Strategische Konzept der NATO, das am 24.4.1999 in Washington verabschiedet wurde, bringt die Rechtsauffassung der NATO-Staaten denn auch klar zum Ausdruck: Zwar werden die primäre Verantwortung des UN-Sicherheitsrates für den Weltfrieden und die internationale Sicherheit anerkannt, jedoch behält sich die Allianz die Möglichkeit vor, militärische Aktionen zur Konfliktverhütung und Krisenbewältigung im Einzelfall und im Bündniskonsens auch ohne ausdrückliches Mandat durchzuführen.[527]

Unabhängig von der Frage nach einem Gewaltmonopol des UN-Sicherheitsrates könnte die im Kosovo-Konflikt erstmalig relevant gewordene Inanspruchnahme einer NATO-Kompetenz zu gewaltsamen Maßnahmen kollektiver Sicherheit gleichwohl völkerrechtswidrig gewesen sein, wenn sie mit einer Regel des gültigen allgemeinen Völkerrechts unvereinbar wäre. Wie die Diskussion im Sicherheitsrat gezeigt hat, haben etliche Staaten Bedenken gegen die Entfaltung der im NATO-Vertrag angelegten Befugnisse kollektiver Sicherheit geäußert, die nicht bloß mit dem fehlenden UN-Mandat begründet wurden, sondern auch mit der Nichtanerkennung eines Rechts auf humanitäre Intervention. Zusätzlich wird die Kosovo-Aktion in der Literatur als völkerrechtlich unzulässige Anwendung des NATO-Vertrages zu Lasten Jugoslawiens gesehen.

Im folgenden ist daher zu untersuchen, ob sich die NATO bei ihrem Vorgehen auf einen Rechtfertigungstatbestand der humanitären Intervention stützen konnte, der möglicherweise durch einen weit verstandenen Verteidigungsbegriff in Art. 5 NATO-Vertrag begründet ist. Mittlerweile steht die Existenz eines kollektiven, unter die Autorität der Vereinten Nationen fallenden humanitären Interventionstitels aufgrund der zahlreichen Praxis des Sicherheitsrats außer Frage

---

[527] Vgl. Punkt 15 sowie die Formulierungen in Punkt 31 und 32 des neuen Strategischen Konzepts der NATO vom 24.4.1999, in: Bull. der BReg. Nr. 24 vom 3.5.1999, S. 223, 225. In diesem Sinne versteht auch CANNIZZARO (Riv. Dir. Int. 1999, 729) das neue Strategiekonzept.

ge.[546] Insoweit ist von einer Erweiterung des vertraglichen Kompetenzkreises des Sicherheitsrats auszugehen.[547] Höchst umstritten hingegen bleibt die Frage, ob auch durch Staaten oder Staatengruppen (wie der NATO) in eigener Regie angewendete Waffengewalt zum Schutz der Bevölkerung eines fremden Staates vor schwerwiegenden Menschenrechtsverletzungen[548] zulässig sind. Unabhängig von der Beantwortung dieser Frage stellt sich dann das Problem, ob trotz eines möglichen vertraglichen Erlaubnistatbestands die NATO-Aktion deshalb rechtswidrig war, weil sie zu Lasten eines Nichtmitgliedstaates durchgeführt wurde.

3. Humanitäre Intervention als Selbstverteidigung im Sinne des Art. 5 NATO-Vertrages

Unter dem NATO-Vertrag könnte sich die Zulässigkeit von Militäraktionen zum Schutz der Menschenrechte aus einem weiten, humanitär "aufgeladenen" Verteidigungsbegriff ergeben. In Art. 5 NATO-Vertrag haben die Vertragsparteien vereinbart, daß im Falle eines bewaffneten Angriffs jede von ihnen in Ausübung des in Art. 51 der Satzung der Vereinten Nationen anerkannten Rechts der individuellen oder kollektiven Selbstverteidigung der Partei, die angegriffen wird, Beistand leistet. Was unter einem solchen "bewaffneten Angriff" zu verstehen ist, ist durchaus nicht unumstritten. Teilweise wird immer noch das Vorliegen einer massiven, grenzüberschreitenden Militäroperation größeren Ausmaßes verlangt.[549] Andere sehen schon jedwede grenzüberschreitende Gewaltanwendung durch einen Staat im Sinne des umfassenden Gewaltverbots nach Art. 2 Ziff. 4 SVN als Auslöser des Selbstverteidigungsrechts.[550] Versteht man aber unter einem "bewaffnetem Angriff" auch die gravierende Verletzung fundamentaler Menschenrechte, wäre Art. 5 NATO-Vertrag mögli-

---

546 In folgenden Fällen hat der Sicherheitsrat auf Menschenrechtsverletzungen und Verletzung humanitären Völkerrechts abgestellt, um eine "Bedrohung des Friedens" annehmen zu können: Somalia (S/Res 794), Ruanda (S/Res 929), Jugoslawien (S/Res 1031 zur IFOR/SFOR-Aktion) und Sierra Leone (S/Res 1132). Mit Einschränkungen gilt dies auch für Haiti (S/Res 940), obwohl dort primär auf die Nichteinhaltung eines Abkommens zur Wiedereinsetzung des rechtmäßig gewählten Präsidenten abgestellt wurde, und erst an zweiter Stelle die „ernste Besorgnis über die weitere Verschlechterung der humanitären Lage“ zur Feststellung der Friedensbedrohung geführt hat.

547 FINK, in: FS SCHIEDERMAIR, S. 803 (804).

548 So die Definition der humanitären Intervention bei IPSEN, Völkerrecht, § 59 Rn. 26.

549 DAHM, Völkerrecht I, S. 413; VERDROSS/SIMMA, Universelles Völkerrecht, § 472; MEIER, Der bewaffnete Angriff, S. 91.

550 KERSTING, NZWehrr 23 (1981), 130 (141); IPSEN, Völkerrecht, § 58 Rn. 28; RÖLING, JIR 14 (1969), 174 (176).

cherweise die ausreichende rechtliche Grundlage für einseitige humanitäre Interventionen. Könnte man die Existenz einer entsprechenden gewohnheitsrechtlichen Erweiterung des Verteidigungsbegriffs nachweisen, wäre die gewaltsame Intervention vom "Typ Kosovo" als kollektive Nothilfe im Sinne eines weit verstandenen Art. 5 NATO-Vertrag i.V.m. Art. 51 SVN[551] oder als gewohnheitsrechtlich entstandener Ausnahmetatbestand zum Gewaltverbot erlaubt.[552] Wenn man der Auffassung folgt, daß Art. 51 SVN nicht nur gebietsbezogene Angriffe auf das Territorium eines Staates meint, sondern Ausdruck des allgemeinen Rechtsgedankens ist, daß alle gewaltsamen Verletzungen von grundlegenden Interessen der Staatengemeinschaft – also Verstöße gegen *erga omnes*-Vorschriften[553] - nothilfefähig sind, dann könnte auch die schwerwiegende Verletzung grundlegender Menschenrechte, insbesondere der Verstoß gegen die *ius cogens*-Norm[554] des Genozidverbots, einzelne Staaten oder die Staatengemeinschaft zu Gegenmaßnahmen berechtigen. Art. 51 SVN ist nach diesem Verständnis keine abschließende Regelung eines eng verstandenen Selbst- und Nothilferechts, das nur bei grenzüberschreitenden Militäroperationen anwendbar wäre, sondern eine anhand des sich wandelnden Willens der Staatengemeinschaft dynamisch auszulegende allgemeine Ermächtigung zur Nothilfe in Fällen der Verletzung grundlegender Völkerrechtsinteressen.[555] Da Art. 5 NATO-Vertrag hinsichtlich der Voraussetzungen und des Umfangs des Nothilferechts auf Art. 51 SVN verweist, könnte man auch den Umfang der

---

551 DOEHRING, Völkerrecht, Rn. 1015.

552 SOFAER, CJTL 29 (1991), 281 (288); LILLICH, in: MOORE (Hg.), Law and Civil War, S. 229 (241, 250); PAUER, Humanitäre Intervention, S. 182. Ähnlich auch CASSESE, EJIL 10 (1999), 23ff.

553 D.h. die gesamte Staatengemeinschaft ist in ihren Rechten verletzt, weil alle Staaten ein Interesse an der Einhaltung der grundlegendsten Prinzipien der Völkerrechtsordnung haben (FROWEIN, in: EPIL III [1997], S. 67).

554 Ein Verstoß gegen eine ius cogens-Norm wird in aller Regel auch eine Verletzung einer *erga omnes*-Verpflichtung gegenüber der Staatengemeinschaft darstellen. Im Falle der Verletzung fundamentaler Menschenrechte bejaht dies Art. 40 III der ILC Draft Articles on State Responsibility (ILM 1998, 442) ausdrücklich. Danach sind alle Mitglieder der Staatengemeinschaft verletzt, wenn eine Verletzung fundamentaler Menschenrechte als *international crime* (Art. 19 III c) zu qualifizieren ist.

555 Zum sog. humanitären Mindeststandard als Bestandteil des ius cogens gehört das Recht auf Leben, auf körperliche Unversehrtheit, das Recht, nicht gefoltert oder anderweitig unmenschlich behandelt zu werden sowie das Verbot der Sklaverei und der rassischen und weltanschaulichen Diskriminierung (vgl. Art. 7 IStGH-Statut). Diese Menschenrechte sind "unabhängig von Raum und Zeit von derart fundamentalem Charakter, daß jede staatliche Macht sie achten muß, weil ansonsten der Mensch seiner Würde und Personenhaftigkeit beraubt würde (BLANKE, ArchVR 1998, 257, 261; zum erga omnes-Charakter vgl. den IGH, ICJ-Rep. 1970, 3, §§ 33f.).

nach der Bündnisverpflichtung des Art. 5 NATO-Vertrag notwehr- und nothilfefähigen Rechtsgüter im Sinne der Verteidigung fundamentaler Interessen der Staatengemeinschaft verstehen; Art. 5 NATO-Vertrag enthielte dann eine dynamische Verweisung auf die nach allgemeinem Völkerrecht verteidigungsfähigen Rechtsgüter.[556] Daß sich die Abänderung, Ergänzung oder Neuinterpretation eines Gründungsvertrags wegen der Gleichrangigkeit der Völkerrechtsquellen auch durch Völkergewohnheitsrecht vollziehen kann, ist allgemein anerkannt.[557] Wäre ein derart weiter und der gewohnheitsrechtlichen Weiterentwicklung unterliegender Verteidigungsbegriff zu bejahen, bestände kein Bedürfnis für eine ausdrückliche, über den Wortlaut des Art. 5 NATO-Vertrag hinausgehende Ermächtigungsgrundlage für humanitäre Militäreinsätze.

Trotz dieses mit der Systematik der UN-Charta begründbaren Rechtfertigungsansatzes ist das Vorgehen der NATO in der zum Kosovo-Einsatz bislang ergangenen Literatur überwiegend auf Ablehnung gestoßen. Diese Ablehnung gründet sich auf ein traditionelles, restriktives Verteidigungsverständnis, das in Anlehnung an den engen Ausnahmekatalog der UN-Charta für Gewaltanwendung der Existenz des einseitigen Rechts auf humanitäre Intervention eine Absage erteilt.

a) Die bisherige Staatenpraxis zur humanitären Intervention

Insbesondere die Staatenpraxis ("subsequent practice") nach 1945 zeigt wenig Unterstützung für eine gewohnheitsrechtliche Inanspruchnahme eines

---

556 Hintergrund für die Annahme eines Nothilferechts bei gravierenden Menschenrechtsverletzungen ist die Bejahung der Völkerrechtssubjektivität des Individuums hinsichtlich der Inanspruchnahme von fundamentalen und zum ius cogens gehörenden Menschenrechten (IGH, ICJ-Rep. 1970, 4 [32], § 34; MOSLER, in: EPIL 7 [1984], 458). Werde das Individuum in seinen fundamentalen Menschenrechten verletzt, insbesondere durch das Verbrechen des Völkermords, müsse ihm das Völkerrecht auch ein eigenes Selbstverteidigungsrecht zubilligen. Dieses Recht sei allen Rechtsordnungen innewohnend und daher allgemeingültig, so daß er als als allgemeiner Rechtsgrundsatz (general principle of law) zu den Rechtsquellen des Völkerrechts zu zählen sei (BRYDE, in: EPIL 4 [1982], 212). Wenn das Individuum durch das Völkerrecht selbst zur Selbstverteidigung, d.h. zur Notwehr, berechtigt ist, müsse ihm auch von allen anderen Völkerrechtssubjekten Nothilfe geleistet werden können. In Art. 51 SVN sei insoweit der allgemeine Rechtsgedanke enthalten, daß Notwehr und Nothilfe zugunsten von Völkerrechtssubjekten gegen gewaltsame Beeinträchtigungen fundamentaler Völkerrechtsgüter zulässig ist (DOEHRING, Völkerrecht, Rn. 1015). Der Begriff "bewaffneter Angriff" im Wortlaut des Art. 51 SVN sei deshalb am Willen der Staatengemeinschaft zu orientieren, so daß alle Rechtsgüter darunter zu fassen seien, die die Staatenwelt als nothilfefähige Interessen von fundamentalem Interesse ansieht.

557 MENG, Internationale Organisationen, S. 56; MENZEL, Völkerrecht, S. 94. Allgemein zur Befugnis der Staaten, auch neues Völkergewohnheitsrecht zu schaffen, siehe FINK, in: FS SCHIEDERMAIR, S. 803 (809ff.).

- neben der UN-Charta fortbestehenden - ungeschriebenen Ausnahmetatbestandes zum Gewaltverbot. Von 1945 bis heute sind 17 militärische Aktionen von Staaten durchgeführt worden, bei denen sich die Frage der uni- bzw. plurilateralen humanitären Intervention stellte.[558] Nur in fünf dieser Fälle wurde der Einsatz mit der Notwendigkeit des Schutzes fremder Staatsangehöriger vor massiven Menschenrechtsverletzungen gerechtfertigt.[559] Die meisten anderen Fälle wurden mit der Ausübung des Rechts auf Selbstverteidigung,[560] dem Schutz eigener Staatsangehöriger[561] oder mit der Eskalation von Grenzkonflikten begründet.

Auch der IGH nahm in seinem Urteil von 1986 hinsichtlich der Unterstützung der rechtsgerichteten CONTRAS in Nicaragua durch die Vereinigten Staaten eine ablehnende Haltung ein, als er die Vorstellung zurückwies, die Verletzung von Menschenrechten seitens einer Regierung könne militärische Aktionen anderer Staaten rechtfertigen.[562]

Da humanitäre Interventionen in der Vergangenheit häufig zur Durchsetzung hegemonialer und kolonialer Machtansprüche verwendet wurden, ist die Gefahr zu groß, daß unter dem Deckmantel humanitärer Interessen außenpolitische Ziele verfolgt werden, die unter der Geltung der UN-Charta als Ausnahmen vom Gewalt- und Interventionsverbot gerade keine Rolle mehr spielen sollen.[563] Bereits in den Fällen vor 1945, in denen sich die Frage einer humanitären Intervention ernsthaft gestellt hat, waren die Gründe des Eingreifens nie rein humanitärer Art, sondern stets mit wirtschaftlichen und hegemonialen

---

558 Vgl. die Aufzählung der Fälle bei DEISEROTH, NJW 1999, 3084 (3086).

559 So die USA bei ihrem Einmarsch in die Dominikanische Republik 1965 (Dept. of State Bull. 53 [1965], 20) und 1981 in Nicaragua (PAPE, Humanitäre Intevention, S. 101), die Wirtschaftsgemeinschaft der Westafrikanischen Staaten (ECOWAS) bei ihrem Eingreifen im August 1990 im Bürgerkrieg in Liberia (WALTER, Regionalorganisationen, S. 96ff.), die USA sowie das Vereinigte Königreich bei ihren militärischen Interventionen zugunsten der Schiiten und Kurden im Irak seit 1991 (PAPE, S. 174ff.) und der Luftkrieg von zehn NATO-Staaten gegen Jugoslawien im Frühjahr 1999.

560 So z.B. die Intervention Indiens in Ostbengalen 1971 (AdG 1971, 16329), der Sturz der Regierung von Idi Amin in Uganda durch Tansania 1979 (AdG 1979, 23092, 23901) und der Einsatz von Gewalt durch Vietnam im Kampf gegen das Regime POL POT in Kambodscha im gleichen Jahr (AdG 1979, 22317f.).

561 Der keine humanitäre Intervention im eigentlichen Sinn darstellt, sondern eine u.U. noch zulässige Selbsthilfemaßnahme der Staaten zugunsten von Angehörigen ihrer eigenen Rechtsordnung. Vgl. das Eingreifen Belgiens und der USA im Kongo in den Jahren 1960 und 1964 sowie die Interventionen der USA zur Befreiung der in der US-Botschaft in Teheran festgehaltenen Geiseln (1980), in Grenada (1983) und Panama (1989).

562 Case Concerning Military and Paramilitary Activities in and against Nicaragua, ICJ-Reports 1986, 14 (134), § 268.

563 HACKER, ROW 1987, 65 (71); WEBER, VN 1983, 169 (171).

nitärer Art, sondern stets mit wirtschaftlichen und hegemonialen Interessen vermischt, wobei letztere regelmäßig überwogen haben dürften.[564]

b) Systematische Erwägungen gegen einen ungeschriebenen Ausnahmetatbestand

Aber selbst wenn ein solcher Eingreiftatbestand vor 1945 bestanden haben sollte, wird von der h.M. in der Literatur zu recht angenommen, daß er die Verabschiedung der UN-Charta nicht "überlebt" habe.[565] Begründet wird dies mit der normativen Zielsetzung des umfassenden Gewaltverbots in Art. 2 Ziff. 4 SVN. Danach soll die Anwendung militärischer Gewalt nur noch in denjenigen Fällen rechtmäßig sein, die in der Charta als Ausnahmen von Art. 2 Ziff. 4 SVN ausdrücklich normiert sind[566] (Art. 42, 51, 53). Die einzelstaatliche "humanitäre Intervention" könne hierunter nicht subsumiert werden, da sie weder ein Selbsthilferecht gegen bewaffnete Angriffe darstelle noch vom Sicherheitsrat nach den Kapiteln VII und VIII SVN legitimiert sei. Wesentliches Ziel der Charta sei die grundlegende Eliminierung der Waffengewalt als Mittel der Konfliktlösung in den zwischenstaatlichen Beziehungen gewesen.[567] Gewaltanwendung als Mittel der internationalen Politik - auch der Menschenrechtspolitik - solle der Disposition der einzelnen Staaten *schlechthin* entzogen sein; allenfalls der Sicherheitsrat solle in Fällen humanitärer Katastrophen nach festgestellter Friedensbedrohung die Befugnis zur Verhängung von Zwangsmaßnahmen haben.[568]

Die gegen diese Ratio des Art. 2 Ziff. 4 SVN vereinzelt vorgebrachte Ansicht, die Anwendung von Waffengewalt zum Schutz vor massiven Menschenrechtsverletzungen sei mit den Zielen der UN-Charta vereinbar (Art. 1 Ziff. 3

---

564 Vgl. BROWNLIE, Use of Force, S. 339f.; PAUER, Die humanitäre Intervention, S. 74ff.

565 GREENWOOD, EA 1993, 93 (94); HAILBRONNER, in: GRAF VITZTHUM, Völkerrecht, III, Rn. 223ff.; HAILBRONNER, BDGV 26 (1986), 49 (100); SCHACHTER, International Law in Theory and Practice, S. 128; BROWNLIE, in: MOORE (Hg.), Law and Civil War, S. 217ff., BOWETT, in: MOORE (Hg.), S. 45; CASSESE, in: DERS., Current Legal Regulation, S. 514; BINDSCHEDLER, in: FS SCHLOCHAUER, S. 183; KUNIG, in: Jahrbuch Dritte Welt 1994, S. 54; KIMMINICH, ArchVR 33 (1995), 430 (439ff.); PAUER, Die humanitäre Intervention, S. 138; RANDELZHOFER, in: SIMMA, ChUN, Art. 2 (4), MN. 53; VERDROSS/SIMMA, Universelles Völkerrecht, § 473; SIMMA, EJIL 10 (1999), 1 (6); DEISEROTH, NJW 1999, 3084 (3086); NOLTE, ZaöRV 59 (1999), 941 (949).

566 WRIGHT, AJIL 47 (1953), 365 (370); BLUMENWITZ, APuZ B 47/1994, S. 3 (6); KIMMINICH/HOBE, Einführung in das Völkerrecht, S. 339f.

567 SCHRÖDER, JZ 1977, 420 (422); RANDELZHOFER, in: EPIL 4 (1982), 265ff.

568 Vgl. bereits die Resolutionen zu den Arpartheidregimen in Rhodesien (S/Res 232 vom 16.12.1966) und Südafrika (S/Res 418 vom 4.11.1977). In neuerer Zeit waren die Menschenrechtssituation in Somalia, Ruanda, Haiti, Albanien und im Kosovo Gegenstand von Resolutionen des Sicherheitsrates.

SVN) und verletze daher keines der in Art. 2 Ziff. 4 SVN genannten Schutzgüter, sondern verwirkliche vielmehr fundamentale Normen der Charta,[569] hat ebenfalls zu recht keine Zustimmung gefunden. Mit einer Bezugnahme auf das Ziel des Menschenrechtsschutzes zu Lasten des eindeutig als Rechtspflicht statuierten Gewaltverbots wird das Primärziel der Vereinten Nationen, jegliche Form zwischenstaatlicher Gewaltanwendung nur in den eng begrenzten Ausnahmefällen zuzulassen, unterlaufen.[570] Auf der Gründungskonferenz in San Francisco wurde von mehreren Delegierten betont, daß jegliche Gewaltanwendung außerhalb des von der UNO vorgegebenen Rahmens und ohne Autorisierung durch eines ihrer Organe ein Verstoß gegen das „allumfassende und weitestmöglich gefaßte" Gewaltverbot des Art. 2 Ziff. 4 SVN darstelle.[571]

Ebenso wenig kann die vor allem vor 1990 vertretene Ansicht überzeugen, die Geltung des absoluten Gewaltverbots sei von der Effektivität des kollektiven Sicherheitssystems nach Kapitel VII UN-Charta abhängig.[572] Gegen diese Auffassung spricht, daß sich die Autoren der UN-Charta trotz Kenntnis der Unzulänglichkeiten des VII. Kapitels bewußt gegen eine Unterminierung des umfassenden Gewaltverbots entschieden haben.[573] Schon bei Schaffung der Charta war vorherzusehen, daß aufgrund der politischen Zusammensetzung und des Vetorechts der ständigen Mitglieder im Sicherheitsrat das kollektive Sicherheitssystem der Vereinten Nationen nicht immer reibungslos funktionieren würde.[574] Auf der UN-Gründungskonferenz in San Francisco ist gerade auch über ein mögliches Versagen des Friedenssicherungssystems beraten worden.[575] Konsequenz dieser Befürchtungen war die ausdrückliche Verankerung des Selbstverteidigungsrechts in Art. 51 SVN.[576] Auch im Falle bewußter oder durch Vetoblockade herbeigeführter Untätigkeit des Sicherheitsrates gilt, daß

569 STONE, Aggression and World Order, S. 43; REISMAN/MCDOUGAL, in: LILLICH (Hg.), Humanitarian Intervention, S. 167, 177; DOEHRING, Völkerrecht, Rn. 1012f.

570 JESSUP, Modernes Völkerrecht, S. 234; BEYERLIN, Humanitäre Aktion, S. 46; SIMMA, in: MERKEL (Hg.), Der Kosovo-Krieg, S. 9 (11).

571 Der Text des Art. 2 Ziff. 4 solle in dem Sinne verstanden werden, „that all members of the Organization...shall refrain...from the threat or use of force unless such action was being taken according to procedures established by the Organization and in accordance with its decisions". Weiter wurde darauf hingewiesen, "that the intention of the authors of the original text was to state in the broadest terms an absolute all-inclusive prohibition" (UNCIO, Vol. VI, S. 334f.).

572 So aber BLUM, GYIL 19 (1976), 223 (227); SCHWARZENBERGER, RdC 87 (1955 I), 195 (339).

573 BEYERLIN, in: EPIL 3 (1982), 211 (213); SCHINDLER, BDGV 26 (1986), 11 (18).

574 WESTERDIEK, ArchVR 21 (1983), 383 (393); BERNHARDT, ZaöRV 36 (1976), 50 (54); RANDELZHOFER, in: SIMMA, ChVN, Art. 2 Ziff. 4, Rn. 50.

575 UNCIO, Vol. VI, S. 334.

576 UNCIO, Vol. XII, S. 682, 688, 777, 781.

die Zielsetzung der UN-Charta nach der Erfahrung zweier Weltkriege keine Durchbrechung des umfassenden Gewaltverbots als wohl wichtigste Errungenschaft des neueren Völkerrechts zuläßt. Mit Absicht soll daher eine Ermächtigung zur gewaltsamen Intervention nur bei Einmütigkeit der ständigen Ratsmitglieder im Rahmen der Kapitel VII und VIII SVN zulässig sein.[577]

Angesichts der sei 1990 zutage getretenen größeren Handlungsfähigkeit des Sicherheitsrates ist die These, das umfassende Gewaltverbot stände unter dem Vorbehalt der Funktionsfähigkeit des UN-Friedenssicherungssystems,[578] ohnehin erheblich geschwächt worden. Auch wenn der Sicherheitsrat in einzelnen Fällen keine oder keine wirksamen Maßnahmen beschließt (wie im Kosovo-Konflikt), ist er doch nicht mehr grundsätzlich blockiert.[579]
Allerdings wird in neuerer Zeit vermehrt behauptet, bei offenkundigen und besonders schweren Menschenrechtsverletzungen - etwa bei Völkermord - sei seit Anfang der 90er Jahre insoweit ein Wandel der völkerrechtlichen Lage durch eine veränderte Staatenpraxis eingetreten, als sich die allmähliche völkergewohnheitsrechtliche Anerkennung eines Rechts auf humanitäre Intervention abzeichne. Dies habe zur Folge, daß in solchen Fällen ein einseitiges militärisches Eingreifen ausnahmsweise mit Art. 2 Ziff. 4 SVN vereinbar sei – mithin eine weitere tatbestandliche Ausnahme vom Gewaltverbot geschaffen worden sei[580] - bzw. die Menschenrechte als nothilfefähige Rechtsgüter und deren gewaltsamer Schutz damit von Art. 51 SVN, 5 NATO-Vertrag gedeckt angesehen werden können.[581] Grundgedanke für beide Ansätze ist, daß sich das allgemeine Völkerrecht dahingehend entwic??kelt habe, daß die Verletzung zwingender Regeln (wie die schwerwiegende Verletzung von Menschenrechten)[582] als "international crime" alle Staaten der Staatengemeinschaft in ihren Rechten verletzt (d.h. *erga omnes* wirkt). Dies führe dazu, daß alle Staaten auch berechtigt sind, sich gegen Rechtsverletzungen dieser Art zur Wehr zu setzen.[583] Der Befund des

---

577 MURSWIEK, Der Staat 35 (1996), 31 (39).

578 Bei den Beratungen in San Francisco wurde im zuständigen Kommitee I/1 das Problem erkannt, „that the phraseology of paragraph 4 might leave it open to a member state to use force in some manner consistent with the purposes of the Organization but without securing the assent of the Organization to such use of force". Es bestand Einigkeit darüber, daß "paragraph 4 should be reworded so as to provide that force should not be used by any member state except by direction of the world Organization" (UNCIO, Vol. VI, S. 304).

Vgl. zur Zielsetzung eines umfassenden Gewaltverbots auch IPSEN, Völkerrecht, § 59 Rn. 9ff.; DOEHRING, Völkerrecht, Rn. 1008.

579 NOLTE, Eingreifen auf Einladung, S. 13.

580 ISENSEE, JZ 1995, 421 (426); ROBERTS, HuV-I 1993, 147ff.; IPSEN, Die Friedens-Warte 1999, S. 19 (20f.).

581 DOEHRING, Völkerrecht, Rn. 1013ff.

582 So bereits der IGH im *Barcelona Traction Case*, ICJ-Reports 1970, 3 (33), §§ 33f.

583 DOEHRING, Völkerrecht, Rn. 1014.

aktuellen Völkergewohnheitsrechts – das auch die Grundlage des Selbstverteidigungsrechts bildet, wie der Begriff „inherent right" belegt[584] - lasse bereits die Annahme zu, daß in extensiver Anwendung des Art. 51 SVN ein bewaffnetes Selbsthilferecht auch dann anzunehmen sei, wenn der Sicherheitsrat - ähnlich wie im Falle seiner Untätigkeit bei bewaffneten Konflikten, was den angegriffenen Staat zur Selbstverteidigung berechtigt - nicht in der Lage ist, schwere Menschenrechtsverletzungen nach Art. 39 ff. SVN zum Gegenstand von Zwangsmaßnahmen zu machen.

c) Die völkergewohnheitsrechtliche Entstehung eines Rechtstitels „humanitäre Intervention"

Fraglich ist, ob sich aufgrund der neueren Staatenpraxis seit 1990 ein neuer Satz des Völkergewohnheitsrechts nachweisen läßt, nach dem humanitäre Interventionen trotz des erkennbar dagegen sprechenden Regelungsziels des Art. 2 Ziff. 4 SVN nunmehr zulässig sind. Wie bereits angedeutet, halten heutzutage eine Vielzahl von Staaten auch die nicht vom Sicherheitsrat mandatierte humanitäre Intervention für zulässig. Auf der anderen Seite ist nicht zu übersehen, daß sich ein breiter Konsens über die Rechtmäßigkeit humanitär motivierter Gewalteinsätze nur für UN-mandatierte humanitären Interventionen finden läßt.[585] Da die NATO ihr Vorgehen gegen die BR Jugoslawien u.a. mit der Notwendigkeit der Abwendung einer humanitären Katastrophe durch die Beendigung von Gewalt und Unterdrückung im Kosovo gerechtfertigt hat,[586] ist die Existenz eines entsprechenden Rechtfertigungstatbestands zu untersuchen. Wäre ein solcher zu bejahen, könnte er möglicherweise für den Verteidigungsbegriff in Art. 5 NATO-Vertrag fruchtbar gemacht werden.

aa) Die Notwendigkeit einer Rechtfertigung des Kosovo-Einsatzes

Als unbestritten kann zunächst unterstellt werden, daß die NATO mit ihren umfassenden und gezielten Luftangriffen auf dem Gebiet der BR Jugoslawiens "Gewalt" im Sinne des Art. 2 Ziff. 4 SVN angewendet hat. Wenn das Gewaltverbot die Anwendung jedweder militärischer Gewalt, also die Anwendung von Waffen durch einen Staat (hier: einer Staatengruppe) gegen das Hoheitsgebiet

---

584 FINK, in: FS SCHIEDERMAIR, S. 803 (805).

585 Siehe THÜRER, ArchVR 38 (2000), 1 (8f.).

586 Zu den Zielen der NATO-Militäraktion gehörte die Schaffung eines friedlichen, multiethnischen und demokratischen Kosovo, in dem alle Menschen die weltweit geltenden Menschenrechte und Freiheiten gleichermaßen genießen können (Punkte 2 und 9 der NATO-Gipfelerklärung zum Kosovo vom 23.4.1999, in: Bull. der BReg. 1999, 231f.). Siehe auch die Erklärung zum Kosovo auf der Luxemburger Ratstagung vom 28.5.1998, in: Bull. der BReg. 1998, 544f.

eines anderen Staates verbietet,[587] dann fällt auch das feindliche Beschießen von Militär- und Zivileinrichtungen aus der Luft hierunter. Daß die Gewaltanwendung im Rahmen der NATO vorgenommen wurde, ist tatbestandlich ohne Belang. Selbst wenn man darauf abstellt, daß Adressaten des Gewaltverbots nach Art. 2 Ziff. 4 SVN augenscheinlich nur Staaten sind, so wird doch allgemein angenommen, daß Zwangsmaßnahmen des Sicherheitsrats nach Kapitel VII SVN eines Ausnahmetatbestandes bedürfen, weil sie gegen das Gewalt- und Interventionsverbot verstoßen;[588] dieser Rechtfertigung hätte es nicht bedurft, wenn nicht anerkannt wäre, daß auch internationale Organisationen tatbestandlich zumindest gegen das gewohnheitsrechtliche Gewaltverbot verstoßen können.[589] Auch Art. 2 Ziff. 7, HS. 2 SVN unterstellt die Tatbestandsmäßigkeit von Zwangsmaßnahmen der Vereinten Nationen. In Anbetracht der Tatsache, daß in der UN-Charta - von den Voraussetzungen des VII. Kapitels einmal abgesehen - die humanitäre Intervention nicht als Unrechtsausschließungsgrund für Verstöße gegen das Gewalt- und Interventionsverbot vorgesehen ist, kann ihr eine rechtfertigende Wirkung nur kraft Gewohnheitsrechts zukommen. Diese gewohnheitsrechtliche Zulässigkeit könnte dann entweder zu einer das umfassende Gewaltverbot in seinem Tatbestand beschränkenden Auslegung führen, oder für die Erweiterung der nothilfefähigen Rechtsgüter im Rahmen der Art. 51 SVN, 5 NATO-Vertrag fruchtbar gemacht werden. Letzterer Ansatz bietet sich insbesondere deshalb an, weil die Formel vom „inherent right" in Art. 51 SVN seine Wurzeln letztlich im Völkergewohnheitsrecht hat und daher besonders elastisch auf Weiterentwicklungen in der Staatenpraxis reagieren kann.

Einem neuen, die Rechtmäßigkeit der humanitären Intervention bejahenden Satz des Gewohnheitsrechts steht zunächst nicht entgegen, daß diese nach der herkömmlichen Rechtsauffassung der Staaten bislang unzulässig war. Um im positiven Recht die Möglichkeit zum Wandel zu eröffnen, muß die Staatengemeinschaft auch neues Recht schaffen können. Die äußere Souveränität verleiht den Staaten das Recht, ihre rechtlichen Verpflichtungen in der Staatengemeinschaft von ihrem eigenen Willen abhängig zu machen. Es ist daher allgemein anerkannt, daß die Staaten die Befugnis haben, auch unter Verdrängung bestehenden Rechts neues Gewohnheitsrecht zu schaffen.[590] Hierbei beschränkt sich die *opinio iuris* im Rahmen des rechtlichen Wandelungsprozesses logischerwei-

---

587 IGH im *Nicaragua-Fall*, ICJ-Reports 1986, 14 (101), § 191; UN-GV in der *Friendly Relations Declaration*, Grds. I und III, GV-Res. 2625 (XXV); SEIDL-HOHENVELDERN/STEIN, Völkerrecht, Rn. 1784.

588 IPSEN, Völkerrecht, § 59 Rn. 10, 52; BOTHE, in: GRAF VITZTHUM, Völkerrecht, VIII, Rn. 24.

589 So auch SIMMA, in: MERKEL (Hg.), Der Kosovo-Krieg, S. 9 (11f.).

590 FINK, in: FS SCHIEDERMAIR, S. 803 (811) m.w.N. aus der Staatenpraxis.

se nicht auf die Beachtung geltenden Rechts, sondern umfaßt auch die Überzeugung, eine im Werden befindliche Norm zu beachten.

bb) Allgemeine Übung und Opinio Iuris

Gegen die Anerkennung einer von einer entsprechenden Rechtsüberzeugung getragenen neueren Staatenpraxis zur humanitären Intervention sprechen allerdings massive Bedenken.

Denn für eine völkergewohnheitsrechtliche (Fort-)Geltung oder ein Neuentstehen eines solchen Rechts fehlt die diesbezügliche dauerhafte,[591] einheitliche,[592] und allgemein verbreitete[593] (übereinstimmende) Staatenpraxis. Da gute Gründe dafür sprechen, daß die humanitäre Intervention im eigentlichen Sinne auch vor Inkrafttreten der UN-Charta nicht anerkannt war – es mithin nicht um das Wiederaufleben eines bereits definierten Rechtes geht, sondern um eine Neuschaffung -, entwickelt sich die neue Praxis nicht im rechtsfreien Raum, sondern unter bewußter Hinwegsetzung über bestehendes Recht. Wenn die Staaten von ihrem Recht Gebrauch machen, unter Abweichung von einem bestehenden Rechtszustand neues Gewohnheitsrecht zu schaffen, dann wird man an die beiden Elemente der allgemeinen Praxis und der *opinio iuris* besondere Anforderungen stellen müssen, die über diejenigen hinausgehen, die im Zusammenhang mit der erstmaligen Entstehung von Gewohnheitsrecht auf einem bestimmten Gebiet verlangt werden können.[594] Im vorliegenden Fall handelt es sich zudem nicht bloß um eine unwesentliche Detailregelung eines völkerrechtlichen Nebengebietes, sondern um die Schaffung einer auf den Schutz der Menschenrechte gestützten ungeschriebenen Ausnahme zum umfassenden und ex-

---

[591] Vgl. zu den Kriterien der "Dauerhaftigkeit", die vom jeweiligen Einzelfall abhängt BERNHARDT, ZaöRV 36 (1976), 66ff.; IPSEN, Völkerrecht, § 16 Rn. 8ff.; IGH, ICJ-Reports 1969, 3 (43), § 73: "State practice, including that of States whose interests are specially affected, should have been both extensive and virtually uniform...".

[592] Die Einheitlichkeit der "allgemeinen Übung" in der Staatenpraxis setzt voraus, daß sich eine repräsentative Zahl von Völkerrechtssubjekten in dem in Rede stehenden Rechtsbereich konsistent verhält; die betreffenden Verhaltensweisen müssen sich weitestgehend gleichen und dürfen nicht von abweichenden Verhaltensweisen begleitet sein (IPSEN, Völkerrecht, § 16 Rn. 10).

[593] Eine "allgemeine" Praxis liegt in der Regel dann vor, wenn sie das Verhalten aller derjenigen Völkerrechtssubjekte umfaßt, die sich an ihr beteiligen oder deren Interessen besonders berührt sind (IGH, ICJ-Reports 1969, 3 [43], 1985, 13 [29f.]). Diese weitreichende und über einen längeren Zeitraum durchgeführte Praxis kann - gerade angesichts der weitreichenden Bedeutung eines ungeschriebenen Ausnahmetatbestandes zum Gewaltverbot - hier nicht angenommen werden. Dafür müßten über mehrere Jahre hinweg regelmäßig humanitär motivierte Interventionen durchgeführt worden sein, die auf eine bewußte Derogation des umfassenden Gewaltverbots hindeuten.

[594] FINK, in: FS SCHIEDERMAIR, S. 803 (812).

tensiv auszulegenden Gewaltverbot. Dies bedeutet die Veränderung einer eminent wichtigen Regelung des Völkerrechts in ihrem Kern. Von einer allgemeinen Übung kann in diesem Fall des Hinwegsetzens über das geltende Völkerrecht und angesichts der Tragweite des Rechtsinstituts der humanitären Intervention nur gesprochen werden, wenn zum einen die Beteiligten kraft ihrer Stellung in der Staatengemeinschaft und kraft des Gewichts ihrer Argumente in der Lage sind, andere von ihren Auffassungen zu überzeugen, und zum anderen die Praxis derart breit ist, daß sich alle größeren Staaten aller wichtigen politischen, rechtlichen und kulturellen Zonen auf der Welt ihr anschließen. Die Zulässigkeit des alleinigen Abstellens auf eine repräsentative Praxis größerer Staaten ohne Notwendigkeit einer tatsächlich vollständig uniformen Praxis rechtfertigt sich daraus, daß die bedeutsameren Staaten sich im Gegensatz zu kleinen Nationen regelmäßig zu allen Fragen des Völkerrechts äußern, während kleinere Nationen häufiger schweigen oder sich der Auffassung größerer Staaten, denen sie sich verbunden fühlen, anschließen.[595] Jedenfalls muß sich die neue Praxis in erhöhter Weise des Konsenses der Staatengemeinschaft insgesamt versichern, da eine Regel geändert werden soll, die sich auf eine breite und globale Zustimmung stützen konnte.

Allein die Tatsache, daß Rußland, China, Indien, Südafrika und einige südamerikanische Staaten wie Brasilien und Argentinien humanitäre Interventionen ablehnen, bedeutet, daß bislang keine "allgemeine Übung" im Sinne des Art. 38 I lit. b IGH-Statut zustande gekommen ist. Wegen der Bedeutung dieser Staaten im Weltgefüge kann nicht davon gesprochen werden, daß sich eine genügend repräsentative Anzahl von Staaten in der für die Bildung eines breiten Konsenses erforderlichen gleichförmigen Weise verhalten hat.[596]

Auch die vor den NATO-Luftschlägen im Frühjahr 1999 ausdrücklich als humanitäre Interventionen bezeichnete Einsätze sind in der Staatenwelt auf z.T. massive Kritik gestoßen, wie z.B. der Einmarsch der USA in die Dominikanische Republik zur Beendigung des dortigen Bürgerkrieges im Jahre 1965[597] und der Einmarsch Indiens in Ostbengalen 1971.[598] Zwar sind in jüngster Zeit Ten-

---

595 FINK, in: FS SCHIEDERMAIR, S. 803 (816) m.w.N.

596 So hat etwa der ehemalige südafrikanische Präsident *Nelson Mandela* die Entscheidung der Regierungen der NATO-Staaten, den UN-Sicherheitsrat nicht einzubeziehen, als "unverantwortlich" bezeichnet. Er verurteilte zwar mit Entschiedenheit die "Verbrechen des Regimes" in Belgrad, warf der NATO aber vor, "genau dasselbe wie MILOSEVIC" zu tun, indem sie "Zivilisten ermordet und in Jugoslawien Brücken und Infrastruktur zerstört" (Vgl. GOLUB, Le Monde Diplomatique, Juni 1999, S. 4). Vgl. auch die Debatte im Sicherheitsrat oben unter V. 2. c.

597 Vgl. die Debatte im Sicherheitsrat in UN-Doc. SCOR (XX)/1196th-1203rd meetings, May 1965.

598 Siehe dazu gleich.

denzen erkennbar, der humanitären Intervention internationale Anerkennung zu verschaffen. So hat das Europäische Parlament in einem mit Mehrheit gefaßten Beschluß vom 20.4.1994[599] die Rechtmäßigkeit der humanitären Intervention vertreten und die EU-Mitgliedstaaten aufgefordert, an dem Prozeß zur Anerkennung eines solchen Rechts aktiv mitzuwirken. Nach seiner Meinung müßten hierfür jedoch stets folgende Kriterien erfüllt sein: Der UN-Sicherheitsrat werde im konkreten Fall - aus welchen Gründen auch immer - seinem Gewaltmonopol nicht gerecht; der betreffende Territorialstaat sei zur Verhinderung der Menschenrechtsverletzungen oder zur Abwendung der humanitären Katastrophe nicht bereit oder nicht in der Lage; alle anderen Lösungsversuche, soweit sie möglich und vernünftig seien, seien ausgeschöpft und erfolglos geblieben; unter Wahrung des Grundsatzes der Verhältnismäßigkeit der Mittel werde eine begrenzte Operation durchgeführt, die von den Vereinten Nationen nicht verurteilt werde.[600]

Selbst wenn diese Kriterien in Zukunft die Grundlage für einseitige humanitäre Interventionen bilden würden, wären sie beim hier interessierenden NATO-Einsatz gegen Jugoslawien nicht erfüllt. Weder kann behauptet werden, daß der Sicherheitsrat seinem Gewaltmonopol während der Kosovo-Krise nicht gerecht geworden ist,[601] noch ist es zutreffend, daß die Vereinten Nationen die Luftangriffe nicht verurteilt hätten. Zwar ist es zu einer verurteilenden Resolution des Sicherheitsrates nicht gekommen, doch ist bereits gezeigt worden, daß der Sicherheitsrat einem humanitären Eingreifen ohne UN-Mandat mehr als kritisch gegenübersteht.[602]

Wenn nun teilweise behauptet wird, die Zahl der völkerrechtlichen Befürworter und Gegner der Legalität der humanitären Intervention sei inzwischen gleich groß geworden,[603] so mag dies zwar stimmen, doch verlangt die Staatenpraxis für die Anerkennung eines neuen Rechtssatzes eben mehr als einen Verzicht auf eine mehrheitliche Verurteilung.

Auch eine gemeinsame Rechtsüberzeugung ("opinio iuris") der Staatenwelt, humanitär motivierte einseitige Gewaltanwendungen als Ausnahme vom Ge-

---

599 BT-Drs. 12/7513 vom 10.5.1994.

600 Unter diesen Voraussetzungen hält auch CASSESE, EJIL 10 (1999), 23ff. eine einseitige humanitäre Intervention für gerechtfertigt, da bei einer Bedrohung des internationalen Friedens durch massive Menschenrechtsverletzungen der die Gewalt anwendende Staat keine Selbsthilfe betreibe, sondern gewissermaßen anstelle des Sicherheitsrates universelle Interessen durchsetze.

601 Vielmehr wurde aufgrund unterschiedlicher Rechtsauffassungen bewußt keine Ermächtigung zur Gewaltanwendung ausgesprochen. Der Sicherheitsrat hat also "sehenden Auges" ein humanitäres Eingreifen der NATO abgelehnt.

602 Siehe oben V. 2. c.

603 TESÓN, Humanitarian Intervention, S. 148, Fn. 44.

waltverbot zuzulassen, ist nicht erkennbar.[604] Wie die Reaktionen auf die NATO-Luftangriffe auf Jugoslawien gezeigt haben, kann gegenwärtig von einer gemeinsamen Rechtsüberzeugung der Staaten hinsichtlich der Rechtmäßigkeit einer nicht vom UN-Sicherheitsrat zumindest tolerierten humanitären Intervention nicht die Rede sein. Die opinio iuris erfordert beim Hinwegsetzen über eine bestehende Rechtslage, daß die Staaten von der unabweisbaren Notwendigkeit der Rechtsänderung überzeugt sind und im Bewußtsein, daß ihr Verhalten am Maßstab des geltenden Völkerrechts einen Rechtsbruch darstellt, in gleichförmiger Weise ihren eindeutigen Willen zur Veränderung einer Regel bekunden.[605] Ein solcher Konsens ist hinsichtlich der humanitären Intervention nicht erkennbar, zumal die oben erwähnten Staaten auch zu erkennen gegeben haben, daß sie humanitäre Gewalteinsätze vom „Typ Kosovo“ aus rechtlichen Gründen ablehnen. Folglich ist noch keine gewohnheitsrechtliche Veränderung des Gewaltverbots dahingehend eingetreten, daß humanitäre Interventionen als ungeschriebene Ausnahme zum Gewaltverbot oder Fortschreibung des Katalogs der nothilfefähigen Rechtsgüter anerkannt sind.

Eindrücklichster Beweis hierfür ist der Umstand, daß alle Staaten, die in den letzten Jahren militärische Operationen zu humanitären Zwecken durchführen wollten, sich vom Sicherheitsrat nach Kapitel VII SVN haben ermächtigen lassen.[606] Ob sich die Beurteilung der einseitigen humanitären Intervention in näherer oder fernerer Zukunft ändern wird, ist für die Beurteilung der gegenwärtigen Rechtslage ohne Bedeutung.[607] Denn wenn die Voraussetzungen für das Bestehen einer völkergewohnheitsrechtlichen Norm nicht erfüllt sind (allgemeine Staatenpraxis, gemeinsame Rechtsüberzeugung), besteht eine solche Norm nicht.

Insgesamt kann festgehalten werden, daß sich trotz einer im Flusse befindlichen neueren Entwicklung die besseren Gründe immer noch gegen die Anerkennung eines Rechts auf einseitige humanitäre Intervention sprechen.[608] Die Auffassung des slowenischen Vertreters im Weltsicherheitsrat während der Debatte über die Rechtmäßigkeit der NATO-Aktionen gegen Jugoslawien, in der er das Eingreifen Indiens in Ostbengalen im Jahre 1971 als rechtmäßigen Prä-

---

[604] Vgl. dazu RANDELZHOFER, in: SIMMA, ChVN, Art. 2 Ziff. 4, Rn. 51; BEYERLIN, in: EPIL 3 (1982), 211 (213); HAILBRONNER, BDGV 26 (1986), 49 (98ff.).

[605] FINK, in: FS SCHIEDERMAIR, S. 803 (814, 817) m.w.N.

[606] S/Res 794 (1992), § 10 (zu Somalia); S/Res 929 (1994), § 3 (zu Ruanda); S/Res 1080 (1996), § 5 (zu Ostzaire); S/Res 1101 (1997), § 4 (zu Albanien); S/Res 1244 (1999), § 7 (zum Kosovo).

[607] Vgl. zu den grundsätzlichen Bedenken gegen eine Zulässigkeit einer humanitären Intervention ohne Zustimmung des UN-Sicherheitsrates KIMMINICH, ArchVR 33 (1995), 430 (434f.).

[608] NOLTE, Eingreifen auf Einladung, S. 13; CHARNEY, AJIL 93 (1999), 834 (840f.).

zedenzfall für die allgemeine Anekennung eines Rechtes auf einseitige humanitäre Intervention bezeichnet hatte,[609] verkennt, daß in diesem Fall humanitäre Erwägungen zwar auch eine Rolle spielten, jedoch nicht den Ausschlag für die Intervention Indiens gegeben haben.[610] Zwar behauptete die indische Regierung am 16.4.1971 in einer Note an die pakistanische Regierung, Indien könne der Tatsache eines im voraus geplanten Gemetzels und systematisch betriebenen Völkermordes in Ostbengalen durch westpakistanisches Militär nicht tatenlos zusehen,[611] und berief sich auf eine humanitäre Notlage. In der am 12.12.1971 stattfindenden Diskussion im Sicherheitsrat machte der indische Außenminister jedoch klar, daß der Grund für das militärische Eingreifen Indiens in dem Verlust der pakistanischen Hoheitsgewalt über die Bevölkerung in Ostbengalen (Ostpakistan) zu sehen sei, wobei er der ost-bengalesischen Bevölkerung das Recht zuerkannte, in einem solchen Fall einen eigenen Staat zu gründen.[612] Dieser als rechtfertigender Vorläufer der NATO-Aktionen herangezogene Fall ist demnach für die Begründung eines Rechtes auf einseitige humanitäre Intervention untauglich

d) Notwendigkeit eines UN-Mandats für humanitär motivierte Gewalteinsätze

Die NATO-Aktionen im Zusammenhang mit der Kosovo-Krise wären folglich nur mit einem entsprechenden Mandat des UN-Sicherheitsrates völkerrechtlich zulässig gewesen. In einem solchen Fall hätten die Vereinten Nationen nicht nur als Vertreter der gesamten Staatengemeinschaft mit einer darauf aufbauend höheren Legitimationswirkung[613] gehandelt, sondern aufgrund eines vertraglichen Kompetenztitels in den Kapiteln VII und VIII SVN.

Im Falle der im Namen der gesamten Staatengemeinschaft durchgeführten Militäraktion handelt es sich somit strenggenommen nicht um eine "humanitäre Intervention" im Sinne der tradierten völkerrechtlichen Terminologie, sondern um eine Zwangsmaßnahme im Rahmen des kollektiven UN-Sicherheitssystems nach Kapitel VII der UN-Charta.[614] Zur Durchführung einer solchen Zwangsmaßnahme kann der UN-Sicherheitsrat nicht nur Einzelstaaten beauftragen (die nach Art. 48 II SVN die Maßnahmen mit Hilfe von Regionalorganisationen durchführen können), sondern auch "regionale Abmachungen oder Einrichtun-

609 Siehe oben bei V. 2. c.
610 Vgl. GREWE, Epochen der Völkerrechtsgeschichte, S. 767.
611 AdG 1971, 16329.
612 UN-Doc. S/PV. 1611, S. 62.
613 ENDEMANN, Kollektive Zwangsmaßnahmen, S. 6.
614 DEISEROTH, NJW 1999, 3084 (3084).

gen" gemäß Art. 53 I SVN[615] "unter seiner Autorität" direkt ermächtigen.[616] Dabei wird allgemein ein Kontrollrecht des Sicherheitsrates über die von Regionalorganisationen durchgeführten Zwangsmaßnahmen angenommen.[617]

e) Praxis der Regionalorganisationen und die Reaktion der Staatengemeinschaft

Keine ungeteilte Zustimmung fanden deshalb die Fälle, in denen Regionalorganisationen - aus humanitären Erwägungen oder zur Aufrechterhaltung des regionalen Friedens - Zwangsmaßnahmen verhängt haben, ohne daß hierfür die Zustimmung des Weltsicherheitsrates eingeholt wurde.

Die Frage nach der Zulässigkeit plurilateraler Zwangsmaßnahmen ohne UN-Mandat und damit die Frage nach dem Umfang der Autonomie regionaler Einrichtungen wurde erstmalig 1948 aufgeworfen, als die Arabische Liga ihr militärisches Vorgehen gegen Palästina mit der Begründung rechtfertigte, sie sei für die Aufrechterhaltung des regionalen Friedens verantwortlich.[618] Dem wurde im Sicherheitsrat von den USA entgegengetreten.[619] Auch in der OAS bestand teilweise die Tendenz, sich von einer ihre Kompetenzen einengenden Interpretation zu lösen und Zwangsmaßnahmen ohne einen Beschluß des Sicherheitsrates durchzuführen. Umstritten war bereits die Verhängung diplomatischer und wirtschaftlicher Sanktionen gegen die Dominikanische Republik seitens der OAS im Jahre 1960, deren Rechtmäßigkeit im Sicherheitsrat angezweifelt wurde.[620] Als die OAS 1962 diplomatische und wirtschaftliche Maßnahmen gegen Kuba ergriff, wurde dies im Sicherheitsrat ebenfalls unter Art. 53 SVN problematisiert.[621] Auch hinsichtlich der 1962 gegen Kuba verhängten Quarantäne, die die Stationierung von sowjetischen Nuklearwaffen verhindern sollte, wurde

---

[615] Der Unterschied zwischen Art. 53 I 1 SVN und Art. 53 I 2, HS 1 SVN liegt darin, daß im ersten Fall die Regionalorganisationen als "technische Instrumente" zur Durchsetzung des Konzepts des Sicherheitsrates zur Widerherstellung des Friedens herangezogen werden. Bei der zweiten Variante bereitet dagegen die Regionalorganisation ein solches Konzept vor und bittet zu seiner Durchführung um die Erlaubnis, Waffengewalt einsetzen zu dürfen (vgl. PERNICE, Die Sicherung des Weltfriedens, S. 133).

[616] Vgl. zum fortbestehenden Kontrollrecht des Sicherheitsrates auch im Falle des Art. 53 I 2 oben 2. a. b., 3. a.

[617] PERNICE, Die Sicherung des Weltfriedens, S. 134; JIMÉNEZ DE ARÉCHAGA, RdC 111 (1964 I), 461 (497).

[618] Repertory of Practice 1946/51, S. 494; UN-Doc. SCOR 298th mtg., S. 20 (Syrien); 299th mtg., S. 7 (UdSSR); UN-Doc. S/767 (Ägypten).

[619] UN-Doc. SCOR 293rd mtg., S. 3 i.V.m. SCOR 294th mtg., S. 15.

[620] Die UdSSR forderte die nachträgliche Ermächtigung durch den Sicherheitsrat, UN-Doc. SCOR 893rd mtg., S. 4, 49, 60; SCOR 894th mtg., S. 11ff.

[621] UN-Doc. SCOR 992th mtg., S. 10.

eine Ermächtigung durch den Sicherheitsrat verlangt.[622] Entsprechende Stimmen gab es aber vor allem bei der Entsendung interamerikanischer Streitkräfte in die Dominikanische Republik im Jahre 1965.[623] Auch die im Zusammenhang mit den NATO-Maßnahmen gegen Jugoslawien im Sicherheitsrat kontrovers geführte Debatte über die Notwendigkeit eines UN-Mandats für Zwangsmaßnahmen von Regionalorganisationen belegt, daß die Wortlautauslegung des Art. 53 I 2 SVN seitens eines Großteils der Staatengemeinschaft noch nicht derogiert, d.h. noch nicht außer kraft gesetzt wurde. Hierfür wäre erforderlich, daß die von einer entsprechenden *opinio iuris* getragene neue Staatenpraxis von einem Zeitpunkt an einheitlich von der Nichtgeltung des Ermächtigungserfordernisses im Sinne des Art. 53 I 2, HS. 1 SVN ausgeht (*desuetudo*) und sich so aufgrund der einheitlichen Praxis ein entgegenstehender Grundsatz des Völkerrechts bildet, wonach der Sicherheitsrat nicht notwendigerweise die Zwangsmaßnahmen von Regionalorganisationen billigen muß.[624] Eine derartige einheitliche Staatenpraxis ist aber gerade nicht erkennbar, von einer entsprechenden gemeinsamen Rechtsüberzeugung ganz zu schweigen. Zum einen haben sich die für die Entwicklung des Völkerrechts wichtigen Staaten Rußland und China klar gegen die Zulässigkeit einer humanitären Intervention vom "Typ Kosovo" ausgesprochen. Selbst auf Seiten der NATO-Staaten war man mit der Behauptung einer eindeutigen völkerrechtlichen Zulässigkeit von nicht UN-mandatierten Zwangsmaßnahmen eher zurückhaltend. So argumentierte der damalige Bundesaußenminister KINKEL vor dem Deutschen Bundestag am 16.10.1998:

"Mit ihrem Beschluß hat die NATO kein neues Rechtsinstrument geschaffen und auch nicht schaffen wollen, das eine Generalvollmacht der NATO für Interventionen begründen könnte. Der Beschluß der NATO darf nicht zum Präzedenzfall werden. Wir dürfen nicht auf eine schiefe Bahn kommen, was das Gewaltmonopol des Sicherheitsrates anbelangt..[...]"[625]

Insgesamt kann daher der Kosovo-Einsatz der NATO kaum zur Begründung eines neuen Rechtfertigungsgrundes "humanitäre Intervention ohne UN-Mandat" für den Einsatz militärischer Gewalt in den internationalen Beziehungen herangezogen werden. Vielmehr wird allgemein angenommen, daß - gerade aufgrund der bereits erwähnten Fälle einer UN-mandatierten humanitären Inter-

---

[622] UN-Doc. SCOR 1024th mtg., S. 14, 19.

[623] UN-Doc. SCOR 1230th mtg., S. 14.

[624] Vgl. BLECKMANN, ZaöRV 36 (1976), 374 (378); BEYERLIN, ZaöRV 37 (1977), 213 (238).

[625] Plenarprotokoll 13/248 vom 16.10.1998, S. 7. Diese Argumentation wurde auch von der neuen Bundesregierung im wesentlichen aufrechterhalten; vgl. etwa die Rede von Außenminister FISCHER im Deutschen Bundestag am 22.4.1999, Plenarprotokoll 14/35.

vention[626] - ein NATO-Einsatz mit einer Ermächtigung des Sicherheitsrates - aber auch nur dann - wohl nicht gegen das Gewaltverbot verstoßen hätte.[627] Ein Recht auf einseitige humanitäre Intervention nach allgemeinem Völkerrecht ist also abzulehnen, unabhängig davon, ob Satzungen regionaler Organisationen dies vorsehen. Militärische Gewaltanwendung zum Schutz von Menschenrechten ist nach dem gegenwärtigen Stand des Völkerrechts nur aufgrund von Kapitel VII UN-Charta möglich.

f) Ergebnis: Keine Rechtfertigung des Kosovo-Einsatzes

Es bleibt damit festzuhalten, daß die NATO-Luftangriffe gegen Jugoslawien jedenfalls schon deshalb gegen Völkerrecht verstoßen, weil sie ohne die in Art. 53 I 2, HS. 1 SVN geforderte Ermächtigung des Sicherheitsrates durchgeführt wurden. Selbst wenn daher der NATO-Vertrag den Einsatz von Streitkräften für Zwecke der kollektiven Sicherheit bzw. der kollektiven humanitären Nothilfe ohne Ermächtigung des Sicherheitsrates aufgrund einer diesbezüglichen dynamischen Vertragsfortbildung erlauben bzw. noch zulassen würde, stände eine solche Vertragsbestimmung in Widerspruch zu Art. 103 SVN. Diese Bestimmung sieht vor, daß im Falle von sich widersprechenden Verpflichtungen aus der UN-Charta und anderen internationalen Verträgen die UN-Charta Vorrang beanspruchen kann. Als "Verpflichtung" in diesem Sinne sind nicht nur konkrete Verhaltensanweisungen zu verstehen, die die UN-Charta ihren Mitgliedern auferlegt; vielmehr verlangt Art. 103 SVN, daß, soweit die Charta einem Organ der Organisation die Zuständigkeit einräumt, verbindliche Entscheidungen zu treffen bzw. diese zu versagen, die kraft dieser Ermächtigung erlassenen bzw. verweigerten Anordnungen Vorrang genießen müssen.[628] Dies bedeutet für den Fall einer nicht erteilten Ermächtigung gemäß Art. 53 I 2, HS. 1 SVN, daß diese verweigerte Zustimmung für die Regionalorganisation bindend ist und nicht durch einen eigenmächtigen Satzungsbeschluß ersetzt werden darf. Sieht die Satzung der Regionalorganisation gleichwohl die Möglichkeit eines selbständigen militärischen Handelns vor, so bedeutet dies eine Vertragsverletzung gegenüber der UN-Charta, nach einer Ansicht sogar die Unwirksamkeit - mithin die Nichtigkeit - dieser Vertragsbestimmung.[629] Letzteres ist jedoch nicht anzunehmen, da nicht ersichtlich ist, weshalb die UN-Charta gegenüber dem NATO-Vertrag oder einer anderen Satzung einer Regionalorganisation einen normati-

---

626 Siehe oben Fn. 540-543.

627 KREß, NJW 1999, 3077 (3081); FINK, JZ 1999, 1016 (1019); SIMMA, EJIL 10 (1999), 1ff.; DEISEROTH, NJW 1999, 3084 (3088).

628 BERNHARDT, in: SIMMA, ChUN, Art. 103 MN. 10.

629 BERNHARDT, in: SIMMA, ChUN, Art. 103 MN. 16. Ähnlich SIMMA, in: MERKEL (Hg.), Der Kosovo-Krieg, S. 9 (15).

ven Vorrang in der Weise genießen sollte, daß ihr entgegenstehende Bestimmungen ungültig sind. Auf jeden Fall führt eine – unterstellte – Regelung im NATO-Vertrag, wonach kollektive Zwangsmaßnahmen auch ohne Zustimmung des Sicherheitsrates durchgeführt werden können, nur zur Unanwendbarkeit dieser speziellen Klausel, und nicht des gesamten Vertrages. Eine Unvereinbarkeit des gesamten NATO-Vertrages mit Art. 103 SVN wäre nur dann anzunehmen, wenn die Klausel über die Zulässigkeit derartiger kollektiver Zwangsmaßnahmen derart wesentlich und charakteristisch für den ganzen Vertrag wäre, daß diese Bestimmung nicht sinnvoll von den übrigen Vorschriften getrennt werden könnte, ohne daß der Sinn und Zweck des Vertrages in Gefahr geriete. Da aber die NATO als Bündnis zur kollektiven Selbstverteidigung für den Fall des Angriffs auf eines ihrer Mitglieder geschaffen wurde, und ihr Hauptzweck (immer noch)[630] die Abschreckungs- und Verteidigungsfunktion nach Art. 5 NATO-Vertrag darstellt,[631] würde ein Wegfallen von darüber hinaus gehenden Allianzaufgaben den Vertrag nicht derart in seinem Wesen verändern, daß die (primäre) Verteidigungsaufgabe nicht isoliert weiterbestehen könnte. Der NATO-Vertrag in seinem augenblicklich schriftlich fixierten Bestand an Vorschriften bliebe daher unverändert.

Sollte also der NATO-Vertrag nach dem Willen seiner Mitgliedstaaten in der Weise auszulegen sein, daß auch eigenmächtige gewaltsame humanitäre Interventionen ohne UN-Mandat erlaubt sein sollen, so stände eine solche Vertragsauslegung im Widerspruch zur UN-Charta.[632] Sie wäre mit dem gegenwärtigen Stand des Völkerrechts unvereinbar, wonach weder ein isoliertes einseitiges Recht auf humanitäre Intervention anerkannt ist, noch solche humanitär motivierten Gewalteinsätze als Verteidigung angesehen werden können. Art. 5 NATO-Vertrag enthält also keinen gewohnheitsrechtlich erweiterten Verteidigungsbegriff, nachdem bewaffnete Militäreinsätze zum Schutz fundamentaler Menschenrechte als "Nothilfe" gegenüber einem "bewaffneten Angriff" zulässig sind.

---

[630] Die am 23./24.4.1999 zum 50. Jahrestag der NATO unterzeichnete Erklärung der Staats- und Regierungschefs nennt in Punkt 2, Satz 2 die kollektive Verteidigung auch als zukünftige Kernaufgabe der NATO (Bull. der BReg. Nr. 24 vom 3.5.1999, S. 221).

[631] Vgl. IGNARSKI, in: EPIL 6 (1983), 264ff.

[632] Ob die Vertragsparteien tatsächlich eine Vertragsergänzung dieser Art entweder durch ausdrückliche Vertragsänderung oder dynamische bzw. authentische Auslegung des NATO-Vertrages erreichen wollten, wird unter VI. sowie im 3. Kapitel unter B. I. 3., 4. noch zu erörtern sein.

4. Satzungswidrigkeit des Kosovo-Einsatzes als Handeln „ultra vires" und unzulässige Vertragsanwendung zu Lasten Dritter

Überdies wird die Rechtswidrigkeit des Kosovo-Einsatzes an der angeblich fehlenden satzungsrechtlichen Grundlage für (humanitär motivierte) kollektive Friedenseinsätze festgemacht. Außerdem, so wird argumentiert, stelle die Heranziehung des Nicht-NATO-Mitgliedes Jugoslawien für Zwecke der Bündnismitglieder eine unzulässige Inanspruchnahme eines Nicht-Vertragsstaates dar.

Der Einsatz in der Kosovo-Krise habe - unbestritten - nicht mehr der Verteidigung des Bündnisgebietes gedient, sei daher über die im NATO-Vertrag statuierten Handlungspflichten hinausgegangen und demnach nicht mehr vom NATO-Vertrag gedeckt gewesen. Zumindest seien die neuerdings in Anspruch genommenen Einsatzmöglichkeiten auf der Basis des derzeit geltenden NATO-Vertrages "nicht unproblematisch".[633] Selbst wenn man annehmen wollte, daß sich die Einsätze im ehemaligen Jugoslawien auf eine stillschweigende Ermächtigung (implied power) durch den NATO-Vertrag stützen ließen,[634] wäre die NATO nicht als Regionalorganisation im Sinne des Kapitels VIII der Charta tätig geworden, weil die Gewaltanwendung gegen einen Nichtmitgliedstaat eine völkerrechtlich unzulässige Vertragsanwendung zu Lasten Dritter bedeutet hätte.[635] Maßnahmen von Systemen kollektiver Sicherheit könnten sich nur gegen Mitglieder des Bündnisses richten und müßten von der Satzung der Organisation (hier vom NATO-Vertrag) legitimiert sein.[636] Die Regel "pacta tertiis nec nocent nec prosunt" des Art. 34 WVRK - die auch Bestandteil des Völkergewohnheitsrechts ist[637] - verbiete die Anwendung von vertraglichen Regelungen zuungunsten nichtbeteiligter Drittstaaten.[638] Innerhalb der ILC habe bei der Formulierung der Vorschrift Einigkeit darüber bestanden, daß es bei Verträgen zu Lasten Dritter keine Ausnahmen von dem "pacta-tertiis"-Grundsatz geben sollte,[639] also auch nicht bei Maßnahmen regionaler Sicherheitsbündnisse. Nur der müsse einen Vertrag gegen sich gelten lassen, der sich freiwillig aufgrund einer autonomen Willensentscheidung daran binden wolle.[640] Ein regionales

---

633 WOLFRUM, ZaöRV 53 (1993), 576 (593).

634 Siehe hierzu gleich unten VI.

635 BOTHE/MARTENCZUK, VN 1999, 125 (128).

636 FINK, JZ 1999, 1016 (1019).

637 VITZTHUM, in: DERS. (Hg.), Völkerrecht, I, Rn. 121.

638 Der Grund für diese Regel ist das Prinzip der "res inter alios acta", wonach eine unter anderen ausgehandelte Angelegenheit den Drittstaat nicht zu interessieren braucht.

639 Vgl. IPSEN, Völkerrecht, § 12 Rn. 32.

640 Siehe bereits den *Lotus-Fall* des StIGH aus dem Jahr 1927: "The rules of law binding upon States...emanate from their own free will" (Ser. A, Nr. 10, S. 18).

Sicherheitssystem könne dementsprechend niemals die Rechtsgrundlage für Eingriffe gegenüber Nichtmitgliedern bilden.[641] Dies gelte selbst dann, wenn eine Regionalorganisation von den Vereinten Nationen zur Durchführung von Zwangsmaßnahmen gemäß Art. 53 I SVN beauftragt worden sei, denn eine Kompetenz der NATO, den Vereinten Nationen bzw. der OSZE bei der Friedenssicherung mit militärischen Mitteln Hilfe zu leisten, finde in der UN-Satzung bislang keine ausdrückliche Stütze.[642] Allein der Umstand, daß der Sicherheitsrat mit der Zwangsmaßnahme der Regionalorganisation einverstanden sei (Art. 53 I 2 SVN) oder diese als technisches Instrument für eigene Konzepte der Friedenserhaltung einsetze (Art. 53 I 1 SVN), bedeute nicht, daß der Sicherheitsrat das Risiko der Rechtmäßigkeit vollständig selbst übernehme und die Regionalorganisation aus der rechtlichen Verantwortlichkeit für die von ihr durchgeführten Maßnahme entlasse. Nicht nur bei der Ermächtigung nach Art. 53 I 2, HS. 1 SVN verbleibe die Initiative, eine Zwangsmaßnahme zu planen und durchzuführen, bei der Regionalorganisation, sondern auch bei einer "Inanspruchnahme" nach Art. 53 I 1 SVN.[643] Dies habe zur Folge, daß die Satzung der Regionalorganisation eine solche Maßnahme als Handlungsmöglichkeit auch selber vorsehen müsse.[644] Im Rahmen des Art. 53 I 1 SVN bedeute das "in Anspruch nehmen" nicht, daß der Sicherheitsrat ein unbedingtes Zugriffsrecht auf Regionalorganisationen habe, ohne daß dieser deren internes Recht berücksichtigen müsse. Vielmehr mache ein Blick auf die jeweils verbindliche englische, französische und spanische Fassung deutlich, daß die dort verwendeten Begriffe "utilize", "utilise" und "utilizará" ein "Gebrauchmachen" bedeuten, was ein freiwilliges Zurverfügungstellen seitens der Regionalorganisationen nahe lege. Es sei deshalb falsch zu behaupten, der Sicherheitsrat könne Regionalorganisationen auch dann zur Durchführung von Zwangsmaßnahmen heranziehen, wenn deren Binnenrecht dies gar nicht vorsehe,[645] denn eine solche Inanspruchnahme sei kein Ersatz für sonstige Rechtsmängel der Maßnahme, insbesondere nicht für die fehlende Satzungsgrundlage.[646] Sehe die Satzung einer regionalen Organisation überhaupt nicht die Möglichkeit der Durchführung von Zwangsmaßnahmen vor, könne eine Ermächtigung des Sicherheitsrates nach Art. 53 SVN weder die Möglichkeit des Ergreifens von Zwangsmaßnahmen

---

641 HUMMER/SCHWEITZER, in: SIMMA, ChUN, Art. 52 MN. 34; WOLFRUM, ZaöRV 53 (1993), 576 (580); PERNICE, Die Sicherung des Weltfriedens, S. 79; KOURULA, in: CASSESE (Hg.), UN Peacekeeping, S. 95 (112).

642 HOLSTEIN, Das Verhältnis des Sicherheitsrates, S. 114; WOLFRUM, ZaöRV 53 (1993), 576 (593).

643 WOLF, in: EPIL 6 (1983), 289 (293).

644 WALTER, Regionalorganisationen, S. 267, 269.

645 So aber offensichtlich WOLFRUM, ZaöRV 53 (1993), 576 (594).

646 PERNICE, Die Sicherung des Weltfriedens, S. 117.

durch die regionale Organisation noch eine Duldungspflicht des Adressaten der Maßnahme schaffen.[647] Außerhalb der NATO-Satzung durchgeführte Zwangsmaßnahmen verstießen daher nicht nur gegen die grundlegende Regel, wonach alle Akte, die eine Organisation außerhalb ihrer vertraglich eingeräumten Kompetenzen vornimmt, *ultra vires* und damit nichtig seien,[648] sondern stellten auch eine völkerrechtlich unzulässige Ausdehnung des Vertragsrahmens auf Nichtmitglieder dar.

a) Fehlende satzungsrechtliche Grundlage kein Hindernis für Drittstaatenkompetenz?

Gegen die Sichtweise, wonach die NATO ohne ausdrückliche Satzungsermächtigung keine Zwangsmaßnahmen und selbst beim Vorhandensein einer solchen diese allenfalls nur gegenüber ihrem vertraglich gebundenen Mitgliederkreis hätte dann durchführen können, werden jedoch beachtenswerte Argumente vorgebracht.

Zum einen gelte es zu beachten, daß die Regelung der Wiener Vertragsrechtskonvention über den Vertrag zu Lasten Dritter unklar bzw. nicht vollständig sei. Es heißt dort in Art. 34, daß ein Vertrag für dritte Staaten weder Rechte noch Pflichten begründen kann, es sei denn, dieser stimmt zu. Dies gelte allerdings nur für die Übernahme von *Vertrags*verpflichtungen, also für rechtlich bindende Absprachen. Daß Art. 34 WVRK nur rechtliche Verpflichtungen zu Lasten Dritter verhindern wollte, werde besonders deutlich aus den *travaux préparatoires*, bei denen der Berichterstatter WALDOCK klar herausgestellt habe, daß die Vorschrift nicht die allgemeine Frage der faktischen Betroffenheit von Drittstaaten regeln wolle, sondern lediglich eine rechtliche Bindungswirkung ausschließen sollte.[649] So lautete denn auch der ursprüngliche Vertragsentwurf, daß "a treaty does not impose any *legal* obligations upon states not parties to the treaty or modify in any way their *legal* rights". Über die Möglichkeit einer *faktischen Belastung* hingegen schweige die Wiener Vertragsrechtskonvention, obwohl diese erkanntermaßen ein Problem darstellt. Bloße Rechtsreflexe seien auf der Wiener Konferenz von den Erörterungen bewusst ausgenommen worden, da es als selbstverständlich angenommen wurde, daß völkerrechtlichen Verträgen auch Drittstaaten belastende Wirkungen zukommen könnten.[650] Der Anwendungsbereich der WVRK sei also nicht eröffnet, wenn die Anwendung eines Vertrages z.B. zu einer Intervention in die inneren

---

647 PERNICE, Die Sicherung des Weltfriedens, S. 117.

648 SEIDL-HOHENVELDERN/LOIBL, Internationale Organisationen, Rn. 1507.

649 ILC Draft 1964, Art. 58, Waldock Report VI, in: WETZEL/RAUSCHNING, Materialien zur Entstehung der WVRK, S. 265.

650 WETZEL, Verträge zugunsten und zu Lasten Dritter, S. 14.

Angelegenheiten eines Drittstaates führt, denn dies bedeute nur eine faktische Belastung, jedoch keine direkte Rechtsbeeinträchtigung.[651] Anders sei der Fall nur dann zu beurteilen, wenn die vertragliche Vereinbarung gegen zwingendes Recht (ius cogens) verstoße und deshalb gemäß Art. 53 WVRK nichtig ist: Dann könne sich wegen der *erga omnes*-Wirkung des Art. 53 WVRK[652] auch der von der Maßnahme betroffene Nichtmitgliedstaat auf die Unwirksamkeit des angewandten Vertrages berufen, mit der Folge, daß alle aufgrund des Vertrages vorgenommenen Handlungen völkerrechtswidrig wären. Im Falle des NATO-Vertrages sei ein Verstoß gegen zwingendes Recht im Sinne des Art. 53 WVRK jedoch abzulehnen. Zwar zähle das Gewaltverbot des Art. 2 Ziff. 4 SVN zu den derart zwingenden Normen, von denen die Völkerrechtssubjekte wegen ihrer grundlegenden Bedeutung nicht - auch nicht durch vertragliche Vereinbarung - abweichen dürften.[653] Auch habe die NATO bei ihren Luftangriffen gegen Jugoslawien das Gewaltverbot tatbestandlich verletzt, indem sie grenzüberschreitend militärische Gewalt, d.h. Waffengewalt, angewandt hat.[654] Gleichwohl enthalte der NATO-Vertrag keine vertragliche Bestimmung, die eine völkerrechtlich unzulässige Gewaltanwendung erlauben würde. Die Bündnisverpflichtung des Art. 5 NATO-Vertrag sei von der generellen Zulässigkeit bewaffneter Selbstverteidigung im Sinne von Art. 51 SVN abgedeckt.[655] Selbst wenn man aufgrund der "implied powers"-Regel oder einer stillschweigenden Vertragserweiterung eine ungeschriebene Kompetenz zur Gewaltanwendung außerhalb der Selbstverteidigungsfälle annehmen wolle, wäre eine solche Befugnis nach dem erklärten Willen der Vertragsparteien nur in den völkerrechtlich zulässigen Grenzen eines regionalen Systems kollektiver Sicherheit zulässig. Das neue Strategische Konzept der NATO vom 24.4.1999 bekenne sich ausdrücklich zu dem Vorrang der gegenwärtig bestehenden Regeln des Völkerrechts und lehne ein militärisches Tätigwerden - allerdings auch ohne Mandat des Sicherheitsrates - außerhalb der völkerrechtlich anerkannten Eingreiftatbestände ab.[656]

Wegen der somit gegebenen Vereinbarkeit des Aufgabenspektrums der NATO mit zwingendem Völkerrecht sei der Bündnisvertrag wirksam. Militärische Maßnahmen der NATO - auch wenn sie über die vertraglich fixierten Bündnispflichten hinausgehen - verstießen demzufolge nicht schon allein des

---

[651] DOEHRING, Völkerrecht, Rn. 347.

[652] REUTER, Introduction au droit des traités, S. 151.

[653] Vgl. die Ansicht der ILC-Mitglieder, in: YBILC 1966 II, 248; VERDROSS/SIMMA, Universelles Völkerrecht, § 96.

[654] IGH im *Nicaragua-Fall*, ICJ-Reports 1986, § 191; vgl. zur Gewaltanwendung der NATO SEIDL-HOHENVELDERN/STEIN, Völkerrecht, Rn. 1783m-q.

[655] IPSEN, Völkerrecht, § 59 Rn. 41.

[656] Punkt 31 des neuen Strategischen Konzepts der NATO, in: Bull. der BReg. 1999, 225.

halb gegen Völkerrecht, weil der zugrundeliegende Vertrag völkerrechtswidrig wäre.

Auch aus dem Wortlaut der Regelungen des Kapitels VIII der UN-Charta ergebe sich keine Notwendigkeit zu einer Beschränkung regionaler Maßnahmen auf solche, die gegenüber Mitgliedern der regionalen Organisation getroffen werden. Erforderlich sei gemäß Art. 52 I SVN lediglich, daß "Maßnahmen regionaler Art angebracht sind"; Art. 53 I 1 SVN bestimme, daß "the Security Council shall, *where appropriate*, utilize such regional arrangements or agencies for enforcement action under its authority". Ein Hinweis auf die Notwendigkeit einer Satzungskonformität oder einer Begrenzung der Maßnahme auf den Mitgliederkreis fehle.[657]

In der Tat sprechen einige Beispiele aus der Staatenpraxis für die Zulässigkeit einer Drittstaatenkompetenz von Regionalorganisationen.

Die ausdrückliche Erwähnung des Kapitels VIII im Beschluß des Sicherheitsrates über die Kontrolle der Schiffahrt in der Adria[658] spricht für die Rechtsauffassung des Sicherheitsrates, daß regionale Organisationen Maßnahmen nach Kapitel VIII auch außerhalb des Kreises ihrer Mitglieder durchführen können.[659] Ebenfalls als Beispiel aus der Staatenpraxis ist die Verhängung von Zwangsmaßnahmen der OAS gegen Kuba im Frühjahr 1962 nach der kommunistischen Machtübernahme durch FIDEL CASTRO anzusehen. Hier war auffällig, daß nicht der Erlaß von Embargomaßnahmen gegen das Nichtmitglied Kuba gerügt wurde, sondern lediglich die Unzulässigkeit des kurz zuvor beschlossenen Ausschlusses aufgrund der OAS-Satzung.[660] Auch der Umstand, daß die UN-Generalversammlung am 20.2. und der Sicherheitsrat am 27.2.1962 zwei Resolutionsanträge der Ostblockstaaten abgelehnt haben, durch die die Sanktionen der OAS als Einmischung in die inneren Angelegenheiten Kubas und als Verletzung der UN-Charta qualifiziert werden sollten,[661] kann als ein deutlicher Hinweis dafür gewertet werden, daß die Staatengemeinschaft Zwangsmaßnahmen einer Regionalorganisation gegen Nichtmitglieder nicht generell verurteilt. Der Antrag, den IGH über die Rechtmäßigkeit des Ausschlusses Kubas entscheiden zu lassen, wurde vom Sicherheitsrat gleichfalls mit deutlicher Mehrheit abgelehnt.[662] Die Kritik der Ostblockstaaten an dem Vorgehen der OAS gegen Kuba war demnach letztlich keine Bestreitung der generellen Kompetenz der Regionalorganisation, sondern eine Rüge der fehlenden Ermächtigung des

---

[657] RESS, in: SIMMA, ChUN, Art. 53 MN. 22.

[658] S/Res 787 (1992) vom 16.11.1992.

[659] FROWEIN, in: FS Bernhardt, S. 57 (61).

[660] AdG 1962, 9683 B: Die UdSSR rügte den Ausschluß als solchen sowie einen damit verbundenen Verstoß gegen das Interventionsverbot, nicht aber die Boykottmaßnahmen.

[661] AdG 1962, 9684 A, 9702 B.

[662] AdG 1962, 9758 A: Antrag Kubas mit sieben zu zwei Stimmen abgelehnt.

Sicherheitsrates nach Art. 53 I SVN. Wenn eine solche Ermächtigung vorhanden sei, so eine häufig gehörte Schlußfolgerung, spreche vieles für die Annahme, daß der Sicherheitsrat die Kompetenzen einer Regionalorganisation in einem frühen Stadium überprüft habe. Dann gebe es eine starke Vermutung dafür, daß das Handeln der Regionalorganisation nicht *ultra vires* sei.[663]

In neuerer Zeit werden vor allem die Überlegungen Frankreichs herangezogen, zur Beendigung des blutigen Bürgerkriegs in Ruanda im Sommer 1994 eine bewaffnete Intervention der WEU durchzuführen. Diese Zwangsmaßnahme wurde erwogen, nachdem sich die Vereinten Nationen nicht in der Lage sahen, gegen die Massenmorde in diesem Land einzuschreiten und Frankreich daraufhin mit Ermächtigung des Sicherheitsrates einseitig in Ruanda interveniert hatte.[664] Frankreich besaß die Vorstellung, die Militäraktion im Rahmen der WEU fortzusetzen, doch ließ sich hierfür offenbar kein Konsens bei den WEU-Partnern finden, so daß es im Ergebnis nicht zu dem Einsatz der WEU in Afrika kam.[665] Doch hat das Beispiel gezeigt, daß der Einsatz einer Regionalorganisation *out of area* durchaus für zulässig gehalten wurde, wenn die Vereinten Nationen dies für notwendig erachten, aber selbst nicht in der Lage sind, solche Maßnahmen durchzuführen.

Insgesamt sei es aufgrund dieser Beispiele naheliegend anzunehmen, so die Befürworter einer Drittstaatenkompetenz, das Fehlen einer rechtlichen Grundlage im NATO-Binnenrecht für ein Tätigwerden der NATO auf dem Gebiet der Friedensschaffung durch die Ermächtigung des Sicherheitsrates zur Ergreifung militärischer Maßnahmen der Friedensschaffung zu "heilen".[666] Die NATO könne auch als Forum für Maßnahmen verwendbar sein, die sich nach der Charta der Vereinten Nationen richteten, ohne daß es dafür einer satzungsrechtlichen Grundlage im NATO-Vertrag bedürfe.[667]

b) Entscheidung bzgl. der Drittstaatenkompetenz von Regionalorganisationen und der Notwendigkeit einer satzungsrechtlichen Grundlage für Zwangsmaßnahmen

Im Ergebnis sprechen aber prinzipielle systematische Bedenken gegen eine Drittstaatenkompetenz von Regionalorganisationen und für die Notwendigkeit einer satzungsrechtlichen Grundlage für Zwangsmaßnahmen sowohl gegenüber Nichtmitgliedern wie auch gegenüber Mitgliedern.

---

663 RESS, in: SIMMA, ChUN, Art. 53 MN. 24.

664 S/Res 929 vom 22.6.1994; vgl. dazu FREUDENSCHUß, EJIL 5 (1994), 492 (521).

665 WALTER, Regionalorganisationen, S. 311.

666 So FROWEIN, in: FS Bernhardt, S. 57 (65f.).

667 K. IPSEN, in: SCHWARZ/STEINKAMM (Hg.), Rechtliche und politische Probleme, S. 51 (58f.).

aa) Allgemeine Erwägungen zur rechtlichen Inanspruchnahme von Nichtmitgliedern

Gegen die Möglichkeit, auch Nichtmitglieder gegen deren Willen zur Aufrechterhaltung des Friedens in einer Region heranzuziehen, spricht noch nicht der Umstand, daß ein vertraglich nicht gebundener Staat keinen Anteil an der zwischen den Mitgliedern der Organisation bestehenden besonderen Verbindung hat.[668] Diese fehlende Teilhabe am besonderen friedenssichernden Potential eines Systems stellt ein rein politisches Hemmnis dar, kein rechtliches. Denn wie bereits an anderer Stelle[669] gezeigt wurde, können Regionalorganisationen nach Wortlaut und Systematik der Art. 52 ff. SVN auch Verteidigungsbündnisse sein, zu deren Charakter es gehört, daß sie in aller Regel nur gegen Nichtmitglieder vorgehen. Der Umstand, daß ein Staat nicht vertraglich an das friedenssichernde Regelwerk gebunden ist, ändert nach dem Verständnis der UN-Charta zunächst nichts an der rechtlichen Eignung zur Regelung regionaler Krisenherde. Unter diesem Aspekt sprechen daher allenfalls geopolitische Gründe gegen den Einsatz einer Regionalorganisation gegen Nichtmitglieder.

Vom rechtlichen Standpunkt jedoch ergeben sich gegen eine Drittstaatenkompetenz massive Bedenken. Zunächst kann das von den Befürwortern einer Drittstaatenkompetenz vorgebrachte Argument nicht überzeugen, bei der Anwendung eines Bündnisvertrages gegenüber einem Nichtmitglied handele es sich bloß um eine faktische, reflexmäßige Inanspruchnahme und nicht um eine rechtliche Verpflichtungswirkung. Zwar ist der Hinweis auf die Entstehungsgeschichte der WVRK insoweit richtig, als deren Art. 34 nur eine *rechtliche* Bindungswirkung zu Lasten Dritter ausschließen sollte. Allerdings kommt in dieser Vorschrift nur ausschnittsartig der allgemeine völkerrechtliche Grundsatz zum Ausdruck, wonach die vertragliche Begründung von Kompetenzen universeller oder regionaler Organisationen gegenüber Nichtmitgliedern nicht möglich ist.[670] Diesem Grundsatz unterliegen nach überwiegender Meinung sowohl die UN-Charta, als auch Satzungen von Regionalorganisationen als völkerrechtliche Verträge.[671] Der Grund hierfür wird in der Partikularität des Rechts internationaler Organisationen gesehen, das in vollem Umfang nur für die Mitgliedstaaten der Organisation gilt. Das mit Hilfe einer internationalen Organisation geschaffene "interne Staatengemeinschaftsrecht" stellt eine in sich geschlossene

---

668 WALTER, Regionalorganisationen, S. 277.

669 Siehe oben I. 5. b.

670 EL ERIAN, The Legal Organization, S. 77; BOTHE, Streitkräfte internationaler Organisationen, S. 14; WAGNER, Rechtsstellung der Nicht-Mitgliedstaaten, S. 102f.

671 SEIDL-HOHENVELDERN/LOIBL, Internationale Organisationen, Rn. 1504, 713; DAHM, Völkerrecht II, S. 6ff.; MAHNKE, Das Problem der Einheit, S. 208ff.; MAROTTA RANGEL, Les Conflits de Accords Internationaux, S. 250; POLLUX, BYIL 1946, 54 (55, 70).

Rechtsordnung dar, die nur von den Staaten als verbindlich anerkannt zu werden braucht, die sich den partikulären Regeln durch Beitritt anschließen. Auch die Anerkennung einer internationalen Organisation durch einen Drittstaat ververpflichtet diesen lediglich zur Respektierung ihrer Völkerrechtssubjektivität, nicht jedoch zur Beachtung der einzelnen Bestimmungen ihres Gründungsvertrages. Für den Drittstaat wird die Organisation mit ihrer Anerkennung zu einer Rechtstatsache, nicht hingegen zu einer Rechtsinstanz. Das Binnenrecht darf für das Nichtmitglied ein "nullum" bleiben, das es weder anzuwenden, anzuerkennen oder in seiner konkreten Anwendung zu tolerieren braucht. Kompetenzen internationaler Organisationen fließen aus der Souveränität der Mitgliedstaaten, die ihre Befugnisse für einen Teilbereich zum Erreichen des gemeinsam gewünschten Zwecks gewissermaßen gebündelt auf die Organisation übertragen haben. Folglich kann auch die Kompetenz einer internationalen Organisation nicht weiter reichen als die Summe der Kompetenzen der Mitgliedstaaten. Da kein Staat einen anderen gegen seinen Willen zu etwas verpflichten darf, kann auch die Organisation als Exzerpt der in einem Teilbereich abgetretenen staatlichen Souveränität keinem Staat mehr Belastungen auferlegen, als dieser nach (zwingendem) Völker(gewohnheitsrecht) ohnehin ausgesetzt ist.

Darüber hinaus ist zu beachten, daß der Art. 34 WVRK nur die indirekten tatsächlichen Folgen einer Vertragsanwendung (factual consequences) von der "pacta tertiis"-Regel ausnimmt, die unmittelbaren rechtlichen Wirkungen (legal effects) hingegen erfaßt.[672] Es ist also zu unterscheiden zwischen einer mittelbaren reflexmäßigen und rein faktischen Beeinträchtigung einerseits und einer rechtlich motivierten Inanspruchnahme von Nichtmitgliedern für Vertragszwecke andererseits. Letztere stellt einen Verstoß gegen die "pacta tertiis"-Regel dar, weil ein Drittstaat nicht nur – was häufig unvermeidlich ist – von den tatsächlichen Folgen einer Vertragsanwendung betroffen ist, sondern bewußt für die Erfüllung eines Vertragsziels herangezogen und damit den Rechtswirkungen eines Vertrages ausgesetzt wird, ohne dies zu wollen. Letzteres geschieht nicht nur in den Fällen, wo Drittstaaten an den Vertrag direkt gebunden sein sollen – der Kreis der vertraglich verpflichteten Staaten also ausgedehnt wird -, sondern auch dann, wenn der Regelungsbereich des Vertrages – im vorliegenden Fall sein friedenssicherndes Instrumentarium – über den Kreis der Mitgliedstaaten hinaus auf sämtliche von der Vertragsintention umfaßte Fälle ausgedehnt wird.

---

672 WETZEL, Verträge zugunsten und zu Lasten Dritter, S. 14.

bb) NATO-Aktion im Kosovo als Vertragsanwendung zu Lasten Jugoslawiens

Werden von (regionalen) Bündnissen kollektiver Sicherheit Zwangsmaßnahmen gegen einen Staat ergriffen, um die friedens- und sicherheitsorientierte Binnenstruktur der Organisation aufrechtzuerhalten bzw. wiederherzustellen, dann handelt es sich um eine direkte rechtliche Inanspruchnahme des Friedensstörers und nicht um einen unbeabsichtigten Rechtsreflex. Die Zwangsmaßnahmen stellen dann eine Anwendung von Vertragsbestimmungen gerade zu Lasten des betroffenen Staates dar, denn gerade er ist ja in diesem Augenblick das Ziel des friedenssichernden Regelwerks. Die Anwendung von Organisationsrecht, durch das eine Beeinträchtigung von rechtlich geschützten Interessen von Nicht-Vertragsstaaten ausgelöst wird, ist demnach nicht nur als ein indirekter Rechtsreflex (*factual consequence*) anzusehen, sondern ein bewußtes Handeln auf vertraglicher Grundlage zu Lasten des Drittstaates. Aus diesem Grund handelt es sich bei der Gewaltanwendung gegenüber Jugoslawien um eine rechtlich erhebliches Handeln gegenüber einem Drittstaat, nicht bloß um eine Vertragsanwendung zwischen den NATO-Mitgliedstaaten mit nur tatsächlichen Folgen zu Lasten Jugoslawiens. Diese Rechtsbeeinträchtigung äußert sich zwar nicht dadurch, daß der vertragliche Anwendungsbereich in der Weise ausgedehnt würde, daß die NATO Jugoslawien stillschweigend Vertragspflichten aus einem kollektiven Sicherheitsbündnis auferlegt; für eine derartige direkte Vertragsausdehnung sprechen keinerlei Anzeichen. Allerdings macht die NATO das Territorium des Drittstaates Jugoslawien zu ihrer Einfluß- und Interessenssphäre, auf dem militärisch agiert werden kann, wenn anderenfalls eine Destabilisierung des gemeinsamen Sicherheitskonzepts droht. Eine solche Bedrohung hat die NATO im Falle der Kosovo-Krise angenommen und ihren Militäreinsatz als Anwendungsfall des euro-atlantischen Sicherheitskonzepts bezeichnet, indem der entwickelte „sicherheitspolitische Stabilitätspakt" auch in den Randgebieten Europas Stabilität und Sicherheit gewährleisten müsse.[673] Die Bündnispartner haben ihr Vorgehen daher konsequenterweise nicht nur auf einen allgemeinen, außervertraglichen Eingreiftatbestand der humanitären Intervention gestützt,[674] sondern bewußt auf Grundlage ihres weit verstandenen Sicherheitsbegriffs gehandelt, der ausdrücklich auch "Nicht-Artikel-5-Operationen" als

---

[673] So der italienische Außenminister DINI sowie der Vorsitzende des NATO-Militärausschusses VENTURONI, in: NATO-Brief Nr. 3/1999, S. 5f., 8.

[674] Dieser hat aber wohl als maßgeblicher Rechtfertigungsversuch gedient, wie man an den Formulierungen in der NATO-Gipfelerklärung zum Kosovo vom 23.4.1999 (Bull. der BReg. 1999, 231f.) ablesen kann: Der erhebliche Grad menschlichen Leides durch eine gezielte Politik der Unterdrückung und ethnischen Säuberung stelle einen humanitären Notfall dar, auf den die NATO reagiert habe.

Krisenreaktionseinsätze zur Abwehr all solcher Risiken zuläßt, die die Sicherheit im euro-atlantischen Raum gefährden.[675] Genannt wurden Gesichtspunkte, welche bislang nur für eine Kompetenzbegründung des Sicherheitsrats vorgetragen wurden, etwa eine "Friedensbedrohung", Gefahr der Konfliktausweitung und Flüchtlingsströme.[676] Diese Formulierungen legen nahe, daß das Bündnis nicht nur ein allgemeines Verteidigungs- bzw. Nothilferecht in Anspruch nimmt, sondern im Rahmen seines neu interpretierten Gründungsvertrages handeln möchte. Wiederholt hat der NATO-Rat die Auffassung geäußert, daß die politisch instabile Lage auf dem Balkan und insbesondere die Krise im Kosovo eine Bedrohung der Sicherheitsinteressen des Bündnisses bedeute.[677] Durch die Beschäftigung mit der Krise im ehemaligen Jugoslawien im Rahmen umfassender Beratungen und schließlich durch den Einsatz von Militär - auch ohne daß stets eine unmittelbare humanitäre Notlage vorgelegen hat - haben die NATO-Organe zu erkennen gegeben, daß sie die Lage auf dem Balkan als Bedrohung eigener Sicherheitsinteressen ansehen und nicht nur als Gefährdung allgemeiner Interessen der Staatengemeinschaft.[678] Jugoslawien wurde folglich als "Risikoherd" bewußt zur Krisenbewältigung herangezogen, weil anders die Wiederherstellung der euro-atlantischen Sicherheitsstruktur nicht zu erreichen gewesen

---

[675] Vgl. Punkte 6, 9, 10 und 13 des neuen Strategischen Konzepts, in: Bull. der BReg. 1999, 221 (222f.). Auch wenn das unmittelbare Ziel der Schutz fundamentaler Menschenrechte war (Erklärung des NATO-Rats vom 12.4.1999, in: NATO Press Release M-NAC-1 [99], S. 51), so stand hinter dem Einsatz die grundlegende Erwägung, daß massive Menschenrechtsverletzungen eine Bedrohung europäischer Sicherheitsinteressen darstellen, da die Einhaltung der Menschenrechte eine Grundlage für eine Friedensordnung in Europa darstellt (Punkt 6 des Strategiekonzepts).

[676] Stellungnahme des NATO-Rates vom 12.4.1999, NATO Press Release M-NAC-1 (99), S. 51.

[677] So wurde auf der Tagung des NATO-Rats vom 1.12.1994 (Punkt 19) festgestellt, daß die „Sicherheit in Europa wesentlich von Sicherheit am Mittelmeer abhängig" sei (Bull. der BReg. 1994, 1040); vgl. auch die Erklärung zu Bosnien-Herzegowina vom 5.12.1995: "Anstrengungen der Allianz, Bosnien Frieden zu bringen, gründet sich auf transatlantische Zusammenarbeit"; die Ratstagung vom 16.12.1997 (Punkt 17, in: Bull. 1997, 29). Vgl. auch die Erklärung zu Bosnien-Herzegowina vom 28.5.1998 (Punkt 1, in: Bull. 1998, 545) sowie die Erklärung zum Kosovo vom 28.5.1998 (Punkte 3 und 7, ebd.).

In diesem Sinne auch der kanadische Außenminister LLOYD AXWORTHY, in: NATO-Brief Nr. 4/1999, S. 8ff.

[678] Am 13.3.2000 hat der NATO-Oberbefehlshaber für Europa, CLARK, den serbischen Präsidenten MILOSEVIC davor gewarnt, gegen die jugoslawische Teilrepublik Montenegro vorzugehen. Die NATO verfolge die Lage in Montenegro sehr genau und begrüße die dortigen Bemühungen, "eine demokratische und zum Westen orientierte Republik" zu schaffen. MILOSEVIC kenne "die Fähigkeiten der NATO genau" und wisse, daß die Erhaltung der Stabilität auf dem Balkan eine der Herausforderungen für die NATO sei (*HNA* vom 15.3.2000, S. 3).

wäre. Dies alles bedeutet zwar keine vertragliche Bindung im Sinne einer Ausdehnung des Mitgliederkreises, fällt jedoch nach der Ratio des Art. 34 WVRK unter den Begriff „*legal effects*". Denn bei den Luftschlägen gegen Jugoslawien handelt es sich nicht nur um eine einseitige Vertragsanwendung der NATO-Partner, durch die Jugoslawien als Adressat der Maßnahme nur reflexmäßig betroffen ist, sondern um eine Ausdehnung des in Anspruch genommenen weiten Sicherheitsbereiches auf all die Staaten, die die Stabilität im euro-atlantischen Raum potentiell gefährden könnten – mithin um eine Anwendung des Rechtsinstruments „NATO-Vertrag". Da Jugoslawien diesem weiten vertraglichen Sicherheitsbereich zuzuordnen ist, handelt es sich um eine unzulässige Vertragsausdehnung zu Lasten eines Staates, der diesen weiten Aufgabenbereich der NATO nicht gegen sich gelten zu lassen braucht.

cc) NATO-Satzung als objektives Rechtsregime im Völkerrecht?

Etwas anderes könnte man allenfalls dann annehmen, wenn man die Satzung der NATO als eine Grundordnung oder Verfassung der Staatengemeinschaft ansehen würde, die der Fixierung der Ordnung der Allgemeinheit dient und deshalb auch für Dritte echte Rechtspflichten begründen könnte.[679]

Wenn das Ziel einer Organisation die Verwirklichung des Allgemeinwohls sei, würden Dinge geregelt, die alle angingen, so daß es gar keine unbeteiligten Dritten mehr geben könne.[680] Würden aufgrund eines solchen die objektive Völkerrechtsordnung regelnden Vertrages Zwangsmaßnahmen ergriffen, sei dies keine Vertragsanwendung zu Lasten Dritter, sondern ein Disponieren über das universelle Rechtsgut "Weltfrieden", das weder in der alleinigen staatlichen Verfügungsgewalt stehe, noch in der der Vertragspartner.[681]

Die Begründung eines solchen "objektiven Regimes" durch internationale Organisationen wird aber zu Recht überwiegend abgelehnt. Auch im Rahmen der Satzung der Vereinten Nationen, die vereinzelt als "Weltverfassung" angesehen wird[682] und daher am ehesten eine universelle Bindungswirkung auslösen könnte, müsse der Grundsatz gelten, daß die staatliche Souveränität selbst entscheiden könne, ob sie sich einem internationalen Regime unterwirft oder diesem fernbleiben möchte.[683] Kein allzuständiger Staat kann gezwungen werden,

---

679 So für die UNO angenommen von SODER, Vereinte Nationen und Nichtmitglieder, S. 257, 272; BALLREICH, in: FG Bilfinger, S. 1 (25); GRAF VITZTHUM, in: SIMMA, ChUN, Art. 2 (6) MN. 20.

680 Vgl. FALK, The Authority of the United Nations, S. 101.

681 PAHR, ÖZöR 1955, 600 (602, 610).

682 So z.B. KELSEN, Col. Law Review 1946, 391 (410); SODER, Vereinte Nationen und Nichtmitglieder, S. 255-257.

683 PERNICE, Die Sicherung des Weltfriedens, S. 120ff.; WALTER, Regionalorganisationen, S. 316; MARTENS, Der Staat 7 (1968), 431 (443).

sich den abgeleiteten Kompetenzen einer sekundären Völkerrechtsordnung zu unterwerfen. Außerdem geht die UN-Charta in zahlreichen Bestimmungen[684] selbst von der Existenz von Nichtmitgliedern aus. Dieser Erwähnung hätte es nicht bedurft, wollte die Charta auch Nichtmitglieder den Rechten und Pflichten der Charta unterwerfen. Besonders deutlich wird dies an den Art. 4 und 35 II SVN, wo den UNO-Nichtmitgliedern bestimmte Rechte eingeräumt werden unter der Bedingung, daß diese Staaten ihrerseits gewisse bzw. alle Pflichten aus der UN-Charta als für sich verbindlich anerkennen; eine solche Regelung wäre überflüssig, wenn die Verpflichtungen der Charta für Drittstaaten *per se* und auch gegen ihren ausdrücklichen Willen verbindlich wären. Die Ausnahmevorschrift des Art. 2 Ziff. 6 SVN, wonach die Vereinten Nationen dafür Sorge tragen, daß auch Nichtmitglieder insoweit nach den Prinzipien der Vereinten Nationen handeln, als dies zur Wahrung des Weltfriedens und der internationalen Sicherheit erforderlich ist, stellt keine echte Vertragsausdehnung zu Lasten von Drittstaaten dar, sondern beinhaltet eine Handlungsaufforderung an die Organisation, die Einhaltung der Organisationsgrundsätze weltweit zu gewährleisten. Hierdurch soll das Funktionieren eines weltweiten kollektiven Friedenssicherungsmechanismus′ erreicht werden, nicht eine „Weltregierung“ der Vereinten Nationen. Eine echte Drittverpflichtung könnte sich ohnehin nur über die gewohnheitsrechtliche Geltung eines Völkerrechtssatzes ergeben, der ebenfalls zu den Grundsätzen der UN-Charta zählen müßte und dessen Einhaltung Art. 2 Ziff. 6 SVN zu erwirken sucht.[685] Ein Satz des Gewohnheitsrechts, wonach alle Staaten am Friedenssicherungssystem der Vereinten Nationen mitzuwirken hätten, läßt sich aber nicht nachweisen. Aber selbst wenn Art. 2 Ziff. 6 SVN eine vertragliche Bindung von Nichtmitgliedern statuieren würde, bedeutet dies noch nicht die Inanspruchnahme eines „objektiven“ Rechtsregimes. Für die Annahme, daß die UNO ein „Weltrechtsregime“ im Sinne einer objektiven Völkerrechtsordnung mit echten Vertragspflichten für Nichtmitglieder installieren wollte, ist nichts ersichtlich. Zwar haben die Vereinten Nationen in ihrer Organpraxis auch Nichtmitglieder für kollektive Zwangsmaßnahmen nach Kapitel VII SVN in Anspruch genommen,[686] doch wird diese Praxis überwiegend als mit dem Charakter der UN-Charta als völkerrechtlichem Vertrag unvereinbar

---

684 Art. 2 VI, 4, 11 II, 32, 35 II, 50, 93 II SVN.

685 KÖRBS, Friedenssicherung, S. 556.

686 Bei der Verhängung von Wirtschaftssanktionen gegenüber Rhodesien in S/Res 232 (1966) wandte sich der Sicherheitsrat auch ausdrücklich an die Nichtmitglieder, indem diese aufgefordert wurden, entsprechend den Beschlüssen des Sicherheitsrates zu handeln. In den späteren Beschlüssen gemäß Art. 41 SVN gegen Südafrika (1977), Irak (1990), Jugoslawien (1991), Somalia (1992), Libyen (1992) und Rest-Jugoslawien (1992) wird nicht mehr zwischen Mitgliedern und Nichtmitgliedern differenziert, sondern "alle Staaten" angesprochen.

angesehen.[687] Eine „Weltverfassung", an die souveräne Staaten auch ohne ihren Willen gleichsam durch einen naturrechtlichen *contrat social* gebunden sein sollen, kann es nach der gegenwärtigen Konzeption des Völkerrechts als koordinierende Rechtsordnung gleichberechtigter Subjekte nicht geben. Wenn aber die UN-Charta als universeller Vertrag für die Schaffung einer für alle Staaten objektiv verbindlichen Völkerrechtsordnung untauglich ist, muß man dies *de maius ad minore* erst recht für ein regionales Völkerrechtsregime wie die NATO verneinen.

Es kann damit festgehalten werden, daß eine Drittstaatenkompetenz internationaler Organisationen, insbesondere auch von Regionalorganisationen, völkerrechtlich nicht anerkannt ist.[688]

dd) Keine Legitimationswirkung des Sicherheitsratsmandats

Im übrigen wäre für die Inanspruchnahme von Nichtmitgliedern auch eine ausdrückliche Rechtsgrundlage in der Satzung der Regionalorganisation erforderlich. Hinsichtlich der Ermächtigung des Sicherheitsrates zu Zwangsmaßnahmen außerhalb der Satzungsbefugnisse gilt zu beachten, daß auch der Sicherheitsrat bei seinem Handeln an das allgemeine Völkerrecht gebunden ist; die UN-Charta genießt keinen hierarchischen Geltungsvorrang in der Weise, daß sie – von der Wirkung der Kollisionsklausel des Art. 103 SVN einmal abgesehen – andere völkerrechtliche Verträge außer Kraft setzen könnte. Hieraus folgt, daß auch der Sicherheitsrat die Grenzen der Handlungsbefugnisse regionaler Organisationen zu berücksichtigen hat, wenn er diese oder ihre Mitgliedstaaten zur Ergreifung friedensschaffender Maßnahmen ermächtigt.[689] Auch der Sicherheitsrat besitzt deshalb nicht die Kompetenz, sich über die einer regionalen Organisation von ihren Mitgliedstaaten gesetzten Grenzen hinwegzusetzen. Deshalb kommt seiner Ermächtigung nach Art. 53 I SVN keine legitimierende Wirkung zu.[690]

Etwas anderes könnte nur dann gelten, wenn man aufgrund von Art. 53 I 1 SVN ein vertraglich vereinbartes Zugriffsrecht auf die Regionalorganisationen annehmen würde, das diese zur Truppenstellung verpflichten könnte. Wenn solch bindende Anordnungen zur Durchführung militärischer Zwangsmaßnahmen seitens des Sicherheitsrates möglich wären, etwa aufgrund der Prioritäts-

---

[687] KLEIN, ArchVR 30 (1992), 101 (107); BERBER, Völkerrecht III, S. 210; BINDSCHEDLER, ZaöRV 28 (1968), 1 (5); SCHENCK, ZaöRV 29 (1969), 257 (275); SCHEUNER, Schriften zum Völkerrecht, S. 477 (490).

[688] Vgl. dazu ausführlich KÖRBS, Friedenssicherung, S. 554ff., 568.

[689] WATTS, Diskussionsbeitrag, in: DELBRÜCK (Hg.), Allocation of Law Enforcement, S. 75; WOLFRUM, ebd., S. 90.

[690] HOLSTEIN, Das Verhältnis des Sicherheitsrates, S. 223.

klausel des Art. 103 SVN, könnte sich die Regionalorganisation auf die vorrangige Verpflichtung gegenüber dem Sicherheitsrat berufen und die Verantwortung für ein eventuell satzungswidriges Handeln auf diesen "abwälzen". Allerdings ist eine solche generelle Beistandspflicht der Regionalorganisationen ganz eindeutig abzulehnen. Die UN-Mitgliedstaaten sind nach Art. 43 I SVN nur aufgrund von separat abgeschlossenen Sonderabkommen verpflichtet, Truppen zur Durchführung von Zwangsmaßnahmen zur Verfügung zu stellen. Vertragspartner dieser Abkommen können - dies legt schon der Wortlaut des Art. 43 III SVN nahe - auch Regionalorganisationen sein.[691] Zwar wird nach dem Sinn und Zweck des Art. 43 SVN allgemein auf eine Verhandlungspflicht der Mitgliedstaaten geschlossen,[692] eindeutig ist aber, daß ohne Sonderabkommen keine Pflicht der Mitgliedstaaten zur Truppenstellung folgt. Aus der Entstehungsgeschichte der Charta läßt sich entnehmen, daß der Sicherheitsrat den Mitgliedstaaten bei Fehlen der entsprechenden Sonderabkommen nicht die Verpflichtung auferlegen können soll, Streitkräfte für Einsätze der Vereinten Nationen bereitzustellen.[693] Da Abkommen nach Art. 43 SVN in der Vergangenheit nicht abgeschlossen wurden und auch keine Anzeichen dafür bestehen, daß solche in naher Zukunft abgeschlossen werden, sind bisher weder Staaten noch Regionalorganisationen zur Truppenstellung verpflichtet.[694] Würde man aus Art. 53 I 1 SVN eine unbedingte Unterstützungspflicht ableiten, käme dies einer glatten Umgehung des Art. 43 SVN gleich, der zum Ausdruck bringt, daß der Sicherheitsrat eben kein freies Zugriffsrecht auf regionale Abmachungen hat.[695] Die Ermächtigung des Sicherheitsrates ist nicht konstitutiver Art, sondern nur akzessorischer Natur, d.h. sie ermöglicht nur eine Kontrolle über bestimmte Aktionen regionaler Organisationen, und ist selbst Zulässigkeitsvoraussetzung für die Durchführung der Maßnahme. Sie kann jedoch keinen Ersatz für sonstige Rechtsmängel der Maßnahme darstellen.[696] Deshalb muß die Zwangsmaßnahme neben den durch die UN-Charta gestellten Anforderungen der Satzung der regionalen Staatenverbindung entsprechen; nur in diesem Fall handelt es sich über-

---

691 PERNICE, Die Sicherung des Weltfriedens, S. 148; RESS, in: SIMMA, ChUN, Art. 53 MN. 13.

692 FROWEIN, in: SIMMA, ChUN, Art. 39 MN. 9; FURET, in: COT/Pellet, ChNU, S. 718.

693 KELSEN, The Law of the United Nations, S. 754; SCHACHTER, International Law, S. 394.

694 Art. 43 III SVN macht klar, daß die Verträge über die Truppenstellung auch mit "Mitgliedergruppen" abgeschlossen werden können. Daraus kann gefolgert werden, daß auch für Regionalorganisationen nur die allgemeine Verhandlungspflicht besteht, nicht aber die Pflicht, Truppen auch tatsächlich bereitzustellen.

695 WALTER, Regionalorganisationen, S. 268.

696 PERNICE, Die Sicherung des Weltfriedens, S. 117.

haupt um eine ermächtigungsfähige Zwangsmaßnahme.[697] Sieht die Satzung einer Regionalorganisation überhaupt nicht die Möglichkeit der Durchführung von Zwangsmaßnahmen vor, kann auch eine Ermächtigung des Sicherheitsrates nach Art. 53 I SVN keine weitergehenden Befugnisse verleihen. Diese Vorschrift dient nur der Beschränkung der der Regionalorganisation durch Art. 52 SVN scheinbar umfassend eingeräumten Befugnisse im Hinblick auf die Anwendung der Mittel der Zwangsmaßnahmen, räumt den Regionalorganisationen aber keine weitergehenden Zuständigkeiten ein.[698] Art. 53 SVN grenzt demzufolge die Zuständigkeiten des Sicherheitsrates gegenüber denjenigen der Regionalorganisation ab, indem er eine Zustimmungsbedürftigkeit für Zwangsmaßnahmen auf regionaler Ebene anordnet und diese damit der Kontrolle des Sicherheitsrates unterwirft. Keinesfalls will er aber die Befugnis zu diesen erst begründen. Die entgegenstehende Auffassung verkennt die *ratione personae* wie *ratione materiae* bloß beschränkte Völkerrechts- und Handlungsfähigkeit internationaler Organisationen. Sachlich ist ihr Aktionsradius von vornherein auf die Wahrnehmung der (gründungs-)vertraglich zugewiesenen Aufgaben nach Maßgabe der im Vertrag ausdrücklich erteilten oder nach seinem Sinn und Zweck in ihm enthaltenen Ermächtigungen begrenzt.[699] Handelt eine internationale Organisation jenseits des ihr vertraglich vorgegebenen Wirkungskreises, so geschieht dies "ultra vires" und ist völkerrechtlich ungültig ("null and void").[700] Nur Staaten als "geborene" Völkerrechtssubjekte genießen uneingeschränkte Souveränität in dem Sinne, daß sie sich ihre Zuständigkeiten selber schaffen können und von keiner anderen politischen oder staatlichen Macht abhängig sind, d.h. ausschließlich völkerrechtsunmittelbar dem Völkerrecht unterstehen.[701] Eine internationale Organisation hingegen besitzt lediglich eine abgeleitete und funktionell eingegrenzte Zuständigkeit, die aufgrund des Prinzips der begrenzten Einzelermächtigung nur Tätigkeiten im Rahmen des vertraglich geschaffenen Aufgabenkreises ermöglicht, im Gegensatz zu den Staaten eben keine Kompetenz-Kompetenz zuläßt.[702]

---

697 BOUTROS-GHALI, Contribution, S. 212, 217.
698 PERNICE, Die Sicherung des Weltfriedens, S. 133.
699 BINDSCHEDLER, in: EPIL II (1995), 1293f.
700 HILLGRUBER, in: FS LEISNER, S. 53 (60).
701 VERDROSS/SIMMA, Universelles Völkerrecht, §§ 31ff., 34.
702 MENG, Recht der Internationalen Organisationen, S. 194; IPSEN, Völkerrecht, § 6 Rn. 13.

5. Rechtliche Konsequenz für Einsätze der NATO jenseits ihres Bündnisauftrages

Der Einsatz der NATO-Streitkräfte außerhalb des in Art. 5 NATO-Vertrag genannten Verteidigungsfalles hätte also einer vertraglichen Ermächtigungsgrundlage bedurft. Wie bereits erörtert, hat sich die NATO nie bloß als reines Militärbündnis in Wahrnehmung des Rechts auf kollektive Selbstverteidigung im Sinne des Art. 51 SVN, sondern stets auch als (sicherheits-)politisches Bündnis verstanden.[703] Dies kommt z.B. deutlich in Art. 2 des Vertrages zum Ausdruck, in dem sich die Vertragsparteien dazu verpflichten, zur weiteren Entwicklung friedlicher und freundschaftlicher internationaler Beziehungen beizutragen, und in diesem Rahmen auch bestrebt sind, die wirtschaftliche Zusammenarbeit zwischen ihnen zu fördern.[704] Aber weder Art. 2 noch Art. 7, der dem Vorrang der Verpflichtungen aus der UN-Charta Rechnung trägt (Art. 103 SVN), weisen der NATO Aufgaben zu, die sie - über die im Vertrag niedergelegten hinaus - in einem Kooperationsverhältnis zur UNO zu erfüllen hätte. Auch aus dem Wortlaut der Präambel kann nicht der Schluß gezogen werden, mit der Entschlossenheit, "die Freiheit...zu gewährleisten, die auf den Grundsätzen der Demokratie, der Freiheit der Person und der Herrschaft des Rechts beruhen" wäre die stillschweigende Ermächtigung zu Militäreinsätzen im Rahmen kollektiven Krisenmanagements verbunden - von dem Umstand einmal abgesehen, daß die Präambel generell nur die dem Vertrag zugrundeliegenden programmatischen Zielerwägungen eines Vertrages, nicht aber das Aufgabenprogramm selber enthält. In diesem Sinne stellt auch die Pflicht zur Selbsthilfe und gegenseitigen Unterstützung gemäß Art. 3 NATO-Vertrag dem Wortlaut nach nur auf die Erhaltung und Fortentwicklung der gemeinsamen Widerstandskraft gegen bewaffnete Angriffe ab, also auf den Bündnisfall des Art. 5 NATO-Vertrag. Die Konsultationspflicht des Art. 4 NATO-Vertrag stützt ebenfalls keine Ausweitung des militärischen Auftrages der NATO auf globale Sicherheitsmaßnahmen ohne Bezug zur Verteidigungsaufgabe. Sie bezieht sich nämlich ausdrücklich auf die Bedrohung der Unversehrtheit des Gebietes, der politischen Unabhängigkeit und der Sicherheit eines der *Vertragspartner*, und damit, wie sich auch aus ihrer systematischen Stellung zwischen Art. 3 und Art. 5 NATO-Vertrag ergibt, auf den potentiellen Bündnisfall.[705]

Dieser ist, wie Art. 5 NATO-Vertrag abschließend festlegt, auf den Fall des bewaffneten Angriffs auf eine oder mehrere Vertragsparteien in Nordamerika oder Europa beschränkt. Zwar unterliegt der Einsatz der NATO-Streitkräfte

---

[703] So auch FRANK, Der Beitritt zum Nordatlantik-Vertrag, S. 46.

[704] Siehe auch die Begründung zum Entwurf des deutschen Zustimmungsgesetzes, BT-Drs. 2/1061, S. 54.

[705] HILLGRUBER, in: FS LEISNER, S. 53 (58).

keinen geographischen Beschränkungen, wie dies zum Teil infolge einer Fehlinterpretation der Umschreibung des Vertragsgebietes in Art. 6 NATO-Vertrag behauptet wird.[706] Die Bedenken gegen den *out of area*-Einsatz wenden sich zu recht nur gegen eine vertragswidrige Verwendung der Streitkräfte außerhalb des Bündnisfalles, nicht aber gegen einen Einsatzort außerhalb des Vertragsgebietes. Art. 6 NATO-Vertrag enthält deshalb lediglich eine geographische Beschränkung für das Auslösen der Bündnisverpflichtung,[707] nicht aber eine geographische Beschränkung des Einsatzraumes.[708] Die Vorschrift definiert also den geographischen Raum, innerhalb dessen die Bündnispartner zur gegenseitigen Hilfeleistung verpflichtet sind, begründet jedoch keine weitergehenden Beschränkungen derart, daß kollektive Planungen, Manöver oder Operationen nicht auch auf anderen für die Parteien wichtigen Gebieten durchgeführt werden könnten.[709] Die Festlegung einer geographischen Zone in Art. 5 NATO-Vertrag schließt daher nicht die Möglichkeit aus, daß der Rat auch solche Ereignisse erörtert, die sich außerhalb dieser Zone abspielen, aber möglicherweise Auswirkungen auf das Bündnisgebiet haben könnten. In der Tat hat der NATO-Rat "es sich zur Gewohnheit gemacht, über wichtige Ereignisse - gleichgültig in welchem Teil der Welt sie stattfinden - Informationen und Meinungen auszutauschen".[710] Auch wenn sich zwar aus Art. 6 NATO-Vertrag keine Beschränkung des Einsatzgebietes von NATO-Truppen ableiten läßt, so bleibt doch bestehen, daß nicht alles, was territorial erlaubt sein mag, auch funktional vorgesehen ist.[711] Problematisch ist daher nicht, ob und welche geographischen Beschränkungen des NATO-Einsatzgebietes bestehen, sondern ob die Verfolgung von über die Verteidigung hinausgehenden Zielen ein militärisches Vorgehen der NATO als Organisation rechtfertigt. Die ausdrückliche Umschreibung des Bündnisfalles in Art. 5 NATO-Vertrag macht fraglos deutlich, daß nur in dem dort genannten Fall ein militärisches Handeln erlaubt sein soll.

Schließlich beinhaltet auch der die Organisationsgewalt des Rates begründende Art. 9 NATO-Vertrag keine weitere Aufgabenzuweisung, sondern legt fest, wie die andernorts zugewiesenen Aufgaben zu erfüllen sind, also wie der Vertrag durchzuführen ist.[712]

---

[706] So z.B. WOOPEN, NZWehrr 1983, 201 (213).

[707] PECHSTEIN, Jura 1991, 461 (464); SCHULTZ, Die Auslandsentsendung, S. 383.

[708] BLUMENWITZ, NZWehrr 1988, 133 (139);

[709] ARNDT, DÖV 1992, 618 (619); LAW/RÜHLE, EA 1992, 439 (439); SMITH, International Peacekeeping 1995, 56 (65).

[710] Vgl. NATO, Tatsachen und Dokumente, Brüssel 1971, S. 25. Daß die NATO sich als weltweit zuständiges Sicherheitsbündnis versteht, wurde bereits oben unter I. 4. f) bb) - dd) anhand der NATO-Staatenpraxis gezeigt.

[711] Vgl. BOTHE, KritV 1993, 53 (64).

[712] FRANK, Der Beitritt zum Nordatlantik-Vertrag, S. 124.

Daher ist festzuhalten, daß die Vertragsbestimmungen des NATO-Vertrages keine ausreichende Grundlage für ein Tätigwerden des Bündnisses gegen Drittstaaten mit oder ohne Mandat des Weltsicherheitsrates bilden. Es reicht nicht aus, daß die Satzung einer Organisation einem bestimmten Handeln der Organisation nicht entgegensteht.[713] Die Rechtmäßigkeit jeglichen Tätigwerdens einer internationalen Organisation beurteilt sich nicht danach, ob ein bestimmtes Handeln im Gründungsvertrag verboten wurde, sondern hängt vielmehr ab von der Existenz eines entsprechenden positiven Kompetenztitels im Recht der Organisation selbst, dem sich die Ermächtigung der Organisation zu dem betreffenden Handeln entnehmen läßt.[714] Auch für ein friedensschaffendes Tätigwerden der NATO ist deshalb das Bestehen einer entsprechenden auf dem Willen der Mitgliedstaaten beruhenden Kompetenzzuweisung erforderlich.[715] Ein bloßes "Nicht-Verboten-Sein" reicht als rechtliche Grundlage für ihr Tätigwerden nicht aus.

Die Notwendigkeit einer vertraglichen Aufgabenzuweisung, damit der NATO-Rat überhaupt tätig werden kann, hat das amerikanische Außenministerium wie folgt zum Ausdruck gebracht:

"The [NATO] Council will have no powers other than to consider matters within the purview of the Treaty and to assist the parties in reaching agreement upon them".[716]

6. Notwendigkeit eines Kompetenztitels auch bei Einigkeit der Mitgliedsstaaten "inter partes"

Allerdings könnte man gegen die Notwendigkeit eines speziellen Kompetenztitels im Recht der Organisation einwenden, daß nach dem Willen der Vertragsparteien alles das "Recht" sein soll, worüber diese sich stillschweigend oder ausdrücklich geeinigt haben: Der Grundsatz "volenti non fit iniuria" bedeute, daß das von den Parteien Gewollte Völkerrecht werde, nicht daß, was der Vertrag vom Wortlaut her vorsehe. Da Verträge grundsätzlich nur "inter partes" gelten, d.h. nur die Vertragsparteien binden,[717] seien die Interessen der übrigen Staaten durch Vertragsabschluß bzw. –änderung in der Regel nicht betroffen, so

---

713 HOLSTEIN, Das Verhältnis des Sicherheitsrates, S. 185.

714 MENG, Recht der Internationalen Organisationen, S. 194.

715 DEKKER/MYJER, Nederlands Juristenblad 1995, 1275 (1277).

716 Report of the Secretary of State to the President on North Atlantic Treaty, April 7, 1949, in: A Decade of American Foreign Policy, Basic Documents, 1941-49, S. 1332 (1338).

717 GRAF VITZTHUM, in: DERS., Völkerrecht, I, Rn. 120; IPSEN, Völkerrecht, § 31 Rn. 40. Zu dem Umstand, daß der NATO-Vertrag kein "objective regime" ist, das auch andere Staaten binden könnte, siehe oben 4. b. cc

daß die Vertragsparteien gänzlich frei seien, die zwischen ihnen geltenden Regeln beliebig zu ändern oder zu erweitern, solange nicht zwingendes Völkerrecht dem entgegenstehe. Insbesondere bei binnengerichteten kollektiven Sicherheitssystemen, so ein möglicher Einwand, sei die stillschweigende Rechtsfortbildung völlig unproblematisch, wenn sie ausdrücklich oder stillschweigend von den Mitgliedstaaten akzeptiert, zumindest aber widerspruchslos von ihnen hingenommen werde.[718] In diesem "abgeschlossenen" Rechtskreis komme es nur darauf an, was die Parteien untereinander wollen und akzeptieren, unerheblich sei, was sie nach außen durch den Gründungsvertrag kundtun.

Gegen diese Sichtweise sprechen aber durchgreifende Bedenken. Zum einen wurde bereits mehrfach darauf hingewiesen, daß jede internationale Organisation ihrem Wesen nach nur diejenigen Kompetenzen wahrnehmen kann, die ihr von den Mitgliedstaaten übertragen worden sind.[719] Die Organisation besitzt eine eigenständige Rechtspersönlichkeit,[720] die zu einer zwar selbständigen, aber funktionell begrenzten und abgeleiteten Völkerrechtssubjektivität führt. Diese muß von den Mitgliedstaaten durch einen völkerrechtlichen Vertrag erst begründet werden. Dementsprechend muß auch eine Erweiterung der vom Willensakt der Gründerstaaten abhängigen Völkerrechtsqualität durch einen entsprechenden rechtserheblichen völkerrechtlichen Vertrag erfolgen; ein bloßes stillschweigendes Tolerieren einer neuen angemaßten Kompetenz reicht hierfür nicht aus. Vielmehr müssen die Staaten deutlich machen, daß sie der Organisation ein weiteres Stück ihrer eigenen staatlichen Befugnisse übertragen wollen, d.h. den Umfang der rechtlich selbständigen Organisationskompetenz erweitern wollen.[721]

Hinzu kommen Erwägungen der Rechtssicherheit und Rechtsklarheit. Der IGH hat im GRAF BERNADOTTE-Gutachten festgestellt, daß eine internationale Organisation auch gegenüber Nichtmitgliedern Rechtspersönlichkeit beanspruchen kann. Zwar sei es grundsätzlich richtig, daß internationale Organisationen nur partikuläre Völkerrechtssubjektivität besitzen, mit der Folge, daß gegenüber Nichtmitgliedstaaten die Völkerrechtssubjektivität nur dann entsteht, wenn diese von letzteren ausdrücklich oder konkludent anerkannt seien.[722] Allerdings hat der IGH auch die Möglichkeit einer "objektiven" Rechtspersönlichkeit im Völkerrecht bejaht, die nicht nur gegenüber den Mitgliedstaaten bestehe, sondern

---

[718] Vgl. HERDEGEN, in: FS BERNHARDT, S. 103 (111).

[719] Siehe 4. b. dd.

[720] IGH in Reparation for Injuries Suffered in the Service of the UN, ICJ-Reports 1949, 174ff.

[721] Vgl. KÖCK/FISCHER, Recht der Internationalen Organisationen, S. 557.

[722] IPSEN, Völkerrecht, § 31 Rn. 38.

auch von anderen anerkannt werden müsse.[723] Dies bedeutet nicht, daß Drittstaaten die Handlungen einer von ihnen nicht anerkannten internationalen Organisation anzuerkennen oder zu tolerieren brauchten. Eine derartige „rechtliche Teilnahme“ haben sie ja gerade durch ihren Nichtbeitritt zum Gründungsvertrag bzw. ihre Nichtanerkennung ausschließen wollen. Jedoch können sie – ob sie die Organisation völkerrechtlich anerkennen oder nicht – diese nicht als rechtliches Nullum betrachten, sondern müssen die eigenständige Existenz und relative Rechtspersönlichkeit der Organisation als objektiv gegebenes Faktum anerkennen. Da die Völkerrechtssubjektivität einer internationalen Organisation unabhängig von der Anerkennung seitens der Nichtmitglieder besteht,[724] besitzt diese schon durch ihre Existenz *per se* eine objektive Völkerrechtssubjektivität auch gegenüber Nichtmitgliedern.[725] Kein Staat hat das Recht, eine objektive internationale Wirklichkeit, wie sie der (Teil-)Zusammenschluß anderer Staaten zu einer internationalen Organisation darstellt, zu negieren, genauso wenig, wie er die Existenz eines anderen Staates negieren kann.[726] Dies bedeutet, daß auch am Vertrag unbeteiligte Dritte den Auswirkungen der Rechtspersönlichkeit einer internationalen Organisation ausgesetzt sein können. Kann somit die Organisation völkerrechtlich handeln und Rechtsfolgen setzen, stellt sich für die von ihrem Agieren betroffenen Völkerrechtssubjekte – unabhängig von der Anerkennung - die Frage nach dem Umfang der völkerrechtlichen Handlungsbefugnissen dieser – rechtlich nicht zu leugnenden – Organisation. Denn immer, wenn ein Rechtssubjekt im Rechtsverkehr auftritt, muß aus Gründen der Rechtssicherheit und Rechtsklarheit der Umfang der Handlungsbefugnisse dieses neuen „Mitspielers“ ermittelbar sein, insbesondere wenn ein etabliertes Völkerrechtssubjekt erwägt, diese Organisation anzuerkennen oder in andere rechtliche Beziehungen zu ihr zu treten. Das Maß, wie eine Organisation im Rechtsverkehr als handlungsbefugt angesehen wird, kann aber nur nach allge-

---

[723] IGH, ICJ-Reports 1949, 174 (185): "…had the power, in conformity with international law, to BRING into being an entity possessing objective international personality, and not merely personality recognized by them alone, together with capacity to BRING international claims".

[724] IGH, ICJ-Reports 1949, 174 (178): "The subjects of law in any legal system are not necessarily identical in their nature or the extent of their rights, and their nature depends upon the needs of the community".

[725] KÖCK/FISCHER, Recht der Internationalen Organisationen, S. 567, 346. A.A. GRAF VITZTHUM, in: DERS., Völkerrecht, I, 120, der nur der UNO eine objektive Rechtspersönlichkeit zuerkennen will.

[726] Dies gilt unabhängig davon, ob man sich hinsichtlich der Anerkennung neuer Staaten der "konstitutiven" oder "deklaratorischen" Theorie anschließt: allenfalls kann ein Staat verweigern, den neuen Staat als "Mitspieler" im "Konzert" der Völkerrechtssubjekte anzuerkennen; er kann aber nicht durch eine politisch motivierte Nichtbeachtung die Rechtssubjektsqualität scheitern lassen.

meinem Völkerrecht aus Sicht der übrigen Völkerrechtsgemeinschaft beurteilt werden, nicht nach dem internen Willen der Organisationspartner.[727] Aus diesem Grund reicht es für die Beurteilung der NATO-Kompetenzen aus völkerrechtlicher Sicht nicht aus, daß sich die NATO-Mitgliedstaaten "inter partes" über den Umfang der der Organisation zugestandenen Befugnisse einig sind; entscheidend für die Ermittlung von den im völkerrechtlichen Verkehr anerkennungsfähigen Kompetenzen muß deshalb der Gründungsvertrag sein. Das Fehlen eines Kompetenztitels für Maßnahmen kollektiver Friedenssicherung im NATO-Gründungsvertrag kann aus völkerrechtlicher Sicht nicht durch ein internes Einigsein zwischen den NATO-Partnern überwunden werden. Auch untereinander müssen die Mitgliedstaaten, wenn sie die Organisation einschalten, deren Gründungsvertrag beachten.[728]

7. Maßnahmen der Mitgliedstaaten statt Bündnisaktionen

Fehlt es aber an einer Rechtsgrundlage im NATO-Vertrag, so ist noch zu erwägen, ob es sich bei den Einsätzen im ehemaligen Jugoslawien in Wahrheit gar nicht um NATO-Operationen gehandelt hat, sondern die NATO nur als Forum für ein konzertiertes Handeln der Mitgliedstaaten außerhalb des Vertragsrahmens gedient hat. Die zugrundeliegenden Beschlüsse wären dann genau genommen nicht vom Nordatlantikrat als NATO-Organ, sondern von den - als Regierungskonferenz zusammengetretenen - "im Rat vereinigten Vertretern der Mitgliedstaaten" gefaßt worden.[729]

Gegen diese Vorstellung spricht aber schon, daß auch eine Koordinationstätigkeit der NATO durch den Rat gemäß Art. 9 NATO-Vertrag ein Handeln der Organisation wäre, die im NATO-Vertrag ihre Rechtsgrundlage finden muß. Indessen hat der NATO-Rat bei den in Frage stehenden Militäreinsätzen nicht nur als Konsultations- und Koordinierungsforum fungiert, sondern die beschlossenen militärischen Maßnahmen selbst mit den ihr zugewiesenen Streitkräften sowie unter Inanspruchnahme ihrer Befehls- und Kommandostrukturen durchgeführt.[730] Dies wird daran deutlich, daß er sich verschiedentlich selbst ausdrücklich als dasjenige Gremium bezeichnet, welches auf der politischen Ebene über die Durchführung von Luftangriffen zur Friedensschaffung im ehe-

---

[727] Ähnlich auch HOLSTEIN, Das Verhältnis des Sicherheitsrates, S. 180.

[728] NOLTE, ZaöRV 54 (1994), 652 (669).

[729] Diese Konstellation ist aus dem Europäischen Gemeinschaftsrecht bekannt, vgl. BVerfGE 68, 1 (82).

[730] HILLGRUBER, in: FS LEISNER, S. 53 (61).

maligen Jugoslawien entscheidet.[731] Auch der Umstand, daß die den Einsätzen zugrunde liegenden Erklärungen durch die Minister als Mitglieder des NATO-Rats abgegeben wurden und nicht als Einzelvertreter der Mitgliedstaaten, gibt einen deutlichen Hinweis darauf, daß die Organisation nicht nur aufgrund der UN-Resolutionen handeln wollte, sondern aufgrund des NATO-Vertrags.[732] Bedienen sich die Mitgliedstaaten aber der Organisationsstruktur, des Instrumentariums und der Ressourcen der NATO, so handelt es sich um eine der NATO selbst zuzurechnende, an den NATO-Vertrag gebundene Aktion.

8. Ergebnis hinsichtlich der "Dynamik" bei NATO-Einsätzen außerhalb des Bündnisfalles

Es bleibt folglich festzuhalten, daß sich die NATO mit den wahrgenommenen neuen militärischen Aufgaben außerhalb des Vertragswortlauts bewegt, was für ein "ultra vires"-Handeln der Organisation spricht. Dies gilt nicht nur für Aktionen ohne UN-Mandat, sondern auch für solche mit Ermächtigung des Sicherheitsrates, denn in beiden Fällen werden Aufgaben wahrgenommen, die der NATO-Gründungsvertrag vom Wortlaut her nicht vorsieht. Davon unberührt bleibt die oben gemachte Feststellung, daß die NATO aufgrund einer historisch-teleologischen Interpretation ihres Gründungsvertrags als kollektives Sicherheitsbündnis gelten kann. Bei der Beurteilung der NATO-Aktivitäten ist allein entscheidend, daß jede im Vertrag angelegte Zuständigkeit von einem entsprechenden Kompetenztitel begleitet sein muß. Dies scheint beim NATO-Vertrag hinsichtlich der Befugnisse zu kollektiver Sicherheit nicht der Fall zu sein, denn weitere Handlungspflichten als einem Vertragspartner im Falle eines bewaffnetem Angriffs Hilfe zu leisten (Art. 5 NATO-Vertrag) sieht der NATO-Vertrag zunächst einmal nicht vor.[733]

Allerdings wurde bereits gezeigt, daß die NATO mittlerweile überwiegend als System gegenseitiger kollektiver Sicherheit und als Regionalorganisation im Sinne des VIII. Kapitels der UN-Charta anerkannt ist.[734] Auch der Sicherheitsrat erkennt eine Zuständigkeit der NATO zur kollektiven militärischen Friedenssicherung an, sofern sie sich im Wege eines Mandats in den Dienst der Vereinten Nationen stellt. Ebenso hat sich die NATO seit ihrer Gründung stets als Organi-

---

731 Vgl. den Beschluß des Rates vom 9.8.1993, in dem es heißt: "With respect to NATO, the North Atlantic Council shall be the political authority that will decide on the conduct of air strikes, which will be carried out in coordination with the UN" (NATO Press Release [93] 52, Ziff. 1).

732 KÜHNE, Friedenssicherung durch regionale Organisationen, S. 193.

733 So das endgültige Ergebnis bei BOTHE/MARTENCZUK, VN 1999, 125 (128).

734 Siehe oben I. 4. f. dd. und I. 5. c.

sation verstanden, die nicht nur den Frieden gegen bewaffnete Angriffe von außen verteidigt, sondern auch eine friedenswahrende und konflikteindämmende Sicherheitsfunktion übernehmen soll. Deshalb ist zu prüfen, ob diese Aufgabe der kollektiven Friedenssicherung dem NATO-Vertrag nicht derart inhärent ist, daß sie als ungeschriebene Kompetenz ("implied power") jenseits des Vertragswortlauts völkerrechtlich anerkannt ist.

VI. Kollektive Friedenssicherung als "implied power" des NATO-Vertrages

Neben die durch den Gründungsvertrag bzw. die Satzung ausdrücklich begründeten Kompetenzen können die sog. "implied powers" treten. Hierunter sind diejenigen ungeschriebenen Kompetenzen zu verstehen, die zur Erfüllung der vertraglich festgelegten Aufgaben der Organisation notwendig und daher in diese mit eingeschlossen sind.[735] Die Theorie der "angedeuteten oder vorausgesetzten Zuständigkeiten" einer Organisation entstammt dem angloamerikanischen Verfassungsrecht und wurde in der Rechtsprechung des IGH auf das allgemeine Völkerrecht und später auf das Recht der internationalen Organisationen übertragen.[736] Sie leitet aus den vertraglich festgeschriebenen Aufgaben und Zwecken der jeweiligen Organisation weitere Rechte her, die zur Erfüllung der Aufgaben unabweislich erforderlich sind. Danach soll eine Norm, die eine bestimmte Kompetenz verleiht, auch alle diejenigen zusätzlichen Kompetenzen mitverleihen, ohne die erstere nicht vernünftigerweise ausgeübt werden kann.[737] Der IGH hat in seinem Gutachten zum bekannten GRAF BERNADOTTE-Fall die Notwendigkeit der "implied powers" wie folgt beschrieben:

"Under international law, the Organization must be deemed to have those powers which, though not expRESSly provided in the Charter, are conferred

[735] KLEIN, in: GRAF VITZTHUM, Völkerrecht, IV, Rn. 191; HOLSTEIN, Das Verhältnis des Sicherheitsrates, S. 183f.

[736] IGH im Fall *Reparations for Injuries Suffered in the Service of the United Nations*, Advisory Opinion, ICJ Reports 1949, 151 (180); *Certain Expenses*-Gutachten, ICJ Reports 1962, 151 (162ff.) sowie das Gutachten zu den *Legal Consequences for States of the Continuing Presence of South Africa in Namibia*, ICJ Reports 1971, 166ff.

Vgl. zur Entstehung des Begriffs RUNGE, Einführung in das EG-Recht, S. 30; IPSEN, Völkerrecht, § 6 Rn. 9; KLEIN, a.a.O.

[737] BERNHARDT, Auslegung, S. 97ff; NICOLAYSEN, EuR 1966, 129 (131); vgl. auch das UNAT-Gutachten des IGH, ICJ Reports 1954, 47ff.

upon it by necessary implication as being essential to the performance of its duties".[738]

Die von einer kritischen Gegenansicht vertretene Auffassung, internationale Organisationen seien ausschließlich auf die im Gründungsvertrag ausdrücklich festgeschriebenen Rechte und Pflichten beschränkt,[739] kann im Ergebnis nicht überzeugen. Internationale Organisationen sind ihrem Wesen nach dynamisch und auf eine Neubewertung ihres für die Erreichung des Vertragsziels bereitstehenden Instrumentariums angelegt. So verkörpern Gründungsverträge keine statische Ordnung, die, einmal fixiert, nur durch eine ausdrückliche Vertragsänderung erweitert werden kann, sondern regeln die gemeinsamen Bemühungen mehrerer Staaten zur Erreichung eines Zwecks über einen längeren Zeitraum. Der mit dem Verlauf einer längeren Periode seit Vertragsschluß in der Regel einhergehende Wandel der tatsächlichen und rechtlichen Rahmenbedingungen erfordert eine behutsame Anpassung an die gewandelte Lage. Anderenfalls könnte die Organisation ihren Zweck oft nicht mehr sachgemäß erfüllen. Da die Aufgaben einer Internationalen Organisation immer komplexer werden, und die dafür vorgesehenen Instrumente nicht alle im Gründungsvertrag detailliert beschrieben werden können, ist es geboten, zur zeitgemäßen Erfüllung der übertragenen Aufgaben eine Auslegung anhand der in den Gründungsverträgen niedergelegten Ziele und Zwecke der Organisation vorzunehmen.[740] Bei der bloßen Orientierung am vertraglich fixierten Handlungsrahmen liefe die Organisation Gefahr, ihren Zielen nicht mehr zu entsprechen, wenn eine Veränderung der bei Vertragsschluß als „Geschäftsgrundlage" zugrunde gelegten Rahmenbedingungen mit den ursprünglich vorgesehenen Mitteln nicht mehr zu bewältigen ist. Das Erreichen eines angestrebten Zieles über einen unabsehbar langen Zeitraum (siehe Art. 12, 13 NATO-Vertrag) verlangt die Zurverfügungstellung der dafür erforderlichen Befugnisse. Wer Ziel und Zweck bejaht, muß auch die zu deren Verwirklichung dienenden Mittel bejahen. Da ein bestimmter Zweck ohne seine Mittel nicht bestehen kann, wäre es ein logischer Widerspruch, wohl Ziel und Zweck, aber nicht die entsprechenden Mittel zu wollen.[741] Wegen diesem Bedürfnis nach Kongruenz von Ziel und Mitteln ist die Existenz der "implied powers" in Theorie und Praxis mittlerweile ganz überwiegend anerkannt.[742] Da der

---

738 ICJ Reports 1949, 174 (182).

739 KELSEN, The Law of the United Nations, S. 329; TUNKIN, Völkerrechtstheorie, S. 369ff.

740 IPSEN, Völkerrecht, § 6 Rn. 13.

741 KÖCK, in: FS SEIDL-HOHENVELDERN, S. 279 (282).

742 Vgl. das *Certain Expenses*-Gutachten des IGH, ICJ Reports 1962, 151 (162ff.) sowie das Gutachten zu den *Legal Consequences for States of the Continuing Presence of South Africa in Namibia*, ICJ Reports 1971, 166ff.; ZULEEG, in: EPIL II (1995), S. 1312; KÖCK, in: FS SEIDL-HOHENVELDERN, S. 279 (282)

NATO-Vertrag keine Vorschrift wie Art. 1 II OAS-Charta besitzt, wonach diese Organisation nur die in ihrem Gründungsvertrag ausdrücklich aufgeführten Handlungsbefugnisse besitzt,[743] kann der allgemeine völkerrechtliche Auslegungsgrundsatz der "implied powers" auch für den NATO-Vertrag angewendet werden.[744] Dabei wird angenommen, daß der NATO die zur Erfüllung der ihr zukommenden Aufgaben benötigten Rechte selbst dann zuzugestehen sind, wenn diese Rechte auch bei weitherzigster Auslegung des Textes nicht darunter subsumiert werden können.[745]

1. Die NATO als internationale Organisation

Da die Lehre von den „implied powers" nur im Rahmen von Gründungsverträgen internationaler Organisationen anerkannt ist, müßte die NATO als eine solche anzusehen sein. Nur in diesem Fall bestände ein Bedürfnis an einer weiten, dynamischen Auslegung des Vertrages, da es nicht um die einmalige, punktuelle Regelung zwischenstaatlicher Beziehungen geht – etwa den Austausch von Leistungen -, sondern um eine längerfristige Rechtsgestaltung in den internationalen Beziehungen insgesamt.

Eine internationale Organisation besteht dann, wenn sich Staaten auf der Grundlage eines völkerrechtlichen Vertrages auf Dauer oder für eine bestimmte Zeit[746] zu einem gemeinsamen Zweck in der Form zusammenschließen, daß sie Organe selbständig mit der Wahrnehmung der vertraglich vereinbarten Aufgaben betrauen.[747] Eine internationale Organisation muß also mindestens ein handlungsbefugtes Organ besitzen.

Die NATO erfüllt diese Kriterien vollständig. Der Nordatlantikpakt vom 4.4.1949 ist ein Vertrag zwischen ursprünglich 12, mittlerweile 19 souveränen Staaten, die sich für grundsätzlich unbegrenzte Dauer (vgl. Art. 12, 13) aufgrund einer völkerrechtlichen Willenseinigung zum Zwecke der gemeinsamen Verteidigung gegen bewaffnete Angriffe freiwillig zusammengeschlossen haben. Zur Koordinierung ihrer Verteidigungsaufgaben fungiert gemäß Art. 9 NATO-Vertrag der Nordatlantikrat, der entweder auf Ministerebene oder auf der Ebene der ständigen Vertreter tagt. Er bildet das Hauptorgan der NATO und ist für die politische Konsultation der Bündnispartner zuständig.

---

743 Die Vorschrift wurde durch Zusatzprotokoll vom 5.12.1985 (ILM 1986, 529) in die OAS-Charta aufgenommen.

744 NOLTE, ZaöRV 54 (1994), 95 (102).

745 Vgl. SEIDL-HOHENVELDERN/LOIDL, Internationale Organisationen, Rn. 1603.

746 Vgl. Art. 97 EGKSV.

747 HAILBRONNER, in: GRAF VITZTHUM (Hg.), Völkerrecht, III, Rn. 12.

Ursprünglich als eine organisierte diplomatische Staatenkonferenz der Außenminister eingerichtet, wurden schon in der ersten Sitzung des NATO-Rates die in den USA akkreditierten Botschafter der Mitgliedstaaten bevollmächtigt, um so auch in unvermuteten Krisenfällen die sofortige Aktionsfähigkeit des Rates zu gewährleisten.[748] Ebenfalls auf seiner ersten Sitzung errichtete der Rat in Ausübung der ihm vertraglich eingeräumten Organisationsgewalt "nachgeordnete Stellen" im Sinne des Art. 9 NATO-Vertrag.[749] So wurde als weiteres politisches Gremium ein Verteidigungsplanungsausschuß ("Defence Planning Committee", DPC), bestehend aus den Verteidigungsministern, gebildet, der die strategischen Fragen des Bündnisses diskutiert. Als dem Nordatlantikrat und dem DPC nachgeordnet wurde als höchstes Organ der militärischen Ebene ein Militärausschuß gegründet, dem die Stabschefs der Mitgliedsländer (mit Ausnahme Frankreichs) angehören und der für die militärischen Angelegenheiten, insbesondere für die Ausarbeitung von Empfehlungen an den Nordatlantikrat, zuständig ist. Als es sich sehr bald als erforderlich erwies, die Tätigkeit der neuerrichteten Organe fortlaufend zu koordinieren - wozu der Rat in seiner ursprünglichen Struktur naturgemäß nicht geeignet war -, beschloß der Rat auf seiner vierten Sitzung, ein ständiges Organ mit Sitz in London einzurichten, welches sich aus besonders bevollmächtigten Vertretern der Außenminister ("Council Deputies") zusammensetzte. Auf die eine Konzentration der zwischenstaatlichen Zusammenarbeit fördernde Koordinierungstätigkeit dieses Gremiums ist zurückzuführen, daß im Mai 1951 der Verteidigungsausschuß aufgelöst wurde und seine Aufgaben im Nordatlantikrat konzentriert wurden.[750] Mit den Lissabonner Beschlüssen vom Februar 1952[751] wurde ein "Ständiger Rat" ("Permanent Council") eingesetzt, der sich aus den hauptamtlichen Vertretern der Regierungen im Botschafterrang zusammensetzt und dessen Aufgabe die weitgehende Entlastung des Ministerrates in seinen Funktionen ist. Mittlerweile ist mit der "Nordatlantischen Versammlung" als interparlamentarische Organisation der NATO-Staaten ein von der NATO formell unabhängiges System geschaffen worden, dessen Empfehlungen an den Generalsekretär der NATO weitergeleitet werden.[752] Insgesamt kann festgestellt werden, daß das Bündnis jedenfalls seit den Lissabonner Beschlüssen von 1952 - was seine Organstruktur angeht - den Charakter einer internationalen Organisation ange-

---

[748] Kommuniqué der 1. Sitzung des Nordatlantikrates vom 17.9.1949, Abschnitt III, in: ENGEL, Handbuch der NATO, S. 350.

[749] Vgl. hierzu IPSEN, Rechtsgrundlagen, S. 95ff.

[750] Kommuniqué der Stellvertreter des Nordatlantikrates zur Neuordnung der NATO vom 3.5.1951, in: ENGEL, Handbuch der NATO, S. 411.

[751] Kommuniqué der 9. Sitzung vom 20.-25.2.1952, in: ENGEL, Handbuch der NATO, S. 471ff.

[752] Vgl. IPSEN, Völkerrecht, § 60 Rn. 45.

nommen hat.[753] Seit diesem Zeitpunkt entspricht die Spitzengliederung der NATO der typischen Struktur internationaler Organisationen: Das Bündnis weist drei Organe auf- ein Hauptorgan, ein engeres mit Exekutivbefugnissen ausgestattetes Organ und ein administratives Organ.[754] Hierbei ist das Hauptorgan - der Nordatlantikrat - eine periodisch zusammentretende Konferenz von Regierungsvertretern, in dem die Entscheidungen im *Consensus*-Verfahren herbeigeführt werden. Dies entspricht dem Charakter der NATO als internationaler Organisation freier und unabhängiger Staaten.[755] Das engere Organ - der Ständige Rat - besteht aus weisungsgebundenen Delegierten, wohingegen das Generalsekretariat als administratives Organ den Mitgliedstaaten als Verbindungs-, Informations- und Konsultationsorgan dient. Aufgrund dieser Handlungsinstrumente erfüllt die Organisation die ihr im Gründungsvertrag zugewiesenen Verteidigungs- und Konsultationsaufgaben, d.h. sie wird als Organisation selbständig tätig. Deshalb kann sie - was heute offensichtlich nicht mehr bestritten wird - als von den Gründungsstaaten rechtlich unabhängige internationale Organisation mit eigener Rechtspersönlichkeit bezeichnet werden.[756]

2. Abgrenzung der „implied powers" zum "effet utile"

Eine Inanspruchnahme von im Vertrag nicht vorgesehenen, aber möglicherweise vertragskonformen Befugnissen könnte nicht nur die Inanspruchnahme von "implied powers" bedeuten, sondern auch einen Anwendungsfall der verwandten "effet utile"-Regel darstellen. Das Prinzip der "implied powers" ist daher von dieser abzugrenzen. Unter "effet utile" versteht man ein Interpretationsprinzip, wonach einer Vertragsbestimmung die Auslegung zu geben ist, mit der der Vertragszweck tatsächlich am besten erreicht werden kann, ihm also optimale Wirkungskraft verschafft werden kann.[757] Die Rechte und Pflichten der Parteien dürfen nicht dadurch in ihrer Wirkung abgeschwächt werden, daß ein Vertrag nicht die für die optimale Vertragserfüllung erforderlichen Möglichkeiten ausdrücklich vorsieht. Vielmehr muß vorausgesetzt werden, daß die Vertragsparteien dasjenige Vertragsergebnis anstreben, welches am ehesten dem

---

[753] IPSEN, Rechtsgrundlagen, S. 98.

[754] Vgl. BINDSCHEDLER, in: STRUPP/SCHLOCHAUER, WV II, S. 76; HAILBRONNER, in: GRAF VITZTHUM, Völkerrecht, III, Rn. 12.

[755] KÖCK/FISCHER, Recht der Internationalen Organisationen, S. 403.

[756] IPSEN, in: Schwarz (Hg.), Sicherheitspolitik, S. 435, 441; HOLSTEIN, Das Verhältnis des Sicherheitsrates, S. 47; IGNARSKI, in: EPIL III (1997), S. 646 (650f.); WALZ, NZWehrr 1986, 89 (90f.); SCHULTZ, Die Auslandsentsendung, S. 44, NOLTE, ZaöRV 54 (1994), 652 (667).

[757] BINDSCHEDLER, in: EPIL 5 (1983), 120 (125); OPPERMANN, Europarecht, Rn. 527ff.

Vertragszweck entspricht.[758] Im Grunde geht es dabei um die Anwendung des Effektivitätsprinzips auf völkerrechtliche Verträge: Bei einem auslegungsfähigem Wortlaut gebührt derjenigen Auslegung der Vorzug, bei der der erkennbare Zweck des Vertrages und seiner Einzelvorschriften am besten erreicht wird.[759] Ziel ist es also, den Normen des Organisationsrechts optimale Wirkungskraft zu verschaffen und die eingeräumten Befugnisse so weit wie möglich auszuschöpfen.[760] Allerdings kann der "effet utile" allenfalls eine "Vertragsabrundungskompetenz" darstellen, wie das BVerfG in seinem *Maastricht-Urteil* zur Auslegung des Art. 235 EGV a.F. [Art. 308 EGV n.F.] festgestellt hat.[761] Kompetenzen können demzufolge nur im Rahmen einer bereits eingeräumten Befugnis hergeleitet werden. Demgegenüber kennzeichnet die "implied powers", daß mit ihrer Hilfe nicht nur die durch den Vertrag zugestandenen Möglichkeiten im Sinne der beabsichtigten Nutzanwendung des Vertrages möglichst optimal ausgenutzt werden, sondern daß zusätzliche Kompetenzen begründet werden, die für Erreichung des Gesamtzwecks des Vertrages notwendig sind und die über den operativen Teil des Vertrags hinausgehen.[762] Während es beim "effet utile" folglich um zielgerichtete Vertrags*auslegung* geht, möchte die Lehre von den "implied powers" eine an Ziel und Zweck orientierte *Ergänzung* innerhalb des Vertragsrahmens erreichen. Letztere wird deshalb allgemein als spezielle Ausgestaltung der Regel vom "effet utile" angesehen, stellt allerdings eine wesentliche Erweiterung des Prinzips der "beabsichtigten Nutzanwendung" dar.[763] Trotz der Möglichkeit zur inhärenten Zuständigkeitserweiterung stellt auch das Prinzip der „implied powers" jedoch kein Instrument zur Vertragsänderung dar, sondern eine Vertragsauslegungsregel.[764] Der Vertragsrahmen darf durch die Praxis der Organe nicht überschritten werden, da nur die Mitgliedstaaten als Herren der Verträge die Befugnis zur Vertragsänderung besitzen.

Im vorliegenden Fall geht es darum, der NATO militärische Einsatzmöglichkeiten zu eröffnen, die der NATO-Vertrag funktionell nicht vorgesehen hat. Wie bereits gezeigt wurde, räumt keine Vorschrift des NATO-Vertrages dem Bündnis militärische Befugnisse ein, die über das Recht zur Verteidigung gegen bewaffnete Angriffe gemäß Art. 5 NATO-Vertrag hinausgehen. Es kann sich

---

758 BINDSCHEDLER, in: EPIL 5 (1983), 120 (125).

759 BERNHARDT, Auslegung, S. 96.

760 HERDEGEN, Europarecht, Rn. 201.

761 BVerfGE 89, 155 (210).

762 Vgl. VERDROSS/SIMMA, Universelles Völkerrecht, § 780 Nr. 5.

763 ESCHER, Friedliche Erledigung von Streitigkeiten, S. 24 Anm. 7; BRUHA, in: WOLFRUM (Hg.), United Nations, Vol. 2, S. 1147 (1151 Rn. 11); MENG, Internationale Organisationen, S. 182.

764 IPSEN, Völkerrecht, § 11 Rn. 16; § 6 Rn. 13.

daher allenfalls um die Inanspruchnahme ungeschriebener Kompetenzen handeln, nicht um die zweckentsprechende optimale Ausnutzung bereits vorhandener. Folglich kommt für die Herleitung einer Kompetenz zur kollektiven Friedenssicherung nur die "implied powers"-Regel in Betracht.

3. Umfang und Grenzen der "implied powers"

Wenn die Lehre von den "implizierten Befugnissen" davon ausgeht, daß derjenige Staat, der Aufgaben und Zweck einer internationalen Organisation als ihr Mitglied akzeptiert hat, auch die zur Aufgabenerfüllung und Zweckerreichung erforderlichen Mittel akzeptiert habe, folgt daraus zwangsläufig, daß die "implied powers" in Ziel und Zweck der internationalen Organisation sowohl ihre Grundlage als auch ihre Grenze finden.[765] Da internationale Organisationen nur diejenigen Kompetenzen besitzen sollen, die ihnen von den Mitgliedstaaten ausdrücklich oder zumindest implizit zugewiesen worden sind,[766] müssen sich auch etwaige "implied powers" dem Recht der Organisation entnehmen lassen. Dabei können in programmatischen Erklärungen des Gründungsvertrages (z.B. in der Präambel) auch Ziele genannt sein, deren Erreichung die Organisation nur mittelbar dienen soll. Diese kommen für die Ermittlung zusätzlicher, den Aufgabenkreis der Organisation erweiternder Befugnisse nicht in Betracht.[767] Als Aufgaben können vielmehr nur diejenigen anzusehen sein, die im Gründungsvertrag selbst durch eine konkrete Zielvorgabe umschrieben worden sind. Wenn daher das Gründungsinstrument einer Verteidigungsgemeinschaft - wie z.B. die Präambel des NATO-Vertrages - den (Welt)Frieden als Ziel nennt, so ist nicht dieser Friede, sondern die institutionalisierte Zusammenarbeit zur Abschreckung oder Abwehr eines Aggressors ihr unmittelbares Ziel. Tätigkeiten, die darüber hinausgehen, mögen sie für den Frieden noch so dienlich sein, sind ihr versagt.[768] Rechtlich irrelevant ist daher, ob die Mitgliedstaaten der Organisation die Ausübung bestimmter Kompetenzen, für die eine rechtliche Grundlage im Recht der Organisation selbst nicht besteht, für wünschenswert halten oder zulassen. Wesensnotwendig für die "implied powers" ist stets, daß sie je-

---

[765] KÖCK, in: FS SEIDL-HOHENVELDERN, S. 279 (282); IPSEN, Völkerrecht, § 6 Rn. 10.

[766] IGH im Fall *Reparations for Injuries Suffered in the Service of the United Nations*, Advisory Opinion, ICJ Reports 1949, 151 (180): "Whereas a state possesses the totality of international rights and duties recognized by international law, the rights and duties of an entity such as the organization must depend upon its purposes and functions as specified or implied in its constituent documents and developed in practice".

[767] KÖCK, in: FS SEIDL-HOHENVELDERN, S. 279 (281).

[768] KÖCK, in: FS SEIDL-HOHENVELDERN, S. 279 (281, Fn. 7); KÜHNE, Friedenssicherung durch regionale Organisationen, S. 186.

denfalls mittelbar im *Recht* der Organisation, d.h. im normativen Teil der Satzung, nicht bloß in den Programmsätzen, verwurzelt sind.[769] Aufgrund der "implied powers"-Regel können daher keine Vertragsänderungen vorgenommen werden; sie destilliert lediglich aus vertraglichen Kompetenznormen dort implizierte Kompetenzen, ist also eine Auslegungstheorie.[770] Der Grund für die Verweigerung einer unbegrenzten Befugniserweiterung liegt in dem Umstand, daß die Völkerrechtssubjektivität und Aufgabenstellung einer internationalen Organisation ihren Ursprung in dem Konsens der Mitgliedstaaten hat, der alle Aktivitäten abdecken muß. Obergrenze der "implied powers" ist also das unmittelbare Ziel der Organisation, wie es sich aus deren spezifischen Aufgaben ergibt.

Etwas anderes könnte für die NATO nur dann gelten, wenn sie einen derart hohen Integrationsgrad erreicht hätte, daß sie als *supranationale Organisation* bezeichnet werden könnte. Kennzeichen dieses speziellen Typs einer internationalen Organisation ist, daß sie gegenüber diesen weitergehende Kompetenzen besitzen, wie etwa die Befugnis, für die Mitgliedstaaten bindende Beschlüsse - auch gegen den Willen einzelner Mitglieder - zu fassen und durch eine eigene "Gesetzgebungskompetenz" Rechtsakte zu erlassen, die in den Mitgliedstaaten unmittelbar ohne staatliche Durchführungsmaßnahmen gelten.[771] Hierfür existieren weisungsunabhängige Entscheidungsorgane, (quasi-)parlamentarische Organe und gerichtliche Organe mit obligatorischer Gerichtsbarkeit. Charakteristisch ist ein hauptamtliches Exekutivorgan, dessen Mitglieder gegenüber ihren Entsendestaaten weisungsunabhängig sind und von ihren Regierungen weder Instruktionen einholen noch entgegennehmen dürfen (z.B. die EU-Kommission).[772] Ein solches regierungsähnliches Organ, daß in der Lage wäre, ohne Zustimmung der Mitgliedstaaten den "Souveränitätspanzer" der Mitgliedstaaten zu durchbrechen[773] und auf diese Weise den Gründungsvertrag zu erweitern fehlt der NATO jedoch gerade.[774] Der NATO-Rat und der Ständige Rat als

---

[769] BROWNLIE, Public International Law, S. 688f., IGH, Dissenting Opinion des Richters HACKWORTH, ICJ Reports 1949, 151 (198): "Powers not expressed cannot freely be implied. Implied powers flow from a grant of express powers, and are limited to those that are 'necessary' to the exercise of powers expressly granted".

[770] MENG, Recht der Internationalen Organisationen, S. 58; CONSTANTINESCO, Recht der Europäischen Gemeinschaften, Bd. 1, S. 283; NICOLAYSEN, EuR 1966, 129 (131).

[771] HAILBRONNER, in: GRAF VITZTHUM (Hg.), Völkerrecht, III, Rn. 139; IPSEN, Völkerrecht, § 6 Rn. 17f.

[772] Bindschedler, in: Strupp/Schlochauer, WV II, S. 76.

[773] Vgl. BLECKMANN, Grundgesetz und Völkerrecht, S. 272, 308.

[774] IPSEN, Rechtsgrundlagen, S. 99.

Versammlung der Regierungsvertreter an der Spitze des Bündnisses ist weisungsgebunden und damit international, nicht supranational strukturiert.[775]

Es bleibt folglich auch für die NATO bei dem Grundsatz, daß Befugnisse, die über den Vertragszweck "Verteidigung" hinausreichen, im Recht der Organisation bereits enthalten sein müssen und bloß noch aufgedeckt werden, nicht aber erst noch geschaffen werden dürfen.[776] Das Gebot der Rechts- und Funktionenklarheit besitzt eine besondere Bedeutung für das Zusammenwirken zwischen Innenrecht und Außenrecht jeder organisierten Staaten- und Personengemeinschaft.[777] Fehlt es an einem normativen Anhaltspunkt dafür, ob eine internationale Organisation bestimmte Kompetenzen wahrnehmen kann, so hat diese fehlende Rechtsklarheit Auswirkungen zum einen auf den innerstaatlichen Bereich der Mitgliedstaaten im Hinblick auf die Frage, ob Hoheitsrechte übertragen worden sind oder nicht.[778] Andererseits betrifft sie aber auch die Qualität der Völkerrechtsordnung im Sinne einer an rechtsstaatlichen Grundsätzen ausgerichteten Werteordnung.[779] Durch den Wandel des Völkerrechts von einem „Bündel jeweils bilateraler Rechtsverhältnisse" des Koexistenzvölkerrechts hin zu einer an Allgemeininteressen orientierten Völkerrechtsgemeinschaft ist eine objektive Völkerrechtsordnung im Entstehen befindlich, die ein Interesse an der Einhaltung allgemeiner Rechtsprinzipien hat.[780] Gewisse materielle Grundprinzipien – insbesondere im Bereich des Menschenrechtsschutzes – verbinden nicht nur alle Mitglieder der Staatengemeinschaft in dem Sinne, daß ihre Einhaltung seitens der einzelnen Staaten durch die Staatengemeinschaft eingefordert werden kann, sondern sie stellen auch objektive Werte dar, die um ihrer selbst willen geschützt sind, und es erlauben, von einer – zwar noch rudimentären, aber im Aufbau befindlichen – „Verfassungsgemeinschaft" der Staaten zu sprechen. Eine solche Wertegemeinschaft erfordert aber auch die Anerkennung gewisser allgemein anerkannter Rechtsgrundsätze, zu denen sicherlich auch das Prinzip der Rechtsklarheit und Rechtssicherheit – also die Eindeutigkeit völkerrechtlicher Verträge – gehört.

Aus diesem Grund als auch wegen der notwendigen hinreichenden Legitimation des Handelns einer internationalen Organisation durch die nationalen Par-

---

775 BUCHAN, NATO in the 1960's, S. 103; MOORE, NATO and the Future of Europe, S. 216.

776 Vgl. KLEIN, in: GRAF VITZTHUM (Hg.), Völkerrecht, IV, Rn. 191.

777 SCHNAPP, AÖR 105 (1980), 243 (252).

778 BREITENMOSER/RICHTER, EuGRZ 1991, 141 (146).

779 WATTS, in: DELBRÜCK (Hg.), Allocation of Law, S. 75.

780 BLECKMANN, Völkerrecht, Rn. 733; HERDEGEN, Völkerrecht, § 5 Rn. 8ff.

lamente ihrer Mitgliedstaaten[781] ist daher in Bezug auf etwaige "implied powers" zumindest das Vorliegen eines Anknüpfungspunktes im Vertrag selbst zu fordern, der gewissen Mindestanforderungen hinsichtlich der Bestimmtheit der auf seiner Basis möglichen Aktivitäten genügt.[782] Keinesfalls besitzt eine Organisation die Befugnis, ihre Zuständigkeiten in solche Bereiche auszudehnen, zu deren Regelung sie nicht geschaffen wurde.[783]

4. Konsequenzen für den NATO-Vertrag im Hinblick auf seine Funktion als Friedens-sicherungsinstrument und regionales Abkommen im Sinne von Kapitel VIII der UN-Charta

Wenn nun untersucht werden soll, welche Aktivitäten der NATO im Rahmen der kollektiven Friedenssicherung noch von "implied powers" des NATO-Vertrages gerechtfertigt sein können, bleibt grundsätzlich zu beachten, daß das oben festgestellte Verbot der Vertragsanwendung zu Lasten Dritter es grundsätzlich verbietet, ungeschriebene *Kompetenzen* gegenüber Nichtmitgliedstaaten in Anspruch zu nehmen. Wenn schon die Inanspruchnahme von Drittstaaten aufgrund ausdrücklich geschriebener Befugnisse völkerrechtswidrig ist, so gilt dies *a maiore ad minus* erst recht für nicht ausdrücklich im Vertrag vorgesehene Kompetenzen. Anderenfalls müßte ein betroffener Drittstaat den unsicheren Ausgang einer Ermittlung von (nur durch langwierige Auslegung des Gründungsvertrages erkennbaren) "implied powers" abwarten, um sein Verhalten entsprechend darauf einzustellen. Dies wäre mit dem Prinzip der völkerrechtlichen Rechtsklarheit nicht vereinbar, wonach die Staaten durch Verträge ihre Rechtsbeziehungen gerade klarstellen und ordnen wollen. Demnach kann die "implied powers"-Regel nur zur Begründung von solchen Befugnissen der NATO dienen, die keine Belastung von Drittstaaten auslösen. Dies wären bei

---

[781] Das BVerfG hat in seinem *Maastricht-Urteil* festgestellt, daß sich Akte von Organen der Europäischen Gemeinschaft, die sich faktisch als Erweiterung der Verträge auswirken, als "ultra vires"-Auslegung für Deutschland keine Bindungswirkung entfalten können (E 89, 155, 210). Der Rat der Europäischen Union als Hauptorgan hat in keinem Fall die Befugnis, primäres Gemeinschaftsrecht zu ändern (IPSEN, Völkerrecht, § 33 Rn. 18). Auch bei supranationalen Organisationen bleiben die Staaten die "Herren der Verträge"; die Organisationsstruktur ist immer noch völkerrechtlicher, nicht staatsrechtlicher Natur.

[782] DEKKER/MYJER, Nederlands Juristenblad 1995, 1275 (1277); WOLFRUM, in: DELBRÜCK (Hg.), Allocation of Law, S. 90.

[783] WEISSBERG, The International Status of the United Nations, S. 203. Gleichwohl sind supranationale Organisationen denkbar, wo Gemeinschaftsorgane zwar keine Vertragsänderungsbefugnis innehaben, aber doch formell rechtmäßige Beschlüsse fassen können, die sich inhaltlich als Vertragsänderung darstellen und denen nach internem Organisationsrecht Wirkung verliehen werden muß.

Maßnahmen der kollektiven Friedenssicherung solche Befugnisse, die UN-Mitgliedstaaten im Rahmen von Aktionen der Vereinten Nationen ohnehin gegen sich gelten lassen müßten, nämlich Maßnahmen, die in Übereinstimmung mit Kapitel VII und VIII der UN-Charta durchgeführt werden. Da die Rechtmäßigkeit von UN-Zwangsmaßnahmen nicht vom Binnenrecht der sie durchführenden Regionalorganisation abhängt,[784] ist die Zulässigkeit von Zwangsmaßnahmen im UN-Rahmen auch dann zu bejahen, wenn die Durchführung derselben im Recht der Regionalorganisation nicht vorgesehen ist und im Verhältnis zu dem in Anspruch genommenen Drittstaat eine Vertragsanwendung zu dessen Lasten vorliegen würde. Denn jedenfalls im Verhältnis zu den Vereinten Nationen ist der betroffene Staat zur Duldung der Zwangsmaßnahme aufgrund des UN-Rechts verpflichtet (Art. 2 Ziff. 7, HS 2 SVN). Es bleibt daher zu prüfen, ob der NATO-Vertrag nach Ziel und Zweck eine vertragserweiternde Befugnis zu Maßnahmen der kollektiven Friedenssicherung im Rahmen des Kapitels VIII SVN in seinem Aufgabenkatalog vorsieht.

a) Fehlender inhaltlicher Anknüpfungspunkt für Zwangsmaßnahmen im Wortlaut des Vertrages

Nach den bereits dargelegten Grenzen von "implied powers" kann hinsichtlich des NATO-Vertrages festgestellt werden, daß eine programmatische Zielerklärung, "die Bemühungen der Mitgliedstaaten [...] für die Erhaltung des Friedens und der Sicherheit zu vereinigen",[785] nicht ausreicht, die umfassende Friedensschaffung und -bewahrung als inhaltlich ausgestaltete Aufgabe des Gründungsvertrages zu bezeichnen.

Auch Art. 2 NATO-Vertrag, der die Parteien zu einem Beitrag an der weiteren Entwicklung friedlicher internationaler Beziehungen verpflichtet, kann nicht als Aufgabenzuweisung in der Weise verstanden werden, daß zur Erfüllung dieser Pflicht auch militärische Mittel eingesetzt werden könnten. Der Vertragswortlaut in Art. 2 NATO-Vertrag macht nämlich deutlich, daß diese friedlichen und freundschaftlichen Beziehungen durch die Förderung eines besseren Verständnisses der Bündnisgrundsätze herbeigeführt werden sollen, nicht durch eine Ausdehnung des militärischen Aktionsradius´.

Des weiteren läßt sich auch aus Art. 3 NATO-Vertrag[786] nicht ableiten, daß zur Verwirklichung der Vertragsziele militärische Maßnahmen kollektiver

---

784 HOLSTEIN, Das Verhältnis des Sicherheitsrates, S. 231.

785 Siehe die Präambel des NATO-Vertrages.

786 Art. 3 NATO-Vertrag lautet: "Um die Ziele dieses Vertrages besser zu verwirklichen, werden die Parteien einzeln und gemeinsam durch ständige und wirksame Selbsthilfe und gegenseitige Unterstützung die eigene und die gemeinsame Widerstandskraft gegen bewaffnete Angriffe erhalten und fortentwickeln."

Sicherheit zulässig sein sollen. Denn diese Bestimmung nennt selbst die Fortentwicklung der Widerstandskraft gegen bewaffnete Angriffe als Vertragsziel. Aus keiner Bestimmung des NATO-Vertrages läßt sich die kollektive Sicherheit als Ziel oder Zweck des Vertrages erkennen. Alle Bestimmungen, die sich mit den Pflichten und Aufgaben der Vertragsparteien beschäftigen (Art. 1-5, 8), beziehen sich auf einen bewaffneten Angriff, dessen Abwehr einen Beitrag für die Erhaltung des Friedens darstellt und der durch Konsultation und Kooperation gefördert werden soll.[787] Umgekehrt können dann alle Vertragsbestimmungen, die sich auf die Ziele des Vertrages beziehen nur zu den Befugnissen ermächtigen, die den Aufgaben des Bündnisses entsprechen. Unter dem Aspekt, daß "implied powers" nicht dazu dienen können, der NATO neue Aufgaben zuzuordnen, sondern nur die Befugnisse hinsichtlich der vertraglich übertragenen Aufgaben erweitern können,[788] wäre die Zulässigkeit von militärischen Maßnahmen kollektiver Sicherheit aufgrund der Inanspruchnahme von "implied powers" unter der reinen Zugrundelegung des Wortlautes des NATO-Vertrages zu verneinen.

b) Kollision von implied powers mit Vertragsnormen

Für dieses Ergebnis spricht, daß aufgrund von "implied powers" erzeugte Rechtsnormen nicht primärrechts*ändernd* wirken dürfen, d.h. niemals mit anderen, im Vertrag positiv enthaltenen Normen kollidieren dürfen.[789] Wie oben gezeigt,[790] enthält Art. 5 NATO-Vertrag keinen gewohnheitsrechtlich erweiterten Verteidigungsbegriff, nach dem auch die Notwehr bzw. Nothilfe zur Abwehr schwerwiegender Menschenrechtsverletzungen unter den Begriff des "bewaffneten Angriffs" subsumiert werden könnte. Die Vorschrift des Art. 5 NATO-Vertrag geht also davon aus, daß nur bewaffnete Angriffe ein militärisches Eingriffsrecht begründen können. Zu diesem ausdrücklich im Vertrag ablesbaren Befund steht die Annahme einer weitergehenden militärischen Einsatzmöglichkeit im Widerspruch.

---

[787] Der französische Parlamentsbericht zu Art. 4 NATO-Vertrag spricht sogar ausdrücklich davon, daß sich der Vertrag neben der Verteidigung bewußt auf Konsultationen beschränke (Rapport par MAYER, Recueil de textes relatifs à l'organisation du traité de l'Atlantique Nord, 1953, S. 68).

[788] Vgl. KLEIN, in: GRAF VITZTHUM (Hg.), Völkerrecht, IV, Rn. 191.

[789] MENG, Internationale Organisationen, S. 97.

[790] V. 3. c.

c) „Aktualisierung" der historisch im Vertrag angelegten Bündnisfunktion?

Allerdings steht diese rein am Wortlaut des Vertrages orientierte Ablehnung von über die Verteidigungsfunktion hinausgehenden umgeschriebenen Befugnissen im Widerspruch zu der bereits festgestellten Funktion der NATO als System gegenseitiger kollektiver Sicherheit und Regionalorganisation (vgl. oben I. 4. f. dd.; 5.b.).

Daher argumentieren einige Autoren, daß es – unabhängig von der Frage der „implied power" - vom Ziel und Zweck des Vertrages näher liege, auch die ungeschriebenen Befugnisse zuzulassen, die im Recht des Bündnisses keinen Anhaltspunkt finden. Art. 5 NATO-Vertrag sei keine Ausschlußnorm, die die Möglichkeiten eines Waffeneinsatzes abschließend regele, sondern ein ausdrücklich vorgesehener Anwendungsfall neben einer oder mehreren ungeschriebenen.

Für ihre Sichtweise tragen die Vertreter dieser „extrem teleologischen Auslegung" *praeter contractu* eine Reihe von Argumenten vor, die zwar in der Staatenpraxis, nicht aber im Vertrag selber ihre Stütze finden.

Es sei, so die Befürworter eines weiten Aufgabenkatalogs, zu berücksichtigen, daß das ursprünglich weite, UN-freundliche Verständnis des NATO-Vertrages vom maßgebenden Organ, dem NATO-Rat, nie in Frage gestellt worden sei. Dieser habe vielfach betont, daß die Verteidigungsaufgabe der NATO nicht isoliert, sondern nur im Rahmen des grundlegenden Zwecks der Organisation gesehen werden könne, nämlich die Sicherheit der Mitglieder zu gewährleisten.[791] Insbesondere die Präambel mache in ihrer Zielerklärung deutlich, daß die Erhaltung des Friedens *neben* der Sicherstellung einer gemeinsamen Verteidigung stehe, und somit die Friedenssicherung ganz allgemein zum Vertragsinhalt gehöre - nicht bloß die Verteidigung im engeren Sinne.[792]

Die Forderung, der NATO über die Abschreckung des Warschauer Pakts hinaus Aufgaben des Krisenmanagements anzuvertrauen, sei überdies auch nicht neu. Bereits Mitte der sechziger Jahre habe der erste Direktor des Internationalen Instituts für Strategische Studien (IISS), BUCHAN, Ansätze für eine politische Reform der Allianzmechanismen entworfen, die das Bündnis auf die "schwierige Übergangsphase" vorbereiten sollte "zwischen der alten bipolaren

---

[791] Siehe Punkt 3 des Anhangs zum Kommuniqué des NATO-Rates vom 4.12.1970; Punkt 5 des Kommuniqués des NATO-Rates über die "zukünftigen Aufgaben der Allianz" vom 14.12.1967, in: Die Atlantische Gemeinschaft - Grundlagen und Ziele, Bonn 1972, S. 256, 213.

[792] BRÜEL, ArchVR 4 (1953/54), 288 (292): "Man will hier den Frieden im allgemeinen aufrechterhalten, nicht wie im Abschnitt 3 nur im Nordatlantikgebiet"; ZIMMER, Einsätze der Bundeswehr, S. 118.

Welt und einer neuen internationalen Ordnung".[793] Zu keiner Zeit sei die Allianz als rein binnengerichtetes Verteidigungsinstrument verstanden worden. Dies werde auch aufgrund des erweiterten Sicherheitsbegriffes deutlich, der dem NATO-Vertrag spätestens seit den Aktionen zur Umsetzung der Sicherheitsratsbeschlüsse im ehemaligen Jugoslawien zugrunde liege. Der Bündnisvertrag unterscheide einen engeren Begriff der Verteidigung der Mitgliedstaaten und einen weiteren Begriff ihrer Sicherheit. Dies komme in der Präambel sowie in den Art. 1, 4, 10 und 12 NATO-Vertrag zum Ausdruck, wo von der Sicherheit als einem weitergehenden Vertragsziel die Rede ist. Die Wahrung und Herstellung der Sicherheit als Aufgabe des Bündnisses sei keine "Neuerfindung" der gewandelten Sicherheitslage nach 1989/90, sondern auch während der Zeit des "Kalten Krieges" stets im Auge behalten worden.[794] Der NATO-Vertrag habe für den Fall der Einstimmigkeit im NATO-Rat kollektive militärische Maßnahmen, die mit dem Vertragsziel der NATO wie der UNO im Einklang stehen,[795] nie ausgeschlossen.[796] Wenn trotzdem teilweise behauptet werde, dem NATO-Vertrag läge (immer noch) ein restriktiver Sicherheitsbegriff zugrunde, dem kein über die gemeinsamen Verteidigungsanstrengungen hinausgehendes, eigenständiges militärisches Element innewohne,[797] so verkenne diese Auffassung den historischen Gesamtzusammenhang der Entstehung des NATO-Vertrages, der nach dem Willen der Gründerstaaten gerade auch ein Instrument der kollektiven Sicherheit sein sollte. Wenn dies so sei, bestehe kein Grund für die Annahme, daß zur Erfüllung dieser Aufgabe militärische Mittel ausgeschlossen sein sollten. Denn nur mit bewaffneten Maßnahmen könne kollektive (regionale) Friedenssicherung überhaupt erst effektiv durchgeführt werden. Daß

---

793 BUCHAN, Crisis Management, S. 53.

794 Siehe die Erklärung des Ausschusses für Verteidigungsplanung vom 2.12.1970: "Die NATO wird sich zur Gewährleistung der Sicherheit in den siebziger Jahren auch weiterhin auf Verteidigung und Entspannung stützen. Verteidigungsprobleme dürfen nicht isoliert gesehen, sondern müssen im umfassenden Zusammenhang der grundlegenden Zielsetzung der Allianz – der Gewährleistung der Sicherheit ihrer Mitglieder – betrachtet werden. Zwischen der Aufrechterhaltung einer ausreichenden Defensivkraft und der Aushandlung von Regelungen, die die Sicherheit der Mitgliedstaaten berühren, besteht ein enger Zusammenhang" (in: Fn. 791, S. 256, Punkt 3); HARMEL-Bericht über die "zukünftigen Aufgaben der Allianz" vom 14.12.1967 (Fn. 791): "(...) Militärische Sicherheit und eine Politik der Entspannung stellen keinen Widerspruch, sondern eine gegenseitige Ergänzung dar".

795 Vgl. Art. 1 NATO-Vertrag: "Die Parteien verpflichten sich, in Übereinstimmung mit der Satzung der Vereinten Nationen jeden internationalen Streitfall,..., auf friedlichem Wege so zu regeln,..."; Art. 7 NATO-Vertrag: "Dieser Vertrag berührt weder die Rechte und Pflichten, welche sich für die Parteien, die Mitglieder der Vereinten Nationen sind, aus deren Satzung ergeben,...".

796 NERLICH, EA 1993, 663 (669).

797 HILLGRUBER, in: FS LEISNER, S. 53 (58); PRADETTO, APuZ B 11/1999, S. 26 (29).

die Inanspruchnahme von Befugnissen zur kollektiven Sicherheit auch ohne ausdrückliche vertragliche Grundlage von der Staatengemeinschaft akzeptiert werde, machten auch einige Beispiele aus der Praxis der Regionalorganisationen deutlich.

Als die USA 1965 zur Beendigung des Bürgerkrieges und zur Überwachung freier Wahlen in der Dominikanischen Republik eine regionale Friedenstruppe der OAS vorgeschlagen habe, habe man deren Kompetenz trotz ausdrücklich fehlender satzungsrechtlicher Grundlage (vgl. Art. 1 II OAS-Charta) für gegeben angesehen. Da die OAS-Charta weder die Aufstellung von gemeinsamen Streitkräften noch die Kompetenz der Organisation zum Eingreifen in interne Konflikte vorgesehen habe, konnte ein derartiges Tätigwerden nur auf die allgemeinen Vertragsziele gestützt werden.[798] Der Fall der OAS-Streitmacht in der Dominikanischen Republik sei zudem nicht der einzige Fall, wo Regionalorganisationen ungeschriebene militärische Befugnisse zur kollektiven Sicherheit in Anspruch genommen hätten. Die Arabische Liga habe von 1977 bis 1983 gemeinsame Truppen in den Libanon entsandt,[799] die Organisation afrikanischer Staaten (OAU) habe 1981/82 multinational zusammengesetzte Streitkräfte in den Tschad[800] geschickt, und seit 1990 stehe eine Truppe der Wirtschaftsgemeinschaft westafrikanischer Staaten in Liberia.[801] In all diesen Fällen hätten die Statuten der betreffenden Organisationen entweder nur sehr allgemeine Versprechen der Zusammenarbeit in Sicherheitsangelegenheiten oder allein den Aufbau von gemeinsamen Verteidigungsstreitkräften vorgesehen.

Aus alledem könne man den Schluß ziehen, daß die NATO nicht gehindert sei, die bereits erörterte ursprünglich beabsichtigte „UN-Funktion" nunmehr zu aktualisieren.[802]

Es zeige sich nämlich, daß Regionalorganisationen, sofern sie die Erhaltung und Schaffung von Frieden und Sicherheit als rein programmatisches Vertragsziel nennen, auch dann regelmäßig militärische Befugnisse für das Ziel "kollektive Sicherheit" in Anspruch genommen hätten, wenn dies die Organisationssatzung gar nicht vorgesehen habe. Die Rechtmäßigkeit der kompetenzerweiternden Anwendung der "implied powers"-Regel auf unbestimmte Sicherheitsfunktionen internationaler Organisationen werde im übrigen gestützt durch das *Certain-Expenses*-Gutachten des IGH. Dort ging es um die Frage, ob die allgemeine Sicherheitsfunktion der Vereinten Nationen das Ergreifen bestimmter militärischer Maßnahmen (Aufstellung von Friedenstruppen) ermöglicht, ob-

---

798 Vgl. NOLTE, ZaöRV 54 (1994), 95 (107) m.w.N.

799 ISSELÉ, in: CASSESE (Hg.), The Current Legal Regulation on the Use of Force, S. 179ff.

800 COT, in: CASSESE, ibid., S. 167ff.

801 NOLTE, ZaöRV 53 (1993), 603ff.

802 NOLTE, ZaöRV 54 (1994), 95 (101).

wohl das Gründungsstatut nur anderweitige Mittel (nämlich Kapitel VII SVN) zur Verfügung stellt. Dabei habe der IGH aus dem Friedenszweck der Organisation das Recht der UN-Organe abgeleitet, die Bildung und Entsendung von Friedenstruppen in Krisengebiete zu veranlassen.[803] Die Inanspruchnahme von "implied powers" zur Begründung kollektiver Sicherheitsbefugnisse habe er dabei auf den Gedanken gestützt, daß "Sicherheitspolitik im Kollektiv"[804] höhere Legitimation vermitteln könne als einseitige hegemoniale Maßnahmen. Kapitel VII SVN beruhe folglich auf dem Gedanken, daß kollektives Handeln in aller Regel unparteiischer und deshalb eher geeignet sei, friedensstiftend zu wirken. Dieses Bewußtsein hätten die Gründer des NATO-Vertrages zweifellos auch besessen, anders ließen sich die vielfältigen Erklärungen hinsichtlich einer UN-freundlichen Friedenssicherungsabsicht nicht verstehen. Deshalb sei davon auszugehen, daß die Gründerstaaten der NATO ihrer Organisation nicht eine Aufgabe zugewiesen haben, ohne sich gleichzeitig auch über die Zurverfügungstellung der dafür notwendigen Mittel zu einigen.

All diese Argumente für eine „Neubelebung" eines weiten Aufgaben- und Befugnisspielraums scheitern jedoch am klaren Wortlaut des Vertrages, der – wie versucht wurde zu zeigen - selbst bei großzügigster Auslegung keine Handlungskompetenzen jenseits der kollektiven Selbstverteidigung vorsieht. Auch die Beispiele aus der Staatenpraxis sind nicht überzeugend. Insbesondere der Fall aus dem Jahr 1965 taugt nur bedingt für die Herleitung ungeschriebener Kompetenzen der OAS, da es sich seinerzeit wohl eher um eine Intervention auf Einladung seitens der Regierung der Dominikanischen Republik handelte, weniger um eine reine Bündnisaktion. Auch in den anderen Fällen ist zweifelhaft, ob es sich bei den Streitkräfteeinsätzen wirklich um – auf ungeschriebene Befugnisse gestützte – Bündnisaktionen handelte, oder um konzertierte Maßnahmen einzelner Mitgliedstaaten.

Nach alledem kann festgehalten werden, daß der NATO-Vertrag in Art. 5 einen abschließenden "numerus clausus" der einzig möglichen militärischen Handlungsbefugnisse des Bündnisses umschreibt, weil er der einzige Teil der Sicherheitsfunktion des NATO-Vertrags ist, der ausformuliert und damit als operativ anzusehen ist. Verteidigung ist zwar nicht die einzige, aber die allein ausdrücklich geregelte Handlungsmöglichkeit des Sicherheitsbündnisses.

---

[803] ICJ Reports 1962, 151 (168).
[804] STEIN/CARREAU, AJIL 62 (1968), 577 (607).

5. Ergebnis

Im Ergebnis kann die "implied powers"-Regel somit nicht zur Begründung von Kompetenzen der NATO für Maßnahmen kollektiver Sicherheit dienen. Die NATO besitzt keine ungeschriebenen Befugnisse, die für die Ausübung der kollektiven Sicherheitsfunktion erforderlich sind.[805]

Wenn nun im tragenden Votum des bereits ausführlich erörterten AWACS-*Urteil* des BVerfG offengelassen wird, ob die Umsetzung von Beschlüssen des Sicherheitsrates zum vertraglichen Aufgabenprogramm der NATO gehört,[806] so kann diese Frage auch unter dem Blickwinkel extensiv verstandener "implied powers" nunmehr negativ beantwortet werden, und zwar unabhängig von den Erwägungen, mit denen das Gericht seinerzeit Maßnahmen kollektiver Sicherheit für zulässig erachtet hatte.[807] Auch eine Kompetenz zu einseitigen Zwangsmaßnahmen gegenüber Drittstaaten ist zu verneinen. Da auch ungeschriebene Vertragskompetenzen völkerrechtsgemäß sein müssen und insbesondere nicht gegen das Verbot der Vertragsanwendung zu Lasten Dritter verstoßen dürfen, käme eine Ausdehnung der militärischen Befugnisse der NATO von vornherein nur im Rahmen des UN-Friedenssicherungssystems (Kapitel VIII SVN) in Betracht.

Zutreffend ist nach dem gefundenen Ergebnis die Ansicht des abweichenden Votums, wonach die Übernahme von friedenssichernden und friedensschaffenden Maßnahmen in Drittländern unter der Ägide der Vereinten Nationen nicht als Aufgabe im Vertragstext angelegt ist.[808] Die dissentierenden Richter weisen zu Recht darauf hin, daß sich aus der Wortlautanalyse der Präambel und Zielbestimmungen nicht die Übernahme neuer Aufgaben jenseits der im Vertragstext ausdrücklich normierten Pflichten herleiten läßt. Gleichfalls ist die Annahme der abweichenden Richtergruppe zutreffend, wonach die Erklärungen „eine dynamische und rechtlich nicht eindeutig als Vertrag zu qualifizierende Erweiterung des ursprünglichen Konzepts des NATO-Vertrages" sei.[809] Die Inanspruchnahme von Befugnissen kollektiver Sicherheit stellt sich materiell als

---

805 A.A. NOLTE, ZaöRV 54 (1994), 95 (110).

806 BVerfGE 90, 286 (362 – tragendes Votum).

807 Die das Urteil tragende Auffassung hat in den Erklärungen der NATO-Vertragspartner über die Möglichkeit von "out of area"-Einsätzen bloße politische Absichtserklärungen erblickt. Demgegenüber haben die dissentierenden Richter die Erklärungen in einen stärkeren Bezug zu den Verträgen gesetzt, ohne diese jedoch als Vertragsänderung zu bezeichnen. Vielmehr haben sie die Äußerungen der Staatenvertreter zur Zulässigkeit von kollektiven Zwangsmaßnahmen im NATO-Rahmen einer "Grauzone" zugeschlagen, auf die Art. 59 II GG anwendbar sein soll (E 90, 286, 375f.).

808 BVerfGE 90, 286 (372).

809 BVerfGE 90, 286 (372).

Vertragserweiterung dar, bedeutet also nicht eine bloße Bestätigung bzw. Konkretisierung des im Vertrag bereits Angelegten. Die Grauzone der „informellen Änderungsauslegung" bzw. Vertragserweiterung ist damit erreicht. Dies legt hinsichtlich der Zustimmungspflicht des Bundestages gemäß Art. 59 II 1 GG nahe, daß ein "auf Räder Setzen" des NATO-Vertrages zu bejahen wäre. Unabhängig davon, ob man die Frage einer Vertragsänderung bzw. authentischen Interpretation am subjektiven Willen der Vertragsparteien festmacht, oder eher an Hand objektiver Kriterien, vor allem mit Hilfe des Vertragstexts zu beantworten sucht,[810] geht es beim NATO-Vertrag jedenfalls um Fortbildung und unkonventionelle Vertragsmodifikation, nicht bloß um Auslegung („Herausarbeitung") des vorhandenen Vertragsinhalts. Die Erklärungen der Bündnispartner enthalten die Entwicklung neuer Vertragsinhalte, nicht die Feststellung der Reichweite der bereits bestehenden Handlungsbefugnisse. Somit steht tatsächlich – wie vom abweichenden Votum befürchtet - die "Vertragsidentität" auf dem Spiel, die durch „nahezu unbegrenzte Fortbildungsmöglichkeiten" gefährdet werden und den NATO-Vertrag *auf Räder* setzen könnte.[811] Es stellt sich mithin die Frage, ob mit der Durchführung von "Nicht-Artikel-5"-Missionen ein fortschreitender und undurchschaubarer Prozeß von der unverbindlichen politischen Absprache hin zur rechtlich verpflichtenden Übereinkunft[812] in Gang gesetzt wurde.

Folglich ist der Frage nachzugehen, ob die Befugnisse zur Durchführung von Maßnahmen kollektiver Sicherheit der NATO möglicherweise durch eine – vielleicht nicht ausdrücklich so bezeichnete, aber inhaltlich doch so gemeinte – Vertragsänderung auf einer der seit 1990 stattgefundenen NATO-Regierungskonferenzen verliehen worden sind.

VII. Mögliche Vertragsänderung durch Parteikonsens auf einer der NATO-Konferenzen seit 1990

Im folgenden ist daher zu untersuchen, ob sich die Erklärungen der Staatenvertreter auf einer der NATO-Tagungen, die seit 1990 im Zuge der Änderung der sicherheits- und weltpolitischen Lage stattgefunden haben, als konkludente und informelle Vertragsänderung qualifizieren lassen. In diesem Fall könnte die Inanspruchnahme von kollektiven Sicherheitsbefugnissen auf eine - ungeschriebene - vertragliche Grundlage gestützt werden. Sollte darüber hinaus auch die

---

[810] RESS, in: FS ZEIDLER, S. 1775 (1779).

[811] So die Umschreibung des "Vertrages auf Rädern" in BVerfGE 90, 286 (373ff.) mit Hinweis auf RESS, in: FS ZEIDLER, S. 1775 (1779).

[812] So das abweichende Votum in BVerfGE 90, 286 (375f.).

nach allgemeinem Völkerrecht unzulässige Inanspruchnahme von Drittstaaten nach dem Willen der Bündnispartner aufgrund eines entsprechenden Rechtserzeugungswillens NATO-vertraglich zulässig sein, würde sich die Frage der Nichtigkeit dieser Vertragsbestimmung stellen.

1. Zulässigkeit einer informellen Vertragsänderung

Ausgangspunkt für die Annahme einer stillschweigenden Vertragsänderung ist die Erwägung, daß die Vertragsstaaten nicht nur – zur gesamten Hand – die volle Interpretationsherrschaft über den Gründungsvertrag besitzen, die sie durch nachträgliche Auslegungsvereinbarungen oder sonstige Formen einer "subsequent practice" ausüben können (Art. 31 III lit. a, b WVRK); sie sind auch befugt, die von ihnen abgeschlossenen Verträge jederzeit förmlich oder formlos, ausdrücklich oder stillschweigend zu ändern.[813] Da im Völkerrecht Formfreiheit besteht[814] gilt dies selbst dann, wenn der Gründungsvertrag ein förmliches Vertragsänderungsverfahren vorsieht, denn solche Formvorschriften können ihrerseits wiederum formlos abbedungen werden.[815] Daß Art. 12 NATO-Vertrag scheinbar nur die Möglichkeit vorsieht, den Vertrag nach zehn Jahren Geltungsdauer auf seine sicherheitspolitische Relevanz hin zu überprüfen – nicht hingegen zu ändern -, beeinträchtigt also in keiner Weise die grundsätzlich unbeschränkte Vertragsform und -änderungsfreiheit der Parteien, die auch für Gründungsverträge internationaler Organisationen gilt.[816] Eine solche formlose Vertragsänderung kann auch durch die im NATO-Rat vereinigten Vertreter der Mitgliedstaaten erfolgen.[817] Das BVerfG hat in seinem *Pershing-*

---

[813] BERNHARDT, Auslegung, S. 44; MCNAIR, Law of Treaties, S. 7ff.; ÖHLINGER, Der völkerrechtliche Vertrag, S. 236; HILLGRUBER, in: FS LEISNER, S. 53 (62); NOLTE, ZaöRV 54 (1994), 95 (98).

[814] Der IGH hat in den beiden *Nuclear Test Cases* ausgeführt: "With regard to the question of form, it should be observed that this is not a domain in which international law imposes any special or strict requirements. Whether a statement is made orally or in writing makes no essential difference, for such statements made in particular circumstances may create commitments in international law, which does not require that they should be couched in written form. Thus the question of form is not decisive" (ICJ Reports 1974, 267f., 473).

[815] Arg. e Art. 54 lit. b WVRK, vgl. VERDROSS/SIMMA, Universelles Völkerrecht, § 792; GRAF VITZTHUM, in: DERS. (Hg.), Völkerrecht, I, Rn. 126; KARL, Spätere Praxis, S. 341; RESS, in: BIEBER/RESS, Dynamik, S. 66ff.; IPSEN, Völkerrecht, § 13 Rn. 5.

[816] MENG, Internationale Organisationen, S. 56.

[817] So STEIN/CARREAU, AJIL 62 (1968), 577 (608, 613): "...even if one takes the view that the NATO Council...is nothing more than a conference of member States and has no powers to make authoritative decisions, there can be no question...that certain resolutions agreed upon unanimously by the national representatives in the Council would constitute **international agreements** creating international obligations for the member States".

Urteil die Möglichkeit bejaht, daß Organ- oder sonstige Kollektivbeschlüsse internationaler Vertragsgemeinschaften zugleich inhaltsgleiche Verträge der Mitgliedstaaten darstellen, wenn sie mit entsprechendem Vertragswillen vorgenommen werden.[818] Diese Vertragsänderung kann in einem gemeinsamen Kommuniqué oder einer gemeinsamen Pressekonferenz dokumentiert werden.[819] Auch in solchen formlosen Vertragsänderungen äußert sich die souveräne Verfügungsgewalt der Vertragsstaaten über den von ihnen geschlossenen Gründungsvertrag. Der Satz "volenti non fit iniuria"[820] bedeutet in diesem Zusammenhang, daß ein Vorgang nach dem Recht der Internationalen Organisationen dann nicht zu beanstanden ist, wenn alle Vertragsstaaten z.B. der Nutzung der von ihnen geschaffenen Organisation für neue Vertragszwecke zustimmen, und auf diese Weise die Kompetenzanmaßung der Organisation souveränitätsrechtlich legitimieren.[821] In jedem Fall ist hierfür aber ein entsprechender rechtlicher Legitimations*wille* erforderlich. Folglich ist der Frage nachzugehen, ob die NATO-Ratstagungen einen derartigen einheitlichen Legitimationswillen zum Ausdruck bringen, kraft dessen der NATO die Befugnis verliehen werden soll, militärische Zwangsmaßnahmen zum Zwecke kollektiver Sicherheit auch außerhalb des Verteidigungsfalles durchzuführen.

2. Allgemeines zum weltpolitischen Umbruch Anfang der neunziger Jahre

Mit dem "Sieg" der NATO im "Kalten Krieg", der sich insbesondere in der Mitgliedschaft des wiedervereinigten Deutschlands in der NATO und in der Auflösung des Warschauer Pakts Ende 1991 dokumentierte, änderte sich auch die Bedrohungslage und Mächtekonstellation grundlegend. Die NATO reagierte auf den Wandel in Europa mit einem umfassenden Reformprozeß, dem die Erkenntnis zugrunde lag, daß die Allianz ihre Rechtfertigung nicht länger ausschließlich aus der kollektiven Verteidigung nach traditionellem Muster herleiten konnte.[822] Der vorrangige Verteidigungszweck der NATO rückte nunmehr in den Hintergrund und die Allianz war gezwungen, ihre Ratio und ihr Verhältnis zu anderen internationalen Organisationen neu zu bestimmen.[823] Da sie auf einmal das einzige funktionstüchtige Militärbündnis auf dem europäischen Kontinent darstellte, war nicht nur das Risiko eines großangelegten Angriffs weggefallen, sondern zugleich das Bedürfnis entstanden, eine neue "Sicher-

---

[818] BVerfGE 68, 1 (82).

[819] IGH im Aegean Sea Continental Shelf Case, ICJ-Reports 1978, 39.

[820] Wörtlich: "Das Gewollte schafft kein Unrecht".

[821] HILLGRUBER, in: FS LEISNER, S. 53 (62).

[822] RÜHLE, EA 1993, 673 (674).

[823] LINK, APuZ B 11/1999, S. 9 (13); LÖWE, Peacekeeping-Operationen, S. 162.

heitsarchitektur" zu finden, mit der den künftigen Gefahren für Sicherheit und Stabilität in Europa begegnet werden konnte. Aus der Sicht der Allianz war hierbei von besonderer Bedeutung, daß sich künftige Krisen und Konflikte vornehmlich außerhalb des traditionellen Bündnisgebietes entwickeln würden. Diese Entwicklung einer erweiterten Sicherheitsfunktion sollte zusammen mit den anderen der Wahrung des Friedens dienenden Organisationen – KSZE (später OSZE), EU und WEU – in Angriff genommen werden, um so eine größtmögliche organisatorische Vernetzung der Sicherheitsbestrebungen zu erzielen. Dabei ging es insbesondere um die Einbeziehung weiterer Mitglieder in die genannten Organisationen, um mögliche neue Aufgaben der Bündnisse, um die Neubestimmung des Verhältnisses dieser Organisationen untereinander und um die Zusammenarbeit mit dritten Staaten ("Partnerschaft für den Frieden", "Individual Partnership Program"). Von der OSZE - deren Rechtscharakter mit den Begriffen „quasi-internationale Organisation", "soft organization" oder "undertaking sui generis"[824] recht hilflos beschrieben wird - einmal abgesehen ist allerdings unklar, ob die erstrebte neue Sicherheitsordnung und die zukünftigen sicherheitspolitischen Strukturen Europas bereits eine definitive Gestalt gefunden haben. Insbesondere ist bislang noch nicht geklärt, ob die Vorstellungen der beteiligten Staaten hierüber schon einen derartigen Verdichtungsgrad erreicht haben, daß von einer Rechtsverbindlichkeit der neuen Sicherheitsaufgaben ausgegangen werden kann.

3. NATO-Außenministertreffen in Turnberry im Juni 1990

Erste Station auf der Suche nach neuen Ansätzen in der Sicherheitspolitik war die Erklärung der NATO-Außenminister im schottischen Turnberry vom 8.6.1990, mit der der damals noch existierenden Sowjetunion und allen anderen europäischen Staaten Freundschaft und Zusammenarbeit angeboten wurde. Ein erster Anklang auf die nun zu bewältigenden neuen Sicherheitsaufgaben fand

---

[824] Obgleich die Teilnehmerstaaten des KSZE/OSZE-Prozesses spätestens seit der 5. Folgekonferenz in Budapest (Dezember 1994) ein für internationale Organisationen typisches Institutionengefüge geschaffen haben (u. a. eigenständige Organe vorhanden sind), wird die Völkerrechtssubjektivität der OSZE unter Ablehnung der Qualifikation der OSZE als internationale Organisation überwiegend verneint (BORTLOFF, Die OSZE, S. 398ff.; HOLSTEIN, Das Verhältnis des Sicherheitsrates, S. 72; IPSEN, Völkerrecht, § 34 Rn. 15; SAPIRO, AJIL 89 [1995], 631ff.). Dieser Bewertung steht auch die Umbenennung der KSZE zur OSZE zum 1.1.1995 nicht entgegen, denn selbst die *Teilnehmerstaaten* (nicht Mitgliedstaaten!) stellten zu diesem Anlaß fest, daß sich "durch den Namenswechsel weder der Charakter unserer KSZE-Verpflichtungen noch der Status der KSZE und ihrer Institutionen ändert. Die KSZE wird in ihrer organisatorischen Entwicklung flexibel und dynamisch bleiben" (Bull. der BReg. 1994, 1100).

sich in der Bemerkung, daß "wahre und dauerhafte Sicherheit in Europa am besten gewährleistet werde, wenn die legitimen Sicherheitsinteressen aller Staaten gegenseitig anerkannt und respektiert würden".[825] Wenn gleichzeitig das Bekenntnis abgelegt wurde, daß das Bündnis der "Eckstein der Bemühungen zur Förderung einer gerechten und dauerhaften europäischen Friedensordnung" sei,[826] erscheint es nicht verwunderlich, wenn neben der gemeinsamen Verteidigung die Konfliktverhütung als wesentliche Rolle des Bündnisses genannt wurde.[827] Allerdings wurde betont, daß der weitreichende Wandel in den politischen und militärischen Grundgegebenheiten der europäischen Sicherheit weder die Notwendigkeit der Erhaltung des Bündnisses noch die Gültigkeit seiner Grundmerkmale in Frage stelle. Vielmehr müsse sich die Allianz "dynamisch und in sich geschlossen" den sich vollziehenden gewaltigen Veränderungen anpassen.[828] An keiner Stelle wurde angedeutet, daß zur Bewältigung der erwarteten neuen Sicherheitsaufgaben eine Vertragsänderung erforderlich sei oder vorbereitet werde.

4. Londoner Erklärung vom 6.7.1990

In der weitreichendsten Erklärung seit Gründung der NATO kündigten die Staats- und Regierungschefs der Mitgliedstaaten auf ihrem Gipfeltreffen am 5. und 6.7.1990 in London umfassende Reformmaßnahmen an, die dem neuen Sicherheitsumfeld Rechnung tragen sollten. Im Vordergrund der Londoner Erklärung stand das Verhältnis zu den Mitgliedstaaten des Warschauer Pakts, das auf eine grundlegend neue institutionelle Grundlage gestellt werden müsse, sowie die notwendige Erweiterung der NATO-Aufgaben. Auch die Regierungschefs machten deutlich, daß die NATO ein defensives Bündnis zur Verteidigung bleibe, das jedoch eine treibende Kraft des Wandels in Europa werden müsse und durch die Festigung von Sicherheit und Stabilität am Bau der Strukturen eines einigeren Kontinents mitwirken könne.[829] Auch die Londoner Erklärung ist von ihrem Charakter und Wortlaut als programmatische Zielerklärung zu verstehen, und nicht als rechtsverbindliche Absprache über zukünftige vertragliche Aufgaben. Wenn die Allianzvertreter z.B. die Versicherung abgaben, keinerlei aggressive Absichten zu haben und "niemals und unter keinen Umständen als erste Gewalt anzuwenden",[830] kann dies vor dem Hinter-

---

825 Text der "Botschaft von Turnberry" in: Bull. der BReg. 1990, 645ff.
826 Punkt 1 des Kommuniqués, ibid., S. 645f.
827 Punkt 11 des Kommuniqués, ibid., S. 647.
828 Punkt 20 des Kommuniqués, ibid., S. 649.
829 Punkte 2 und 5 der Londoner Erklärung, in: Bull. der BReg. 1990, 777 (777).
830 Punkte 5 und 15, ibid., S. 777f.

grund des Kosovo-Einsatzes im Frühjahr 1999 nur als damaliges prinzipielles Bekenntnis zum Defensivcharakter aufgefaßt werden, nicht aber als generelle Verpflichtung, für die Zukunft bei eventuellen Zwangsmaßnahmen kollektiver Sicherheit stets auf den Waffenerstgebrauch zu verzichten. Auf jeden Fall wurde deutlich, daß im Jahr 1990 noch keine klare Vorstellung darüber bestand, daß das neue Sicherheitsprogramm über den Verteidigungsauftrag hinaus auch Militäreinsätze im Rahmen der UN-Friedenssicherung oder sogar Friedenseinsätze im NATO-Rahmen umfassen könnte. Deshalb fehlen auch in der Londoner Erklärung Anhaltspunkte dafür, daß das vertragliche Aufgabenprogramm der Allianz erweitert werden müsse.

5. Ministertagung des Verteidigungs-Planungsausschusses am 28./29.5.1991

Im gemeinsamen Kommuniqué der Ministertagung des Verteidigungs-Planungsausschusses und der Nuklearen Planungsgruppe vom 29.5.1991 standen die "Unteilbarkeit der Sicherheit" und das verstärkte Engagement in der Krisenbewältigung im Vordergrund. Während angesichts der unsicheren politischen Umbruchlage in Europa und dem gerade beendeten Golfkrieg erneut die Notwendigkeit betont wurde, die Verpflichtung zur "kollektiven Sicherheit nach Artikel 5 des Nordatlantikvertrages entschlossen zu erfüllen", bekräftigten die Verteidigungsminister ihre Absicht, die gemeinsamen *Verteidigungs*vorkehrungen entsprechend der Londoner Erklärung der neuen sicherheitspolitischen Lage anzupassen. Gleichzeitig wurde begrüßt, daß bei der Entwicklung eines neuen strategischen Konzepts des Bündnisses substantielle Fortschritte erzielt worden seien, deren Inhalt insbesondere die Anpassung der Streitkräfte an die Krisenbewältigung sei. Dieser werde angesichts der Tragweite, Verschiedenartigkeit und Unberechenbarkeit der sich dem Bündnis stellenden Risiken künftig größere Bedeutung zukommen.[831] Insgesamt spiegelt das Kommuniqué den Ausdruck einer politischen Erwartungshaltung wider, die auf der Grundlage eines Verteidigungsbündnisses die Entwicklung einer kollektiven Sicherheitsplanung vorantreiben will, ohne allerdings den inhaltlichen Charakter des Bündnisses aufzuweichen.[832]

831 Kommuniqué in Bull. der BReg. 1991, 486f.

832 Punkt 7 des Kommuniqués: "Bei Anpassung des Bündnisses an die neue Lage bleiben fortgeltende elementare Grundsätze bedeutsam…".

6. Frühjahrstagung der Außenminister in Kopenhagen vom 6.-7.6.1991

Auf der Frühjahrstagung der NATO-Außenminister in Kopenhagen vom 6. bis 7.6.1991 wurden die anvisierten (neuen) sicherheitspolitischen Kernfunktionen der NATO erstmals offiziell benannt. Unter der Prämisse, daß die Herausbildung einer speziellen "europäischen Verteidigungsidentität" die Vereinbarung von politischen Maßnahmen erfordere, die sich auf die Sicherheits- und Verteidigungsverpflichtungen der Mitgliedstaaten auswirken würden, erklärte der NATO-Rat als Hauptziel der Allianz die Gewährleistung von Freiheit und Sicherheit aller ihrer Mitglieder.[833] Dieses Bündnisziel sei von Anfang der wesentliche Kern des Washingtoner Vertrages gewesen und bliebe unverändert. Allein aus dieser Beteuerung läßt sich schließen, daß es den Staatenvertretern zumindest auf dieser Tagung nicht darum gehen konnte, durch eine weite Auslegung des Verteidigungsbegriffs des Art. 5 NATO-Vertrag den Bündnisfall schon dann als gegeben anzusehen, wenn immanente Sicherheitsinteressen des Bündnisses – und nicht lediglich das Bündnisgebiet gemäß Art. 6 NATO-Vertrag - gefährdet sein würden. Allerdings wurde trotz dieses Verzichts auf einen erweiterten Verteidigungsbegriff die "Festigung der Unteilbarkeit der Sicherheit aller seiner Mitglieder" zum grundlegenden Handlungsprinzip des Bündnisses erhoben. Zu den Mitteln, mit denen das Bündnis seine Sicherheitspolitik zur Wahrung des Friedens zu verfolgen beabsichtigte, sollte auch die "umfassende Fähigkeit" gehören, die Sicherheit seiner Mitglieder bedrohende Krisen erfolgreich zu bewältigen. Zu diesem Zweck nannte der Rat die folgenden grundlegenden Sicherheitsaufgaben:

- die Gewährleistung der Fundamente eines stabilen und demokratischen Europa, gegründet auf dem Bekenntnis zur friedlichen Streitbeilegung;
- die Abschreckung gegen jede Aggressionsdrohung und die Abwehr von Angriffen gegen das Hoheitsgebiet eines NATO-Mitgliedstaates und
- die Wahrung des strategischen Gleichgewichts in Europa.

Als Grundlage für die Orientierung der Bündnispolitik am Sicherheitsbedürfnis der Mitgliedstaaten nannte der NATO-Rat den Art. 4 NATO-Vertrag, der als ein "transatlantisches Forum für Konsultationen unter den Verbündeten über Fragen" diene, "die ihre vitalen Interessen einschließlich möglicher Entwicklungen berühren, die Risiken für die Sicherheit der Bündnismitglieder mit sich bringen". Abschließend stellte die Kopenhagener Erklärung klar, daß "mit der Formulierung der Kernfunktionen des Bündnisses der Wirkungsbereich des Bündnisses wie auch die Rechte und Pflichten der Mitgliedstaaten aus dem

[833] Text der Erklärung in Bull. der BReg. 1991, 525 (527).

Nordatlantikvertrag unverändert blieben". Offenbar sah man den erweiterten Sicherheitszweck des Bündnisses, der eindeutig über die Abwehr eines bewaffneten Angriffs hinausgehen sollte, durch eine extensive Auslegung der Konsultationsmöglichkeiten des Art. 4 NATO-Vertrag als gedeckt an. Jedenfalls wurde klar, daß weder die Festschreibung neuer Vertragspflichten noch die Notwendigkeit einer Erweiterung des vertraglichen Aufgabenspektrums in Betracht gezogen wurde.

7. Gipfelkonferenz in Rom vom 7.-8.11.1991

Auf der Tagung der Staats- und Regierungschefs des Nordatlantikrats am 7. und 8.11.1991 in Rom wurde das in Kopenhagen ausgearbeitete neue Strategiekonzept (*The Alliance's New Strategic Concept*) angenommen. Eine wesentliche Folge der neuen Strategie war die Erweiterung des Sicherheitsbegriffs: Sicherheit sollte nicht mehr nur auf den zwei Grundelementen des HARMEL-Berichts von 1967[834] - Verteidigungs- und Dialogbereitschaft – aufgebaut werden, sondern durch eine umfassende Kooperationsbereitschaft mit den mittel- und osteuropäischen Staaten, einschließlich der Nachfolgestaaten der früheren Sowjetunion, ergänzt werden.[835] Sichtbare Komponenten dieses neuen Dialogs mit den ehemaligen Gegnern sollten in organisatorischer Hinsicht der Nordatlantische Kooperationsrat (*North Atlantic Cooperation Council*, NACC)[836] und

---

[834] Anhang zum Kommuniqué der NATO-Ratstagung vom 14.12.1967; Text in: Die Atlantische Gemeinschaft – Grundlagen und Ziele, Bonn 1972, S. 212ff.

[835] Erklärung von Rom über Frieden und Zusammenarbeit, in: Bull. der BReg. 1991, 1033 (1035).

[836] Der NACC wurde am 20.12.1991 durch die NATO-Staaten gegründet. Er ist das Forum, dem heute alle NATO- und ehemaligen Warschauer Pakt-Staaten, sowie die Nachfolgestaaten der Sowjetunion angehören. Aufgabe des NACC ist vorrangig die gegenseitige Vertrauensbildung und Unterstützung der Ostblockstaaten bei ihren Reformvorhaben. So werden seitdem als vertrauensbildende Maßnahme nach jeder NATO-Ministerratstagung die Außenminister der früheren Warschauer Pakt-Staaten über alle Beschlüsse der Allianz informiert. Damit sollen die Entscheidungen der NATO für den früheren Gegner transparent gemacht werden und die neuen Demokratien langfristig in ein kooperatives Sicherheitssystem eingebunden werden (vgl. RÜHLE, EA 1993, 673, 674f.; LÖWE, Peacekeeping-Operationen, S. 166f.).

die sog. "Partnerschaft für den Frieden" sein.[837] Vor dem Hintergrund, daß die "monolithische, massive und potentiell unmittelbare Bedrohung, die die Hauptsorge des Bündnisses in den ersten vierzig Jahren war, verschwunden ist", verabschiedete sich das neue Strategische Konzept von einer verteidigungsorientierten Bündnisstrategie.[838] Im Gegensatz zur Hauptbedrohung der Vergangenheit würden die nunmehr zu bewältigenden Sicherheitsrisiken ihrer Natur nach "vielgestaltig" sein und aus "vielen Richtungen kommen, was dazu führe, daß sie schwer vorherzusagen und einzuschätzen" seien.[839] Die künftigen Risiken für die Sicherheit des Bündnisses – zu deren Abwehr sich die Präambel des Nordatlantikvertrages bekennt – seien in erster Linie Konsequenz der Instabilitäten, die aus den ernsten wirtschaftlichen, sozialen und politischen Schwierigkeiten, einschließlich ethnischer Rivalitäten und Gebietsstreitigkeiten entstehen könnten, denen sich viele mittel- und osteuropäische Staaten gegenübersähen. Sicherheitsinteressen des Bündnisses könnten demzufolge auch von geopolitischen Umwälzungen und Krisen bedroht werden, wie etwa durch die Verbreitung von Massenvernichtungswaffen, der Unterbrechung der Zufuhr lebenswichtiger Ressourcen oder von Terror- und Sabotageakten.[840] Als Instrument für die Bewältigung derartiger, vom NATO-Vertrag nicht genannter Krisen nennt der allgemeine Teil I des Strategischen Konzepts den Art. 4 NATO-Vertrag: Diese Vorschrift halte Mechanismen zur Koordinierung der Maßnahmen der Bündnispartner bereit, einschließlich ihrer Reaktionen auf derartige Risiken.

Die NATO-Partner machen hiermit deutlich, daß sie in den neuartigen Sicherheitsbedrohungen und deren Bewältigung keine Erweiterung des vertraglichen Aufgabenprogramms sehen. Dies wird auch aus der Schlußfolgerung der

---

[837] "*Partnership for Peace*" (PfP) ist ebenfalls Folge des neuen strategischen NATO-Konzeptes. Dahinter verbirgt sich eine neue politische Strategie der NATO, die aus den drei Komponenten Sicherheit, Dialog und Kooperation besteht. Nach Auflösung des Warschauer Pakts äußerten einige Staaten aufgrund des entstandenen Machtvakuums den Wunsch auf Integration in die NATO. Diesem Wunsch wurde dadurch entsprochen, daß durch gemeinsame Manöver und gegenseitige Patenschaften eine Annäherung vollzogen wurde, jedoch ohne daß die neuen Partner automatisch Mitglied wurden oder die NATO ihre Sicherheitsgarantien auf diese Staaten ausgedehnt hätte. Die "Partnerschaft für den Frieden" ist also ein politischer Prozeß der Integration, der den sicherheitspolitisch orientierungslos gewordenen Staaten Mittel- und Osteuropas einen Halt geben soll, ohne damit zugleich Sicherheitsgarantien zu gewähren und damit Russland zu brüskieren (RÜHLE, EA 1993, 674f.).

[838] "Die Bedrohung durch einen großangelegten, gleichzeitig an allen europäischen NATO-Fronten vorgetragenen Angriff ist praktisch nicht mehr gegeben" (Bull. der BReg. 1991, 1039, 1040).

[839] Teil I ("Der strategische Kontext"), Punkt 9 des neuen Strategischen Konzepts des Bündnisses, in: Bull. der BReg. 1991, 1039 (1040).

[840] Teil I, Punkt 13, ibid.

sicherheitspolitischen Analyse deutlich. Als Fazit aus der Bewertung des strategischen Kontexts wird nämlich festgestellt, daß das neue Umfeld weder den Zweck noch die sicherheitspolitischen Aufgaben des Bündnisses verändert habe, sondern deren fortdauernde Gültigkeit vielmehr unterstreiche.[841] Zweck und Aufgabe der Allianz sei damit nach wie vor die Gewährleistung von Frieden und Sicherheit ihrer Mitglieder, ungeachtet des Umstandes, daß diese nicht mehr nur durch bewaffnete Angriffe sondern auch durch globale Krisenherde bedroht sein könnte. Diese Bekräftigung eines unveränderten Bündnisziels findet seinen Niederschlag auch im Teil II des neuen Strategischen Konzepts, wo die sicherheitspolitischen Aufgaben des Bündnisses näher definiert werden. In enger Anlehnung an die Formulierungen der "Kopenhagener Erklärung" werden die Gewährleistung eines demokratisch geprägten stabilen sicherheitspolitischen Umfelds, die Zurverfügungstellung eines transatlantischen Konsultationsforums über alle sicherheitsrelevanten Fragen gemäß Artikel 4 NATO-Vertrag, die Abwehr von Aggressionsdrohungen und Angriffen sowie die Wahrung des strategischen Gleichgewichts in Europa als grundlegende Aufgaben des Bündnisses genannt.[842] Gleichzeitig bestätigen die Mitgliedstaaten, daß diese Kernfunktionen den Wirkungsbereich des Bündnisses wie auch ihre Rechte und Pflichten aus dem Nordatlantikvertrag unverändert lassen.[843] Gestützt auf sein "Bekenntnis zu wirksamer kollektiver Verteidigungsfähigkeit" könne das Bündnis dazu beitragen, "die Sicherheit der Bündnispartner berührende Krisen zu bewältigen".[844] Auch aus dieser Absichtserklärung wird deutlich, daß die Begriffe "kollektive Verteidigung" und "Bewältigung von die Sicherheit der Mitgliedstaaten bedrohenden Krisen" nicht als zwei verschiedene Aufgaben angesehen werden, sondern offenbar zwei Aspekte eines weitverstandenen Verteidigungsbegriffs darstellen sollen, zu deren Wahrung man sich zusammengeschlossen habe. Obwohl die weite Aufgabenumschreibung der "Verteidigung von Sicherheitsinteressen" einen Einsatz militärischer Gewalt auch jenseits der Abwehr bewaffneter Angriffe nahe legt, bekräftigt das neue Strategische Konzept den rein defensiven Charakter der Allianz: Keine ihrer Waffen solle jemals eingesetzt werden, es sei denn zur Selbstverteidigung.[845] Hieraus wird deutlich, daß man sich Ende 1991 – trotz starken diplomatischen Drucks seitens Großbritanniens und der Niederlande - noch nicht festlegen wollte, inwieweit die NATO friedenssichernde Maßnahmen der Vereinten Nationen auch militärisch

---

[841] Teil I, Punkt 15, in: Bull. der BReg. 1991, 1039 (1041).

[842] Teil II, Punkt 21, ibid., S. 1042.

[843] Teil II, Punkt 23, ibid.

[844] Teil III ("Ein breiter sicherheitspolitischer Ansatz"), Punkt 26, ibid.

[845] Teil IV ("Verteidigungsrichtlinien"), Punkt 36, ibid., S. 1044.

zu unterstützen bereit sei.[846] Gleichwohl wird diese Zurückhaltung gegenüber weitergehenden militärischen Befugnissen dadurch abgeschwächt, daß im Falle von "Krisen, die möglicherweise zu einer militärischen Bedrohung der Sicherheit der Bündnismitglieder führen", den NATO-Streitkräften eine sicherheitspolitische Ergänzungsfunktion zugesprochen wird. Danach sollen diese den politischen Maßnahmen zur Krisenbewältigung Nachdruck verleihen, und zwar unter anderem dadurch, daß gegen die Bedrohung "angemessen und rechtzeitig" reagiert wird.[847] Wenn auch nicht klar wird, was unter den Begriffen "Krisen, die die Sicherheit bedrohen" und "angemessenen und rechtzeitigen" Reaktionsmöglichkeiten zu verstehen ist, so macht der Gesamtzusammenhang des Gipfels von Rom doch deutlich, daß sämtliche Einsatzszenarien nur unter dem Gesichtspunkt der Selbstverteidigung denkbar sein sollten. Zusammenfassend läßt sich feststellen, daß der Begriff der Verteidigung zwar nicht nur bewaffnete Angriffe umfassen sollte, sondern ganz bewußt um das Element "Sicherheitsbedrohung" erweitert wurde; gleichwohl meint er jedoch keinesfalls "kollektive Sicherheit" im Sinne von Zwangsbefugnissen gegenüber solchen Störern, die lediglich die regionale Stabilität gefährden.

Daher kann dem neuen Strategischen Konzept der NATO von 1991 – wie im Konzepttext auch selbst bestätigt – keine Vertragsergänzung hinsichtlich von militärischen Befugnisse kollektiver Sicherheit oder gar eine Drittstaatenkompetenz entnommen werden. Es handelt sich damit nur um ein politisches Programmpapier ohne rechtliche Wirkung.

8. Tagung des NATO-Ministerrats in Oslo am 4.6.1992

Angesichts des sich verschärfenden Krieges im ehemaligen Jugoslawien erklärte sich der NATO-Ministerrat auf seiner Frühjahrstagung am 4.6.1992 in Oslo erstmalig konkret bereit, friedenssichernde Aktivitäten unter der Verantwortung der KSZE von Fall zu Fall zu unterstützen.[848] Hintergrund dieser Offerte war das geplante KSZE-Gipfeltreffen von Helsinki im Juli 1992, wo sich die KSZE dann auch tatsächlich mit der Übernahme kollektiver Friedenssicherungsaufgaben einverstanden erklärt und als regionale Abmachung nach Kapitel VIII SVN in den Dienst der Vereinten Nationen gestellt hat.[849] Neben der Un-

---

[846] WEISSER, NATO ohne Feindbild. Konturen einer europäischen Sicherheitspolitik, S. 80; LÖWE, Peacekeeping-Operationen, S. 167f.

[847] Teil IV, Punkt 43, ibid., S. 1045.

[848] Punkt 11 des Kommuniqués der Ministertagung des Nordatlantikrats, in: Bull. der BReg. 1992, 613 (615).

[849] Vgl. Punkt 25 des Helsinki-Dokuments vom 10.7.1992, in: Bull. der BReg. 1992, 777 (780).

terstützung der KSZE bekannte sich der NATO-Rat auch zur Unterstützung des "wertvollen Beitrags", den die Vereinten Nationen zur Konfliktbeilegung und Friedenserhaltung im euro-atlantischen Raum leisteten.[850] In der "Erklärung zur Krise auf dem Gebiet des ehemaligen Jugoslawien" brachte das zentrale NATO-Organ seine "vollste Unterstützung für die Resolution 757 des UN-Sicherheitsrats" zum Ausdruck und bekundete seine Entschlossenheit, für die Wirksamkeit dieser Sanktion zu sorgen.[851] Daß dieses Bekenntnis nicht nur ein entfernt zukünftiges Ziel umschreiben, sondern konkrete militärische Handlungsmöglichkeiten eröffnen sollte, wurde einen Monat später am 10.7.1992 deutlich, als der NATO-Außenministerrat in Helsinki die Teilnahme der Allianz an der Seeüberwachung des Waffen- und Handelsembargos gegen die Föderative Republik Jugoslawien beschloß. Da an keiner Stelle des Kommuniqués von Oslo oder des Beschlusses von Helsinki der Einsatz von Zwangsmitteln gegenüber dem Drittstaat Jugoslawien als ein rechtliches Problem gesehen wurde, gingen die Nato-Vertreter offenbar von einer vorhanden rechtlichen Grundlage für den Einsatz aus.

Jedenfalls war anläßlich der Durchführung der ersten NATO-Militäraktion gegen einen souveränen Staat ohne Vorliegen eines bewaffneten Angriffs kein Wille der Vertragsparteien ersichtlich, den NATO-Vertrag um militärische Zwangsbefugnisse gegenüber Nichtmitgliedstaaten zu erweitern. Vielmehr ließ die wiederholt zum Ausdruck gebrachte Notwendigkeit der Wahrung einer umfassenden Sicherheit und Stabilität der Bündnispartner vermuten, daß alle Maßnahmen, die im euro-atlantischen Raum zur Abwehr solcher Risiken getroffen würden, die die militärische Sicherheit der NATO-Staaten gefährden könnten, von der Konsultationspflicht des Art. 4 NATO-Vertrag und dem Verteidigungsrecht nach Art. 5 NATO-Vertrag als gedeckt angesehen wurden.

9. Tagung des NATO-Rats am 17.12.1992 in Brüssel

Trotz des wiederholten Rekurses auf die Sicherheit der Bündnispartner nannte das Kommuniqué der Ministertagung des Nordatlantikrats vom 17.12.1992 in Brüssel – ähnlich wie bereits zuvor das neue Strategische Konzept – die Schaffung einer gerechten und dauernden Friedensordnung *in Europa* als höchstes

---

850 Punkt 13 des Ministerkommuniqués, in: Bull. der BReg. 1992, 613 (615).

851 Die konkrete Handlungsabsicht wird deutlich an der Formulierung "...wir werden darauf hinarbeiten sicherzustellen, daß das Ziel der Sanktionen erreicht wird" (Punkt 1 der Erklärung), ibid., S. 617.

politisches Ziel der Allianz.[852] Der NATO-Rat bekräftigte seine Bereitschaft, von Fall zu Fall friedenserhaltende Operationen unter der Autorität des UN-Sicherheitsrates zu unterstützen – unabhängig davon, ob die zugrundeliegende Friedensbedrohung überhaupt ein Sicherheitsrisiko für einen Bündnispartner darstellen würde.[853] Diese Ausrichtung an kollektiver Sicherheit auch außerhalb der Bündnisgrenzen wurde wiederum konkretisiert am Beispiel der Krise im ehemaligen Jugoslawien: Zu deren Bewältigung werde das Bündnis auch weiterhin Resolutionen des Sicherheitsrats umsetzen helfen und bei entsprechendem Ersuchen auch neue und erweiterte Beiträge leisten.[854] Von Kampfeinsätzen war in diesem Zusammenhang zwar nicht *expressis verbis* die Rede, jedoch hatte NATO-Generalsekretär WÖRNER schon im Vorfeld verlauten lassen, es würde wenig Sinn machen, die Einsätze der NATO auf friedenssichernde Operationen zu beschränken. Vielmehr, so WÖRNER, könne eine Teilnahme der NATO an Kampfeinsätzen mit einem Mandat der UNO oder der KSZE unerläßlich werden.[855] Aktuell wurde diese Vorstellung nach der indirekten Ermächtigung in Resolution 787 vom 16.11.1992 zur Umsetzung der *Stop-and-Search*-Aktion in der Adria sowie in dem Auftrag zur militärischen Durchsetzung des Flugverbots über Bosnien-Herzegowina in Resolution 816 vom 31.3.1993.[856] Spätestens ab diesem Zeitpunkt wurde deutlich, daß nicht nur wirtschaftliche und politische Zwangsmaßnahmen, sondern auch militärische Gewaltanwendung (zu Lasten eines Drittstaates) zu den Aufgaben des Bündnisses gehören sollte.

10. Ministertagung des Nordatlantikrats am 10.6.1993 in Athen

Auch auf der Frühjahrstagung des NATO-Außenministerrats am 10.6.1993 in Athen wurde nicht die Absicht zum Ausdruck gebracht, daß die militärische Umsetzung von Maßnahmen kollektiver Sicherheit auf eine neue vertragliche Grundlage gestellt werden müsse. Die Tagung stand vor dem Hintergrund der Sicherheitsratsresolutionen 816 vom 31.3.1993 und 836 vom 4.6.1993, die eine indirekte Ermächtigung der NATO zur Gewaltanwendung zur Durchsetzung des

---

852 Hierbei nimmt das Kommuniqué Bezug auf den HARMEL-Bericht vom Dezember 1967, der bereits in der Zeit der militärischen Blockkonfrontation die Gewährleistung von Frieden und Stabilität in ganz Europa als Ziel des Bündnisses herausstellte.

853 Punkt 4 des Kommuniqués, in: Bull. der BReg. 1992, 1305 (1305).

854 Punkte 4, 5 des Kommuniqués; Punkt 1 der Erklärung zur Lage im ehemaligen Jugoslawien, ibid. S. 1305, 1308.

855 *F.A.Z.* vom 31.10.1992, S. 2: "Wörner: Friedensschaffende Kampfeinsätze der NATO möglich". Vgl. auch seine ähnliche Aussage in WÖRNER, "Ein starkes Bündnis als Motor für den friedlichen Wandel in Europa", in: NATO-Brief Nr. 6/1992, S. 3 (8).

856 Vgl. zur Ermächtigungsfunktion dieser Resolutionen oben I. 5. b. bb.

Flugverbots über Bosnien-Herzegowina bzw. zum militärischen Schutz der UNPROFOR enthielten. Obwohl die NATO-Vertreter bei der Bekundung ihrer Bereitschaft zur uneingeschränkten Unterstützung der bereits getroffenen und noch zu erwartenden UN-Resolutionen[857] durchaus die Möglichkeit gehabt hätten, eine Vertragsänderung in Erwägung zu ziehen, brachten sie lediglich ihre Bereitschaft zum Ausdruck, die internen Strukturen und Verfahren der Allianz dem neuen Sicherheitsumfeld anzupassen.[858] Ziel dieser organisationsinternen Neuregelung sollte nicht etwa die vertragliche Absicherung neuer Bündnisaufgaben im Gründungsvertrag sein, sondern die Befähigung des Bündnisses, schneller und wirksamer auf Ersuchen um Unterstützung friedenswahrender Operationen zu reagieren, also eine Effektivierung des bereits vorhandenen Instrumentariums.

11. Gipfelkonferenz der Staats- und Regierungschefs am 10. und 11.1.1994 in Brüssel

Die Tagung der Staats- und Regierungschefs des Nordatlantikpakts am 10. und 11.1.1994 in Brüssel fand vor dem Hintergrund der Beschlüsse des NATO-Rats vom 2. und 9.8.1993 statt, mit Luftangriffen gegen diejenigen zu drohen, die entweder Einheiten der Schutztruppe UNPROFOR angreifen oder die bosnische Hauptstadt Sarajewo weiter von der Versorgung abschneiden und humanitäre Hilfslieferungen behindern würden.[859] Auch angesichts des unmittelbar zu erwartenden militärischen Eingreifens wurde keine Erweiterung des vertraglichen Aufgabenkreises beschlossen, sondern nur allgemein von der Notwendigkeit einer "Erneuerung" des Bündnisses gesprochen.[860] Gegenstand dieser auf dem neuen Strategischen Konzept aufbauenden Initiative sollte u.a. die weitere Anpassung der *politischen* und *militärischen* Strukturen an die neuen Aufgaben des Bündnisses und die sich herausbildende "Europäische Sicherheits- und Verteidigungsidentität" sein. Als neue Aufgabe wurde – soweit ersichtlich – erstmals ausdrücklich die Friedenswahrung genannt, die zusätzlich zur traditionellen und grundlegenden Aufgabe der kollektiven Verteidigung hinzukommen sollte.[861] Zur effizienteren und flexibleren Durchführung der

---

[857] Punkt 1 des Kommuniqués, in: Bull. der BReg. 1993, 577 (577).
[858] Punkt 6 des Kommuniqués, ibid., S. 578.
[859] Presseerklärungen des NATO-Generalsekretärs WÖRNER, in: EA 1994, D 214f., D 216f.
[860] Punkt 1 der Erklärung der Staats- und Regierungschefs, in: Bull. der BReg. 1994, 20.
[861] Punkte 7 und 9 der Erklärung der Staats- und Regierungschefs, in: Bull. der BReg. 1994, 20f.

Allianzaufträge wurde der NATO-Rat beauftragt zu untersuchen, wie die politischen und militärischen Strukturen und Verfahren der Allianz weiterentwickelt und angepaßt werden könnten.[862]

12. Ratstagungen in Istanbul (9.6.1994), Brüssel (1.12.1994, 5.12.1995) und Noordwijk (30.5.1995)

Auf den NATO-Ratstagungen in Istanbul am 9.6.1994 und Brüssel am 1.12.1994 wurde überwiegend beraten, wie der Prozeß der weiteren Intensivierung des Partnerschaftsprogramms für Frieden und Sicherheit in Europa vorangetrieben werden könnte. Während insbesondere auf der Istanbuler Tagung[863] inhaltlich nichts neues beschlossen wurde, sondern nur der Beginn der Arbeiten zur weiteren Anpassung der NATO-Strukturen an das gesamte neue Spektrum der Aufgaben zur Kenntnis genommen wurde, stellte das Brüsseler Treffen konkrete Anforderungen an die beitrittswilligen mittel- und osteuropäischen Staaten des Programms "Partnerschaft für den Frieden". So sollte eine Erweiterung der NATO mit einer Stärkung der Effizienz der Allianz einhergehen, zu Stabilität und Sicherheit des gesamten euro-atlantischen Gebietes beitragen und das Ziel der Wahrung eines ungeteilten Europas fördern. Bemerkenswert war, daß die Aufnahme neuer Mitglieder in der Weise erfolgen sollte, daß "die Fähigkeit der Allianz zur Durchführung ihrer Kernfunktionen der kollektiven Verteidigung sowie zur Durchführung friedenserhaltender und anderer neuer Auf-

[862] Bei der ESVI handelt es sich um eine erstmalig auf dem Gipfel von Rom Ende 1991 beschlossene Kooperation zwischen NATO und WEU, wonach zur Bewältigung europäischer Krisen WEU-geführte Friedensmissionen unter Nutzung von NATO-Kräften möglich sein sollen. Hierdurch soll der europäische Pfeiler der umfassenden euro-atlantischen Sicherheitsarchitektur gestärkt werden, um in Zukunft bei der Bewältigung kollektiver Sicherheitsprobleme in Europa auch ohne amerikanische Unterstützung auskommen zu können. Ziel soll eine gemeinsame Verteidigung innerhalb der Europäischen Union sein. Dabei ist die WEU nach dem Vertrag von Maastricht "integraler Bestandteil der Entwicklung der Europäischen Union" und soll die Entscheidungen und Aktionen der Union ausarbeiten und durchführen, die verteidigungspolitische Züge haben (Art. J. 4 II EUV; nunmehr Art. 17 EG). In der auf der Amsterdamer Konferenz am 2.10.1997 angenommenen "Erklärung der Westeuropäischen Union" betont diese ihre entscheidende Rolle bei der Entwicklung der ESVI innerhalb der atlantischen Allianz und bekennt sich zu einer aktiven Rolle bei der Konfliktverhütung und der Krisenbewältigung. Gleichzeitig bekräftigt die WEU, diese Rolle als politisch-militärisches europäisches Organ für die Krisenbewältigung auszubauen, indem sie auf Mittel und Kapazitäten von WEU-Mitgliedern oder der NATO zurückgreifen wird. (Erklärung abgedruckt in Sartorius II, Nr. 147a).

[863] Text in Bull. der BReg. 1994, 546ff.

gaben erhalten bleibt".[864] In diesem Zusammenhang verweist das Kommuniqué direkt anschließend auf die Präambel des Washingtoner Vertrages, in der von den "Bemühungen für die Erhaltung des Friedens und der Sicherheit" die Rede ist. Der Hinweis auf die Kernfunktion*en* Verteidigung *und* Friedenserhaltung sowie die Bezugnahme auf Ziel und Zweck des NATO-Vertrages macht erneut deutlich, daß die Repräsentanten des Bündnisses von der Rechtmäßigkeit friedenserhaltender Aktionen des Bündnisses als einer Grundfunktion des NATO-Vertrages ausgingen, ohne daß allerdings zwischen solchen innerhalb des Mitgliederkreises oder gegenüber Drittstaaten unterschieden wurde.

Auch die Ministertagungen des Atlantikrats am 30.5.1995 in Noordwijk aan Zee und am 5.12.1995 in Brüssel[865] ließen jeden Hinweis auf eine rechtliche Umgestaltung des NATO-Vertragsprogramms vermissen. Gegenstand der Beratungen waren wiederum nur die strukturellen internen Anpassungen an die neuen Aufgaben des Bündnisses, um die Effektivität auch bei einem erweiterten Aufgabenprogramm aufrechtzuerhalten.

13. Ratstagung in Berlin am 3.6.1996

Auf der Tagung des NATO-Rats am 3.6.1996 in Berlin wurde erstmals offiziell von einer "neuen" NATO gesprochen. Diese sei durch einen internen Anpassungsprozeß an die tiefgreifenden Veränderungen des europäischen Sicherheitsumfeldes in die Lage versetzt worden, wirksam das volle Spektrum der neuen Aufgaben und Herausforderungen meistern zu können.[866] Ziel der Bemühungen, die Allianz anzupassen und ihre Fähigkeiten zu verbessern, sei neben der Gewährleistung des traditionellen Auftrags der kollektiven Verteidigung u.a. die "Befähigung, *Nicht-Artikel-5-Operationen* durchzuführen".[867] War bis dahin unklar, ob die Militäreinsätze im ehemaligen Jugoslawien als "Verteidigung der Sicherheit des Bündnisses" auf der Grundlage eines erweiterten Verteidigungsbegriffs im Rahmen des Art. 5 NATO-Vertrag durchgeführt wurden, so kann aus dieser Wendung der Schluß gezogen werden, daß kollektive Maßnahmen der Friedenserhaltung keine Verteidigung sein sollten, sondern nunmehr der ungeschriebenen Vertragsaufgabe "Erhaltung des Friedens und der Sicherheit" im Sinne von "kollektiver Sicherheit" dienen sollten. Bundesaußenminister KINKEL machte in einer Erklärung anläßlich der Berliner Tagung

---

[864] Punkt 7 des Kommuniqués der Brüsseler Tagung, in: Bull. der BReg. 1994, 1037 (1038).

[865] Texte der Kommuniqués in Bull. der BReg. 1995, 425ff. und 1053ff.

[866] Punkte 2 und 5 des Kommuniqués der Ministertagung vom 3.6.1996, in: Bull. der BReg. 1996, 505 (505).

[867] Punkt 7 des Kommuniqués, ibid., S. 506.

deutlich, daß die NATO hierdurch eine qualitative Wandlung vollzogen habe und sich demzufolge als die "neue NATO der Erneuerung, Öffnung und Partnerschaft für Europa" darstelle, die "mit flexiblerer Struktur, neuer Aufgabenverteilung und gesamteuropäischer Verantwortung" so verändert werden müsse, daß sie schnell und wirksam zur Vorbeugung und Eindämmung von Regionalkonflikten beitragen könne.[868]

14. Tagungen des NATO-Rats am 10.12.1996 in Brüssel und 29.5.1997 in Sintra/Portugal

Auf den Ministertagungen am 10.12.1996 und 29.5.1997 ging es im wesentlichen um die Vorbereitung des Madrider Gipfeltreffens im Juli 1997, das den Kurs der Allianz zur Festigung der euro-atlantischen Sicherheit auf dem Weg ins 21. Jahrhundert bestimmen sollte. Konkrete Beschlüsse über die zukünftige neue Struktur oder neue Aufgaben des Bündnisses wurden nicht gefaßt, sondern den wenige Monate später erwarteten Beschlüssen der Staats- und Regierungschefs der Mitgliedstaaten vorbehalten.[869] Im Kommuniqué der Ministertagung in Sintra/Portugal vom 29.5.1997 wurde die zu erwartende Neuformulierung der Bündnisstrategie mit den seit dem Gipfel von Rom 1991 eingetretenen Veränderungen des strategischen Umfelds begründet, die eine Angleichung des Strategischen Konzepts an die neue Sicherheitslage sowie die neuen Herausforderungen in Europa erfordere.[870]

15. NATO-Gipfelkonferenz in Madrid vom 8. bis 9.7.1997

Auf dem Treffen der Staats- und Regierungschefs des Nordatlantischen Bündnisses am 8. und 9.7.1997 in Madrid wurden weitere entscheidende Schritte zur sicherheitspolitischen Integration der mittel- und osteuropäischen Staaten sowie zur Vertiefung der Kooperation und Partnerschaft im euro-atlantischen Raum unternommen. Um "der neuen NATO auf ihrem Weg ins 21. Jahrhundert Gestalt zu verleihen" wurden drei Länder zu Beitrittsgesprächen eingeladen, die

---

[868] Erklärung des Bundesaußenministers am 3.6.1996, in: Bull. der BReg. 1996, 511 (512).

[869] Texte der Kommuniqués von Brüssel und Sintra/Portugal in: Bull. der BReg. 1997, 17ff. und 576ff.

[870] Punkt 9 des Kommuniqués von Sintra, in: Bull. der BReg. 1997, 576 (577).

erste Sitzung des neuen Euro-Atlantischen Partnerschaftsrats (EAPR)[871] abgehalten, eine verstärkte Partnerschaft mit Rußland und der Ukraine in Aussicht genommen und das Bekenntnis zur Weiterentwicklung einer umfassenden europäischen Sicherheitsarchitektur abgegeben. Es wurde bekräftigt, daß die NATO das wesentliche Forum für Konsultationen unter den Verbündeten und für die Vereinbarung von politischen Maßnahmen bleiben sollte, wenn Sicherheits- und Verteidigungsverpflichtungen der Verbündeten nach dem Washingtoner Vertrag relevant würden. Neben diesem erneuten Bekenntnis zu einer neben der Verteidigungsaufgabe bestehenden Sicherheitsverpflichtung aus dem NATO-Vertrag begrüßte der Madrider Gipfel die auf dem Europäischen Rat von Amsterdam erzielten Übereinkünfte der Europäischen Union hinsichtlich der gemeinsamen strategischen Interessen von EU und NATO, und kündigte die Schaffung einer europäischen Sicherheits- und Verteidigungsidentität innerhalb der NATO an.[872] Wesentliches Element dieser Sicherheitsstruktur sollte unter Beibehaltung der Kernfunktion der kollektiven Verteidigung die Bewältigung regionaler Krisen und Konflikte sein. Zu diesem Zweck habe die NATO ihre politischen und militärischen Strukturen entsprechend angepaßt.[873]

An keiner Stelle wurde in der Madrider Erklärung die Notwendigkeit einer rechtlichen Anpassung des Gründungsvertrags in Erwägung gezogen. Vielmehr geht sie offenbar davon aus, daß es sich bei der Schaffung der Voraussetzungen zur Durchführung von Maßnahmen der Krisenverhütung und –bewältigung um eine Neubelebung des dem Washingtoner Vertrages inhärenten Sicherheitsaspekts handele.

Diese Annahme wird gestützt durch die Verlautbarungen auf der Ministertagung des Verteidigungsplanungsausschusses vom 2.12.1997, welche die Aufgabe hatte, die Streitkräftestruktur des Bündnisses den Madrider Beschlüssen anzupassen. Hier wurde die Entschlossenheit bekräftigt, die militärische Leistungsfähigkeit für das "gesamte Aufgabenspektrum" des Bündnisses sicherzu-

---

[871] Die Einrichtung des EAPR wurde von den Außenministern des Nordatlantischen Kooperationsrates am 30.5.1997 in Sintra beschlossen. Er entstand durch Fusion des NAKR mit der "Partnerschaft für den Frieden" (PfP) und sollte deren Kooperationsarbeit auf eine qualitativ neue Stufe stellen. Ziel des EAPR ist neben einer umfassenden Zusammenarbeit mit der OSZE, der EU, der WEU und des Europarats die Zuverfügungstellung eines übergreifenden Rahmens für Konsultationen zwischen seinen Mitgliedern bei politischen und sicherheitsrelevanten Fragen (vgl. das Grundlagendokument des EAPR in: Bull. der BReg. 1997, 579ff.).

[872] Punkt 2 der Erklärung von Madrid zur euro-atlantischen Sicherheit und Zusammenarbeit, in: Bull. der BReg. 1997, 765.

[873] Punkt 3, ibid.

stellen, "einschließlich der Kernaufgabe der kollektiven Verteidigung".[874] Die Anpassung der Allianzstreitkräfte an das sich verändernde Sicherheitsumfeld werde daher neben der Beibehaltung der Fähigkeit zur Durchführung von "Artikel-5-Operationen" auch die Möglichkeit der stärkeren Inanspruchnahme der Streitkräfte für "Nicht-Artikel-5-Operationen" berücksichtigen.[875]

16. Ministertagungen des Nordatlantikrats am 16.12.1997 in Brüssel und am 28.5.1998 in Luxemburg

Auf den Sitzungen des NATO-Rats am 16.12.1997 in Brüssel und am 28.5.1998 in Luxemburg ging es um die Forcierung der Beitrittsbemühungen der drei eingeladenen Staaten Tschechien, Polen und Ungarn, sowie um die Vertiefung der Konsultationen über sicherheitspolitische Fragen im Rahmen des EAPR. Gleichzeitig wurde mehrfach betont, daß das Bündnis auch zukünftig gemäß Art. 10 des NATO-Vertrages für weitere Beitrittskandidaten offen bleibe. Um den Prozeß der der Aufnahme vorausgehenden Integration zu beschleunigen, wurden die beitrittswilligen Staaten ermutigt, an den Kooperationsaktivitäten des EAPR und des Programms "Partnerschaft für den Frieden" aktiv mitzuarbeiten.[876] Die Luxemburger Tagung machte wiederum deutlich, daß die Veränderungen in der Bündnisstruktur lediglich organisatorischen Charakter haben und keine Erweiterung des vertraglichen Aufgabenprogramms bedeuten sollten. Das grundlegende Ziel des internen Anpassungsprozesses der Allianz sei nämlich die "Erhaltung der militärischen Leistungsfähigkeit für das volle Spektrum ihrer Aufgaben auf der Grundlage ihrer essentiellen Fähigkeiten zur kollektiven Verteidigung und ihre Fähigkeit zur Reaktion auf ein breites Spektrum von Eventualfällen".[877]

Als Ziel der Allianz wurde hier die militärische Entfaltung des bereits gegebenen Aufgabenspektrums angegeben, nicht die Schaffung neuer Aufgaben.

17. Gipfelkonferenz der Staats- und Regierungschefs zum 50. Jahrestag der NATO am 23./24.4.1999

Am 23. und 24.4.1999 schließlich fand in Washington zum 50. Jahrestag der Unterzeichnung des NATO-Vertrages eine Gipfelkonferenz der Staats- und Re-

---

[874] Punkt 3 des Kommuniqués der Ministertagung des Verteidigungsplanungsausschusses in Brüssel vom 2.12.1997, in: Bull. der BReg. 1997, 1258f.

[875] Punkt 5, ibid.

[876] Texte der Kommuniqués der NATO-Ratstagungen in: Bull. der BReg. 1998, 25ff., 542ff.

[877] Punkt 9 des Luxemburger Kommuniqués, in: Bull. der BReg. 1998, 542 (543).

gierungschefs der Bündnispartner statt, auf der der Kurs der NATO für das 21. Jahrhundert "festgelegt" und ein den neuen Anforderungen des Bündnisses entsprechendes Strategisches Konzept verabschiedet wurde.

a) Die Ratio des Bündnisses

Dem neuen Strategiekonzept vorangestellt findet sich die programmatische "Erklärung von Washington", in der das grundlegende Anliegen des Bündnisses vorgestellt wurde. So bekräftigten die Partner, daß die kollektive Verteidigung die Kernaufgabe der NATO bleibe. Diese werde allerdings begleitet von dem Bekenntnis zur Förderung von Frieden, Stabilität und Freiheit.[878] Mit dieser zum Ausdruck gebrachten Förderungsabsicht sollte offenbar nicht nur der Zweck für die Ausübung kollektiver Selbstverteidigung umschrieben, sondern ein eigenständiger Bündnisauftrag begründet werden. Dies macht die Erklärung wenig später selber deutlich: Die NATO solle ein Bündnis sein, daß nicht nur der kollektiven Verteidigung verpflichtet ist, sondern auch fähig sein soll, gegenwärtige und künftige Risiken für die Sicherheit der Bündnismitglieder zu bewältigen.[879] Erstmalig nennt die Erklärung als eigenständigen weiteren Bündnisgrundsatz die "Entschlossenheit, denjenigen entschieden entgegenzutreten, die Menschenrechte verletzen, Krieg führen und Gebiete erobern".[880] Dieses Bekenntnis zum Schutz vor Menschenrechtsverletzungen stand zweifellos vor dem Hintergrund der einen Monat zuvor am 24.3.1999 begonnenen Luftschläge gegen Jugoslawien zur Erzwingung einer Friedenslösung im Kosovo. Während in den früheren Beschlüssen des NATO-Rats zu Militäreinsätzen im ehemaligen Jugoslawien stets auf die zugrundeliegenden Resolutionen des Weltsicherheitsrats verwiesen wurde, dessen Beschlüsse man unterstützen wolle,[881] wird bei den Begründungen zum Kosovo-Einsatz eine eigene und originär

---

[878] Punkt 2 der Erklärung von Washington, in: Bull. der BReg. 1999, 221.

[879] Punkt 5, ibid.

[880] Punkt 7, ibid.

[881] Vgl. a) die Erklärung des Nordatlantikrats zur Umsetzung der in S/Res 787 enthaltenen Ermächtigung zum Ergreifen von Maßnahmen zur Durchsetzung des Waffenembargos gegen Jugoslawien, in: Bull. der BReg. 1992, 1308;

b) den Beschluß vom 2./9.8.1993 zum Schutz der UNPROFOR sowie die Gewährleistung der Versorgung Sarajewos durch Luftangriffe auf Grundlage von S/Res 836, in: EA 1994, D 214/D 216. Die Luftangriffe sollten erst nach Genehmigung des UN-Generalsekretärs beginnen können. Es wurde betont, daß die Maßnahmen unter der Ägide des Sicherheitsrates im Rahmen seiner einschlägigen Resolutionen durchgeführt würden.

Siehe auch den Beschluß des NATO-Rats vom Januar 1994 in Brüssel, "von Fall zu Fall friedenswahrende und andere Operationen" – gemeint sind friedenserzwingende und friedensschaffende Maßnahmen – "unter der Autorität des UN-Sicherheitsrats oder der KSZE zu unterstützen" (Bull. der BReg. 1994, 20ff.).

humanitäre Zielsetzung der NATO-Maßnahmen deutlich. Wegen der anhaltenden humanitären Notlage und der sich abzeichnenden humanitären Katastrophe im Kosovo sei "die Drohung mit und gegebenenfalls der Einsatz von Gewalt durch die NATO gerechtfertigt", zumal in absehbarer Zeit keine weiteren Resolutionen des UN-Sicherheitsrats zu erwarten seien, die Zwangsmaßnahmen im Blick auf den Kosovo enthielten.[882] Die somit deutlich gewordene Zielsetzung der Allianz, auch zum Schutz vor gravierenden Menschenrechtsverletzungen militärisch einzugreifen – also humanitäre Interventionen durchzuführen – wird durch das neue Strategische Konzept näher ausgeführt.

b) Das neue Strategische Konzept der NATO

Hintergrund für die Erarbeitung des auf dem Washingtoner Gipfel verabschiedeten neuen Strategischen Konzepts waren die großen Veränderungen der europäischen Sicherheitslandschaft, die das 1991 beschlossene Strategische Konzept in Teilen als veraltet erschienen ließ. Dieses Grundlagendokument wurde zu einer Zeit formuliert, als die Sowjetunion noch existierte, und es enthielt eine Vielzahl an Reminiszenzen an den Ost-West-Konflikt.[883] Dennoch dauerte es bis zum NATO-Gipfeltreffen in Madrid im Juli 1997, bis die NATO die Erarbeitung eines neuen Strategischen Konzepts beschloß, welches die strategische und politische Basis für die "neue" NATO darstellen sollte. Der in Madrid verwendete Begriff "Überarbeitung" des Strategischen Konzepts machte bereits deutlich, daß es nicht um eine völlige Neuformulierung der Strategie gehen konnte, sondern eher um eine Fortschreibung politisch-militärischer Grundlagen.[884]

Wesentliche Streitpunkte unter den Bündnispartnern bei der Ausarbeitung des neuen Konzepts war neben dem bereits erwähnten Konflikt um die Notwendigkeit eines UN-Mandats für friedenswahrende oder friedensschaffende Operationen[885] die Frage, welche Kernfunktionen das Bündnis künftig haben sollte. Während einerseits innerhalb des Bündnisses breiter Konsens bestand, daß die gegenseitige Beistandspflicht gemäß Art. 5 NATO-Vertrag nach wie vor die "conditio sine qua non" der Atlantischen Allianz darstellen würde, herrschte Uneinigkeit darüber, ob etwa die Nichtverbreitung von Massenvernichtungswaffen oder die Bekämpfung des internationalen Terrorismus eben-

---

[882] Erklärung von NATO-Generalsekretär SOLANA Anfang Oktober 1998, die in den Beschluß des Deutschen Bundestages vom 16.10.1998 über den möglichen Einsatz deutscher Streitkräfte aufgenommen wurde, in: Internationale Politik 1999, 91ff.

[883] KAMP, APuZ B 11/1999, S. 19 (19).

[884] KAMP, ibid.

[885] Siehe dazu oben die Diskussion zur völkerrechtlichen Zulässigkeit des Kosovo-Einsatzes bei V. 2. b. c.

falls zu den zentralen Funktionen der Allianz gehören sollte. Während die USA für ein eher breites Verständnis der künftigen Rolle des Bündnisses plädierte, äußerten einige europäische Verbündete die Befürchtung, daß ein zu breites Aufgabenspektrum die NATO überbürden könnte und wollten daher die Aufgaben der NATO eher begrenzt sehen.[886] Prominente Stimmen in Washington hatten schon seit längerem gefordert, daß die NATO zur umfassenden Verteidigung amerikanischer und europäischer Interessen in der Welt befähigt werden müsse[887] und daß in der Diskussion über den "strategischen Zweck" der NATO auch Krisen am Golf oder in der Straße von Taiwan berücksichtigt werden sollten.[888] US-Außenministerin ALBRIGHT hatte bei den Ministertreffen des NATO-Rates immer wieder deutlich gemacht, daß die strategische Ausrichtung der NATO von der gemeinsamen Verteidigung des Vertragsgebietes hin zum Prinzip der Verteidigung gemeinsamer Interessen geändert werden müsse – also von der Diskussion über "out of area" hin zu der Frage: "out of interests?".[889] Derart weitreichende Vorstellungen stießen bei den europäischen Verbündeten auf verbreitete Skepsis. Zum einen war völlig unklar, wie "gemeinsame Interessen" zu definieren sind, da die globalen Belange Amerikas nicht notwendigerweise mit den Interessen der europäischen Partner deckungsgleich seien. Der französische Außenminister VEDRINE kleidete die Ablehnung Frankreichs in die diplomatischen Worte: "We generally take the view that NATO should not be too elastic in interpreting its global interests".[890] Neben der Unbestimmtheit der Schlagworte wie "Globalisierung der NATO" oder der Skepsis vor dem Ruf nach "Verteidigung unserer Interessen"[891] stützten sich die Bedenken der europäischen Partner vor allem auf eine mögliche Überforderung der NATO.[892] Das neue strategische Konzept kann daher als eine Kompromißformel zwischen den weitreichenden US-amerikanischen Vorstellungen nach einem umfassenden sicherheitspolitischen Aufgabenfeld der NATO und einer eher restriktiven, mehr am Verteidigungsauftrag orientierten europäischen Sichtweise angesehen wer-

---

[886] Vgl. KAMP, APuZ B 11/1999, S. 19 (23).

[887] Vgl. WARREN CHRISTOPHER/WILLIAM PERRY, NATO's True Mission, in: New York Times vom 21.10.1997.

[888] So Senator RICHARD LUGAR vor dem Deutsch-Amerikanischen Round-Table der Konrad-Adenauer-Stiftung in Washington D.C. (5.-7.11.1997).

[889] Vgl. Follow U.S. Strategy, Albright urges NATO, in: International Herald Tribune vom 9.12.1998.

[890] Ebd.

[891] Bundesaußenminister KINKEL warnte in einer Rede vor der "Deutschen Gesellschaft für auswärtige Politik" am 1.7.1998 vor den Schlagworten "Globalisierung der NATO" und "Verteidigung unserer Interessen", weil sie wenig hilfreich seien (Bull. der BReg. 1998, 658, 660).

[892] KINKEL, ibid.

den. Es baut inhaltlich auf dem Konzept von 1991 auf, enthält jedoch auch einige wesentliche Änderungen. Trotz des unveränderten Hauptzwecks "kollektive Verteidigung" blieb das Bündnis grundsätzlich bei seinem auf den vorhergehenden NATO-Konferenzen ausgearbeiteten breitangelegten sicherheitspolitischen Ansatz,[893] der die Bewältigung "komplexer neuer Risiken für euro-atlantischen Frieden und Stabilität, einschließlich Unterdrückung, ethnischer Konflikte, wirtschaftlicher Not, des Zusammenbruchs politischer Ordnungen sowie der Verbreitung von Massenvernichtungswaffen" mit einschließen sollte.[894] Gemäß einem weiten Verständnis von "gemeinsamer Verteidigung" und "Erhaltung des Friedens" in der Präambel des Washingtoner Vertrages nennt das Bündnis als wesentlichen und fortdauernden Zweck der NATO im Sinne des kollektiven Verteidigungsauftrags die "Gewährleistung von Freiheit und Sicherheit aller ihrer Mitglieder mit politischen und militärischen Mitteln". Die Verwirklichung dieses Ziels könne durch Krisen und Konflikte, wie ethnische und soziale Rivalitäten, Gebietsstreitigkeiten, unzureichende oder fehlgeschlagene Reformbemühungen, der Verletzung von Menschenrechten oder der Auflösung von Staaten[895] gefährdet werden. Nicht nur ein bewaffneter Angriff auf das Gebiet der Bündnispartner bedeute daher eine Bedrohung der Sicherheitsinteressen des Bündnisses, sondern auch andere Risiken umfassenderer Natur, einschließlich Akten des Terrorismus, der Sabotage und des organisierten Verbrechens.[896] Das Bündnis solle daher nicht mehr nur die Verteidigung seiner Mitglieder gewährleisten, sondern auch zu Frieden und Stabilität im euro-atlantischen Raum beitragen.[897] Dieses könne geschehen durch Maßnahmen der Konfliktverhütung und Krisenbewältigung, einschließlich von Krisenreaktionseinsätzen, die von Fall zu Fall, im Konsens und im Einklang mit Artikel 7 NATO-Vertrag, durchgeführt werden könnten.[898]

c) Künftige Krisenreaktionseinsätze als "Nicht-Artikel-5-Operationen"

Zur Bewältigung des gesamten Spektrums möglicher sicherheitswahrender Militäreinsätze sollten die NATO-Streitkräfte in die Lage versetzt werden, ei-

---

[893] Dieser breit angelegte sicherheitspolitische Ansatz wird in Punkt 25 (ibid., S. 224) betont.

[894] Punkte 3 und 4 des Strategischen Konzepts des Bündnisses, in: Bull. der BReg. 1999, 221 (222).

[895] Punkt 20, ibid., S. 224.

[896] Punkt 24, ibid.

[897] Punkt 5, ibid., S. 222.

[898] Punkt 10, ibid., S. 223.

nen Beitrag zur Konfliktverhütung zu leisten und auch nicht unter Artikel 5 fallende Krisenreaktionseinsätze durchzuführen.[899]

Die Folge dieses Programmsatzes ist klar: Die NATO behält sich nunmehr ausdrücklich das Recht vor, auch in den Fällen militärisch tätig zu werden, die nicht unter die Verteidigung des Bündnisses nach Art. 5 NATO-Vertrag fallen.[900] Der einschlägige Abschnitt im neuen Strategiekonzept lautet:

"Im Zuge ihrer Politik der Friedenserhaltung, der Kriegsverhütung und der Stärkung von Sicherheit und Stabilität – wie in den grundlegenden Sicherheitsaufgaben dargelegt – wird die NATO in Zusammenarbeit mit anderen Organisationen darum bemüht sein, Konflikte zu verhüten oder, sollte eine Krise auftreten, in Übereinstimmung mit dem Völkerrecht zu deren wirksamer Bewältigung beitragen, einschließlich durch die Möglichkeit der Durchführung von nicht unter Artikel 5 fallenden Krisenreaktionseinsätzen. ...Die NATO erinnert an ihr 1994 in Brüssel gemachtes Angebot, von Fall zu Fall in Übereinstimmung mit ihren eigenen Verfahren friedenswahrende und andere Operationen unter der Autorität des UN-Sicherheitsrats oder der Verantwortung der OSZE zu unterstützen. ...In diesem Zusammenhang erinnert das Bündnis an seine späteren Beschlüsse in bezug auf Krisenreaktionseinsätze auf dem Balkan".[901]

Fraglich ist, was genau unter "nicht unter Artikel 5 fallenden Krisenreaktionseinsätzen" zu verstehen ist. Die Terminologie der NATO, die in der Regel von "Krisenreaktionseinsätzen", Krisenbewältigung" oder "Krisenmanagement" spricht, legt nahe, daß auch Kampfaufgaben jenseits der Friedensmissionen der Vereinten Nationen gemeint sind, also auch Interventionen, die den Charakter eines Angriffskrieges haben können.[902] Zwar muß mit derartigen Einsätzen nicht notwendigerweise ein Verzicht auf ein Mandat des Sicherheitsrats verbunden sein, wie der Hinweis auf die Autorität des Sicherheitsrats sowie die primäre Verantwortung des Sicherheitsrats für die Wahrung des Weltfriedens deutlich machen.[903] Andererseits schließt das Konzept ein Tätigwerden ohne vorherige Ermächtigung durch den Sicherheitsrat auch nicht ausdrücklich aus, was angesichts der Erfahrungen des Kosovo-Krieges auch durchaus der

---

[899] Punkte 29 und 41, ibid., S. 225, 227.

[900] Vgl. zu dieser qualitativen Änderung der Bündnisstrategie BOTHE/MARTENCZUK, VN 1999, 125 (126f.) und SIMMA, in: MERKEL (Hg.), Der Kosovo-Krieg, S. 9 (36ff.).

[901] Punkt 31 des neuen Strategischen Konzepts, in: Bull. der BReg. 1999, 221 (225).

[902] NASSAUER, VN 1999, 132 (138, Fn. 4).

[903] Vgl. Punkt 31 sowie das ausdrückliche Bekenntnis zu Art. 7 NATO-Vertrag und der vorrangigen Zuständigkeit des Sicherheitsrats in den Punkten 10 und 15 des Strategiekonzepts. Siehe auch Punkt 38 des Kommuniqués der Staats- und Regierungschefs zum Washingtoner Gipfel, in: Bull. der BReg. 1999, 233 (239).

Rechtsauffassung der meisten NATO-Staaten entsprechen dürfte.[904] Zu den "späteren Beschlüssen in bezug auf Krisenreaktionseinsätze auf dem Balkan", an die das Bündnis als Musterfälle für künftige Militäreinsätze erinnert, gehörten interessanterweise keine NATO-Einsätze, die politisch und militärisch vollständig unter der Leitung der Vereinten Nationen standen, sondern deren konkrete Durchführung und Entscheidungsfindung nach Erteilung eines UN-Mandats der NATO-geführten Implementierungsmission IFOR/SFOR oblag und dementsprechend als Bündniseinsätze zu bezeichnen sind.[905] Das Ergebnis der kontroversen Diskussionen über die Notwendigkeit einer Legitimation der Vereinten Nationen für Kriseneinsätze des Bündnisses faßte Bundeskanzler SCHRÖDER anläßlich des NATO-Gipfels wie folgt zusammen:

"Wir waren uns einig, daß es auch in Zukunft nur dann Interventionen geben kann, wenn im Prinzip ein Sicherheitsratsbeschluß vorliegt. Eng begrenzte Ausnahmen können zugelassen werden, dürfen aber nicht die Regel werden und können überhaupt nur in Frage kommen, wenn sich zeigt, und zwar nachweisbar, daß der Sicherheitsrat nicht handlungsfähig ist".[906]

Das Bündnis soll also auch ohne Zustimmung der Vereinten Nationen kollektive Friedensmissionen durchführen können. Das Strategische Konzept spricht lediglich von einer "wichtigen Rolle", die den Vereinten Nationen im Rahmen von Krisenbewältigung und –verhütung zukomme.[907] Die insgesamt erkennbare "Reservefunktion" der NATO, die dem Bündnis immer dann kollektive Friedesaufgaben übertragen soll, wenn der Sicherheitsrat hierzu aufgrund der politischen Konstellation nicht imstande ist, läßt es als wahrscheinlich erscheinen, daß über die Notwendigkeit eines UN-Mandats für Krisenreaktionseinsätze der NATO künftig jeweils ad hoc durch die Bündnismitglieder entschieden wird. Daß die NATO künftig die Rolle einer "Ersatz-UN" wahrnehmen soll, wird auch daran deutlich, daß das neue Strategische Konzept für künftige Krisenreaktionseinsätze keine eindeutige geographische Beschränkung enthält. Es macht jedoch deutlich, daß die Allianz sich vorrangig für Sicherheit und Stabilität im "euro-atlantischen Raum" zuständig sieht.[908] Dieser Begriff wird nicht näher definiert, reicht aber weit über das in Art. 6 NATO-Vertrag definierte Bündnisgebiet hinaus und meint im Sprachgebrauch der Allianz zumeist das Staatsgebiet jener Staaten, die sich der "Partnerschaft für den Frieden" (PfP) ange-

[904] Vgl. dazu die Ausführungen zur Rechtmäßigkeit des Kosovo-Einsatzes sowie BOTHE/MARTENCZUK, VN 1999, 125 (126f.).

[905] NASSAUER, VN 1999, 132 (133, 136).

[906] Pressekonferenz vom 25.4.1999 in Washington, Ausschrift in: Informationen zur Sicherheitspolitik (hrsg. vom Presse- und Informationsamt der BReg.), April 1999.

[907] Punkte 14 und 15, in: Bull. der BReg. 1999, 221 (223).

[908] Z.B. in den Punkten 6, 9 und 12, in: Bull. der BReg. 1999, 221 (222f.).

schlossen haben bzw. im Euro-atlantischen Partnerschaftsrat (EAPR) mitarbeiten.[909]

d) Bewertung der Neuerungen des Strategischen Konzepts von 1999

Wichtigstes Ergebnis der Verabschiedung des neuen Strategischen Konzepts ist die Nennung von "Krisenreaktionseinsätzen", die ausdrücklich außerhalb des Vertragsrahmens als "Nicht-Artikel-5-Operationen" der Friedenserhaltung und Kriegsverhütung im euro-atlantischen Raum dienen sollen.[910] Für die Zukunft ist der NATO nach dem Willen der Vertragsparteien erlaubt, militärische Krisenreaktionseinsätze auch dann durchzuführen, wenn weder ein Fall der kollektiven Selbstverteidigung noch ein Mandat der internationalen Gemeinschaft in Form eines Beschlusses des Sicherheitsrats der Vereinten Nationen oder einer anderen Regionalorganisation vorliegt. Sie ist damit weder nur mehr eine Organisation kollektiver Selbstverteidigung noch eine regionale militärische Organisation, die ausschließlich mit einem Mandat des Sicherheitsrats tätig werden könnte.[911]

Trotz der beschlossenen Aufgabenerweiterung im Bereich der Krisenreaktionseinsätze enthält das neue Strategische Konzept aber keine Anhaltspunkte dafür, daß die neuen Handlungsmöglichkeiten im Vertrag und damit rechtlich verankert werden sollten. Daß keine neuen Bündnispflichten – d.h. Vertragsverpflichtungen für die Mitglieder – geschaffen werden sollten, macht das Strategiekonzept selbst deutlich, indem es die Beteiligung an Krisenreaktionseinsätzen den "Beschlüssen der Mitgliedstaaten im Einklang mit ihren jeweiligen Verfassungen" vorbehält.[912] Um aber das neudefinierte Bündnisziel – Sicherheit seiner Mitglieder auch vor anderen als unmittelbaren militärischen Bedrohungen – erreichen zu können, stellt sich die NATO zusätzliche Bündnisaufgaben, ohne jedoch Wesen und Zweck der Allianz zu verändern.[913] Folglich kann es sich bei diesem erweiterten Handlungsrahmen nur um eine außervertragliche Absprache handeln, die den rechtlichen Bestand der gegenwärtig im NATO-Vertrag niedergelegten Bündnispflichten unangetastet lassen soll. Auch das Strategische Konzept von 1999 ist damit nicht als Vertragsergänzung zu quali-

---

909 NASSAUER, VN 1999, 132 (133).

910 Der Vorsitzende des NATO-Militärausschusses VENTURONI sieht diese Maßnahmen der Krisenbewältigung ausdrücklich als nicht mehr von Art. 5 NATO-Vertrag abgedeckt (in: NATO-Brief Nr. 3/1999, S. 9).

911 PRADETTO, APuZ B 11/1999, S. 26 (31).

912 Punkt 31 des neuen Strategischen Konzepts, in: Bull. der BReg. 1999, 221 (225). Auch CANNIZZARO versteht das Konzept als Darstellung von Bündnisoptionen, nicht als Vertragsergänzung (Riv. Dir. Int. 1999, 729, 731).

913 Vgl. Punkte 5 und 10, ebd.

fizieren. Ebenso wenig läßt sich ihm der rechtliche Wille der Bündnismitglieder entnehmen, friedensschaffende Militäreinsätze auch zu Lasten von Nichtmitgliedstaaten durchzuführen. Zwar wird die Friedenssicherungsaufgabe auf den gesamten euro-atlantischen Raum ausgedehnt, der auch Mittelost- und Südosteuropa mit einschließt.[914] Nicht erkennbar ist jedoch, daß diese Einbeziehung potentieller Nichtmitglieder in das Sicherheitsumfeld des Bündnisses einen rechtlich verbindlichen Charakter für die Zukunft in der Weise haben soll, daß die Inanspruchnahme von Drittstaaten gemäß dem Willen der Allianzmitglieder auf einem vertraglichen Kompetenztitel beruhen soll.[915]

18. Ergebnis: Keine Vertragsänderung durch rechtlich konkretisierte Aufgabenerweiterung

Vor Untersuchung des Rechtscharakters der Erklärungen und Beschlüsse der NATO-Ratstagungen kann zunächst festgestellt werden, daß es sich bei der einzigen für eine Vertragsmodifizierung möglicherweise einschlägigen Vorschrift des Art. 12 NATO-Vertrag nicht um eine verbindliche und ausschließliche Vertragsänderungsklausel handelt, die Art und Weise einer möglichen Modifizierung des NATO-Vertrags abschließend regelt. Aufgrund der absoluten Formfreiheit der Vertragsparteien[916] wäre eine solche Vertragsklausel ohnehin wieder ihrerseits abdingbar. Vielmehr stellt Art. 12 NATO-Vertrag ein *pactum de negotiando* dar, also eine Abrede zur Überprüfung des Vertragsinhalts und zum

---

[914] Für den italienischen Außenminister DINI übernimmt Europa die Hauptverantwortung für die Nachkriegslage im Kosovo und auf dem Balkan insgesamt. Die Kosovo-Krise sei ein Anwendungsfall des euro-atlantischen Sicherheitskonzepts gewesen (in: NATO-Brief Nr. 3/1999, S. 5f.). Der Vorsitzende des Militärausschusses VENTURONI sieht die Notwendigkeit, auch in den Randgebieten Europas Stabilität und Sicherheit zu gewährleisten (ebd., S. 8). Ähnlich auch der kanadische Außenminister LLOYD AXWORTHY, in: NATO-Brief Nr. 4/1999, S. 8ff.

[915] Trotz dieser fehlenden rechtsverbindlichen Absprache hinsichtlich der Inanspruchnahme von Nichtmitgliedern und der somit hierfür fehlenden satzungsrechtlichen Grundlage ist eine solche im konkreten Fall gleichwohl möglich: Die Begründung für das Vorgehen im Kosovo-Konflikt hat gezeigt, daß die NATO – ohne sich hierfür ausdrücklich auf einen vertraglichen Kompetenztitel zu berufen – den Balkan als Gefahrenherd für ihre Sicherheitsinteressen ansieht. Da das wesentliche Ziel der NATO (und damit ihres Gründungsvertrages) die Gewährleistung der Sicherheit ihrer Mitglieder ist, muß die Verfolgung dieses Ziels notwendigerweise die Ausübung einer Vertragsfunktion sein, unabhängig davon, ob diese eine satzungsrechtliche Grundlage findet.

[916] Im Völkerrecht hat sich im Hinblick auf die Schriftformklausel des Art. 2 I lit.a WVRK die Theorie vom "actus contrarius" nicht durchgesetzt. Hinzu kommt, daß nach Art. 3 WVRK die Geltung formloser Verträge unberührt bleibt (vgl. IPSEN, Völkerrecht, § 13 Rn. 5).

möglicherweise anschließenden Eintritt in Vertragsverhandlungen.[917] Charakteristisch für einen solchen (völkerrechtlich verbindlichen) "Vertrag zu Verhandeln" ist, daß es nicht zum Abschluß eines Vertrages kommen muß, sondern daß bereits die Beratung über die Notwendigkeit einer Vertragsänderung die Erfüllung des Vertrages darstellt.[918] Im vorliegenden Fall haben sich die NATO-Vertragsparteien allerdings bei keiner ihrer Beratungen auf die "Vertragüberprüfungsvorschrift" des Art. 12 NATO-Vertrag gestützt, so daß diese als Rechtsgrundlage für eine mögliche Vertragsänderung schon aus diesem Grund von vornherein ausscheidet.

a) Der außerrechtliche Charakter der Erklärungen

Hinsichtlich des Umfangs des vertraglichen Aufgabenkreises kann im Ergebnis festgestellt werden, daß es bei den zahlreichen NATO-Rats- und Gipfelkonferenzen nur zu einer konzeptionellen Erweiterung, nicht aber zu einer rechtlich verbindlichen Ergänzung des NATO-Vertrages gekommen ist. Die wiederholt gemachte Aussage, daß die Rechte und Pflichten aus dem Nordatlantikvertrag unverändert bleiben sollten, die Bezeichnung des zukünftigen Aufgabenrahmens als "Konzept" sowie die Betonung des Einzelfallcharakters der jeweiligen Bündnisentscheidung über die Wahrnehmung der neuen Aufgaben sprechen gegen die verbindliche Festlegung eines neuen Aufgabenkatalogs und damit gegen den Rechtscharakter der auf den Ratstagungen abgegebenen Erklärungen. An keiner Stelle, selbst nicht im Strategischen Konzept von 1999, wird der dynamische Entwicklungsprozeß des Bündnisses als abgeschlossen betrachtet, sondern stets der konzeptionelle Charakter der beschlossenen Bündnisaufgaben im Blick auf die sich wandelnde Sicherheitslage betont.[919] Deshalb kann sich insoweit dem Urteil der vier das "AWACS"-Urteil tragenden Bundesverfassungsrichter aus dem Jahre 1994 angeschlossen werden, wonach die Vorstellungen der Staaten darüber, wie der nach dem Wegfall des Ost-West-Gegensatzes veränderten welt- und sicherheitspolitischen Situation zu begegnen sei,

---

917 MARESCA, Il Diritto dei Trattati, S. 99; MCNAIR, The Law of Treaties, S. 27ff.

918 IGH im *Continental Shelf Case*, in: ICJ-Reports 1969, 3ff., 47ff.

919 Die Staatenvertreter haben wiederholt zum Ausdruck gebracht, daß es sich bei der Herausbildung der neuen NATO-Strategie um einen "evolutionären Prozeß" handele, der unter Berücksichtigung der jeweiligen politischen und sicherheitspolitischen Entwicklungen in ganz Europa stattzufinden habe (Bundesaußenminister KINKEL anläßlich der NATO-Ratstagung am 5.12.1995, Bull. der BReg. 1995, 1058; Kommuniqué der Ratstagung vom 30.5.1995 [Punkt 2], Bull. der BReg. 1995, 425).

"noch nicht einen Verdichtungsgrad erreicht hat, der es nach ihrem Urteil erlaubte, ihnen eine vertragliche und damit auch eine – für die Vertragsparteien wie gegenüber Außenstehenden – rechtsverbindliche Form zu geben.".[920]

Was das BVerfG seinerzeit hinsichtlich des Strategischen Konzepts von 1991 festgestellt hatte,[921] gilt auch für alle Folgeerklärungen und insbesondere für das Strategiekonzept von 1999: Die Neuformulierung der Bündnisaufgaben enthält keine Änderung des NATO-Vertrages, sondern sucht im Rahmen des bestehenden Vertrages die Aufgaben und Handlungsinstrumente der NATO dem neuen strategischen Umfeld anzupassen. Sämtliche Erklärungen zu den "neuen Aufgaben" der NATO (wobei Ziel und Zweck des Bündnisses unverändert bleiben soll!) sind somit

"politische Aussagen zur neuen "Sicherheitsarchitektur" in Europa, die den ernsten Willen zur fortschreitenden Mitwirkung an diesem Prozeß erneuerter und erweiterter Zusammenarbeit bekunden, jedoch im jeweiligen Zwischenschritt der politischen Verhandlungen und tatsächlichen Zusammenarbeit vertragliche Rechtsverbindlichkeiten noch nicht begründen wollen".[922]

Auch die vier dissentierenden Richter enthalten sich in diesem Punkt einer eindeutigen Stellungnahme, indem sie die Beschlüsse und Erklärungen des NATO-Ministerrats als "eine dynamische und rechtlich nicht eindeutig als Vertrag zu qualifizierende Erweiterung des ursprünglichen Konzepts der NATO" bezeichnen, die sich einer eindeutigen rechtlichen Qualifikation entziehe.[923] Sie verwerfen damit zwar die von der anderen Richtergruppe befürwortete Ansicht, die Beschlüsse seien als bloße Konkretisierung des bereits in den Verträgen Angelegten zu verstehen.[924] Gleichwohl vermeiden sie es, als Konsequenz hieraus zu entscheiden, ob es sich bei den fraglichen Beschlüssen und Erklärungen der NATO schon um rechtlich bindende vertragliche Absprachen handelt oder um solche, die sich noch im Vorfeld des rechtlich Verbindlichen bewegen. Dies sei weder Sache des Bundestages noch des Bundesverfassungsgerichts.[925]

Insgesamt wird deutlich, daß sich das BVerfG aufgrund der unklaren Rechtsnatur der Erklärungen gescheut hat, die rechtlichen Vorgaben des NATO-Vertrages als erweitert anzusehen. Zu recht: Diese Akte bewegen sich tatsächlich im Grenzbereich zwischen politischer Absichtserklärung, konkretisierender Vertragsauslegung und selbständiger Vertragserweiterung.[926] Sie haben die Schwelle der Rechtsbindung noch nicht erreicht. Am fehlenden Rechtscharakter

---

920 BVerfGE 90, 286 (365).
921 BVerfGE 90, 286 (371).
922 BVerfGE 90, 286 (371).
923 BVerfGE 90, 286 (372f.).
924 BVerfGE 90, 286 (375f.).
925 BVerfGE 90, 286 (376).
926 NOLTE, ZaöRV 54 (1994), 652 (666).

aller Beschlüsse und Erklärungen seit 1990 ändert auch nichts, daß für die vier das Urteil tragenden Richter hinsichtlich der NATO-Einsätze im ehemaligen Jugoslawien ein wesentlicher Aspekt war, daß es um die Erfüllung eines UN-Mandats ging, und nicht um die Wahrnehmung einer Bündnisaufgabe.[927] Selbst wenn im Hintergrund dieser Argumentation die Überlegung stand, daß mit der Mitgliedschaft der NATO-Staaten in den Vereinten Nationen die Einsätze der NATO zumindest mittelbar eine Legitimation erfahren könnten, so kann dem tragenden Votum nicht unterstellt werden, daß es bei Fehlen einer solchen Ermächtigungsgrundlage ohne weiteres einen Willen der Vertragsparteien angenommen hätte, einen neuen, NATO-internen Rechtstitel schaffen zu wollen. Daß nunmehr Maßnahmen der Friedensschaffung als eigenständige NATO-Aufgabe mit oder ohne UN-Auftrag zulässig sein sollen, bedeutet noch keine Änderung der Zielsetzung des NATO-Vertrages;[928] diese soll nach dem Willen der NATO-Partner gerade unverändert bleiben. Ob ein Vertrag geändert, ergänzt oder neu geschlossen wird, ist allein am Verhalten der Vertragsparteien festzumachen, dem ein Rechtsbindungswillen zu entnehmen sein muß.

b) Fehlender Vertragswille

Für die Annahme einer rechtsverbindlichen Vertragserweiterung ist also danach zu fragen, ob in indirekter Anwendung der Definition des Art. 2 lit. a WVRK[929] - dieser gilt dem Wortlaut nach nur für schriftliche Übereinkünfte - bei allen beteiligten NATO-Partnern der Wille zur Erzeugung völkerrechtlicher Rechte und Pflichten erkennbar ist.[930] Ein solcher fehlt dann, wenn lediglich Absichtserklärungen abgegeben werden, in denen Staatsmänner in persönlicher Unterredung ihre Politik aufeinander abstimmen, ohne eine Verpflichtung eingehen zu wollen.[931] Da hinsichtlich der Vertragsänderung keine geringeren Anforderungen an den Rechtsbindungswillen gestellt werden dürfen als beim

---

927 "Auch die Beschlüsse des NATO-Außenministerrats und NATO-Ministerrats über die Einleitung der hier angegriffenen Maßnahmen sind nicht als konkludenter Vertrag der Mitgliedstaaten über die Erweiterung der Aufgaben der NATO zu werten. Sie haben ein tatsächliches Handeln zur Durchführung der Resolutionen Nrn. 713, 757 und 816 des Sicherheitsrats zum Gegenstand, nicht aber eine vertragliche Regelung mit Wirkung für zukünftige Fälle. Auch hieran wird erkennbar, daß ein vorgegebenes UN-Mandat erfüllt, nicht aber der NATO-Vertrag um neue Aufgaben erweitert werden sollte" (BVerfGE 90, 286, 371).

928 So aber BOTHE/MARTENCZUK, VN 1999, 125 (132).

929 Die Regeln über das Zustandekommen von Verträgen finden gemäß Art. 39 WVRK sinngemäß auch für die Änderung von Verträgen Anwendung.

930 Vgl. SCHWEITZER, Staatsrecht III, Rn. 109; GRAF VITZTHUM, in: DERS., Völkerrecht, I, Rn. 116; BERNHARDT, HStR VII, § 174 Rn. 2.

931 VERDROSS/SIMMA, Universelles Völkerrecht, § 545; GEIGER, Grundgesetz und Völkerrecht, § 14 I 3.

Vertragsabschluß,[932] müssen sich die Vertragsparteien auch bei Abänderung oder Ergänzung eines Vertrages über die für die Zukunft rechtlich bindende Wirkung ihrer Absprache einig sein.

Ein solcher übereinstimmender Wille aller Vertragspartner widerspricht im vorliegenden Fall dem konzeptionellen, noch nicht auf die endgültige Festlegung der künftigen Aufgaben abzielenden Charakter der Beschlüsse des Nordatlantikrats. Obwohl die Beschlüsse faktisch im Konsens getroffen wurden,[933] handelt es sich doch nur um die Bündelung des politischen Willens der Mitgliedstaaten für künftige Ereignisse, nicht aber um die endgültige Festschreibung eines Aufgabenprogramms.[934] Zwar ist in den offiziellen Verlautbarungen mehrfach von "neuen Aufgaben" die Rede, die die Allianz nunmehr zu bewältigen habe, doch können diese Erklärungen des maßgeblichen NATO-Organs nicht ohne einen entsprechenden Erklärungswillen der beteiligten Staaten mit vertraglichen Übereinkünften zwischen den Mitgliedstaaten der Organisation gleichgesetzt werden.[935] Daran ändert auch nichts, daß die neuen Aufgabenprogramme auf Gipfelkonferenzen der Staats- und Regierungschefs verabschiedet wurden, und nicht in erster Linie "nur" bei den Außenministertreffen. Denn auch dort kamen nicht die Organe der Mitgliedstaaten zusammen, sondern der NATO-Rat in besonderer Besetzung.[936] Während es sich nun bei der Erklärung eines Organs zunächst um einen nur einseitigen, förmlichen Akt zur Mitteilung einer Tatsache, Kundgabe einer Absicht oder Geltendmachung eines Rechts handelt,[937] setzt ein Vertrag die übereinstimmenden Willenserklärungen zweier oder mehrerer Völkerrechtssubjekte darüber voraus, daß einer zwischen ihnen getroffenen Vereinbarung völkerrechtliche Verbindlichkeit zukommen soll. Selbst wenn die Erklärungen das Ergebnis von Verhandlungen und Ausdruck einer gewissen Übereinstimmung zwischen den an ihrem Zustandekommen beteiligten Staaten darstellen,[938] bedeutet dies noch nicht automatisch die Begründung eines Vertragsverhältnisses; dies ist erst dann der Fall, wenn sich aus den

---

[932] Vgl. MARESCA, Il Diritto dei Trattati, S. 462, § 268.

[933] Vgl. NIEWERTH/REHR-ZIMMERMANN, HuV-I 1994, 186 (190); STEIN, ZaöRV 47 (1987), 95 (103).

[934] Ähnlich bereits das BVerfG in E 90, 286 (369f.).

[935] HILLGENBERG verneint den normativen Gehalt von Kommuniqués, da hier nur parallele Absichtserklärungen der beteiligten Regierungen abgegeben würden, deren politische Bedeutung darin bestehe, daß sie eine Gleichartigkeit der Absichten dokumentierten (in: ZEuS 1998, 81, 92).

[936] Insbesondere die Gipfeltagungen von Rom und Washington erfolgten im planmäßigen Turnus der Ratssitzungen. Daß die Regierungschefs eine besondere Autorität hinsichtlich ihrer Beschlüsse in Anspruch genommen hätten, ist nicht ersichtlich.

[937] LAGONI, in: WOLFRUM (Hg.), United Nations: Law, Policies and Practice, Vol. 2, S. 1081 (1081, Rn. 4).

[938] BOTHE, NYIL 11 (1980), 65 (69).

weiteren Umständen und insbesondere dem Wortlaut der betreffenden Erklärung ergibt, daß die Begründung einer völkerrechtlichen Verbindlichkeit beabsichtigt war.[939] Ohne einen korrespondierenden Willen der Mitgliedstaaten können die Organe einer Organisation den Umfang der Rechte und Pflichten der Organisation also nicht ändern, es sei denn, die Satzung der Organisation ließe dies ausdrücklich zu.[940]

Vor allem der ausdrückliche Vorbehalt, nur "von Fall zu Fall und in Übereinstimmung mit unseren eigenen Verfahren friedenserhaltende Operationen unter der Autorität des Sicherheitsrats zu unterstützen"[941] spricht dagegen, daß eine rechtliche Verbindlichkeit der neuen Friedenssicherungsfunktion auch für zukünftige Fälle angenommen wurde. Die bloße Erklärung der Absicht, in Zukunft bestimmte Handlungen vorzunehmen oder zu unterlassen, reicht zur Begründung einer neuen völkerrechtlichen Verpflichtung bzw. zur Erweiterung des Kompetenzrahmens nicht aus.[942] Da bisher keine Anzeichen dafür ersichtlich sind, daß sich die NATO-Vertragsstaaten verpflichtet fühlen, an militärischen Aktionen kollektiver Friedenssicherung teilzunehmen, muß eine entsprechende Erweiterung der Vertragspflichten verneint werden.[943] Der NATO-Vertrag enthält daher nach wie vor nur die Pflicht zur kollektiven Selbstverteidigung. Da die NATO-Partner sich selbst keine neuen Pflichten auferlegen wollten, kann auch der Wille hinsichtlich der Begründung neuer Handlungsbefugnisse der Organisation verneint werden: Nach dem oben Gesagten haben die Parteien nämlich übereinstimmend nur die Möglichkeit der Durchführung kollektiver Friedensmissionen im Einzelfall bejaht, wollten sich nicht aber nicht auf eine diesbezügliche Regel festlegen. Gegen die Absicht, den Handlungsrahmen der Organisation generell zu erweitern, spricht insbesondere, daß es sich bei der Durchführung von "Nicht-Artikel-5-Operationen" nicht um eine gesicherte, allseits akzeptierte und dauerhafte Praxis handelt, sondern sich die NATO-Partner diesbezüglich immer noch in einer Phase der Erprobung neuer Formen der Zusammenarbeit befinden, in der die Vermeidung einer völkervertraglichen Bindung mit Rücksicht auf noch nicht abgeschlossene und nicht genügend überschaubare politische Entwicklungen geradezu geboten erscheint.[944] Um gesichert von einer Organisationspraxis auf den Konsens der Vertragspar-

---

939 ENGEL, ICLQ 1967, 865 (910); WENGLER, JZ 1995, 21 (22f.), BOTHE, NYIL 11 (1980), 65 (69f.).

940 BIEBER, Verfahrensrecht von Verfassungsorganen, S. 65; FAßBENDER, ÖZöRV 37 (1986), 17 (33); MENG, Internationale Organisationen, S. 57.

941 Siehe z.B. Punkt 31 des neuen Strategischen Konzepts, in: Bull. der BReg. 1999, 221 (225).

942 WENGLER, JZ 1995, 21 (23); DERS., JZ 1976, 193 (196).

943 HOLSTEIN, Das Verhältnis des Sicherheitsrates, S. 191.

944 Vgl. BVerfGE 90, 286 (360).

teien schließen zu können, bedarf die Übung der Mitgliedstaaten der Konsistenz und Dauer. Zudem darf sie nicht auf den ausdrücklichen oder schlüssigen Widerstand eines der Mitgliedstaaten gestoßen sein.[945] Von einer derartigen, durch eine entsprechende Rechtsüberzeugung gestützten Organisationspraxis kann bei der NATO im Hinblick auf Einsätze vom "Typ Kosovo" noch keine Rede sein.

Damit kann festgehalten werden, daß hinsichtlich der Ergänzung des NATO-Vertrages um Befugnisse kollektiver Sicherheit ein Vertragsänderungswille zu verneinen ist. Hieran ändert auch das Argument nichts, gerade in binnengerichteten kollektiven Sicherheitsbündnissen sei immer dasjenige rechtens, was die Parteien im Verhältnis untereinander gerade für rechtmäßig halten. Zwar ist richtig, daß die Parteien "inter partes" stets selber entscheiden können, ob sie ein Vorgehen der Organisation akzeptieren wollen oder nicht. Nach allgemeinem Völkerrecht kommt es jedoch angesichts der lediglich begrenzten Zuständigkeit internationaler Organisationen entscheidend darauf an, ob ein Kompetenzübertragungsakt seitens der Mitgliedstaaten stattgefunden hat.[946] Da auch das erweiterte Verständnis des Sicherheitsbegriffs in der Präambel und in Art. 4 des NATO-Vertrages keine neuen Befugnisse schaffen kann,[947] fehlt eine Befugniserweiterung bisher.

Dem NATO-Vertrag mangelt es also weiterhin an einem Kompetenztitel zur Durchführung von Friedensoperationen. Damit handelt es sich bei der faktischen Durchführung neuer Aufgaben durch das Bündnis inhaltlich-materiell um ein Handeln außerhalb des Vertrages, ohne daß dies von den Parteien vertraglich gewollt und damit auf eine völkerrechtliche Grundlage gestellt worden ist.

Es bedarf noch der Untersuchung, ob die Entfaltung eines gewollten, aber nicht vertraglich geregelten Vertragsprogramms völkerrechtlich der Wortlautänderung des Vertrages bedarf, oder ob die Völkerrechtsordnung quasi unbegrenzte Wortlautauslegungen zuläßt.[948] Daran schließt sich die Frage an, ob für eine wortlautwidrige Vertragsentfaltung der deutsche Gesetzgeber nach Art. 59 II 1 GG erneut zu beteiligen ist, oder ob die Verfassungsrechtsordnung diese Entfaltung antizipativ mit umfaßt.[949]

---

945 Klein, in: Bieber/Ress (Hg.), Dynamik des Europäischen Gemeinschaftsrechts, S. 101 (105).

946 Siehe oben V. 6. sowie Holstein, Das Verhältnis des Sicherheitsrates, S. 180.

947 Wolfrum, ZaöRV 53 (1993), 576 (594).

948 Siehe zu den Möglichkeiten und Grenzen der Vertragsauslegung unten Kapitel 2.

949 Siehe dazu das 3. Kapitel.

C. Exkurs: Das Problem des "treaty override" bei Doppelbesteuerungsabkommen – ist ein Vertragsbruch nach Art. 59 II GG zustimmungsbedürftig?

Ein ähnliches Problem wie die wortlautwidrige Entfaltung des Vertragprogramms der NATO stellt das "treaty override" bei Doppelbesteuerungsabkommen dar. Hierunter versteht man ein Hinwegsetzten über den Wortlaut des Vertrages – nämlich des Doppelbesteuerungsabkommens - durch den nationalen Gesetzgeber. Dabei geht es im Gegensatz zum NATO-Vertrag nicht um die Fortentwicklung des Vertragsinhalts auf völkerrechtlicher Ebene, sondern um die Zurückdrängung der Wirkung eines völkerrechtlichen Vertrages auf nationaler Ebene, also um eine einseitige Abkommensverletzung.[950] Dies wirft die Frage auf, ob durch ein dem Vertrag nachfolgendes innerstaatliches Gesetz die Wirkung eines Doppelbesteuerungsabkommen (im folgenden: DBA) verändern kann, mit der Folge, daß auf diese Änderung Art. 59 II 1 GG ebenfalls Anwendung findet. Auch in diesem Fall wird ein Vertrag formlos inhaltlich (materiell) abgeändert, ohne daß ein entsprechender Rechtsänderungswille auf völkerrechtlicher Ebene erkennbar wäre. Obwohl diese "Abänderung" (besser: einseitige Derogation) nicht auf

zwischenstaatlicher Ebene, sondern auf nationaler Ebene erfolgt, entsteht hier ebenfalls das Problem, ob die "Überrollung" eines zwischenstaatlichen Abkommens durch nachfolgende tatsächliche oder rechtliche Praxis (letztere durch Gesetz) in der Völkerrechtsordnung anerkannt wird. Fraglich ist dann – in gleicher Weise wie beim NATO-Vertrag -, ob diese inhaltliche Abänderung des Vertrages zugleich auch gegen das Zustimmungsgesetz zum DBA gemäß Art. 59 II GG verstößt. Denn Zustimmungsgesetz und DBA bilden eine rechtliche Einheit in der Weise, daß mit der Verabschiedung des Zustimmungsgesetzes die innerstaatliche Vollzugssicherung gewährleistet und gleichzeitig eine Präjudizierung des Votums der Gesetzgebungsorgane verhindert werden soll.[951] Das Zustimmungsgesetz hat nämlich die wesentliche Funktion, sicherzustellen, daß dem Inhalt des Staatenabkommens - sofern es transformationsfähig ist, d.h. Rechte und Pflichten für den Bürger erzeugt -, im innerstaatlichen Bereich so Geltung verschafft wird, wie es von den Parteien verabschiedet wurde.[952] Da DBA völkerrechtliche Verträge sind, die auf die innerstaatliche Steuerrechts-

---

950 DEBATIN, DB 1993, 2159 (2159).

951 BVerfGE 1, 372 (390); STREINZ, in: SACHS, GG, Art. 59 Rn. 21.

952 MAUNZ, in: MAUNZ/DÜRIG, GG, Art. 59 Rn. 25f.

ordnung und somit auf den einzelnen Bürger einwirken, müssen sie gemäß Art. 59 II GG durch ein Vertragsgesetz (Zustimmungsgesetz) in innerstaatliches Recht umgesetzt werden, d.h. sie sind transformationsfähig und –bedürftig.[953] Umgekehrt hat das Vertragsgesetz auch die Wirkung, daß der deutsche Vertragspartner das DBA nur mit dem Inhalt völkerrechtlich verbindlich machen darf, wie ihn das parlamentarische Zustimmungsgesetz dazu ermächtigt hat. Aus verfassungsrechtlicher Sicht bedingen Staatenabkommen und Gesetz einander. Erst nach Erlaß des Zustimmungsgesetzes kann das DBA innerstaatlich verbindlich gemacht werden. Wird das Zustimmungsgesetz aufgehoben, entfällt zugleich die innerstaatliche Verbindlichkeit des DBA.[954] Die rechtliche Einheit wird auch darin deutlich, daß Gegenstand der Verfassungskontrolle nicht der völkerrechtliche Vertrag, sondern das Zustimmungsgesetz ist.[955] Deshalb kann der Gesetzgeber – abgesehen von der völkerrechtlichen Ungültigkeit einseitiger Vertragsänderungen - ein DBA nicht isoliert, also losgelöst vom Zustimmungsgesetz, ändern. Tut er dies doch, z.B. durch die Einschränkung des Geltungsbereichs einzelner seiner Bestimmungen, könnte dies den Anwendungsbereich des Art. 59 II GG insoweit auslösen, als der Gesetzgeber auch das Vertragsgesetz ändern müßte.

I. Wesen und Aufgabe von Doppelbesteuerungsabkommen

Bei DBA handelt es sich um zweiseitige völkerrechtliche Verträge zwischen Staaten, die in Anbetracht der Tatsache, daß das Völkerrecht kein Verbot der Doppelbesteuerung kennt,[956] zu ihrer Vermeidung Verzichte auf die Ausschöpfung ihrer aus der Staatssouveränität folgenden Steuererhebungskompetenz enthalten.[957] Während das innerstaatliche Recht das “Ob” und “Wie” der Steuerpflicht bestimmt, regeln die DBA die zwischenstaatliche Besteuerungsrechtszuordnung, d.h. die Frage, welchem Staat das Steueraufkommen bei doppelter Steuerpflichtigkeit konkret zufallen soll. Früher wurden DBA unter Anlehnung an international-privatrechtliche Vorstellungen als Kollisionsnormen gesehen, die darüber zu entscheiden hätten, welche nationale Sachnorm im Einzelfall Anwendung finden soll.[958] Dies ist jedoch nicht Regelungsgegenstand der DBA. Anders als im internationalen Privatrecht wird in den DBA von zwei konkurrie-

---

[953] BVerfGE 1, 396 (410); DEBATIN, DStR Beihefter 1992/23, 1 (5).
[954] ZULEEG, in: AK-GG, Art. 59 Rn. 23.
[955] St. Rspr. seit BVerfGE 1, 396 (410).
[956] VOGEL, DBA, Kommentar, 3. Aufl., Einl. Rn. 8.
[957] DEBATIN, DStR Beihefter 1992/23, 1 (3).
[958] Vgl. MÖSSNER, ÖZöR 25 (1974), 255ff.

renden Rechts(Steuer-)Ordnungen nicht eine für maßgebend erklärt. Vielmehr gehen die Abkommen von dem Steuerrecht des einen wie anderen Vertragsstaats aus und setzen den daraus fließenden Steueransprüchen Schranken.[959] Die in den DBA verankerten Verzichte auf die Ausschöpfung staatlicher Steuerberechtigung wirken durch ihre Umsetzung in innerstaatliche Verbindlichkeit folglich als Begrenzungen der bestehenden oder denkbaren Steueransprüche aus dem jeweiligen innerstaatlichen Recht. Das Recht, Steuern zu erheben, wird nicht erst durch ein DBA verliehen, sondern ist bereits mit der Souveränität untrennbar verbunden.[960] Aus diesem Grund ist die Bezeichnung "Kollisionsnorm" zur Kennzeichnung der Rechtsnatur der DBA unpassend, denn die Abkommen regeln nicht die Anwendung von zwei konkurrierenden Steuerrechtsordnungen im Einzelfall oder gar die "Erlaubnis" oder "Ermächtigung" zur Erhebung von Steuern. Da die Steuergüter den Vertragsstaaten schon kraft ihrer originären Besteuerungskompetenz zustehen, ist auch der Begriff "Zuteilungs- oder Verteilungsnorm"[961] nicht ganz zutreffend. Zwar folgt aus der Zuteilung des Steueraufkommens zu dem einen der Verzicht des anderen Staates, doch ist wegen der im Vordergrund stehenden Verzichtswirkung die Bezeichnung "Verzichtsnorm" treffender.[962] DBA regeln also die Aufteilung der Steuertatbestände unter den Vertragsstaaten durch Zurücknahme des innerstaatlichen materiellen Steuerrechts für den Bereich, in dem Überschneidungen zu erwarten sind.[963]

II. Nationale Gesetzgebungsakte als "treaty override"

Erläßt der Gesetzgeber einseitig Vorschriften im innerstaatlichen Steuerrecht, die zu einem bestehenden Abkommen im Widerspruch stehen, ohne daß das Abkommen einvernehmlich geändert oder gekündigt worden wäre, so verletzt er dadurch das Völkerrecht. Dies folgt aus dem Umstand, daß Verträge regelmäßig das Ergebnis eines Kompromisses sind, und daher die einseitige Abänderung durch einen Vertragspartner, etwa im Wege innerstaatlicher Gesetzgebung, gegen das Konsensprinzip verstößt. Für derartige vertragswidrige Gesetzgebungsakte hat sich der Begriff "Treaty Override" eingebürgert. Der Steuerausschuss der OECD definiert diesen Begriff als "the enactment of domestic legislation intended by the legislature to have effects in clear contradiction to interna-

---

959 DEBATIN, DStR Beihefter 1992/23, 1 (2).

960 MÖSSNER, FS SEIDL-HOHENVELDERN, S. 403 (414); DERS., International Taxation, in: EPIL, Vol. 8.

961 So noch VOGEL, DBA, Kommentar, 1. Aufl., Einl. Rn. 24.

962 DEBATIN, DStR Beihefter 1992/23, 1 (2); DERS., DB 1985, Beilage Nr. 23, S. 2.

963 VOGEL, DBA, Kommentar, 3. Aufl., Einl. Rn. 45c.

tional treaty obligations".[964] Einen "harmlosen" *treaty override*, der noch unterhalb der Schwelle der Völkerrechtswidrigkeit bleibt,[965] gibt es nach dieser Definition nicht. Demnach stellt jede innerstaatliche Regelung, die dem Inhalt des DBA widerspricht, ohne daß der andere Vertragspartner ausdrücklich oder konkludent der Modifizierung des Abkommens zustimmt, die Verletzung einer völkerrechtlichen Verpflichtung dar.[966] Ein solcher Widerspruch kann schon dann angenommen werden, wenn ein Gesetz einer langjährigen und bisher unstreitigen Interpretation eines Abkommens zuwiderläuft und nach seinem Regelungszweck auch gerade das vorhergehende (Zustimmungs)Gesetz abändern will.[967] Wegen der bereits erläuterten rechtlichen Einheit zwischen DBA und Zustimmungsgesetz würde diese völkerrechtswidrige einseitige Abänderung zugleich auch stillschweigend „auf kaltem Wege" das ursprüngliche Zustimmungsgesetz ändern und die zunächst erteilte ursprünglich vorbehaltlose Zustimmung nachträglich wieder einschränken.[968]

Teilweise wird nun angenommen, daß durch die einseitige Abweichung vom Vertragsinhalt der Anwendungsbereich des Art. 59 II GG betroffen werde, da das Verhalten des vertragswidrigen Teils als einseitige Modifikation des Vertrages aufzufassen sei, nämlich als nachträgliche Einschränkung einer erteilten Zustimmung.[969] Die Vorschrift liefe leer, wenn die Verpflichtung zur Transformation nicht auch unter dem Erfordernis der erneuten Beteiligung des Gesetzgebers im Falle einer nachträglichen Änderung stände. Denn der Gesetzgeber könnte seine verfassungsrechtliche Verpflichtung, einem DBA im ganzen zuzustimmen oder es im ganzen abzulehnen, unterlaufen, indem er dem DBA zunächst vorbehaltlos zustimmt und tags darauf dessen Anwendungsbereich und damit den seines Zustimmungsgesetzes einschränkt. Es gelte also nicht nur bei Erlaß des Zustimmungsgesetzes, sondern auch zeitlich danach das "Alles-oder-nichts-Prinzip".

Diese extensive Anwendung des Art. 59 II GG auf die einseitige vertragswidrige Praxis einer Vertragspartei ist allerdings vor dem Hintergrund zweifelhaft, daß es sich hierbei gerade nicht um eine Vertragsänderung im völkerrechtlichen Sinne handelt, sondern um einen einseitigen Vertragsbruch. Dieser ist verfassungsrechtlich durch die "lex posterior derogat legi priori"-Regel legitimiert. Innerstaatlich ist der Gesetzgeber zu keinem Zeitpunkt gehindert, eine dem

---

964 *OECD Committee on Fiscal Affairs*, Tax Treaty Override, 1989, Nr. 5.

965 BARTLETT, British Tax Review 1991, 76 (83f.).

966 VOGEL, DBA, Kommentar, Einl. Rn. 133. Vgl. allgemein zur Qualifizierung eines Verstoßes gegen völkervertragliche Regel als völkerrechtliches Delikt V. MÜNCH, Völkerrecht, S. 221; SCHRÖDER, in: GRAF VITZTHUM, Völkerrecht, VI, Rn. 11.

967 VOGEL, DBA, Kommentar, Einl. Rn. 130, 135.

968 DEBATIN, DB 1993, 2159 (2163); WOHLSCHLEGEL, FR 1993, 48 (49).

969 WOHLSCHLEGEL, FR 1993, 48 (49).

DBA widersprechende Rechtslage herbeizuführen; der Regelungszweck des Art. 59 II 1 GG, eine innerstaatliche Präjudizierung des Gesetzgebers zu vermeiden, wird gerade nicht ausgelöst.

Andererseits spricht jedoch auch einiges dafür, daß die Ratio des Art. 59 II GG das DBA als völkerrechtlichen Vertrag im ganzen schützen und vor einer späteren Änderung durch ein anderes Gesetz bewahren möchte. Man könnte argumentieren, daß die „Alles-oder-nichts-Regel" des Art. 59 II GG die rechtliche Einheit von Zustimmungsgesetz und DBA schützen soll und letzteres damit vor einem inhaltlichen Änderungsgesetz, das den Geltungsbereich des DBA und damit den des Zustimmungsgesetzes einschränkt.

Daher liegt es nahe, einen Verstoß gegen Art. 59 II GG anzunehmen, wenn durch nachträgliches gesetzgeberisches Handeln der Inhalt des DBA (völkerrechtswidrig) abgeändert wird.

D. Die dynamische Auslegung der EMRK als weiteres Beispiel einer „Vertragsevolution"

Neben Organisationsstatuten internationaler Organisationen taucht auch bei der Anwendung der EMRK als „normalem" multilateralen Vertrag bisweilen die Frage auf, ob einzelne Bestimmungen über den Wortlaut der Konvention hinaus zu extensiv ausgelegt werden und dadurch das ursprüngliche Zustimmungsgesetz zu dieser Konvention übergangen wird.

Als problematisch angesehen wird der Umstand, daß die Europäische Kommission für Menschenrechte und der Europäische Gerichtshof für Menschenrechte in einer Reihe von Entscheidungen zu dem Ergebnis gekommen sind, daß die Rechte und Freiheiten der EMRK neben Abwehransprüchen auch Ansprüche auf staatliches Tätigwerden bzw. staatlichen Schutz begründen.[970] Bereits im Jahre 1979 hat der EGMR die Existenz von positiven, über die bloße Nichtverletzung hinausgehenden Schutzpflichten bejaht, die zu der tatsächlichen Achtung der Rechte als immanente Pflichten hinzutreten.[971]

Insbesondere relevant geworden ist diese extensive Auslegung bei der Behandlung von Art. 3 EMRK, der die Mitgliedstaaten verpflichtet, niemanden der Folter oder unmenschlicher oder erniedrigender Strafe oder Behandlung zu unterwerfen. Würde man die Rechtsprechung der Konventionsorgane zu den posi-

[970] Eine Übersicht hierüber findet sich bei BLECKMANN, in: FS BERNHARDT, S. 309 (314ff.).

[971] *Marckx v. Belgien*, EuGRZ 1979, 454 (455).

tiven Schutzpflichten der Staaten auch im Bereich des Art. 3 EMRK anwenden, könnte dies dazu führen, daß diese Vorschrift auch vor Abschiebungen in solche Staaten schützt, in denen Mißhandlungen – gleichgültig von welcher Seite – drohen. Das BVerwG hat die Herleitung eines solchen *refoulement*-Verbots aus Art. 3 EMRK mit dem Hinweis abgelehnt, diese Vorschrift schütze vor Folter und unmenschlicher Behandlung durch die staatliche Gewalt der einzelnen Vertragsstaaten.[972] Die Ausweisung und Abschiebung in das jeweilige Herkunftsland des Ausländers selbst stellten weder Folter noch unmenschliche Behandlung dar, da zu den in der EMRK garantierten Rechten weder das Asylrecht noch das Recht zählt, in einem Land zu wohnen, dessen Staatsangehörigkeit man nicht besitzt. Demgegenüber haben sowohl die Kommission[973] als auch der EGMR[974] dem Art. 3 EMRK auch eine Pflicht zum Abschiebungsschutz entnommen, wenn ein Ausländer in dem Empfangsstaat einer unmenschlichen Behandlung ausgesetzt zu werden droht. Dadurch erweitert der Gerichtshof die Freiheiten und Rechte der EMRK um das *refoulement*-Verbot und bejaht eine positive Schutzpflicht des Vertragsstaates auch hinsichtlich der Behandlung der auf seinem Staatsgebet befindlichen Personen im Ausland. Zu diesem Ergebnis kann der EGMR nur im Wege einer "dynamischen Auslegung" des Art. 3 EMRK gelangt sein, denn vom Wortlaut her bezieht sich diese Vorschrift ausdrücklich nur auf die Behandlung innerhalb des Vertragsstaates.[975] In diesem Sinne hat der Gerichtshof wiederholt betont, daß die Vorschriften der EMRK nicht so eng ausgelegt werden dürften, daß sie dem Zweck der Konvention nicht mehr gerecht würden. Bei der Konvention handele es sich vielmehr um ein "living instrument"[976], das – unabhängig von den jeweiligen Zeitumständen – Rechte garantiere, die nicht nur theoretisch oder illusorisch, sondern praktisch wirksam und effektiv sein müßten.[977] Dieses Verständnis von der Interpretation der EMRK entspricht der bereits erörterten Lehre vom *effet utile*, wonach derjenigen Auslegung eines Vertragstextes der Vorzug gebührt, durch die der erkennbare Zweck des Vertrages am besten erreicht wird.[978]

Allerdings ist diese "dynamische Auslegung" des EGMR auch in der Literatur auf Kritik gestoßen. Bei der Auslegung des Art. 3 EMRK im Sinne eines

---

972 BVerwG, DVBl. 1997, 1384 (1386). Zu dem Konflikt zwischen BVerwG und EGMR und der neueren Rspr. siehe FROWEIN, NVwZ 2002, 29 (32f.).

973 *Altun v. Deutschland* (1983), Decisions and Reports 36, 209; *Mansi v. Schweden* (1989), Decisions and Reports 64, 242.

974 Soering v. Vereinigtes Königreich (1989), EuGRZ 1989, 314; Cruz Varas v. Schweden (1991), EuGRZ 1991, 203; Ahmed v. Österreich, NVwZ 1997, 1100.

975 BUß, DÖV 1998, 323 (328).

976 Tyrer v. Vereinigtes Königreich, EuGRZ 1979, 162 (164).

977 *Airey v. Irland*, EuGRZ 1979, 626 (628).

978 BERNHARDT, Auslegung, S. 96 sowie 1. Kapitel, B. VI. 2.

Abschiebeverbots sei, so eine verbreitete Ansicht, das Auslegungsmittel des *effet utile* zu weit ausgedehnt worden: Da der *effet utile* seine Grenze dort finde, wo die Auslegung über die Vereinbarung der Vertragsstaaten hinausgeht,[979] betreffe die EMRK nach dem im Wortlaut des Art. 3 EMRK zum Ausdruck gekommenen Parteiwillen nur Freiheiten und Rechte im Verhältnis zur staatlichen Gewalt der jeweiligen Vertragsstaaten. Für die Annahme, daß die Vertragsstaaten zusätzlich die Verpflichtung eingehen wollten, die ihrer Herrschaftsgewalt unterworfenen Personen auch vor menschenrechtswidrigen Behandlungen im Ausland zu schützen, beständen überhaupt keine Anhaltspunkte.[980] Hätte ein solcher Bindungswille bestanden, so die Kritiker des EGMR, hätten die Vertragspartner ohne große Mühe eine dem Art. 3 UN-Folterkonvention vergleichbare Regelung treffen können, die das *refoulement*-Verbot ausdrücklich beinhaltet hätte. Das richterliche Konventionsorgan habe daher bei seiner Auslegung des Art. 3 EMRK ersichtlich den Boden des Vertragstextes verlassen und den Vertrag nicht nur lediglich "dynamisch" ausgelegt, sondern neue, vom Willen der Vertragsstaaten nicht gedeckte Verpflichtungen hinzugefügt.

Das BVerwG demgegenüber hat bei der Auslegung des Art. 3 EMRK die Grenze zwischen zulässiger Entwicklung des Vertragsrahmens und außervertraglicher Überdehnung des Wortlauts an dem Rechtsbindungswillen der Vertragsstaaten festgemacht. Es sei "nicht Aufgabe der Rechtsprechung, die Grenzen der Aufnahmefähigkeit und Aufnahmewilligkeit der Vertragsstaaten durch eine rechtsschöpferische Auslegung der Konventionsbestimmungen weiter auszudehnen und dadurch die auch als Verfassungsentscheidung geschützte Souveränität des nationalen Gesetzgebers [...] und des Verfassungsgesetzgebers außer acht zu lassen".[981] Eine Auslegung des Art. 3 EMRK, wonach auch ein Abschiebungshindernis besteht, wenn im Empfangsstaat eine unmenschliche Behandlung (durch nicht-staatliche) Stellen droht, käme im Ergebnis der Gewährung eines allgemeinen Flüchtlingsschutzes nahe. Es gäbe aber "keine Anhaltspunkte dafür, daß sich die Vertragsstaaten der Europäischen Menschenrechtskonvention in einem derart weitgehenden und unübersehbaren Ausmaß ihrer souveränen ausländerpolitischen Handlungsfreiheit begeben und zusätzlich internationaler Kontrolle durch die Organe der Konvention unterworfen werden wollten und wollen".[982]

Vom Ansatz her folgt das BVerwG damit der Entscheidung des BVerfG im Maastricht-Urteil, wo dieses die Organe einer inter- oder supranationalen Organisation für nicht befugt angesehen hat, im Wege einer rechtsschöpferischen

---

979 BERNHARDT, Auslegung, S. 96.

980 MAAßEN, Die Rechtsstellung des Asylbewerbers, S. 128; BUß, DÖV 1998, 323 (328).

981 BVerwG, DVBl. 1997, 1384 (1387).

982 BVerwG, DVBl. 1997, 1384 (1386).

Fortentwicklung von Vertragsinhalten sich so weit von einer völkerrechtlichen Vereinbarung zu entfernen, daß dies einer von den Vertragsparteien nicht legitimierten Vertragserweiterung gleichkommt.[983] In beiden Entscheidungen wird die Grenze zwischen "dynamischer" Auslegung und eigenmächtiger Vertragserweiterung dann als überschritten angesehen, wenn sich die Auslegung (durch nationale oder internationale Organe) so weit vom Vertragstext löst, daß sie nicht mehr Ausdruck des souveränen Willens der Vertragsschöpfer ist, sondern eine selbständige rechtsschöpferische Vertragsfortbildung darstellt.[984]

Bei der Behandlung der Frage, wie weit sich eine der Vertragspraxis folgende Interpretation vom Wortlaut eines Vertrages entfernen darf, gilt es stets zu beachten, daß die Grenzen zwischen eigentlicher Vertragsinterpretation und Vertragsmodifizierung fließend sind.[985] Durch das Abstellen sowohl auf den Wortlaut des Vertrages wie auf die notwendige Legitimation seitens der Vertragsparteien erkennen beide Gerichte objektive und subjektive Grenzen der Vertragsauslegung an: Der Vertragstext ist Ausdruck der Willensentscheidung und damit der Vereinbarung der Parteien. Dieser Ansatz könnte dafür sprechen, eine Vertragsfortbildung bzw. –entfaltung nur dann zuzulassen, wenn sich ein entsprechender Fortbildungswille im Vertragswortlaut niederschlägt.

---

[983] BVerfGE 89, 155 (210).
[984] BUß, DÖV 1998, 323 (330).
[985] MÜLLER, Vertrauensschutz, S. 176.

2. Kapitel: Die dynamische Auslegung völkerrechtlicher Verträge

Nachdem erörtert worden ist, daß weder der Wortlaut, die Systematik noch die Teleologie des NATO-Vertrages die Durchführung von Maßnahmen kollektiver Sicherheit erlauben, und auch eine diesbezügliche Vertragsänderung nicht erfolgt ist, muß nunmehr der Frage nachgegangen werden, ob eine einvernehmliche nachträgliche Vertragspraxis – wie etwa die wiederholte Durchführung friedensschaffender Militäraktionen – als Auslegungsmittel im Sinne von Art. 31 III lit. b WVRK auch inhaltliche Vertragserweiterungen abdeckt. Problematisch ist hierbei insbesondere, ob der Vertragswortlaut die äußerste Grenze der Auslegung darstellt.

A. Authentische Vertragsauslegung als Instrument der Vertragsänderung?

Die oben[1] gemachte Feststellung, Auslegung sei Feststellung des Vertragsinhalts für den konkreten Fall ohne Verbindlichkeitsanspruch, wohingegen Vertragsänderung die Neufestlegung des Inhalts mit Bindungswirkung für die Zukunft sei, muß relativiert werden. Diese Abgrenzung erweist sich nämlich als schwierig, wenn die Parteien inhaltlich vom Vertrag abweichende spätere Auslegungsvereinbarungen treffen oder durch eine einheitliche schlichte Vertragspraxis den klaren Wortlaut ignorieren. Hierdurch können die Parteien zu erkennen geben, daß sie sich entweder nicht mehr an den Vertrag zu halten gedenken oder diesen nunmehr im Sinne ihres abweichenden Verhaltens verstehen. Im ersten Fall verlassen die Kontrahenten bewußt den Rahmen des bisherigen Vertrages, so daß von einer Vertragsänderung bzw. einer -beendigung und einem Neuabschluß auszugehen ist. Fraglich ist aber, wie ein vertragswidriges Handeln im Rahmen des unveränderten Vertrages einzuordnen ist. Hier stellt sich

---

[1] 1. Kapitel, II. 1.

dann das Problem der "Vertragsidentität": können die Parteien als Herren der Verträge jedes einstimmige Verhalten unter den Vertrag fallen lassen, oder setzt ein objektives wortlautgebundenes Vertragskonzept Grenzen, bei deren Über schreiten der Vertrag verletzt wird? Grundsätzlich gilt zwar, daß die Frage nach der Grenze zwischen Auslegung und Änderung sich nie eindeutig beantworten lassen wird.[1] Ebenso richtig ist auch, daß die Vertragspartner, wenn sie sich in der Sache einig sind, keinen Anlass haben, eingehend nach dieser Grenze zu suchen.[2] Entscheidend bei der Einordnung einer wortlautwidrigen Vertragspraxis ist aber nicht die – kaum zu ermittelnde – Trennlinie zwischen Anwendung und Änderung,[3] sondern die Feststellung der Grenze, wo eine Vertragspraxis eben nicht mehr Auslegung im Sinne der "Erhellung des Vertragssinns" ist, sondern eine Eigendynamik entwickelt, die den Vertrag aus dem bisherigen Rahmen herauslöst und "auf Räder setzt". Fraglich ist, ob die NATO-Partner mit der Durchführung von vertragswortlautwidrigen Maßnahmen tatsächlich noch Exegese im Sinne der anerkannten Auslegungsregeln betreiben, oder sich schon im Grauzonenbereich zwischen (nicht gewollter) Vertragsänderung und änderungsbedürftiger Vertragsfortbildung befinden. Dabei ist letztlich unerheblich, ob die neue Praxis als nicht rechtserhebliche Verhaltensweise „praeter contractu" offiziell quasi gar nicht mit rechtlichen Kategorien gewürdigt wird, oder aber als inhärente Vertragsaufgabe in den bisherigen Vertragsrahmen hineingelesen wird. In beiden Fällen muß sich die Praxis der Parteien an der Zielsetzung der Auslegung messen lassen, wobei sich letztere auf das der Praxis zugrunde gelegte Vertragswerk bezieht. Wie bereits gesehen, bezweckt die "Auslegung" die Erkenntnis des Vertragsinhalts im Einzelfall und ist prinzipiell begrenzt durch den Wortlaut, die Ziele und den Kontext des Vertrages. Ihr Leitbild ist die Identität des Vertrages.[4] Sie ist eingebunden in den Kanon der anerkannten Auslegungsmethoden. Ein Verhalten innerhalb des Vertragsrahmens, das sich in die anerkannten Auslegungsprinzipien nicht einordnet – ganz gleich, welche Begründung hierfür gegeben wird -, kann daher grundsätzlich keine Auslegung mehr sein.

Diese klaren Erkennungsmerkmale verlieren allerdings im Rahmen der sog. *authentischen Auslegung* erheblich an Bedeutung bzw. machen eine Abgren-

---

[1] RESS, in: BIEBER/RESS, S. 61; KARL, Vertrag und spätere Praxis, S. 45f.: "Veränderungen der Vertragsnorm vollziehen sich auch dadurch, daß Abweichungen sich als Auslegung tarnen und unwidersprochen hingenommen werden".

[2] BERNHARDT, Auslegung, S. 44.

[3] Wie oben gezeigt, wollten die NATO Parteien keine Änderung oder Ergänzung des Vertrages, sondern eine Entwicklung des vorausgesetzten Aufgabenprogramms im Rahmen des existierenden Vertrages.

[4] RESS, in: BIEBER/RESS, S. 62.

zung zwischen Auslegung und Änderung zweifelhaft. Zu untersuchen ist, ob eine wortlautwidrige Praxis noch unter die "authentische *Auslegung*" fällt.

B. Die authentische Auslegung im allgemeinen

I. Der Charakter verbindlicher Auslegungen

Einen besonderen Platz in der Auslegung nimmt die *authentische Auslegung* ein. Darunter versteht man die förmliche und ausdrückliche Feststellung des Vertragsinhalts durch die Vertragsparteien selbst nach dem bekannten Grundsatz: *Eius est interpretare legem cuius condere.*[5] Die Vertragsparteien haben den Vertrag abgeschlossen, und es wird vermutet, daß sie am ehesten in der Lage sind, seinen Sinn zu erläutern und zu präzisieren. Stellen sie die Vertragsbedeutung übereinstimmend fest, z.B. durch Auslegungsvertrag oder übereinstimmende Auslegungserklärungen, so besitzt diese Auslegung wegen der Vertragshoheit der Parteien denselben Rang und dieselbe Bindungswirkung wie die ausgelegte Vertragsbestimmung.[6] Authentische Auslegungen beanspruchen somit potentiell denselben Geltungsanspruch und Generalitätsrang wie der Vertrag selber.[7] Eben wegen dieser Gleichrangigkeit mit dem Vertrag und ihrer Bindewirkung für die Zukunft[8] soll sie nach Auffassung BERNHARDTS nicht unter die Rubrik "Auslegung" fallen;[9] diese beschränke sich nur auf den Einzelfall, und könne nicht für künftige Anwendungsfälle bindend sein.

Die wohl h.M. sieht in der authentischen Auslegung trotz ihres autoritativen Charakters jedoch eine Auslegungsmethode, die nicht die generelle Umgestaltung der Rechte und Pflichten der Vertragsparteien zum Ziel habe (wie dies für Vertragänderungen typisch ist), sondern den bestehenden Vertrags*inhalt* verbindlich klarstelle.[10] Allerdings besteht wegen der Gleichheit der Wirkung von authentischer Auslegung und Änderung ein fließender Übergang zwischen beiden – auch die authentische Auslegung hat wegen ihrer bindenden Festlegung

---

5 StIGH, PCIJ Ser. B No. 8, S. 37 (Jaworzina-Gutachten, 1923).

6 KARL, Vertrag und spätere Praxis, S. 40, RESS, in: BIEBER/RESS, S. 64f.

7 DE VISSCHER, Problèmes d'interprétation, S. 20f.

8 KARL, in: SCHREUER, Autorität und internationale Ordnung, S. 11; MÜTZELBURG/KARL, in: SIMMA, ChVN, Art. 108 Rn. 3, sprechen von "bindender" Auslegung.

9 BERNHARDT, Auslegung, S. 44f.

10 KARL, Vertrag und spätere Praxis, S. 41; DAHM, Völkerrecht III, S. 45f.; RESS, in: BIEBER/RESS, S. 64f.

insofern eine mögliche Änderung des Vertragsinhalts zur Folge, als sie andere Interpretationsmöglichkeiten ausschließt. Eine Absicht der Parteien kann hierbei sein, den ursprünglichen Vertragswillen aufzuzeigen und hierüber zu *informieren.*[11] Doch kann damit auch eine objektive Vertragsänderung gemeint sein: Indem man den historischen Vertragswillen verbindlich setzt, ändert man unter Umständen den Sinn, der dem Vertrag in gewöhnlicher Auslegung zuzulegen wäre. Besonders deutlich wird dieser vertragsändernde Charakter, wenn bei an sich klarem Vertragswortlaut kein praktischer Anlass zu authentischer Auslegung bestünde; hier fühlen sich die Vertragsparteien nicht an ihre historische Vertragsabsicht gebunden, sondern wollen schlicht die Anpassung des Vertrags an ihre gegenwärtigen Absichten und an neue oder neu erkannte Bedürfnisse erreichen.[12] Dadurch wird der Vertrag gewissermaßen einem neuen, anderen Parteiwillen angeglichen.[13]

Trotz der fließenden Übergänge bleibt zwischen authentischer Auslegung und Änderung ein konzeptueller Unterschied bestehen.[14] Die Auslegung ist in irgendeiner Weise durch die Gegebenheiten des Vertrags gebunden und daher zumindest wahlweise dem vertraglichen Wortlaut, der historischen Vertragsabsicht oder der Teleologie des Vertrags verpflichtet. Nur wenn keiner dieser Anknüpfungspunkte gegeben ist, hätte man es nicht mehr mit (authentischer) Auslegung, sondern mit Vertragsänderung zu tun. Da beide Institute auf ein und derselben Kompetenz der Vertragspartner zur Schaffung, Auslegung und Änderung des Rechts beruhen, ist es im Ergebnis im Hinblick auf die faktische Rechtslage auch gleichgültig, ob die Vertragsparteien einen Vertrag tatsächlich authentisch interpretieren oder ändern.[15] Allerdings wird es in der Praxis regelmäßig einfacher sein, an den Erklärungen der Parteien und den in Gang kommenden innerstaatlichen Ratifizierungsverfahren eine Vertragsänderung auszumachen als eine vertragsändernde authentische Praxis, die nur in den seltensten Fällen von rechtserheblichen Verlautbarungen begleitet sein wird.

---

[11] SCHWARZENBERGER, in: AGRAWALA (Hg.), Essays on the Law of Treaties, S. 79f.

[12] YASSEEN, RdC 151 (1976 III), 1 (45f.). Dieses Merkmal unterscheidet die authentische Auslegung von der herkömmlichen Interpretation: bei jener steht die *Erkenntnis des Vertragsinhalts* im Vordergrund, was sie primär zu einer *Wissens*erklärung macht, wohingegen erstere zum einem guten Teil auch *Willens*erklärung ist. Vgl. VOICU, De l'interprétation authentique, S. 100f.

[13] DE VISSCHER, Problèmes d'interprétation, S. 123.

[14] Die ILC betont in ihrem Kommentar zu Art. 38 ILC-Draft beide Merkmale authentischer Interpretation: Zwar fließender Übergang zur Vertragsänderung, aber dennoch konzeptioneller Unterschied, YBILC 1966 II, 236, § 1.

[15] HARASZTI, Some fundamental problems, S. 46 ; VOICU, De l'interprétation authentique, S. 87f. ; KARL, Vertrag und spätere Praxis, S. 44.

II. Die authentischen Auslegungsmittel des Art. 31 III WVRK

Als authentische Auslegungsmittel, die den Inhalt eines Vertrages nach dem Willen der Parteien verbindlich zum Ausdruck bringen können, werden allgemein die Instrumente des Art. 31 III WVRK anerkannt.[16] Danach müssen bei der Auslegung *neben* dem Zusammenhang in gleicher Weise berücksichtigt werden:

a) jede spätere Übereinkunft zwischen den Vertragsparteien über die Auslegung des Vertrages oder die Anwendung seiner Bestimmungen,

b) jede spätere Praxis bei der Anwendung des Vertrages, aus der die Übereinstimmung der Vertragsparteien über seine Auslegung hervorgeht, und

c) alle auf den Vertragsgegenstand anwendbaren Normen des Völkerrechts.

Eine authentische Auslegung kann also nicht nur durch förmliche und ausdrückliche Feststellung des Vertragsinhalts durch die Vertragsparteien erfolgen, sondern auch stillschweigend der Vertragspraxis entnommen werden. Die etwas unglückliche Formulierung "*neben* dem Zusammenhang" sollte - wie schon die gesamte Systematik des Art. 31 WVRK - keine Rangordnung und damit eine hierarchische Benachteiligung eines der dort genannten Auslegungsmittel gegenüber einem anderen andeuten.[17] Die Nennung der "späteren Übereinkünfte" und der späteren Praxis als gleichberechtigte Instrumente, bedeutet, daß die WVRK das spätere Parteiverhalten nicht nur berücksichtigen *kann*, sondern geradezu für geboten hält.

Lediglich Thailand hat auf der Wiener Staatenkonferenz der Bedeutung der *subsequent practice* als eigenständigem Auslegungsfaktor widersprochen, und ihr eine Hilfsfunktion nur bei der Auslegung mehrdeutiger Begriffe zuerkannt. Der ILC-Sonderberichterstatter und ihm folgend die Kommission haben den Wert der nachträglichen Auslegungsübereinkünfte und der späteren Vertragspraxis jedoch deutlich herausgestellt. Beide seien Elemente der authentischen Interpretation und müßten zusammen mit dem Kontext eines Vertrages gesehen werden. Ebenso wie der Vertragstext und die sonstigen Vertragsbestandteile gäben sie als integrale Bestandteile des Vertrages einen objektiven Hinweis auf das Verständnis der Parteien, wie der Vertrag auszulegen sei, und müßten daher "in den Vertrag hineingelesen" werden.[18]

---

[16] Sonderberichterstatter WALDOCK, zitiert in: WETZEL/RAUSCHNING, Materialien, S. 247, § 18; IPSEN, Völkerrecht, § 11 Rn. 2.

[17] RESS, in: BIEBER/RESS, S. 54; BERNHARDT, Auslegung, S. 20f.

[18] YBILC 1966 II, 218 (221, §§ 14f.); Berichterstatter WALDOCK, zitiert in: WETZEL/RAUSCHNING, Materialien, S. 244, § 6.

Sowohl die nachträglichen Auslegungsübereinkünfte als auch die spätere Praxis sollten ursprünglich in einem Term zusammengefaßt werden, und als "other evidence and indication of the intentions of the parties" als Teil des Vertragskontexts behandelt werden.[19] Die Kommission entschied sich dann aber aus praktischen Erwägungen dafür, zwischen beiden Elementen zu differenzieren und ihnen darüber hinaus als selbständiges Auslegungsmittel "späteres Parteiverhalten" einen eigenen Platz im Kanon der Auslegungsmittel zuzuweisen.[20] Beide gehören aber als verbindliche Auslegungsmittel eng zusammen und stehen rangmäßig auf einer Stufe mit dem "Zusammenhang" in Art. 31 II WVRK.[21]

III. Die neuen Strategischen Konzepte der NATO als nachträgliche Auslegungsvereinbarung?

Fraglich ist, ob die auf den NATO-Gipfelkonferenzen in Rom 1991 und Washington 1999 beschlossenen neuen Aufgaben der NATO als "spätere Übereinkunft zwischen den Vertragsparteien über die Auslegung des Vertrags oder die Anwendung seiner Bestimmungen" (Art. 31 III lit. a WVRK) angesehen werden können. Die "spätere" Übereinkunft ist zeitlich und inhaltlich von der vertragsbezogenen Vereinbarung "anläßlich des Vertragsabschlusses" zu unterscheiden. Sie meint solche Abkommen, die nach Inkrafttreten des Vertrags während der Vertragsanwendung geschlossen wurden, also gewissermaßen zur Bereinigung von Auslegungsproblemen in der Vertragsabwicklung. Demgegenüber werden die Übereinkünfte nach Art. 31 II lit. a WVRK bereits bei Vertragsabschluß vor Beginn der Vertragsanwendung geschlossen und stellen daher im Prinzip einen – die Auslegung oder den Vertragstext betreffenden – Vertragszusatz dar, der genauso gut auch in den "originären" Vertragstext hätte eingearbeitet werden können.

Der IGH hat den Charakter einer späteren Auslegungsübereinkunft als integraler Bestandteil des Vertrags ausdrücklich anerkannt: "...the provisions of the Declaration are in the nature of an interpretation clause, and, as such, should be regarded as an integral part of the Treaty".[22]

Damit kommt ihr die Bedeutung einer Vertragsänderung in Gestalt der Vertragsergänzung zu. Wie bereits gesehen, handeln die Parteien bei der Durchführung von Maßnahmen kollektiver Sicherheit auf dem Boden des unveränderten

---

19 WALDOCK Report III (Art. 71 II), YBILC 1964 II, 52.

20 Sonderberichterstatter WALDOCK, in: WETZEL/RAUSCHNING, Materialien, S. 247, § 18.

21 So die ILC, in: WETZEL/RAUSCHNING, Materialien, S. 244, § 6.

22 *Ambatielos Case*, ICJ-Reports 1952, 28 (44).

NATO-Vertrags, weil sich anläßlich der Verabschiedung der neuen Aufgaben ein Rechtsbindungswille nicht feststellen ließ.[23] Fraglich ist, ob der Begriff "Übereinkunft" (agreement) in Art. 31 III lit. a WVRK einen Auslegungs*vertrag* meint, oder ein *Gleichklang von Ansichten* über den Vertragsinhalt ausreicht.[24] Im letzteren Fall würde ein z.B. auf einer Staatenkonferenz zum Ausdruck gekommenes schlichtes Einigsein für die Begründung einer verbindlichen Regelung für die Zukunft ausreichen. Allerdings sprechen sowohl die Wortbedeutung von "agreement" als auch der systematische Zusammenhang des Art. 31 III lit. a WVRK eindeutig für die Notwendigkeit eines Rechtsbindungswillens. Der Begriff "agreement" wird in der völkerrechtlichen Terminologie ausschließlich für *Rechts*übereinkünfte gebraucht, d.h. für Abmachungen über völkerrechtliche Rechtsfolgen.[25] Auch die ILC hat die Begriffe "agreement" und "treaty" unterschiedslos verwendet und es bei der Formulierung der Definition des Vertrages in Art. 2 I lit. a WVRK als rein terminologische Geschmacksfrage angesehen, welchen Begriff man für die Beschreibung einer völkerrechtlich verbindlichen Absprache wählt.[26] Auch die Gleichsetzung in der Formulierung des Art. 2 I lit. a WVRK – "treaty means an international agreement" – weist auf den Gleichartigkeit von Vertrag und "Übereinkunft" hin.[27] Für die Notwendigkeit eines nach außen deutlich erkennbaren rechtlichen Bindungswillens spricht außerdem der rechtlich verbindliche Charakter, den eine Auslegungsvereinbarung – neben den sonstigen primären Vertragsinstrumenten – besitzt. Wenn etwas für die Zukunft rechtsverbindlich sein soll, muß es dies auch in seinem Ursprung sein. Zudem sind die Parteien – wie im Rahmen einer speziellen Begriffsdefinition nach Art. 31 IV WVRK – völlig frei, einem Begriff oder einer Bestimmung die Bedeutung und den Anwendungsbereich einzuräumen, den sie – auch entgegen der normalen Bedeutung – für richtig halten. Allerdings wird man wohl auch hier wie im Rahmen des Art. 31 IV WVRK nur solche Uminterpretationen

---

23 Vgl. 1. Kapitel, B. VII. 18.

24 Insbesondere im Rahmen der "späteren Praxis" (Art. 31 III lit. b) ist diese Frage wegen der engen systematischen Verknüpfung beider Elemente in Art. 31 III durchaus nicht unumstritten. Siehe dazu unten C. I.

25 Graf Vitzthum, in: Ders., Völkerrecht, I, Rn. 116; Bernhardt, in: HStR VII, § 174 Rn. 2; Geiger, Grundgesetz und Völkerrecht, § 14 I 1.

26 YBILC 1966 II, 188, § 2.

27 Siehe demgegenüber noch den Waldock Report I (Art. 1 lit. a, b), wo zumindest terminologisch zwischen "international agreement" (lit. a) und "treaty" (lit. b) unterschieden wurde. Allerdings wurden beide Begriffe definitionsmäßig auch schon hier gleichgesetzt (lit. b).

zulassen können, die sich im Rahmen von Treu und Glauben bewegen.[28] Unter einem objektiven Vertragskonzept kann eine solche (willkürliche) Parteivereinbarung nur dann Bestand haben, wenn sie rechtlich genauso legitimiert ist, wie der Vertragstext selber, nämlich durch eine rechtsverbindliche Absprache. Anderenfalls liefe man Gefahr, zu Lasten der Rechtsklarheit eine offenkundige Umgehung der allein maßgeblichen objektiven Auslegungsmittel zuzulassen und damit einer rechtlich nicht manifestierten Parteienabsicht doch noch zur Geltung zu verhelfen. Gerade ein solches Ergebnis will das Völkerrecht und insbesondere auch die WVRK vermeiden.[29] Aus diesem Grund ist für eine Auslegungsvereinbarung nach Art. 31 III lit. a WVRK ein rechtsgeschäftlicher Wille erforderlich, d.h. die Absicht, sich an völkerrechtliche Rechtsfolgen binden zu wollen. An diesen Vertrags*auslegungs*willen sind wegen der rechtlichen Gleichwertigkeit von Auslegungsübereinkünften und primären Vertragsinstrumenten keine geringeren Anforderungen zu stellen als an den Vertrags*änderungs*willen. Demnach müßte also den Strategischen Konzepten von 1991 und 1999 zu entnehmen sein, daß die NATO-Partner eine rechtlich verbindliche Auslegung in der Weise anstreben wollten, die die Entfaltung der Sicherheitskomponente des NATO-Vertrags endgültig definiert und fixiert. Davon ist aber gerade nicht auszugehen, wie schon in Bezug auf die (fehlende) Vertragsänderungsabsicht versucht wurde zu zeigen. Die Parteien wollten und wollen neue Formen der Zusammenarbeit ausprobieren, ohne diese angesichts des sich ständig wandelnden Sicherheitsumfelds rechtlich zu zementieren.[30] Zwar bedeutet der Umstand, daß sich aus einem Abkommen keine ausdrücklich formulierten Rechte und Pflichten ergeben, noch nicht, daß die Parteien keine Rechtsfolgen begründen wollten.[31] Wenn sich aber im gesamten Dokument keinerlei Anhaltspunkte für einen rechtlichen Erklärungswert finden lassen, und teilweise sogar auf die unveränderte Fortgeltung des ursprünglichen NATO-Vertragstexts abgestellt wird,[32] muß der Wille zur Herbeiführung von Rechtsfolgen seitens der Parteien verneint werden.

---

[28] Obwohl diese Einschränkung weder von der ILC noch von Staatenvertretern geltend gemacht wurde, spricht für sie die bei Art. 31 IV WVRK in ähnlichem Zusammenhang erhobene Forderung, der Wortlaut dürfe bei einer den Begriff auslegenden Vereinbarung nicht ins Abwegige und Absurde verkehrt werden; siehe 1. Kapitel, B. IV. 1. a.

[29] Vgl. zum Vorrang der objektiven Vertragsinstrumente vor dem "wahren" Parteiwillen oben A. III. 3.

[30] So auch WENGLER, JZ 1995, 21 (23).

[31] ROTTER, in: FS VERDROSS, S. 413 (433).

[32] Siehe beispielsweise die Erklärung der NATO-Regierungschefs vom 8.11.1991 in Rom (Bull. der BReg. 1991, 1045) sowie die Kommuniqués des NATO-Ministerrats vom 17.12.1992 (Bull. der BReg. 1992, 1305) und vom 10.6.1993 (Bull. der BReg. 1993, 578).

Da die Auslegungsübereinkünfte die gleiche rechtliche Verbindlichkeit besitzen wie der Vertrag selber oder eine ausdrückliche Vertragsänderung, muß konsequenterweise auch hinsichtlich einer Auslegungsvereinbarung der Rechtsbindungswille abgelehnt werden.

Völkerrechtliche Verträge haben immer auch den Sinn, unklare Rechtszustände zu ordnen und für die Parteien und Dritte insoweit Rechtssicherheit zu schaffen, als eine bisher praktizierte Zusammenarbeit auf eine verbindliche Grundlage gestellt und dadurch mit einer gewissen Beständigkeit ausgestattet wird.[33] Dies war bei den NATO-Partnern im Rahmen der Neustrukturierung des Bündnisses nicht der Fall, denn bei der gegebenen politischen Umbruchsituation in Europa konnte die Herstellung von Rechtsklarheit kein Ziel der Vertragsparteien sein. Staaten werden generell eine Materie nur dann in Form eines völkerrechtlichen Vertrags regeln, wenn die einer solchen Entscheidung zugrundeliegenden Motive die Wahrscheinlichkeit für sich haben, während der zu erwartenden Geltungsdauer des neuen Vertrags ihre subjektive Gültigkeit zu behalten.[34] Diese Wahrscheinlichkeit kann bei der *Erprobung* neuer Formen der Zusammenarbeit zur Abwehr von Sicherheitsbedrohungen, die – soll sie erfolgreich sein – über einen nicht absehbaren längeren Zeitraum erfolgen muß, nicht angenommen werden.

IV. Die Strategischen Konzepte als außerrechtliche Abmachungen

Da die auf den Gipfelkonferenzen von Rom und Washington einstimmig beschlossenen neuen Aufgaben der NATO nicht von einem Rechtsbindungs- bzw. änderungswillen begleitet werden, begründen sie keinen völkerrechtlichen Vertrag. Eine scheinbar klare Absprache zwischen Völkerrechtssubjekten stellt auch bei vollständiger Willenseinigung dann keinen Vertrag dar, wenn kein rechtlicher Erfolg angestrebt wird.[35] Bei der vereinzelt vertretenen Ansicht, eine ausdrücklich und gemeinsam von völkerrechtlichen Vertretungsorganen mehrerer Staaten geäußerte Identität von Vorstellungen und Zielen bringe bereits ein völkerrechtliches Vertragsverhältnis zum Entstehen,[36] wird verkannt, daß ein völkerrechtlicher Vertrag selbst erst durch einen auch Dritten erkennbaren Akt

---

[33] IPSEN, Völkerrecht, § 3 Rn. 6.

[34] ROTTER, in: FS VERDROSS, S. 413 (420).

[35] BERBER, Völkerrecht I, S. 441; DAHM, Völkerrecht III, S. 8; GRAF VITZTHUM, in: DERS., Völkerrecht, I, Rn. 155; HILLGENBERG, ZeuS 1998, 81 (90).

[36] Nach VERDROSS/SIMMA (Universelles Völkerrecht, §§ 75, 519) soll der Konsens dem Bereich der internationalen Übereinkünfte zugeordnet sein.

zustande kommt, mit dem die Parteien *unter dem Verfassungsrecht der Völkerrechtsordnung* vertragliches Völkerrecht setzen *wollen.*[37] Nur wenn die Staaten einig und bereit sind, eine bestimmte Absprache für sich als verbindlich anzuerkennen und damit einem objektiven Völkerrechtsregime zu unterstellen,[38] kann sie auch als "rechtlich" bezeichnet werden. Die völkerrechtliche Lehre geht eindeutig von einem subjektiven Vertragsbegriff aus, dessen wesentliches Element die Absicht der Parteien ist, mit dem Abschluß des Vertrags völkerrechtliche Wirkungen erzeugen zu wollen.[39]

Hieran ändert auch die teilweise vorgebrachte Behauptung nichts, solche einverständlichen nicht-rechtlichen Erklärungen würden im völkerrechtlichen Verkehr kaum anders behandelt, als wenn ihnen Rechtsverbindlichkeit zukäme.[40] Es mag zwar richtig sein, daß die Staaten in den Fällen, wo sie bestimmte Ordnungsprinzipien ihrer gegenseitigen Beziehungen gutheißen, ein Rechtswerturteil äußern, von dem sie möglicherweise nur unter hohem argumentativen Aufwand wieder loskommen.[41] Dies bedeutet in jedem Fall aber nur ein politisches Problem, kein rechtliches. Mag die "Verrechtlichung" von "non-binding agreements" aus innenpolitischen oder sogar verfassungsrechtlichen Gründen noch so wünschenswert sein,[42] so führt doch kein Weg daran vorbei, daß es eine außerrechtliche Verbindlichkeit von konsensualen Absprachen nicht gibt und auch nicht geben kann, weil es den Vertragsparteien überlassen ist festzulegen, wann

---

37 WENGLER, JZ 1995, 21 (22).

38 Die Annahme von verbindlichen zwischenstaatlichen Regeln setzt zwingend die Existenz einer allgemein anerkannten Völkerrechtsordnung voraus, der sich die Parteien anschließen. Anderenfalls gäbe es keine Prinzipien, die das Zustandekommen, die Abwicklung des Vertrags und die Behandlung von Streitfällen regeln würden. Insbesondere bei Uneinigkeit zwischen den Parteien stände der Vertrag im rechtsfreien Raum.

39 DAHM, Völkerrecht III, S. 6; IPSEN, Völkerrecht, § 9 Rn. 3; KELSEN, Principles of International Law, S. 456; MCNAIR, The Law of Treaties, S. 4; GRAF VITZTHUM, in: DERS., Völkerrecht, I, Rn. 116; BERBER, Völkerrecht I, S. 411; WENGLER, Völkerrecht I, S. 238f.; GUGGENHEIM/MAREK, in: STRUPP/SCHLOCHAUER, WV III, S. 528; BVerfGE 90, 286 (362, 375). Vgl. auch die Rechtsauskunft des State Department an einen amerikanischen Senator vom 5.8.1974, Digest US Practice 1974, 198: "a document not intended to be binding" werde weder durch Bezeichnung noch durch Unterschrift allein zu einem völkerrechtlich bindendem Dokument.

40 So TOMUSCHAT, VVDStRL 36 (1978), 7 (33) sowie ihm folgend das abw. Votum in BVerfGE 90, 298 (376).

41 TOMUSCHAT, a.a.O., S. 34, verweist auf den IGH, der in seinem Westsahara-Gutachten die Geltung des Selbstbestimmungsrechts auf die unverbindlichen Dekolonisierungs- und Friendly Relations-Resolutionen gestützt (ICJ-Reports 1975, 12, 31ff.) und diesen damit Rechtsautorität zuerkannt habe.

42 WENGLER, JZ 1976, 193 (195ff.) sieht eine "Erosion des völkerrechtlichen Rechtsvertrags", der man mit einer Aufwertung der außervertraglichen Handlungsinstrumente und einer Anerkennung "weichen" Völkerrechts begegnen könne.

der entscheidende Schritt zur Verbindlichmachung der Zusammenarbeit erfolgen soll. Vor diesem Schritt handelt es sich um politische Willenserklärungen, bei denen die Beteiligten zu Recht davon ausgehen, daß ihre Handlungsfreiheit in keiner Weise eingeschränkt wird.[43] Das *Restatement of the Law* betont, daß zur Bejahung eines Rechtsvertrages die gemeinsame Erklärung der Vertreter verschiedener Staaten mehr zum Ausdruck bringen müsse als eine "Absicht" oder eine "persönliche" oder "politische" Bindung.[44]

Um deutlich zu machen, daß es sich bei den in Frage stehenden Instrumenten um Willenseinigungen handelt, werden sie allgemein als "zwischenstaatliche Vereinbarungen (*agreements*) über Verhaltensregeln nicht (völker)rechtlicher Art" bezeichnet.[45] Auch wenn die Grenze zwischen bindenden und unverbindlichen Abmachungen nicht immer leicht zu ziehen ist,[46] ist das entscheidende Kriterium für eine verbindliche Absprache die Überzeugung der beteiligten Völkerrechtssubjekte, daß eine Verhaltensregel *rechtlich* geboten sei.[47] Ansonsten handelt es sich nur um zwischenstaatliche Absprachen ohne rechtlichen Wert für das zukünftige Verhalten der Parteien. Zu diesen, einem Vertrag verwandten Erscheinungsformen zwischenstaatlicher Übereinkünfte – mißverständlicherweise auch als "soft law" bezeichnet[48] -, gehören u.a. politische Absichtserklärungen, die zwei oder mehrere Staaten übereinstimmend abgeben und deren Bedeutung unabhängig von ihrer Bezeichnung darin besteht, daß sie eine Gleichartigkeit der Absichten dokumentieren.[49] Sie stehen einer völkerrechtlichen Vereinbarung insoweit nahe, als sie alle formellen Erfordernisse eines völkerrechtlichen Vertrages erfüllen,[50] jedoch bleibt ihnen als "non-binding agreements" die rechtliche Anerkennung versagt. Gleichwohl wird ihre generelle Zulässigkeit nicht in Frage zu stellen sein, beruht sie doch darauf, daß keine höhere Völkerrechtsnorm den Abschluß solcher "Verträge" verbietet.[51]

---

43 HEUSEL, Weiches Völkerrecht, S. 280 Anm. 22.

44 Band "Foreign Relations Law of the US" 1965, S. 365.

45 ROTTER, in: FS VERDROSS, S. 413 (414); SCHWEISFURTH, ZaöRV 36 (1976), 681 (695f.).

46 Im Kommentar zu sec. 115 des Restatement 3 d des Foreign Relations Law of the US heißt es: "There are no absolute tests for determining whether an agreement constitutes a binding commitment (under international law)".

47 GUGGENHEIM/MAREK, in: WV III, S. 534; SCHWEISFURTH, ZaöRV 36 (1976), 681 (694); GRAF VITZTHUM, in: DERS., Völkerrecht, I, Rn. 69.

48 Die Bezeichnung stammt von MCNAIR, vgl. DUPUY, in: L'élaboration du droit international public, S. 132ff.

49 IPSEN, Völkerrecht, § 9 Rn. 15; HILLGENBERG, ZeuS 1998, 81 (92).

50 ROTTER, in: FS VERDROSS, S. 413 (414).

51 HILLGENBERG, ZeuS 1998, 81 (87); WENGLER, JZ 1995, 21 (23).

Auch die ILC hat bei der Definition des Vertragsbegriffs in Art. 2 I lit. a WVRK die Existenz derartiger Abmachungen indirekt bejaht.[52] Sie stellen ein nützliches und praktikables Instrument dar, das den Staaten im Vorfeld eines Vertragsschlusses zur Bewältigung der im zwischenstaatlichen Verkehr auftretenden Probleme an die Hand gegeben wird, und die Risiken und Hürden eines "echten" Vertrags vermeidet.[53] Trotz ihrer Möglichkeit, die internationalen Beziehungen teilweise intensiv zu gestalten, sind sie allerdings nicht mehr als eine stets revisible Festlegung der politischen Richtung. Angesichts des erklärten Willens der Parteien sind die beteiligten Staaten nämlich nicht bereit, die dadurch begründeten Rechtsverhältnisse dem Völkerrecht zu unterstellen.[54] Wenn gleichwohl von einer politischen oder moralischen "Bindung" ausgegangen wird,[55] muß berücksichtigt werden, daß es – im Gegensatz zu Verträgen - ein wirksames und allgemein anerkanntes System "politischer" Normen über Gültigkeit, Auslegung und Vollzug dieser nichtrechtlichen Verträge nicht gibt. Auch die NATO-Gipfelerklärungen – mögen sie einen einheitlichen Handlungswillen zum Ausdruck bringen – können daher keine wie auch immer geartete Verbindlichkeit beanspruchen. Das Völkerrecht als "Recht" im Sinne von Verhaltensregeln mit Geltungsanspruch[56] kennt nur geltendes Recht oder

---

[52] Eine Untersuchung der Vorgeschichte des Art. 2 I lit. a WVRK ergibt, daß sowohl die ILC als auch die UN-Konferenz in Wien das Bestehen außerrechtlicher Abmachungen zur Kenntnis genommen und bei der Abgrenzung des Vertragsbegriffs berücksichtigt haben (vgl. die Analyse bei ROTTER, in: FS VERDROSS, S. 426ff.). Zwar hat die ILC den Vorschlag einiger Staaten, den Vertragsbegriff durch ausdrückliche Betonung seiner *rechtlichen* Auswirkungen stärker von den nicht-völkerrechtlichen Abmachungen abzugrenzen (A/Conf. 39/11, 21-23), abgelehnt, doch geschah dies nur, weil die ILC die Abgrenzung zwischen Vertrag und "non-binding agreement" als bereits hinreichend deutlich ansah (SCHWEISFURTH, ZaöRV 36 [1976], 681 [695]).

[53] Darauf hat auch der chilenische Delegierte bei der Wiener Konferenz verwiesen, A/Conf. 39/C.1/SR.4, S. 2f.

[54] Dies führt DAHM, Völkerrecht III, S. 8, als entscheidendes Kriterium an.

[55] VERDROSS/SIMMA (Universelles Völkerrecht, § 656) sprechen von Autorität des "soft law", das staatliches Verhalten genauso steuern kann wie Völkerrecht im engeren Sinn. SCHWEISFURTH sieht politische Willenseinigungen nicht schlechthin, sondern nur rechtlich als unverbindlich an (ZaöRV 36 [1976], 681 [696]). Ebenso ROTTER, in: FS VERDROSS, S. 414. Ähnlich auch BLECKMANN, Grundprobleme und Methoden des Völkerrechts, S. 339f.

[56] Insofern unterscheidet sich das Völkerrecht nicht von anderen Rechtsgebieten, vgl. IPSEN, Völkerrecht, Vorbem. Rn. 1.

"Kein-Recht"; stärkere oder schwächere Geltung von Völkerrechtsnormen kann es logisch nicht geben.[57]

Selbst bei Anerkennung von "außerrechtlichen zwischenstaatlichen Abmachungen" im Schnittfeld von politischer Absichtserklärung und völkerrechtlichem Vertrag können die neuen Strategischen Konzepte der NATO keine Legitimationswirkung hinsichtlich der Durchführung der kollektiven Sicherheitsaufgaben entfalten. Sie sind "Nicht-Völkerrecht" im Sinne eines fehlenden Geltungsanspruchs und für die NATO-Partner bei der Ausrichtung ihres Handelns damit irrelevant.

C. Die "spätere Praxis" als schleichendes Instrument der Vertragsanpassung

Gleichwohl könnte die Durchführung von militärischen Maßnahmen kollektiver Sicherheit durch die NATO-Partner im Rahmen der Krise im ehemaligen Jugoslawien als "spätere Praxis" im Sinne des Art. 31 III lit. b WVRK anzusehen sein. Die Zulässigkeit derartiger "Nicht-Artikel-5-Operationen" könnte sich dann aus der völkerrechtlich anerkannten Möglichkeit ergeben, daß eine einmütige Vertraganwendung als authentische und damit maßgebliche Auslegung des Vertrags anzusehen wäre, die wegen ihrer Gleichrangigkeit mit den anderen Auslegungsmitteln des Art. 31 WVRK, insbesondere mit einer nachträglichen Auslegungsvereinbarung,[58] sogar eine wortlautwidrige Vertragsanwendung abdecken könnte. Dafür müßte die nachfolgende Praxis allerdings unter einem objektiven Vertragskonzept in der Lage sein, wortlautderogierende Wirkung zu entfalten.

---

[57] VERDROSS/SIMMA, Universelles Völkerrecht, § 654; GRAF VITZTHUM, in: DERS., Völkerrecht, I, Rn. 155 – A.A. WENGLER, JZ 1976, 193 (197), nach dem die scharfe Trennung von Rechtlichem und Nichtrechtlichem überholt ist. Auch für die Erfüllung von Absprachen könnten faktische Zwänge geschaffen werden, außerdem hätten Absichterklärungen mittlerweile eine erhebliche praktische Bedeutung im Rechtsverkehr. Ähnlich HILLGENBERG, ZEuS 1998, 81 (93ff.).

[58] DISTEFANO, AFDI 1994, 41 (47) sowie die ILC in ihrer Kommentierung, YBILC 1966 II, 218 (222, § 15).

I. Allgemeines

"Spätere Praxis" ist die Kurzbezeichnung für die Praxis zu einem Vertrag *nach* dessen Abschluß.[59] Man könnte daher auch von "nachfolgender Praxis" sprechen, die sich als ständiger stillschweigender und mit impliziten Äußerungen operierender Kommunikationsprozeß zwischen den Vertragsanwendern darstellt.[60] Hierunter fällt nicht nur die regelmäßige Vertragsanwendung,[61] sondern auch einzelne Akte, verbale Äußerungen und sogar die Nichtanwendung eines Vertrags.[62] Entscheidend ist nicht die Häufigkeit der Vertragsanwendung, sondern das *Verhalten* der Vertragsparteien untereinander bei der Abwicklung bzw. Nichtabwicklung des Vertrages, das auf eine Einigkeit bei der Auslegung und Anwendung des Vertrags schließen läßt.[63] Die in Art. 31 III lit. b WVRK genannte Übereinstimmung bedarf also keiner besonderen Form.[64] Vielmehr unterfallen ihr sämtliche Akte, Entscheidungen und Äußerungen zu einem Vertrag.[65] Umfaßt ist alles, was mittel- oder unmittelbar eine Aussage zu Vertragsfragen enthält, folglich auch Erklärungen und Kommuniqués des maßgeblichen NATO-Organs sowie der tatsächlichen Einsatz von NATO-Bündnisstrukturen innerhalb des Vertragsrahmens.[66] Dabei ist anerkannt, daß auch internationale Organisationen selber genauso wie die sie beherrschenden Staaten bei der Anwendung eines Gründungsvertrags Erzeuger späterer Praxis sein können.[67] Insbesondere diejenigen Organisationen, deren Tätigkeit wie die NATO zur Gänze von den Mitgliedstaaten beherrscht wird, verkörpern nur eine besondere Technikalität zwischenstaatlicher Zusammenarbeit und sind daher nicht anders zu beurteilen als gewöhnliche völkerrechtliche Verträge.[68]

---

59 KARL, Vertrag und spätere Praxis, S. 112.

60 KARL, in: SCHREUER, Autorität und internationale Ordnung, S. 25.

61 So aber DISTEFANO, AFDI 1994, 41 (46f.); KLEIN, in: GRAF VITZTHUM, Völkerrecht, IV, Rn. 41, der Konsistenz und Dauer der Praxis verlangt.

62 KARL, Vertrag und spätere Praxis, S. 112.

63 Bemerkenswert ist auch, daß weder in den Kommentaren der Staaten auf der Wiener Regierungskonferenz noch in der Kommentierung des Art. 27 III lit. b Draft 1966 durch die ILC irgendwelche Anforderungen an die Dauer und Konsistenz der Praxis gestellt wurden.

64 *Beagle Channel Arbitration*, ILR 52 (1979), 93 (224).

65 RESS, in: BIEBER/RESS, S. 56.

66 Die Wiener Konvention über das Recht der Verträge zwischen Staaten und Int. Org. oder zwischen Int. Org. nennt in Art. 1 I Ziff. 34 als "rules of the Organization" unter anderem die "relevant decisions and resolutions, and established practice of the organization" (ILM 1986, 543ff.).

67 COT, RGDIP 70 (1966), 632 (635).

68 KARL, in: BIEBER/RESS, S. 95.

Jedoch ist gerade bei Gründungsverträgen internationaler Organisationen die Unterscheidung zwischen den beiden vertragsexternen später hinzukommenden Auslegungsmitteln, der späteren Übereinkunft zwischen den Vertragsparteien und der späteren Übung bei der Anwendung des Vertrags, wegen der Vielzahl der im Organisationsrahmen abgegebenen Erklärungen nicht einfach zu ziehen. Da auch die spätere Übung bei der Anwendung des Vertrags eine "Übereinstimmung der Vertragsparteien" über seine Auslegung zeigen soll, ist in der Literatur die Auffassung vertreten worden, daß beide Bestimmungen Auslegungsverträge zum Gegenstand hätten. Die lit. a in Art. 31 III WVRK solle sich danach auf förmliche, die lit. b auf formlose Verträge beziehen, wobei letztere eine stillschweigende Auslegungsvereinbarung darstelle, die eben in der späteren Praxis zum Ausdruck komme.[69] Begründet wurde dies mit dem systematischen Zusammenhang zischen den beiden Ziffern und dem Gleichklang der Formulierung "agreement" in beiden Alternativen. Diese Auffassung würde die spätere Praxis auf jene Fälle reduzieren, in denen eine vertragliche, rechtsgeschäftliche Absicht besteht. Obwohl der Vertragspraxis in manchen Fällen tatsächlich ein stillschweigender Auslegungsvertrag entnommen werden kann,[70] ist der Nachweis des erforderlichen rechtsgeschäftlichen Willens aufwendig und nur selten mit letzter Sicherheit zu erbringen. Im Falle des NATO-Vertrags liegt – wie bereits festgestellt – ein solcher hinsichtlich der künftigen Übernahme von "Nicht-Artikel-5-Operationen" nicht vor. Nach dieser Ansicht könnten die Strategischen Konzepte und die Durchführung von Maßnahmen kollektiver Sicherheit im ehemaligen Jugoslawien nicht als "spätere Praxis" im Sinne des Art. 31 III lit. b WVRK angesehen werden.

Allerdings hat KARL deutlich herausgearbeitet, daß für die "spätere Praxis" ein Gleichklang von Ansichten, also ein bloßer Meinungskonsens, genügt, wohingegen unter den späteren Übereinkünften nach Art. 31 III lit. a WVRK alle Interpretationsübereinkünfte, und zwar die förmlichen, als auch die stillschweigenden, konkludenten Auslegungsverträge fallen.[71] Daß hinsichtlich der Anforderungen an den Konsens zwischen lit. a und lit. b zu differenzieren ist, beweist

---

[69] YASSEEN, RdC 151 (1976 III), 1 (52); DISTEFANO, AFDI 1994, 41 (46).

[70] Vgl. die Urteile des IGH im *Schiedsspruch des spanischen Königs*-Fall, ICJ-Reports 1960, 192 (206) und im *Tempel von Preah Vihear*-Fall, ICJ-Reports 1962, 6 (23).

[71] KARL, Vertrag und spätere Praxis, S. 191ff.

schon der Umstand, daß es in den Vorarbeiten zur Konvention in Art. 27 III lit. b ILC-Draft 1966 noch hieß "*understanding* of the parties regarding the interpretation", während man sonst nur *agreement* las.[72] Obgleich das *understanding* im Endtext schließlich doch zum *agreement* wurde, so bedeutet dies nicht, daß man auf ein prononciert rechtsgeschäftliches Verständnis einschwenkte. Vielmehr ist darin eine redaktionelle Maßnahme zu erblicken, deren einziger Zweck die Angleichung an die anderssprachigen Vertragsversionen war.[73] Außerdem macht auch der Zusammenhang der lit. b deutlich, daß sich das *agreement* auf eine Übereinstimmung *während* der "Auslegung" unmittelbar bezieht, nicht auf eine vorangegangene Absprache *über* die Auslegung wie in lit. a. *Agreement* über die Auslegung bedeutet daher wohl einen Konsens über die gegebene Vertragsbedeutung, wie er bei gutgläubiger Vertragsanwendung durch alle Vertragsparteien normalerweise besteht.[74] Dies wird bestätigt durch den ILC-Kommentar, wo es heißt: "The value of subsequent practice varies according *as it shows the common understanding of the parties as to the meaning of the terms [of the treaty]*".[75] Das Schiedsgericht im *Beagle-Kanal-Fall* hat ebenfalls die These verworfen, wonach die spätere Praxis nur als regelrechte Übereinkunft der Vertragsparteien Beachtung finden könne, und festgestellt:

"The terms of the Vienna Convention do not specify the ways in which 'agreement' may be manifested. In the context of the present case the acts of jurisdiction were not intended to establish a source of title independent of the terms of the treaty; nor could they be considered as being in contradiction of those terms as understood by Chile. The evidence supports the view that they were public and well known to Argentina, and that they could only derive from the treaty. Under these circumstances the silence of Argentina permits the inference that the acts tended to confirm an interpretation of the meaning of the treaty independent of the acts of jurisdiction themselves".[76]

Daraus ergibt sich, daß die in Art. 31 III lit. b WVRK geforderte Übereinstimmung rechtsgeschäftlicher Natur sein kann, es aber nicht sein muß.[77] Einzig erforderlich ist, daß die Praxis, "to amount to an authentic interpretation, must

---

[72] YBILC 1966 II, 218.

[73] Die Änderung wurde im Redaktionskommitee vorgenommen, namentlich um den englischen Text mit dem französischen, spanischen und russischen Text in Einklang zu bringen. Materielle Überlegungen wurden nicht geäußert. Vgl. Committee of the Whole, 74. Sitzung, UNCLTOR I §§ 29, 32, S. 442.

[74] KARL, Vertrag und spätere Praxis, S. 192.

[75] YBILC 1966 II, 218 (222, § 15).

[76] *Beagle Channel Arbitration*, Schiedsspruch über die Grenzziehung zwischen Argentinien und Chile vom 18.2.1977, ILR 52 (1979), 93 (223f.).

[77] Ebenso CRONAUER, Der internationale Vertrag im Spannungsfeld, S. 330; VERDROSS/SIMMA, Universelles Völkerrecht, § 778 Fn. 7; RESS, in: BIEBER/RESS, S. 56.

be such as to indicate that the interpretation has received the tacit assent of the parties generally".[78] Im übrigen ist die Abgrenzung zwischen rechtsgeschäftlicher Festlegung und bloßem Meinungskonsens ohnehin unscharf. Es läßt sich die Ansicht vertreten, daß Art. 31 III lit. b WVRK sowohl die stillschweigende authentische Interpretation[79] als auch einen bloßen Meinungskonsens der Vertragsparteien umfaßt.[80] Wichtig ist aber, daß eine rechtsgeschäftliche Absicht nicht erforderlich ist. Die auf den NATO-Ratstagungen geäußerten Absichtserklärungen stellen daher taugliche Gegenstände einer "späteren Praxis" dar.

II. Die Bedeutung der späteren Praxis

Die Völkerrechtslehre und –judikatur ist sich mittlerweile einig in der Anerkennung der späteren Praxis als Auslegungsfaktor ersten Ranges, sofern ihr ein Parteikonsens über die Auslegung zu entnehmen ist.[81]

Die Bedeutung der nachfolgenden Praxis der Vertragsdurchführung für die Auslegung ergibt sich daraus, daß sie ein gesichertes und feststellbares Indiz dafür darstellt, wie die Parteien den Vertrag einvernehmlich verstehen und als Recht anwenden.[82] Bereits im Jahre 1912 hat der Ständige Haager Schiedshof festgestellt, daß

»...l'exécution des engagements est, entre Etats comme entre particuliers, le plus sur commentaire du sens de ces engagements... ».[83]

Auch die ILC hat in ihrer Kommentierung die Authentizität der nachträglichen Vertragspraxis betont, und sie als objektiven Beweis für das Einvernehmen der Parteien hinsichtlich der Auslegung anerkannt.[84] Lediglich Thailand hat auf der Wiener Staatenkonferenz den Wert der späteren Praxis als gleichrangiges Auslegungsmittel bestritten und ihr nur die Bedeutung eines Hilfsinstruments zur Interpretation mißverständlicher oder doppeldeutiger Bestim-

---

78 Sonderberichterstatter WALDOCK, zitiert in: WETZEL/RAUSCHNING, Materialien, S. 247, § 18.

79 KARL, Vertrag und spätere Praxis, S. 209.

80 KARL, Vertrag und spätere Praxis, S. 194.

81 Vgl. Restatement (Second) of the Foreign Relations Law of the United States, § 147, Subsection 1b; DISTEFANO, AFDI 1994, 41 (45); RESS, in: BIEBER/RESS, S. 54f.; ROUSSEAU, Principes généraux du droit international public, Bd. 1, S. 633f. ; FITZMAURICE, BYIL 33 (1957), 203 (211) ; MCNAIR, The Law of Treaties, S. 424ff.; BERNHARDT, Auslegung, S. 126ff., 132; COT, RGDIP 70 (1966), 632 (638ff.); KARL, Vertrag und spätere Praxis, S. 123ff.

82 YBILC 1966 II, 218 (221, § 15).

83 *Affaire de l'indemnité russe*, Ständiger Schiedshof (11.11.1912), RIAA XI, S. 433.

84 YBILC 1966 II, 218 (221, § 15).

mungen zuerkennen wollen.[85] Daß die Kommission ausdrücklich am Charakter der späteren Praxis als ein authentisches Mittel zur Feststellung der Parteienabsicht festgehalten hat und die von Thailand geäußerte Befürchtung hinsichtlich einer hierdurch möglichen Umgehung der "natürlichen Wortbedeutung" nicht entkräften wollte, spricht dafür, auch Vertragsumdeutungen gegen die "natural meaning" eines Begriffes zuzulassen.

Die Berücksichtigung der nachfolgenden Übung bei der Auslegung von Verträgen kann mittlerweile auch als völkergewohnheitsrechtlich anerkannt gelten. Sowohl der StIGH als auch der IGH haben mehrfach auf die nachfolgende Vertragspraxis zurückgegriffen:

"If there were any ambiguity, the Court might, for the purpose of arriving at the true meaning, consider the action which has been taken under the Treaty".[86]

"The subsequent attitude of the Parties shows it has not been their intention, by entering into the Special Agreement, to preclude the Court from fixing the amount of compensation".[87]

1. Ausdruck des historischen Parteiwillens oder Quelle der aktuellen Parteierwartungen?

Fraglich bei der Ermittlung des Parteiwillens mithilfe der späteren Praxis könnte sein, ob letztere ein Indikator für die ursprüngliche Vertragsabsicht ist, oder ob durch sie ein aktueller Auslegungskonsens zum Ausdruck kommt. Dürfte das spätere Parteiverhalten nur als Ausdruck und Bestätigung des historischen Parteiwillens bei Vertragsabschluß gewertet werden, bestände die Gefahr, daß ursprünglicher Parteiwille (Gründerwille) und die Praxis der Mitgliedstaaten zur Zeit der Auslegung sich nachweislich nicht vereinbaren lassen. Die statische Betrachtung befände sich dann in einem Dilemma: *Auslegen* kann sie den Vertrag nur nach dem ursprünglichen Willen der Partner; hinsichtlich der späteren Praxis besteht für sie nur die Möglichkeit, die dynamische Entwicklung des Vertrags entweder zu negieren oder den Abschluß einer neuen (vertragsändernden) Vereinbarung zu fingieren.[88] Die tatsächliche Vertragspraxis wäre dann kein Auslegungsmittel, das zum Verständnis des Vertrags dienlich wäre, sondern würde sich außerhalb des Vertragsrahmens abspielen; es könnte nur mithilfe einer (stillschweigenden) Vertragsänderung "eingefangen" werden. Für den NATO-Vertrag hätte dies zur Folge, daß die Durchführung von Maß-

---

85 Vgl. GAOR, 20th session, sixth committee, 850th meeting, § 17.
86 StIGH, PCIJ Ser. B No. 2, S. 39.
87 IGH, ICJ-Reports 1949, 4 (25).
88 BERNHARDT, Auslegung, S. 131.

nahmen kollektiver Sicherheit auf Grundlage der neuen Strategischen Konzepte mangels einer Vertragsänderung ein "ultra vires"-Handeln der Organisation bedeuten würde.

Versteht man die nachfolgende Praxis hingegen dynamisch, d.h. als Ausdruck des aktuellen Vertragsverständnisses seitens der Parteien, könnte man Vertragsbestimmungen im Sinne des tatsächlichen Parteiverhaltens interpretieren. Der Begriff "Verteidigung" im Sinnes des Art. 5 NATO-Vertrag hätte dann möglicherweise diejenige Bedeutung, die ihr die NATO-Partner im Laufe der Zeit durch ihre Praxis beilegen, z.B. die Verteidigung zugunsten von Individuen gegen Völkermord oder die Abwehr sonstiger humanitärer Katastrophen.

Interessanterweise gehen die überwiegende Rechtsprechung[89] und die ältere Literatur[90] davon aus, daß in der späteren Praxis ein Hilfsmittel zur Ermittlung des historischen Parteiwillens gesehen werden muß. Man könne mit einiger Berechtigung annehmen, daß bei der späteren Vertragsanwendung dieser früheren Absicht gefolgt werde. Dem Verhalten der beteiligten Staaten während der Vertragsdauer wird somit keine rechtsbildende, die Vereinbarung fortentwickelnde Bedeutung zuerkannt, sondern der Vertrag wird statisch gesehen, d.h. der Zeitpunkt des Vertragsschlusses ist und bleibt maßgeblich.

Trotz dieser "Vorliebe" für den historischen Parteiwillen ist auffallend, daß die historische Bedeutung der Praxis bei Entscheidungen internationaler Gerichte vornehmlich im Zusammenhang mit "normalen" multilateralen Verträgen eine Rolle gespielt hat und nicht bei Satzungen internationaler Organisationen, auch wenn das Verhalten in Organen internationaler Organisationen eine Rolle spielte. So ging es in der *Mossul-Frage* (1925) um die Endgültigkeit einer vom Völkerbund vorzunehmenden Grenzziehung, die der StIGH unter Bezugnahme auf das Verhalten des britischen und türkischen Bevollmächtigten im Völkerbundrat bejahte, indem er diesem Verhalten Beweiswert für die bei Vertragsabschluß herrschende Absicht der Staaten zubilligte.[91] Auch im Gutachten über die *Zuständigkeit der Danziger Gerichte* (1928) ging es um einen bilateralen

---

89 *Ständiger Schiedshof* (22.5.1905), *Japanischer Gebäudesteuer*-Fall, RIAA XI, S. 41 (53f.); *Nordatlantik-Fischerei-Streit*, RIAA XI, S. 167 (200f.); *Chamizal Arbitration*, USA/Mexico, International Boundary Commission, Entscheidung vom 15.6.1911, AJIL 5 (1911), 782 (805); StIGH, PCIJ Ser. A No. 3, S. 8f. (*Friedensvertrag von Neuilly*-Fall); PCIJ Ser. B No. 12, S. 24; IGH, ICJ-Reports 1949, 4 (25) (*Corfu Channel*); ICJ-Reports 1960, 150 (169) (*Constitution of the Maritime Safety Commission*); ICJ-Reports 1962, 6 (33ff.) (*Temple of Preah Vihear*).

90 McNair, The Law of Treaties, S. 424; Lauterpacht, The Development of International Law, S. 170; Bernhardt, Auslegung, S. 131; De Visscher, Problèmes d'interprétation, S. 124.

91 StIGH, PCIJ Ser. B No. 12, S. 24f. (Interpretation von Art. 3 II des Lausanner Vertrages), Rechtsgutachten vom 21.11.1925.

Vertrag, nämlich das zwischen Danzig und der polnischen Eisenbahnverwaltung abgeschlossene Beamtenabkommen. Dabei gab der StIGH eine eindrucksvolle Beschreibung der historisierenden Verwendung späterer Praxis:

"The intention of the Parties, which is to be ascertained from the contents of the Agreement, taking into consideration the manner in which the Agreement has been applied, is decisive. This principle of interpretation should be applied by the Court in the present case".[92]

Schließlich beschäftigten sich der vom IGH verhandelte *Korfu-Kanal-Fall,*[93] das Gutachten zur Völkermordkonvention[94] und der *Tempel von Preah Vihear-Fall,*[95] die jeweils eine historisierende Sichtweise der späteren Praxis angenommen haben, ebenfalls nicht mit Gründungsverträgen internationaler Organisationen.

Diejenigen Entscheidungen, die sich mit dem Recht einer internationalen Organisation auseinandersetzten, deuten hingegen eher auf eine am aktuellen Parteiwillen orientierte Berücksichtigung der späteren Praxis an. Während die Kommentierung der ILC über den maßgeblichen Anknüpfungszeitpunkt für die spätere Praxis schweigt, kann wohl aus dem Aufbau des Art. 31 WVRK abgeleitet werden, daß die spätere Praxis im Sinne eines späteren Konsenses zwischen den Vertragsparteien verstanden werden soll. Absatz 3 zeigt, daß die Auslegungsfaktoren nicht auf den Zeitpunkt des Vertragsabschlusses, sondern auf jenen der Auslegung hin geordnet sind.[96]

---

92 PCIJ Ser. B No. 15, S. 18.

93 ICJ-Reports 1949, 4 (25).

94 ICJ-Reports 1951, 15 (25f.).

95 ICJ-Reports 1962, 6 (33, 35).

96 Vgl. RESS, in: BIEBER/RESS, S. 61; KARL, Vertrag und spätere Praxis, S. 188.

Auch die heute wohl überwiegende Auffassung in der Literatur[97] und einige Urteile des StIGH[98] wie des IGH[99] gehen davon aus, daß man der Vertragsrealität, insbesondere von multilateralen Verträgen, näher komme, wenn man in der Vertragspraxis einen späteren Parteikonsens sucht, der sich erst im Lauf der Vertragsanwendung eingestellt hat. Besonders deutlich hat IGH-Richter DILLARD in seinem Sondervotum zum Namibia-Gutachten die Vertragspraxis als zeitgenössischen Konsens gewertet. Er erblickte in der wiederholt im Sicherheitsrat geübten Abstimmungspraxis bezüglich der Enthaltung ständiger Mitglieder trotz der in Art. 27 III SVN verlangten (ausdrücklichen) "Zustimmung" beim Zustandekommen von Ratsbeschlüssen einen Beweis für die aktuellen Rechtserwartungen der UN-Mitglieder und rechtfertigte die Umdeutung des Begriffs "Zustimmung" in "Nicht-Protest" mit folgenden Worten:

"*...the subsequent conduct of the parties is clearly a legitimate method of giving meaning to the Article in accordance with the expectations of the parties...*".[100]

In diesem Fall ist der IGH und insbesondere Richter DILLARD bei der Frage der Ermittlung des Bedeutungsgehalts von Art. 27 III SVN über den normalen Wortsinn der Vorschrift hinausgegangen. Dabei wurde der Rahmen der Ver-

---

97 IKLÉ, Strategie und Taktik, S. 47f.; MÜLLER, Vertrauensschutz, S. 188; SIMON, L'interprétation judiciaire, S. 379ff.; COT, RGDIP 70 (1966), 632 (652); MCDOUGAL/LASSWELL/MILLER, The Interpretation of Agreements, S. 144; RESS, in: BIEBER/RESS, S. 58.

98 StIGH, PCIJ Ser. B No. 18, S. 12f. (*Freistaat Danzig und ILO*-Fall, Rechtsgutachten vom 26.8.1930). Hierbei ging es um die Frage, ob Danzig ohne die Zustimmung Polens der ILO beitreten durfte. Da schon aus früheren Streitfällen deutlich geworden war, daß Polens Befugnisse in der Vertretung Danzigs trotz der Polen im Versailler Vertrag übertragenen auswärtigen Kompetenzen Danzigs nicht unbeschränkt waren, stellte der Gerichtshof auf das aktuelle Vertragsverständnis ab: "...a practice, which seems now to be well understood by both Parties, has gradually emerged from the decisions of the High Commissioner and from the subsequent understandings and agreements arrived at *between the Parties under the auspices of the League*. It is now common ground between Poland and the Free City that the rights of Poland as regards the conduct of the foreign relations of the Free City are not absolute" [Hervorhebung vom Verfasser].

99 IGH, ICJ-Reports 1971, 16 (22) (Namibia-Gutachten). Hier ging es um die Praxis des SR zu Art. 27 III SVN, die Stimmenthaltung ständiger Mitglieder beim Zustandekommen eines Ratsbeschlusses zu ignorieren. Nach Ansicht des IGH hat dieses Verfahren, welches auch nach der Änderung des Art. 27 SVN im Jahr 1965 stets eingeschlagen wurde, "been generally accepted by Members of the United Nations and evidences a general practice of the Organization". Es habe "consistently and uniformly interpreted the practice of voluntary abstention by a permanent member as not constituting a bar to the adoption of resolutions".

100 Abw. Votum DILLARD, ICJ-Reports 1971, 16 (153f.).

tragsinterpretation überschritten[101] und eine stillschweigende Umdeutung einer Vertragsbestimmung eingeleitet, die im konkreten Fall von den Vereinten Nationen selbst und der Mehrheit der Staaten als legitim angesehen worden zu sein scheint.[102] Mit dieser Neudefinition des Begriffes "Zustimmung" könnte allerdings der Rahmen der Vertragsinterpretation überschritten worden sein. Gleichzeitig stellt die IGH-Entscheidung die Möglichkeit heraus, daß die spätere Praxis als selbständiger Auslegungsfaktor nicht (nur) der Ermittlung des ursprünglichen Parteiwillens, sondern gerade primär der Ermittlung des aktuellen Vertragsverständnisses dient.

Hinsichtlich des NATO-Vertrags hätte dies den Vorteil, daß unabhängig von einem möglicherweise nicht so weit reichenden Parteiwillen bezüglich der Übernahme kollektiver Sicherheitsaufgaben bei Vertragsschluß es nunmehr entscheidend auf den gegenwärtigen, in dem Verhalten der Vertragspartner zum Ausdruck gebrachten Konsens ankommt. Gäbe die spätere Praxis die Möglichkeit, eine willkürliche und beliebige Umdeutung von Begriffen anhand der aktuellen Parteierwartung vorzunehmen, könnte auch der Begriff

"bewaffneter Angriff" in Art. 5 NATO-Vertrag im Sinne von Bedrohung fundamentaler Menschenrechte oder sonstiger Sicherheitsinteressen der Bündnispartner umdefiniert werden.[103]

2. Das Vertragsverständnis von Gründungsverträgen internationaler Organisationen

In Anbetracht der Tatsache, daß sich Gründungsverträge internationaler Organisationen nicht als statische Regeln zur Fixierung einmal beschlossener Formen der Zusammenarbeit darstellen, sondern als flexible Handlungsinstrumente in den Händen der Mitgliedstaaten jeweils den aktuellen Stand der tatsächlichen Kooperation widerspiegeln sollen,[104] geht die ganz h.M. davon aus, daß in einem durch die spätere Praxis gefundenen Konsens der Vertragsanwender ein dynamischer, am Verbandszweck orientierter Auslegungskonsens zum

---

[101] KARL geht davon aus, daß die spätere Praxis ihrer Rolle als (bloßer) Auslegungsfaktor verlustig geht, wenn sie in offenem Widerspruch zum Vertrag steht (in: BIEBER/RESS, S. 89f.).

[102] BERNHARDT, Auslegung, S. 172.

[103] So die Resolution der Nordatlantischen (Parlamentarischen) Versammlung vom November 1998, in der die NATO-Mitgliedstaaten u.a. aufgefordert wurden, "to affirm that the inherent right of individual or collective self-defence, also enshrined in Article 51 of the UN Charter, must include defence of common interests and values, including when the latter are threatened by humanitarian catastrophes, crimes against humanity, and war crimes..." (NATO Doc. AR 295 SA [1998]).

[104] COT, RGDIP 70 (1966), 632 (647ff.).

Ausdruck kommt.[105] Die aktuelle Vertragspraxis indiziere nicht nur Anschauungen und Haltungen der Vertragsparteien, sondern repräsentiere auch die Vertragswirklichkeit, d.h. die soziale Realität, über die der Vertragsinterpret nicht einfach hinwegsehen dürfe. Um den tatsächlichen rechtlichen Gegebenheiten Rechnung tragen zu können, müsse man eine praxiskonforme Betrachtungsweise wählen, anstatt einer nur theoretischen Wahrheit zum Durchbruch zu verhelfen.[106] Dieser Betrachtungsweise ist zuzustimmen, da es gerade bei der Auslegung von Gründungsverträgen internationaler Organisationen um die Entfaltung der objektiven Zielsetzung, also primär um teleologische Auslegung, geht, bei deren Erkenntnis der aktuelle Meinungskonsens der Vertragsstaaten zum Ausdruck kommt.[107] Je größer außerdem der zeitliche Abstand zum Vertragsabschluß wird, desto geringer wird die Beweiskraft der Vertragspraxis für die ursprüngliche Parteienabsicht, und desto fragwürdiger wird die Konstruktion insgesamt. Denn sie überschätzt die Tragweite des ursprünglichen Vertragskonsenses und ignoriert die Tatsache, daß sich ein einheitliches Vertragsverständnis oft erst im Zuge der Vertragsanwendung einstellt.[108]

Es wird allgemein angenommen, daß bei Satzungen internationaler Organisationen der ursprüngliche Parteiwille zurücktritt, und objektiven Faktoren, wie dem Vertragstext und dem Ziel und Zweck des Vertrags, die entscheidende Bedeutung zukommt.[109] FITZMAURICE hat die Bedeutung der späteren Praxis als Instrument der teleologischen Auslegungsweise wie folgt beschrieben:

"Interpretation by reference to subsequent practice is indeed only a method of giving a reasonable and controlled effect to the teleological theory of interpretation, and must be governed by similar conditions and limitations as in the case of the latter...".[110]

Die internationale Judikatur, die eine dynamische Betrachtung der späteren Praxis vornimmt, handelt denn auch in der überwiegenden Mehrzahl von Satzungen internationaler Organisationen. So betonte der IGH im *Reparation for Injuries*-Fall in Bezug auf die Rechtspersönlichkeit und das Klagerecht der Vereinten Nationen, daß "the rights and duties of an entity such as the Organization must depend upon its purposes and functions as specified or implied in its con-

---

[105] KARL, Vertrag und spätere Praxis, S. 143ff.; BERNHARDT, Auslegung, S. 174; RESS, in: BIEBER/RESS, S. 57; DERS., in: SIMMA, ChVN, Auslegung, Rn. 27.

[106] COT, RGDIP 70 (1966), 632 (652); KARL, Vertrag und spätere Praxis, S. 165.

[107] RESS, in: BIEBER/RESS, S. 57f., 59; HOLSTEIN, Das Verhältnis des Sicherheitsrates, S. 95.

[108] Vgl. BERNHARDT, ZaöRV 36 (1976), 50 (54); MÜLLER, Vertrauensschutz, S. 188.

[109] KARL, Vertrag und spätere Praxis, S. 166; DE VISSCHER, Riv. Dir. Int. 1958, 177ff.; FAVRE, SchwJIR 17 (1960), 75 (88f.); DAHM, Völkerrecht III, S. 55.

[110] FITZMAURICE, BYIL 39 (1963), 133 (141).

stituent documents and developed in practice".[111] Im Sondervotum des IGH-Richters LAUTERPACHT zum Südwestafrika-Gutachten hinsichtlich einer Abstimmungsfrage in der Generalversammlung kommt die Notwendigkeit einer dynamischen und teleologischen Interpretation von Satzungen internationaler Organisationen besonders deutlich zum Ausdruck: "A proper interpretation of a constitutional instrument must take into account not only the formal letter of the original instrument, but also its operation in actual practice and in the light of the revealed tendencies in the light of the organization".[112] Seine deutlichste Akzentuierung fand das Prinzip der Vertragswirklichkeit im *Certain Expenses*-Gutachten des IGH, wo auf die Bedeutung der aktuellen Organisationspraxis nicht nur bei der Darstellung des Rechtsproblems hingewiesen wurde, sondern diese später auch zur Auslegung zweier Bestimmungen der Charta (Art. 11 II und Art. 17 II) herangezogen wurde.[113] Hierbei wurde deutlich, daß der Gerichtshof die gegenwärtige Organisationspraxis als maßgeblichen Faktor für das Verständnis der in Frage stehenden Vertragsbestimmungen erachtete.[114]

Die spätere Praxis soll also bei Satzungen internationaler Organisationen dynamisch verstanden werden, d.h. das gegenwärtige Vertragsverständnis der Parteien widerspiegeln, und nicht in erster Linie ein Indiz für die historische Absicht der Vertragsgründer sein. Damit ist es zumindest erlaubt – wie bereits bei der Ermittlung des allgemeinen dynamischen Auslegungskonzepts festgestellt[115] -, Vertragsbestimmungen durch spätere Praxis in Übereinstimmung mit dem zur Zeit der Auslegung herrschenden Völkerrecht und der ihnen entsprechenden Begriffsinhalte zu interpretieren.[116] Allerdings wurde schon ausgeführt, daß auch eine am aktuellen völkerrechtlichen Begriffsverständnis orientierte Auslegung des NATO-Vertrags im Hinblick auf den Verteidigungsbegriff des Art. 5 NATO-Vertrag nicht ausreichen würde, um kollektive Friedensaktionen vom "Typ Kosovo" zu rechtfertigen. "Verteidigung" wird auch in der neueren Völkerrechtsdoktrin nur bei bewaffneten Angriffen gegen Staaten zugelassen, nicht

---

[111] ICJ-Reports 1949, 174 (180).

[112] Voting Procedure on Questions relating to Reports and Petitions concerning the Territory of South West Africa, Rechtsgutachten des IGH vom 7.6.1955, ind. Votum LAUTERPACHT, ICJ-Reports 1955, 67 (106).

[113] ICJ-Reports 1962, 151 (157, 159ff., 165).

[114] ICJ-Reports 1962, 151 (165): "The practice of the Organization throughout its history bears out the foregoing elucidation...". Vgl. auch Sondervotum FITZMAURICE, ebd., S. 201: "However, no one would deny that practice must be a very relevant factor".

[115] Siehe oben 1. Kapitel, B. III. 2.

[116] Der IGH hat in seinem Namibia-Gutachten explizit festgestellt, daß "an international instrument has to be interpreted and applied within the framework of the entire legal system, prevailing *at the time of the interpretation*" (ICJ-Reports 1971, 16 [31f.]).

aber bei Gewaltanwendung gegen Einzelmenschen oder Volksgruppen.[117] Die spätere Praxis der NATO-Bündnismitglieder wäre unter dem Gesichtspunkt eines völkerrechtskonformen Verteidigungsverständnisses also keine Legitimation für friedenschaffende Aktionen.

Allerdings kann späteres Parteiverhalten unter einem dynamischen Auslegungskonzept nicht nur für eine aktuelle Wortlautinterpretation von Bedeutung sein. Wie BERNHARDT dargelegt hat, kann sie darüber hinaus auch einen Bedeutungswandel des Vertragstexts herbeiführen, der noch mit dem Wortlaut in Einklang gebracht werden kann, also eine Begriffsausdehnung bis zur Grenze des semantisch Möglichen rechtfertigen.[118] Jedoch führt dieser Befund beim NATO-Vertrag aus den genannten Gründen zu keiner anderem Ergebnis. Die Grenze der Wortlautbedeutung "Verteidigung" erlaubt ungeachtet seines völkerrechtlichen Aussagegehalts keine offensiven und präventiven Einsätze "out of area".

Schließlich kann eine spätere Praxis aber auch eindeutig über den Vertragstext hinausführen und einen von ihm abweichenden Zustand hervorbringen.[119] Hierbei werden drei Formen vertragsabweichender Praxis unterschieden, und zwar die *negative Praxis* als Nichtanwendung des Vertrags, die *konträre Praxis* als Einführung neuer Verhaltensregeln, die an die Stelle der vertraglich vereinbarten tritt, und schließlich die *erweiternde Praxis*, worunter nicht die Aufhebung des Vertrages oder einzelner seiner Bestimmungen, sondern die Hinzufügung neuer Regelungen bzw. die Erweiterung des Geltungsbereiches verstanden wird.[120] Um letzteren Fall einer Ergänzung des Vertragsrahmens handelt es sich bei der Anwendung des NATO-Vertrags zur Durchführung kollektiver Friedensmissionen im Rahmen der Krise im ehemaligen Jugoslawien. Ob die "spätere Praxis" als eigenständiges und neben dem Vertragswortlaut gleichberechtigtes *Auslegungs*mittel im Gegensatz zu den übrigen Interpretationsmethoden des Art. 31 WVRK auch vertragsabweichendes Verhalten zuläßt, oder ob es sich bei derartigem späteren Parteiverhalten gar nicht um Auslegung, sondern in Wirklichkeit um ein weiteres Instrument stillschweigender Vertrags*änderung* handelt, ist also die entscheidende Frage, der bei der Beurteilung der Völkerrechtskonformität der NATO-Einsätze maßgebliche Bedeutung zukommt.

---

[117] Vgl. oben 1. Kap. B. V. 3. sowie NOLTE, ZaöRV 59 (1999), 941 (949f.) und SIMMA, EJIL 10 (1999), 1 (3), der die Idee einer derartigen Erweiterung des Verteidigungsbegriffs aus rechtlicher Sicht für absurd hält. Die Neudefinition von "Verteidigung" als Abwehr von Angriffen auf (NATO)Interessen und –Werten könnte ohnehin als organisationsinterne Spezialauslegung nur "inter partes" Geltung beanspruchen, gibt jedoch keinesfalls den gegenwärtigen Inhalt des Verteidigungsbegriffs nach allgemeinem Völkerrecht wider.

[118] In: Auslegung, S. 169.

[119] BERNHARDT, Auslegung, S. 169; RESS, in: BIEBER/RESS, S. 58f.

[120] Vgl. zu den Fallgruppen KARL, Vertrag und spätere Praxis, S. 215.

III. Spätere Praxis als Auslegung oder rechtsgeschäftliche Vertragserweiterung?

1. Ansicht der Literatur

Die ganz überwiegende Literatur geht unproblematisch davon aus, daß der späteren Praxis vertragsändernde Wirkung zukommen kann. Ihre Entwicklungsmöglichkeiten seien "unbegrenzt", zumal das Völkerrecht auch regelrechte Vertragsänderungen durch spätere Praxis, ja selbst die Vertragsbeendigung durch *desuetudo* zulasse.[121] Teilweise wird bei der Berücksichtigung des späteren Parteiverhaltens gar nicht mehr zwischen Auslegung und Änderung unterschieden; diese seien zwar theoretisch trennbar, würden in der Praxis aber zusammenfließen.[122] Andere wiederum sehen bei der vertragswidrigen späteren Praxis zwar den Rahmen der Vertragsinterpretation überschritten und eine stillschweigende Modifikation eingeleitet, dies sei aber rechtlich zulässig.[123] Zwar sei die spätere Praxis im Rahmen der WVRK in die *Auslegung* des Vertrags und nicht in seine Änderung eingebunden, gleichwohl sei eine Änderung – und sogar Beendigung – eines völkerrechtlichen Vertrages durch die in einer späteren Praxis der Vertragsparteien zum Ausdruck kommende Übereinstimmung weder verboten noch sonst wie ersichtlich ausgeschlossen.[124]

Dies gelte grundsätzlich auch für Satzungen internationaler Organisationen, sofern nicht Rechtspositionen Dritter berührt seien.[125]

Der Hauptteil der eine Vertragsabweichung billigenden Doktrin erblickt in der vertragsändernden späteren Praxis entweder einen stillschweigenden form-

---

[121] Statt vieler KARL, in: SCHREUER, Autorität und internationale Ordnung, S. 25f.

[122] RESS, in: SIMMA, ChVN, Auslegung, Rn. 27; ähnlich COT, RGDIP 70 (1966), 632ff. Nach KARL fällt die Auslegung mit der Vertragsänderung zusammen, wenn eine Rückkehr zum ursprünglichen Vertragsinhalt ausgeschlossen ist (in: SCHREUER, Autorität und internationale Ordnung, S. 34).

[123] KLEIN, Statusverträge, S. 107; AKEHURST, BYIL 47 (1974/75), 273 (277f.).

[124] RESS, in: BIEBER/RESS, S. 55; KARL, Vertrag und spätere Praxis, S. 367ff., 373; IPSEN, Völkerrecht, § 13 Rn. 5.

[125] EVERLING, in: FS MOSLER, S. 173 (189f.). Wenn KARL der Ansicht ist, die spätere Praxis dürfe sich bei internationalen Organisationen nur im Rahmen der "Auslegung" halten, weil Rechte Dritter betroffen seien (in: Vertrag und spätere Praxis, S. 351), gilt dies nur dort, wo es staatenunabhängige Entscheidungsorgane gibt, insbesondere Gerichte über die Verfassungsmäßigkeit des Organisationsgeschehens zu wachen haben. In solchen Fällen soll eine Satzungsänderung nur bei Zustimmung aller Beteiligten möglich sein (RESS, in: BIEBER/RESS, S. 70). Ein derart zur eigenständigen verbindlichen Auslegung oder gar Vertragsänderung berufenes staatenunabhängiges Organ gibt es im Rahmen des NATO-Vertrags nicht.

losen *pactum tacitum* oder partikuläres (vertragsbezogenes) Völkergewohnheitsrecht.[126] FITZMAURICE beschreibt diesen Vorgang folgendermaßen:

"In such cases what really occurred is an amendment to the treaty by a tacit unwritten consensus".[127]

Stimmen in der Literatur, die für eine Vertragsänderung durch einvernehmliches Parteiverhalten eine Übereinstimmung der Vertragspartner lediglich über die *Auslegung* – wie in Art. 31 III lit. b WVRK - genügen lassen, sind nicht vorhanden. Allgemein wird also davon ausgegangen, daß für eine vertragsändernde Wirkung der späteren Praxis ein Auslegungswille nicht ausreicht, sondern nur durch die hinter dem späteren Parteiverhalten stehenden Änderungsabsicht erzielt werden kann. Auch die Idee eines partikulären Völkergewohnheitsrechts setzt mit der Notwendigkeit einer *opinio iuris* ein rechtsverbindliches Element voraus, nämlich den Willen, ein Verhalten als künftig bindendes Recht anzuerkennen.[128] Begründet wird dies mit den begrenzten Möglichkeiten des Auslegungsvorgangs. Die Grenzen der Auslegung mittels späterer Praxis seien erreicht, wenn die Spannung zu den anderen Auslegungsfaktoren, insbesondere dem Wortlaut, so groß wird, daß sie im offenen Widerspruch zum Vertrag steht. In einem solchen Fall gehe die spätere Praxis ihrer Rolle als (bloßer) Auslegungsfaktor verlustig.[129] Sie könne dann allenfalls als stillschweigender Auslegungsvertrag zur Geltung kommen, für den dann allerdings wiederum ein rechtsgeschäftlicher Wille erforderlich sei.

Billigt man nun der authentischen Interpretation mithilfe des späteren Parteiverhaltens den Charakter einer vertraglichen stillschweigenden Vertragsänderung (*pactum tacitum*) zu, müßte man in der späteren Praxis in jedem Fall nach einem gemeinsamen rechtsgeschäftlichen Willen suchen.[130]

Hierbei wird in Anlehnung an die angelsächsische Doktrin von *acquiescence* teilweise angenommen, daß die spätere Praxis bereits als schlüssige Erklärung eines rechtsgeschäftlichen Willens zu gelten habe, auf den man vertrauen dürfe. Auf diese Weise könne der Vertragswille fingiert werden: Das Fehlen eines tatsächlichen Änderungswillens werde durch das Verkehrsschutz- und Vertrauensschutzprinzip (*acquiescence, estoppel*) wettgemacht.[131] In der Rechtsgeschäfts-

---

126 RESS, in: FS ZEIDLER, S. 1775 (1781f.); KARL, in: BIEBER/RESS, S. 93; DISTEFANO, AFDI 1994, 41 (54ff.); MÜLLER, Vertrauensschutz, S. 183ff.

127 FITZMAURICE, BYIL 30 (1953), 1 (55).

128 Vgl. zur Notwendigkeit eines rechtsändernden bzw. rechtsbegründenden Willens im Rahmen späteren Völkergewohnheitsrechts KARL, Vertrag und spätere Praxis, S. 86ff., 106ff., 249.

129 KARL, in: BIEBER/RESS, S. 86, 89f.

130 So ausdrücklich RESS, in: BIEBER/RESS, S. 65.

131 MÜLLER, Vertrauensschutz, S. 105ff.; KARL, in: SCHREUER, Autorität und internationale Ordnung, S. 31.

lehre zähle nicht der tatsächliche, sondern ein juristischer Wille, der in der Willenserklärung zum Ausdruck komme.

Die Befürworter einer notwendigen stillschweigenden Zustimmung zur Vertragsänderung betonen die Möglichkeit einer formlosen einvernehmlichen Vertragsänderung, die auch im Falle ausdrücklicher und qualifizierter vertraglicher Revisionsklauseln möglich sein soll.[132] Die *actus contrarius*-Theorie, wonach ein Vertrag nur auf die gleiche Weise geändert oder beendet werden kann, wie er gegründet worden ist, hat sich im Völkerrecht nicht durchgesetzt und wurde auch von der ILC in ihrer Kommentierung strikt abgelehnt.[133] Die Möglichkeit einer späteren einvernehmlichen Änderung oder gar Beendigung durch formloses Einvernehmen aller Vertragsparteien könne daher nicht bestritten werden.[134] Wenn im *Nordsee-Festlandsockel*-Fall sogar ernstlich erwogen wurde, eine "stillschweigende" Ratifikation zu akzeptieren, so könne dieser Gedanke, so die Vertreter der *pactum tacitum*-Variante, wohl auch einer stillschweigenden Vertragsänderung zugute kommen.[135] Allerdings müsse das Parteiverhalten eine außerordentliche Intensität und Schlüssigkeit aufweisen, damit es im Sinne einvernehmlicher Änderung, Aufhebung oder Ergänzung eines förmlich geschlossenen Vertrags gedeutet werden könne.[136]

Im Falle des NATO-Vertrages werden diese Anforderungen nicht erfüllt. Abgesehen davon, daß man bei den Kriseneinsätzen im ehemaligen Jugoslawien bislang wohl kaum von einer umfassenden und konstanten Praxis sprechen kann, sind jedenfalls keinerlei Anhaltspunkte für einen rechtsgeschäftlichen Willen erkennbar. Im Gegenteil, aus den Begleitumständen zum Kosovo-Einsatz wurde deutlich, daß von den NATO-Partnern gerade keine Vertragsänderung oder –ergänzung gewollt war, sondern daß der Einsatz in Anwendung der bislang kaum entwickelten "Sicherheitsfunktion" des Bündnisses im Rahmen des *bestehenden* Vertrags stattfinden sollte.[137] Angesichts des eindeutig

---

132 RESS, in: BIEBER/RESS, S. 66f.; KARL, in: BIEBER/RESS, S. 93f.

133 ILC-Draft 1966, YBILC 1966 II, 218 (232f, § 4, 249, § 3): "An amending agreement may take whatever form the parties to the original treaty may choose".

134 Vgl. auch den StIGH, PCIJ Ser. A/B No. 62, S. 27: « Il est toujours loisible aux parties de modifier les traités antérieurs ».

135 KARL, in: BIEBER/RESS, S. 93f. mit Hinweis auf den IGH, ICJ-Reports 1969, 3 (24ff.); MÜLLER, Vertrauensschutz, S. 164ff.

136 MÜLLER, Vertrauensschutz, S. 185; KARL, in: SCHREUER, Autorität und internationale Ordnung, S. 32f.

137 Vgl. die Äußerung des US-Außenstaatssekretärs STROBE TALBOTT: "Some commentators contend that such adaptions [Nicht-Artikel-5-Operationen, wie z.B. humanitäre Kriseneinsätze durchzuführen, d. Verf.] require a revision of the North Atlantic Treaty, or believe that we are proposing one. This is untrue. The framers of the Washington Treaty were careful not to impose arbitrary functional or geographical limits on what the Alliance could do to protect its security" (zitiert bei SIMMA, EJIL 1999, 1ff., Fn. 28).

nach außen erklärten fehlenden rechtsgeschäftlichen Willens kann auch nicht vom Setzen eines Vertrauenstatbestandes gesprochen werden, der unter dem Gesichtspunkt von *estoppel* oder *acquiescence* Rechtsfolgen dergestalt auslösen könnte, daß die NATO-Partner an ihr gezeigtes Verhalten für künftige Fälle rechtlich gebunden wären. Grundgedanke des *estoppel*-Prinzips ist, daß Völkerrechtssubjekte an Erwartungen gebunden sind, die sie durch ihr Verhalten erweckt haben und auf die ein anderer Staat nach Treu und Glauben vertrauen konnte.[138] Es setzt voraus, daß eine Partei im Vertrauen auf Zusicherungen oder konkludente Verhaltensweisen der anderen Partei sich zu rechtlich erheblichem Handeln verleiten ließ, das ihr zum Schaden gereichen würde, wenn die andere Partei später einen gegenteiligen Standpunkt einnehmen dürfte. Es kann somit auch einem Völkerrechtssubjekt wegen seinem früheren Verhalten verwehrt sein, die Unverbindlichkeit einer späteren Vertragspraxis geltend zu machen.[139] Dies verlangt aber, daß die andere Seite in rechtlich relevanter Weise auf dieses Organisationsverhalten vertrauen durfte und auch vertraut hat.

Bei der Durchführung von Aktionen kollektiver Sicherheit durch die NATO gibt es keine Völkerrechtssubjekte, die hierauf in rechtlich schützenswerter Weise vertrauen durften. Der Handlungsrahmen einer internationalen Organisation wird einvernehmlich im Interesse der Mitgliedstaaten festgelegt, um ihre funktionale Rechts- und Handlungsfähigkeit im Innenverhältnis zu bestimmen. Ziel eines Gründungsvertrages und der ihn auslegenden späteren Praxis ist es nicht, das Vertrauen von Drittstaaten in den Fortbestand und die rechtliche Verbindlichkeit eines auf den Vertrag gestützten Verhaltens zu erwecken. Praktisch relevant wird der *estoppel*-Grundsatz damit in erster Linie bei bilateralen und multilateralen Austauschverträgen, wo zwischen den Parteien ein Interessengegensatz besteht, der divergierende rechtliche Erwartungen der Parteien bedingt. Bei Satzungen internationaler Organisationen hingegen spielen Vertrauensschutzgesichtspunkte in diesem Sinne keine Rolle, denn die Mitglieder stehen nicht in einem Interessengegensatz zueinander, sondern haben sich gerade zu einer "kooperativen Interessengemeinschaft" zusammengeschlossen, um bestimmte Ziele gemeinsam besser verfolgen zu können. Beim NATO-Vertrag wird diese Interessengemeinschaft insbesondere daran deutlich, daß die Allianzmitglieder nach dem Zweiten Weltkrieg ihre einzelnen Verteidigungsleistungen als nicht ausreichend ansahen, um der militärischen Bedrohung durch die Sowjetunion etwas Wirksames entgegenzusetzen. Laut Präambel des NATO-Vertrags haben sie sich daraufhin entschlossen, ihre Bemühungen für

---

[138] Abw. Votum IGH-Richter ALFARO zum *Temple of Preah Vihear*-Fall, ICJ-Reports 1962, 6 (39ff.); IGH im *North Sea Continental Shelf*-Fall, ICJ-Reports 1969, 3 (25); MENZEL, in: STRUPP/SCHLOCHAUER, WV I, S. 441; MÜLLER, Vertrauensschutz, S. 9ff.

[139] VERDROSS/SIMMA, Universelles Völkerrecht, § 583; MÜLLER, Vertrauensschutz, S. 249.

die gemeinsame Verteidigung und für die Erhaltung des Friedens und der Sicherheit zu vereinigen. Nichts spricht dafür, daß Drittstaaten auf diese Verteidigungsabrede sowie auf der hierauf beruhenden späteren Praxis ein eigenes Verhalten stützen durften, das rechtlich schützenswert wäre. Außerdem ist nichts dafür ersichtlich, daß ein Drittstaat sein Verhalten tatsächlich derart auf die "neuen Aufgaben" der NATO eingestellt hätte, daß ihm ein Nachteil entstehen würde, wenn diese – aus welchen Gründen auch immer – in Zukunft nicht mehr ausgeführt würden.

Daraus folgt, daß ein rechtsgeschäftlich relevantes Verhalten der NATO-Partner nicht vorliegt. Somit ist die für die vertragsändernde Wirkung der späteren Praxis in der Literatur allgemein verlangte rechtsgeschäftliche Absicht zu verneinen. Die von der NATO durchgeführten Friedenseinsätze wären daher mangels eines *pactum tacitum* oder einer völkergewohnheitsrechtlichen Derogation auch unter dem Gesichtspunkt einer potentiell vertragsändernden späteren Praxis völkerrechtswidrig.

Dieses Ergebnis deckt sich mit derjenigen Auffassung in der Literatur, die eine vertragsändernde Wirkung der späteren Praxis ohne gleichzeitige ausdrückliche Änderung des Vertragstexts generell ablehnt. BERNHARDT ist der Auffassung, die spätere Praxis sollte nur dann rechtlich als selbständiger Auslegungsfaktor anerkannt werden, wenn an die Einhaltung des Wortlauts ein strenger Maßstab angelegt wird. Werde der Text verlassen, so sei auch der Bereich der Auslegung überschritten, und es könne dann nur noch um die Frage gehen, ob durch eine informelle Vertragsänderung neues, dem Vertragstext derogierendes Recht entstehen könne.[140] Die nachfolgende Übung dürfe nicht ungeachtet der Bestimmungen des Vertrages herangezogen werden. Fehle es an einem Bezug zwischen der nachfolgenden Übung und dem Wortlaut des Vertrages, gehe diese ins Leere und müsse bei der Auslegung unberücksichtigt bleiben.[141] Dieser Ansicht zufolge muß zwischen Auslegung und Änderung strikt unterschieden werden; eine formlose Vertragsänderung im Rahmen späterer Praxis könne nicht als "Auslegung" bezeichnet werden, sondern müsse klar als "Änderung" erkennbar sein.

Im Prinzip stellt diese Auffassung nur noch einmal klar heraus, was nach der oben dargestellten herrschenden Literaturmeinung ohnehin gilt: Überschreitet die spätere Praxis den Rahmen des Wortlauts, ist sie kein Auslegungsmittel mehr im Sinne des Art. 31 III lit. b WVRK, sondern bei Vorliegen eines entsprechenden rechtsgeschäftlichen Willens eine Vertragsänderung, die sich des späteren einvernehmlichen Parteiverhaltens als konkludente Willenseinigung bedient. Vertragsänderungen "auf kaltem Wege" durch Parteiverhalten ohne

---

140 BERNHARDT, Auslegung, S. 173f.

141 IPSEN, Völkerrecht, § 11 Rn. 14.

rechtsgeschäftliche Übereinstimmung, die lediglich von Einvernehmen über die *Auslegung* begleitet sind, können damit nicht auf Art. 31 III lit. b WVRK gestützt werden.

Demnach würde die gegenwärtige Praxis des NATO-Partner gewissermaßen rechtlich "in der Luft hängen": Mangels Übereinstimmung mit dem Wortlaut kann sie nicht mehr unter Auslegung im Sinne des Art. 31 III lit. b WVRK gefaßt werden, stellt andererseits mangels eines rechtsgeschäftlichen Willens aber auch keine (stillschweigende) Vertragsänderung dar.

2. Judikatur von StIGH und IGH

Fraglich ist, ob nicht möglicherweise die internationale Rechtsprechung die Vertragsänderung mithilfe des Auslegungsmittels "spätere Praxis" zuläßt, wenn hierfür nur eine nicht-rechtliche Auslegungsübereinstimmung vorliegt.

Zunächst läßt sich feststellen, daß in den Fällen, wo die vertragsändernde und –beendigende Praxis Gegenstand der Beurteilung durch StIGH und IGH war, die Weltgerichtshöfe die Möglichkeit einer Änderungspraxis auch dann bejaht haben, wenn die Parteierklärungen nicht als rechtliche Übereinkommen erkennbar waren. Allerdings lagen diesen Entscheidungen Fallkonstellationen zugrunde, wo die handelnden Vertragsorgane auch zur Vertragsänderung rechtlich befugt waren, etwa weil sie zu dem Kreis der nach Art. 7 II lit. a WVRK kraft ihres Amtes zum Vertragsschluß bevollmächtigten Regierungschefs oder Außenminister gehörten, die aufgrund des *ius omnimodo repraesentationis* (Offenkundigkeitsprinzip) keine Vollmacht vorlegen mußten. In den Fällen hingegen, wo Organe nicht zur Vertragsänderung, sondern ausschließlich zur Auslegung berufen sind (z.B. internationale (Schieds)Gerichte),[142] darf sich die spätere Praxis nur im Rahmen des Vertragswortlauts bewegen.[143] Der IGH hat in einer neueren Entscheidung im *Land, Islands and Maritime Frontier Dispute*-Fall (1992) ausdrücklich betont, daß die spätere Praxis der normalen Wortlautbedeutung eines Vertrags nicht vorgehen dürfe; ohne einen Anhaltspunkt im Vertragstext könne ein einvernehmliches Parteiverhalten nicht als Auslegungskriterium be-

[142] Vgl. den IGH im Friedensverträge-Fall, ICJ-Reports 1950, 221 (229): "It is the duty of the Court to interpret the Treaties, not to revise them". Vgl. auch IGH in den *South West Africa Cases*, ICJ-Reports 1966, 6 (36).

[143] Daß eine Vertragsänderung nur durch das Verhalten der zuständigen Organe erreicht werden kann, wurde auf der Wiener Staatenkonferenz wiederholt betont (GAOR, UN Doc. A/Conf. 39/11, S. 207f.). Vgl. aus der Literatur IPSEN, Völkerrecht, § 13 Rn. 5.

rücksichtigt werden.[144] In den Fällen hingegen, wo die den Vertrag anwendenden Organe sowohl zur Auslegung als auch prinzipiell zur Änderung des Vertrags befugt waren, wurde eine klare Abweichung der Praxis vom Vertrag akzeptiert.[145] Zum erstenmal deutlich bejaht wurde die Möglichkeit einer inhaltlichen Abänderung durch das spätere Parteiverhalten vom StIGH im *Serbian and Brazilian Loans*-Fall (1929). Dort untersuchte der Gerichtshof die spätere Praxis im Hinblick auf eine nachträgliche Vertragsänderung:

"...If the subsequent conduct of the Parties is to be considered, it must be not to ascertain the terms of the loans, but whether the Parties by their conduct have altered or impaired their rIGHts".[146]

Die Formulierung "alter or impair their rights" legt die Notwendigkeit eines Rechtsänderungswillens, also ein Einigsein über die Vertragsänderung, nahe. Auch das Urteil des IGH im *Schiedsspruch des spanischen Königs*-Fall (1960) sah in der von den Parteien durch ihre Praxis akzeptierten Vertragsabweichung eine Vertragsänderung, an die die Parteien gebunden seien, mithin also rechtsgeschäftlichen Charakter hätten.[147] Eine mögliche Vertragswidrigkeit der späteren Praxis wurde vom IGH schließlich ebenfalls im *Tempel von Preah Vihear*-Fall ausdrücklich als zulässig erachtet:

"...the Parties...have departed from the line of the watershed, to prevail over the relevant clause of the treaty".[148]

Ein weiteres Beispiel für die positive Einstellung des IGH gegenüber einer vertragsändernden späteren Praxis ist im bereits mehrfach zitierten *Namibia*-Fall enthalten. Hinsichtlich der "Zustimmung" der ständigen Mitglieder zu Beschlüssen des Sicherheitsrats gemäß Art. 27 III SVN, die nach ständiger Praxis auch bei Stimmenthaltungen gegeben sein sollte, stellte der Gerichtshof fest:

---

[144] ICJ-Reports 1992, 351 (586, § 380): "Art. 31, para. 3 (b) cannot prevail over the absence from the text of any specific reference to delimitation. In considering the ordinary meaning to be given to the terms generally or commonly used in order to convey the idea that a delimitation is intended". In dem Fall ging es um einen Streit zwischen El Salvador und Honduras über den rechtlichen Status der Seegebiete zwischen beiden Staaten. In einer Vereinbarung hatten beide Staaten die Zuständigkeit des IGH zur Feststellung dieses Status´ beschlossen, nicht aber zur Festlegung der genauen Grenzen der den Staaten jeweils zustehenden Gebiete. Honduras argumentierte, daß der IGH aufgrund der nachfolgenden Praxis der Parteien – obwohl im Vertrag nicht vorgesehen – auch hierzu befugt sei. Dies lehnte der Gerichtshof mit Hinweis auf den entgegenstehenden Wortlaut der Vereinbarung ab.

[145] Vgl. die ausführliche Darstellung der Rechtsprechung bei KARL, Vertrag und spätere Praxis, S. 232ff.

[146] PCIJ Ser. A No. 20, S. 38; PCIJ Ser. A No. 21, S. 119f.

[147] ICJ-Reports 1960, 192 (206f.). Besonders deutlich IGH-Richter SPENDER in seinem Sondervotum, ICJ-Reports 1960, 192 (219f.).

[148] ICJ-Reports 1962, 6 (34).

"This procedure followed by the Security Council, which has continued unchanged after the amendment in 1965 of Article 27 of the UN Charter, has been generally accepted by Members of the UN and evidences a general practice of that Organization".[149]

Zwar fehlt hier ein Hinweis auf die Divergenz zwischen Vertragsbestimmung und späterer Praxis, doch läßt sich diese an Hand der *travaux préparatoires* leicht nachweisen.[150] Diese muß dem Gerichtshof auch bekannt gewesen sein. Daß er darauf abstellt, die geübte spätere Praxis sei von den *Mitgliedern* der Organisation anerkannt worden – und nicht lediglich durch ein Organ eigenmächtig ausgeübt -, spricht wieder für die Notwendigkeit einer rechtsgestaltenden Einwilligung der Vertragsgründer.

Schließlich sprechen auch die in den Kernversuchs-Urteilen des IGH (1974) geäußerten Rechtsansichten der Streitparteien sowie das gemeinsame Sondervotum der Richter ONEYAMA, DILLARD, JIMÉNEZ DE ARÉCHAGA und WALDOCK für die Anerkennung einer vertragsändernden bzw. –beendigenden Wirkung der späteren Praxis.[151] In beinahe allen Stellungnahmen räumten die Parteien ein, daß Verträge auch formlos durch die Praxis geändert werden könnten, sofern sich in ihr das Einvernehmen der Vertragsparteien ausdrückt,[152] also Rechtsänderungswille vorliegt.

Prinzipiell ablehnend gegenüber der Zulässigkeit einer vertragsändernden Praxis verhielt sich in diesem Verfahren lediglich IGH-Richter DE CASTRO. Er war der Ansicht, die WVRK, die er gerade in diesem Punkt für kodifiziertes Gewohnheitsrecht hielt,[153] habe eine stillschweigende Aufhebung zu Recht nicht in Betracht gezogen, denn: "To admit tacit abrogation would be to introduce confusion into the international system".[154]

Im allgemeinen hat die Judikatur der Weltgerichtshöfe die vertragsändernde Rolle der späteren Praxis grundsätzlich anerkannt – sofern diese von einem rechtsgeschäftlichen Willen flankiert und durch zur Vertragsänderung berufene Organe durchgeführt wird.

---

149 ICJ-Reports 1971, 16 (21).

150 Vgl. UNCIO, Vol. XI, S. 514ff. Hier zeigt sich, daß man "concurring votes" sehr wohl in dem Sinn verstand, daß alle Ständigen Mitglieder des Sicherheitsrats anwesend waren und ihre Stimme abgaben und daß nur unter dieser Voraussetzung ein gültiger Beschluß zustande kommen sollte.

151 Vgl. Gemeinsames Sondervotum, ICJ-Reports 1974, 337 (338).

152 Vgl. die Auffassungen der Antragsteller Australien und Neuseeland sowie des Antragsgegners Frankreich, in: ICJ-Pleadings, Nuclear Tests, Bd. 2, S. 347ff.

153 Sondervotum DE CASTRO, ICJ-Reports 1974, 381.

154 Ebda.

3. Der Französisch-Amerikanische Luftverkehrsfall

Die praxisfreundliche Auffassung des IGH fand im Schiedsspruch des Schiedsgerichts AGO/REUTER/DE VRIES vom 22.12.1963 im Französisch-Amerikanischen Luftverkehrsstreit ihre Entsprechung.[155] Das Gericht war der Ansicht, daß die spätere einvernehmliche Änderung oder gar Beendigung durch formloses Einvernehmen aller Vertragsparteien auch dann möglich sein soll, wenn die vertraglichen Revisionsklauseln nicht eingehalten werden.[156]

In dem Streitfall ging es um die Interpretation des 1946 zwischen den Parteien geschlossenen Luftverkehrsabkommens. Die französischen Luftfahrtbehörden hatten vertragswidrige Routenänderungen und Erhöhungen der Flugfrequenz durch eine private amerikanische Fluggesellschaft während längerer Zeit stillschweigend geduldet. Zum Eklat kam es erst 1962, als der französische Luftverkehrsdirektor sich weigerte, die Flugpläne der "Pan American Airways" (PanAm) wie bisher zu genehmigen.[157] Das Gericht stellte fest, daß nach richtiger Auslegung der Vertragsbestimmungen die wiederholten einseitigen Ausdehnungen des amerikanischen Flugservice-Netzes nicht dem ursprünglichen Vertragsinhalt entsprach. Dennoch hätten die USA ein Recht, ihr Service-Netz im bisherigen Umfang aufrechtzuerhalten, weil das Luftverkehrsabkommen nachträglich erweitert, also geändert worden sei.[158] Die Ursache für die Änderung sah es unter Bezugnahme auf den IGH im Tempel von Preah Vihear-Fall im Verhalten der Vertragsparteien ab dem Zeitpunkt, in welchem erstmalig Differenzen über die Anwendung des Abkommens aufgetreten waren:

"This course of conduct may, in fact, be taken into account not merely as a means useful for interpreting the Agreement, but also as something more: that is, as a possible source of a subsequent modification, arising out of certain actions or certain attitudes, having a bearing on the juridical situation of the Parties and on the rights that each of them could properly claim".[159]

Als Vertragsänderungsgrund wertete das Schiedsgericht also nicht nur ausdrückliche, sondern auch stillschweigende Vereinbarungen, ja selbst bloßes Verhalten der Vertragsparteien. Davon könne etwa ausgegangen werden, wenn eine interessierte Partei es unterlasse, Widerspruch zu erheben oder aufrechtzuerhalten.

---

[155] *Air Transport Services Agreement Arbitration* (USA v. Frankreich), ILR 38 (1969), 182ff.

[156] Dies schlußfolgert MÜLLER, da bei der Bejahung der vertragsändernden Wirkung der Parteipraxis durch das Schiedsgericht ein bestimmtes, im Vertrag vorgesehenes Revisionsverfahren unbeachtet blieb (in: Vertrauensschutz, S. 175).

[157] Vgl. den Sachverhalt in ILR 38 (1969), 189ff.

[158] ILR 38 (1969), 182 (256ff.).

[159] ILR 38 (1969), 182 (249).

Diese Erwägungen des Schiedsgerichts könnten den Anschein erwecken, das Völkerrecht lasse eine Vertragsänderung auch ohne diesbezüglichen rechtsgeschäftlichen Willen zu. Hierbei darf aber nicht übersehen werden, daß vom Gericht indirekt das Bestehen einer rechtsgeschäftlichen Vertragsänderung unterstellt wurde: Der Präsident des Schiedsgerichts hatte während des Verfahrens bei den Streitparteien angefragt, ob das Gericht auch formlose Übereinkommen der Parteien berücksichtigen dürfe.[160] So stützte es denn die Annahme einer vertragsändernden Wirkung letztlich auch auf ein Vertragsänderungsabkommen:

"Thus an analysis of the conduct of the Parties leads the Tribunal that, as a result of the attitude adopted by the French authorities...the rIGHt...[die spätere Praxis als rechtswirksam auszuüben, d. Verf.] had been established and could no longer be contested save in exceptional circumstances. But the Tribunal also believes that it should once again state that, in its opinion, it was not by virtue of the Agreement of 1946, but rather by virtue of an agreement that implicitly came into force at a later date, that the rIGHt in question was in fact accorded".[161]

Die vertragsändernde Wirkung der späteren Praxis beruht also auf einer vertragsändernden Absprache, die sich durch eine vom ursprünglichen Vertrag abweichende spätere Praxis manifestiert.

4. Art. 38 ILC-Draft von 1966

Das Urteil im Französisch-Amerikanischen Luftverkehrsstreit war Ausgangspunkt der Diskussion darüber, ob die in die Auslegungsregeln der WVRK eine Bestimmung aufgenommen werden sollte, die eine Abänderung des Vertrags allein durch spätere Praxis erlaubt.[162] Auf Vorschlag von TUNKIN und AGO und nach kleineren Verbesserungsvorschlägen des Sonderberichterstatters und der ILC, die das rechtsgeschäftliche Konzept der vertragsändernden späteren Praxis stärker betont wissen wollten, lautete der Art. 38 ILC-Draft 1966 folgendermaßen:

"Modification of treaties by subsequent practice

A treaty may be modified by subsequent practice in the application of the treaty establishing the agreement of the parties to modify its provisions".[163]

---

[160] ILR 38 (1969), 182 (193).

[161] ILR 38 (1969), 182 (253).

[162] Siehe zu dieser Diskussion ausführlich KARL, Vertrag und spätere Praxis, S. 288ff. Maßgeblich beteiligt an diesem Vorschlag war AGO, der als Präsident des Französisch-Amerikanischen Schiedsgerichts agiert hatte.

[163] YBILC 1966 II, 236.

Die Bestimmung besagt, daß schriftliche Verträge[164] durch die Anwendungspraxis geändert werden können,[165] sofern in dieser eine entsprechende Übereinkunft der Vertragsparteien zum Ausdruck kommt. Sie bejaht damit die Vertragsänderung durch spätere Praxis und weist als Begründung auf einen stillschweigenden Vertrag hin.[166] So betonte denn auch die ILC in ihrer Kommentierung, daß der Gegenstand des Art. 38 die Abänderung eines Vertrags durch nachfolgende Praxis sei.[167] Der Schwerpunkt der Bestimmung sollte nicht die spätere Praxis sein, sondern der stillschweigende Vertrag, der in der Praxis zum Ausdruck kommen muß.[168] Mit der Betonung eines notwendigen *pactum tacitum* distanzierte man sich von der Idee, ein Vertrag könne auch durch willensunabhängige Haftungstatbestände (z.B. mit hilfe des *estoppel*-Prinzips) geändert werden.[169]

Die Hervorhebung eines voluntaristischen Vertragskonzepts scheint auch deshalb sinnvoll, weil nicht angenommen werden kann, daß die Vertragsstaaten eine Vertragsänderung allein aufgrund Vertrauensschutzgesichtspunkten und unter Umgehung ihrer verfassungsrechtlichen Vorgaben, insbesondere der Parlamentsbeteiligung, billigen würden.[170] Ohnehin hätte die Unterscheidung zwischen voluntaristischem und eine Willenserklärung fingierendem Vertragskonzept (*estoppel* und *acquiescence*) im Falle des NATO-Vertrags keine Bedeutung, weil bei ausdrücklich entgegenstehendem Parteiwillen auch die Fiktion einer Rechtsänderung ausscheidet.

---

[164] Zweifellos bezieht sich diese Vorschrift in erster Linie auf förmliche Verträge im Sinne von Art. 2 I lit. a WVRK, denn nur solche unterfallen ja dem Regelungsbereich der WVRK.

[165] Vgl. auch den Kommentar der ILC: "This article covers cases where the parties by common consent in fact apply the treaty in a manner which its provisions do not envisage" (YBILC 1966 II, 236, § 1).

[166] Ursprünglich sollte der Art. 68 ILC-Draft 1964 in lit. c auch die Vertragsänderung durch eine neu entstandene Regel des Völkergewohnheitsrechts abdecken (YBILC 1964 II, 198). Dies entsprach aber nicht den Vorstellungen der ILC, die in der vertragsändernden späteren Praxis ganz überwiegend einen stillschweigenden, aber vom Gewohnheitsrecht gedanklich zu trennenden Vertrag sahen (vgl. die Äußerungen von WALDOCK, YBILC 1966 I/2, 169, § 67; ROSENNE, ebd., S. 220, § 8; BRIGGS, S. 221, § 31; YASSEEN, S. 221, § 37; REUTER, S. 221, § 39). Unter Berücksichtigung der im VI. Bericht WALDOCKS (1966) geäußerten Vorstellungen besorgte das Redaktionskomitee einen Artikelentwurf, der nur mehr die vertragsändernde spätere Praxis mit rechtsgeschäftlichem Charakter zum Gegenstand hatte.

[167] YBILC 1966 II, 236, § 1.

[168] Vgl. die Stellungnahme WALDOCKS als Expert Consultant der Konferenz, UNCLTOR I, S. 214, § 55.

[169] KARL, Vertrag und spätere Praxis, S. 291.

[170] RESS, BDGV 23 (1982), 7 (25) – A.A. MÜLLER, Vertrauensschutz, S. 187.

Art. 38 ILC-Draft 1966 bejaht den Verzicht auf jegliches Formerfordernis und erkennt die derogatorische Gleichrangigkeit von förmlichem und formlosen Vertrag an (vgl. auch Art. 3 WVRK, der die Geltung formloser Verträge nicht bestreitet). Dieser Schluß entspricht der Erfahrung, daß Staaten miteinander auch auf formlose Weise durch Zeichen und Handlungen verkehren und Bindungen eingehen.

Die Gründe, die schließlich zur Ablehnung des Art. 38 auf der Wiener Staatenkonferenz geführt haben, wollten in keiner Weise den Vertragsänderungsgrund der späteren Praxis beseitigen.[171] Die Bedenken waren vielmehr formeller Art, etwa weil die WVRK ihrem Regelungsbereich nach nur schriftliche Verträge zum Gegenstand habe.[172] Auch wurde gesagt, der Text der geplanten Vorschrift sei unklar und zu unbestimmt;[173] ein einzelner Artikel könne dem komplizierten Sachverhalt auch gar nicht gerecht werden.[174] Weiterhin wurde vorgetragen, daß die vertragsändernde Wirkung nachfolgender Praxis gar keiner besonderen Erwähnung im Kodifikationswerk bedürfe, da sie sich einerseits aus dem Gebot des Handelns nach Treu und Glauben ergebe,[175] zum anderen auch ohnehin schon durch die übrigen Auslegungsregeln erfaßt sei.[176] Eine besondere Hervorhebung der Vertragsänderung durch schlüssiges Verhalten sei nicht unbedingt notwendig, es genüge, daß der Kodifikationsentwurf allgemein die Geltung formloser Vereinbarungen vorbehalte. Der finnische Delegierte CASTRÉN brachte diese Ansicht auf den Punkt, als er den Normgehalt von Art. 38 und Art. 27 III lit. b ILC-Draft als identisch betrachtete: "...the distiction between these two provisions of the draft was practically non-existent".[177]

Am häufigsten hielt man Art. 38 entgegen, er verursache Probleme im staatlichen Recht. Konflikte mit dem internen Verfassungsrecht seien unvermeidbar, wo dieses die Durchführung von Vertragsänderungen nur in der Form des Vertrages erlaube (Grundsatz des Formenparallelismus); man hielt ihn daher für die Einfallspforte von Unsicherheit und Unordnung ins staatliche Rechtsquellen-

---

171 So dezidiert RESS, in: BIEBER/RESS, S. 67; MÜLLER, Vertrauensschutz, S. 182.

172 Vgl. z.B. die Stellungnahme des finnischen Delegierten, in: GAOR, UN Doc. A/Conf. 39/11, S. 207f. Ähnlich auch der Delegierte Spaniens (UN Doc. A/Conf. 39/C.1/SR 37, S. 17).

173 So Spanien (UNCLTOR I, S. 209 § 65), Polen (UNCLTOR I, S. 211 § 13), Uruguay (ebd., S. 212 § 35).

174 So etwa Polen (UNCLTOR I, S. 211 § 15).

175 WALDOCK, UN Doc. A/Conf. 39/C.1/SR 38, S. 13f.

176 Finnland (CASTRÉN), UNCLTOR I, S. 207f., § 57; Israel (ROSENNE), UNCLTOR I, S. 213, § 48.

177 UN Doc. A/Conf. 39/C.1/SR 37, S. 13.

system.[178] Man sah auch die Prärogative des Parlaments zum Abschluß wichtiger Verträge gefährdet, da auch die Praxis von Verwaltungsorganen zu Vertragsänderungen führen könne. Diese Bedenken entsprangen jedoch offensichtlich staatlichen Anliegen und nicht einer völkerrechtlichen Rechtsüberzeugung, wonach die spätere Praxis generell keine Vertragsänderung bewirken könne. Neben einer nicht unwesentlichen Anzahl von Befürwortern des Art. 38,[179] äußerten einige aus den genannten Gründen die Vorschrift ablehnende Staaten die Überzeugung, daß die "modification of treaties by subsequent practice" zur Rechtswirklichkeit gehöre; die Praxis rage bei der Vertragsabwicklung wegen ihrer Offenkundigkeit besonders hervor.[180]

Damit ist festzuhalten, daß das Scheitern des Art. 38 ILC-Draft 1966 auf der Wiener Staatenkonferenz nicht auf einer prinzipiellen Ablehnung der vertragsändernden Wirkung der nachfolgenden Praxis beruht, sondern durch allgemeine, hauptsächlich formale und innerstaatlich motivierte Erwägungen ausgelöst wurde. Allerdings folgt aus der Ablehnung des Art. 38 auch, daß die Frage der Vertragsänderung durch konkludentes Verhalten in der WVRK bis heute keine grundsätzliche Klärung gefunden hat.[181] Vertretbar wäre, die Auslegung und Änderung eines Vertrags vor dem Hintergrund gleichzusetzen, daß jeder Auslegung auch Änderungsmomente innewohnen und daß eine klare Abgrenzung zwischen beiden unter einem dynamischen Auslegungsverständnis weder möglich noch erforderlich ist.[182] Jedoch könnte auch bei einer Subsumtion der späteren Praxis unter die Auslegungsregel des Art. 31 III lit. b WVRK – wie oben gesehen – nicht auf einen rechtsgeschäftlichen Änderungswillen verzichtet werden. Unabhängig davon, ob man die spätere Praxis im Rahmen der anerkannten Auslegungsregeln bei Vorliegen einer Rechtsänderungsabsicht als authentische (verbindliche) Interpretation mit vertragsändernder Wirkung ansieht, oder in ihr ein überflüssiges, weil aus der Vertragsfreiheit ohnehin fließendes eigenständiges Instrument der Vertragsänderung erblickt, kann festgehalten werden, daß sie Abweichungen vom mithilfe der übrigen Auslegungsmittel ermittelten Wortsinn nur dann rechtfertigt, wenn der Wille erkennbar ist, das geübte Verhalten auf

[178] In diesem Sinn kritisch Japan (UNCLTOR I, S. 208 § 58), Frankreich (ebd., S. 208 § 63), Spanien (ebd., S. 209 § 68), die Sowjetunion (ebd., S. 210 § 4), die Vereinigten Staaten (ebd., S. 211 § 6), Polen (ebd., S. 211 § 17), Türkei (ebd., S. 211f. § 27), Kuba (ebd., S. 213 § 41).

[179] Für die Aufnahme einer Bestimmung zur vertragsändernden späteren Praxis sprachen sich die Delegierten folgender Staaten aus: Argentinien, Iran, Italien, Kambodscha, Österreich, Schweiz, sowie der Expert Consultant WALDOCK (UNCLTOR I, S. 211ff.).

[180] So die Delegierten der USA, der Sowjetunion und der Schweiz, UN Doc. A/Conf. 39/C.1/SR 38, S. 5, 11.

[181] MÜLLER, Vertrauensschutz, S. 186; KARL, Vertrag und spätere Praxis, S. 368.

[182] Vgl. auch den Kommentar der ILC, YBILC 1966 II, 236, § 1.

eine rechtlich verbindliche neue Grundlage zu stellen. Es ist somit unerheblich, ob die neuen Aufgaben im NATO-Rahmen als vertragsändernde spätere Praxis, Vertragsfortbildung oder inhaltliche Vertragsänderung bezeichnet werden: Ihr Kennzeichen müßte in jedem Fall ein der Praxis zugrundeliegender Vertragswille sein, der aber ganz offensichtlich nicht vorliegt.

5. Stillschweigende Satzungsänderung durch spätere Praxis auch bei internationalen Organisationen?

Es wurde bereits kurz angedeutet, daß nach Ansicht der Literatur eine stillschweigende Änderung durch spätere Praxis auch im Rahmen des Rechts internationaler Organisationen möglich sein soll.[183] Tatsächlich zeigt eine Reihe von Beispielen, daß formlose Satzungsänderungen durch abweichendes Parteiverhalten allgemein akzeptiert wird. So gab beispielsweise der Internationale Währungsfond am 15.8.1971 das System der festen Wechselkurse auf, ohne das Änderungsverfahren einzuschlagen, daß Art. XVII der IMF-Satzung 1944/68 hierfür vorgesehen hatte.[184] Das nunmehr eingeführte System flexibler Wechselkurse stand in klarem Widerspruch zu formell eingegangenen Verpflichtungen, insbesondere zu Art. IV Abschn. 1 IMF-Satzung 1944/68, bevor im Jahre 1976 die IMF-Satzung formell revidiert wurde. Allerdings wurde die neue Praxis von der Zustimmung aller Beteiligten getragen, ohne daß sie als Gewohnheitsrecht vor dem Zeitpunkt der formellen Vertragsänderung schon völkergewohnheitsrechtlich verbindlich geworden wäre.[185]

Auf die vertragsändernde, vom IGH anerkannte Praxis des Sicherheitsrats zu Art. 27 III SVN wurde bereits mehrfach kurz eingegangen.[186] Ein weiteres Beispiel aus dem europäischen Gemeinschaftsrecht ist der Luxemburger Kompromißbeschluß von 1966. Durch die dort getroffene Abrede, entgegen eindeutiger Vertragsbestimmungen wie Art. 148 I, 163 I EWGV[187] auf längere Zeit keine Mehrheitsentscheidungen mehr tätigen zu wollen, taucht die Frage auf, ob die Mitgliedstaaten unter stillschweigender Abweichung von der Vertragsänderungsvorschrift des Art. 236 EWGV den Vertrag durch spätere Praxis ändern wollten.[188] Es spricht zwar viel dafür, bei Vorhandensein von staatenunab-

---

[183] Siehe oben III. 1. und RESS, in: BIEBER/RESS, S. 68.

[184] Vgl. hierzu PETERSMANN, ZaöRV 34 (1974), 462ff.

[185] Siehe die Diskussionsbeiträge von BERNHARDT, KEWENIG, RAUSCHNING und SIMMA zu: HAHN, Elemente einer neuen Weltwährungsordnung, in: KEWENIG (Hg.), Völkerrecht und internationale wirtschaftliche Zusammenarbeit, S. 243ff.

[186] Siehe oben Fn. 100, 101, 150.

[187] BGBl. 1957 II, 766.

[188] Die Möglichkeit einer stillschweigenden Vertragsänderung durch spätere Praxis ist im EG-Recht nicht unumstritten, vgl. zum Streitstand EVERLING, in: FS MOSLER, S. 173 (188).

hängigen Organen, die ihre Aufgaben selbständig wahrnehmen und gemäß Art. 236 EWGV an der Änderung des EWG-Vertrags zwingend zu beteiligen sind, die vertragsändernde Praxis der Mitgliedstaaten für sich genommen als systemwidrig zu bezeichnen.[189] Allerdings kann auch im europäischen Gemeinschaftsrecht der Grundsatz gelten, daß die Vertragsstaaten als Herren der Verträge zu gelten haben, die in dieser Eigenschaft, z.B. durch einvernehmliche rechtsgestaltende Praxis der im Rat versammelten völkerrechtlich handlungsbefugten Staatenvertreter, den EWG-Vertrag auch stillschweigend ändern können. Jedenfalls haben die EG-Staaten in Folge des Luxemburger Beschlusses ohne Einleitung eines formellen Vertragsänderungsverfahrens eine vom Vertrag eindeutig abweichende Praxis für sich als rechtmäßig in Anspruch genommen, was zumindest für eine Tolerierung einer stillschweigenden Derogation spricht.

Gegen diese - eine Satzungsänderung durch spätere Praxis der Mitgliedstaaten bejahenden - Beispiele aus dem Recht verschiedener internationalen Organisationen, spricht der Wortlaut der Wiener Konvention über das Recht der Verträge zwischen Staaten und internationalen Organisationen oder zwischen internationalen Organisationen vom 21.3.1986 (WVRK II).[190]

So definiert Art. 2 I lit. j WVRK II als "Vorschriften der (internationalen) Organisation" neben der Gründungsurkunde die mit dieser *im Einklang* stehenden Beschlüsse und Entschließungen sowie die gefestigte Praxis der Organisation. Für die Organisation sollen damit als verbindliches Recht nur solche Resolutionen und "Strategischen Konzepte" gelten, die dem Gründungsvertrag nicht widersprechen. Obwohl die Kommentierung der ILC darüber schweigt, ob auch die "gefestigte (spätere) Praxis" dem Gründungsinstrument entsprechen muß,[191] kann man davon ausgehen, daß auch diese mit der Satzung vereinbar sein muß. Abgesehen davon, daß die neuen Strategischen Konzepte der NATO unter den Begriff "gefestigte Praxis" subsumiert werden könnten, stellen sie jedenfalls "Resolutionen" bzw. "Entschließungen" dar: Als "Regeln der Organisation" gelten nicht nur formell verbindliches, sondern auch (formell) unverbindliches Material, sofern ihm eine gewisse handlungsleitende Autorität zukommt.[192] Es spricht nichts dagegen, dieses Begriffsverständnis in seinen Grundzügen auch auf die WVRK I zu übertragen. Gemäß Art. 5 WVRK, der sich speziell auf Gründungsverträge internationaler Organisation bezieht, gehen die internen vertragsrechtlichen Regeln der Organisation im Konfliktfall dem allgemeinen Vertragsrecht vor. Demnach könnten auch die als Auslegungs- bzw. Vertragsfortbildungsinstrumente gedachten neuen NATO-Konzepte den allgemeinen Aus-

---

[189] BERNHARDT, Auslegung, S. 236; KARL, in: BIEBER/RESS, S. 95.

[190] BGBl. 1990 II, 1415; ILM 25 (1986), 543.

[191] Es sollte mit dieser Formulierung ungewisse und strittige Praxis ausgeschlossen werden, vgl. YBILC 1982 II/2, 17 (21, § 25).

[192] KARL, in: BIEBER/RESS, S. 91.

legungsprinzipien der WVRK vorgehen. Als "Regeln der Organisation" im Sinne des Art. 2 I lit. j WVRK II können allerdings nur diejenigen einschlägigen Entscheidungen und Resolutionen dem allgemeinen Vertragsrecht vorgehen, die mit dem Gründungsvertrag der internationalen Organisation in Übereinstimmung stehen. Dies wäre beim NATO-Vertrag nun aber gerade nicht der Fall. Demzufolge würde eine Anwendung des Art. 5 WVRK i.V.m. Art. 2 I lit. j WVRK II dazu führen, daß die Resolutionen, Entscheidungen und generell die spätere Praxis der NATO dem NATO-Vertrag nicht widersprechen darf. Die im Widerspruch zum Vertragswortlaut stehenden neuen Strategischen Konzepte der NATO wären damit völkerrechtswidrig.

Das Entsprechungsgebot des Art. 2 I lit. j WVRK II schließt logischerweise aber nicht die Möglichkeit einer stillschweigenden rechtsgeschäftlichen Vertragsänderung mithilfe dieser sekundären Vorschriften der Organisation aus. Unzulässig ist wiederum lediglich die vertragswidrige *Auslegung* mithilfe des sekundären Organisationsrechts, nicht aber die Annahme eines *pactum tacitum*, der sich im späteren Parteiverhalten konstituiert.

Damit kann festgehalten werden, daß die Regeln des Rechts der internationalen Organisationen zwar ein Verbot der vertragswidrigen Auslegung kennen, jedoch kein Verbot der stillschweigenden Vertragsänderung mithilfe der späteren Praxis. Da eine Vertragsänderungsabsicht im Rahmen des NATO-Vertrags nicht feststellbar ist, jedoch auch bei der Änderung von Satzungen internationaler Organisationen eine notwendige Voraussetzung darstellt, kann die spätere Praxis der NATO keine Legitimation für die Durchführung von Friedensmissionen ohne Vorliegen des Verteidigungsfalls bieten.

D. Ergebnis

Damit kann als Ergebnis der Anwendung der völkerrechtlich anerkannten Auslegungsregeln auf den NATO-Vertrag festgehalten werden, daß die Durchführung anderer militärischer Maßnahmen als solche, die der Verteidigung gegen bewaffnete Angriffe dienen, nicht mehr im Rahmen des bisherigen Vertrages stattfinden können. Auch unter einem, insbesondere für Satzungen internationaler Organisationen anwendbaren, dynamisch-evolutiven Auslegungskonzept bedeutet "Verteidigung" in Art. 5 NATO-Vertrag nur Abwehr bewaffneter Angriffe, und zwar sowohl nach der normalen Wortbedeutung als auch nach einer teleologischen, an Ziel und Zweck des Vertrags ausgerichteten Betrachtungsweise. Auch eine Berücksichtigung des systematischen Zusammenhangs führt nicht dazu, der einzig vertraglich legitimierten militärischen Einsatzmöglichkeit der NATO einen erweiterten Anwendungsbereich zu verschaffen.

Eine Orientierung am historischen oder aktuellen Parteiwillen kann nur insoweit stattfinden, als die von den Parteien mit einem Vertrag bezweckte Absicht sich im Vertrag selber rechtsgeschäftlich niedergeschlagen hat. Auch wenn also die NATO-Partner "Verteidigung" nunmehr in einem weiten Sinn verstehen wollen oder "Konsultation" gemäß Art. 4 NATO-Vertrag die Abwehr jedweder Sicherheitsbedrohung für den euro-atlantischen Raum umfassen soll, so kann dieser Parteiwille nach dem vorherrschenden objektiven Auslegungskonzept mangels einer rechtsgeschäftlichen Erklärung keine entscheidende Bedeutung beanspruchen.

Auch die gleichrangig neben dem Wortlaut, der Systematik und dem Ziel und Zweck zu berücksichtigende spätere Praxis legitimiert nur Auslegungen in den Grenzen des Vertragswortlauts; darüber hinausgehende, vom Wortlaut nicht mehr gedeckte Vertragspraxis ist nur vor dem Hintergrund eines stillschweigenden vertraglichen Konsenses zulässig, welcher der späteren Praxis entnommen werden kann. Es muß dann aber erkennbar sein, daß die Parteien mithilfe ihrer Vertragspraxis ihre Zusammenarbeit auch tatsächlich auf eine neue rechtliche Grundlage stellen wollten. Wird der Vertragsrahmen unbewußt überschritten oder erklären die Parteien ausdrücklich, auf der Grundlage des alten, unveränderten Vertrags handeln zu wollen, fehlt ihnen der Vertragsänderungswille.

Indem die NATO-Partner erklärt haben, den Vertrag nicht zu ändern, sondern die bislang wenig beachtete Sicherheitsfunktion des Bündnisses ausbauen zu wollen, ist die Übernahme neuer militärischer Aufgaben zwar aus ihrer Sicht völkerrechtlich nicht zu beanstanden, nach allgemeinen völkerrechtlichen Regeln aber gleichwohl unzulässig. Zwar sind, wie RESS zu Recht schreibt,[193] die Fortbildungsmöglichkeiten eines Vertrages durch Parteikonsens nahezu unbegrenzt, doch kann dies nur bei Vorliegen eines subjektiven Fortbildungs*willens* gelten, unabhängig davon, ob dieser als Änderungs- oder Auslegungskonsens bezeichnet wird. In beiden Fällen verlangt die Überschreitung des ursprünglichen Vertragsrahmens das rechtsgeschäftliche Bewußtsein, den Vertrag authentisch auf eine neue Weise zu interpretieren. Dieses Bewußtsein fehlt den NATO-Partnern. Sie haben folglich den Vertrag "auf Räder" gesetzt, ohne einen entsprechenden vertraglichen Rahmen hierfür zu schaffen.

Dieser Befund deckt sich mit der Auffassung der vier Bundesverfassungsrichter im AWACS-Urteil, die in der inhaltlichen Modifizierung des NATO-Vertrages außerhalb der traditionellen Verfahrensweisen einen fortschreitenden und undurchschaubaren Prozeß hin zu einer möglicherweise rechtsverbindlichen Absprache erblickten, ohne daß sich die neuen Formen der Zusammenar-beit bislang zu etwas Rechtlichem verdichtet hätten.[194] Wenn die dissen-

---

[193] In: FS ZEIDLER, Bd. 2, S. 1775 (1779).

[194] Vgl. BVerfGE 90, 286 (373ff.).

tierenden Richter aber der Ansicht sind, daß es angesichts der Einebnung der Grenze zwischen authentischer Auslegung und Vertragsänderung nicht mehr in das Belieben der Parteien gestellt sei, diese Grenze selber festzulegen, sondern anhand objektiver Kriterien, z.B. des Vergleichs zwischen Text und Vertragswirklichkeit, beantwortet werden müsse,[195] so wird verkannt, daß es die Parteien sind, die Auskunft darüber geben müssen, ob ein Vertrag ausgelegt oder geändert werden soll. Wird deutlich, daß die Parteien mit ihrer vertragswidrigen Praxis gleichwohl im Rahmen des Vertrags bleiben wollen, diesen also auslegen und eben nicht ändern möchten, darf eine Vertragsänderung nicht fingiert werden. Trotz einer dann gegebenen materiellen Vertragsabweichung, die mit den Mitteln der Vertragsauslegung nicht mehr erfaßt werden kann, handelt es sich nicht um eine Vertragsänderung, wenn die Herren des Vertrags eine solche gerade nicht anstreben.

---

195 BVerfGE 90, 286 (374f.) mit Verweis auf RESS, in: FS ZEIDLER, Bd. 2, S. 1775 (1779).

3. Kapitel: Die Beteiligung des Deutschen Bundestages an authentischer Vertragsfortbildung

Fraglich ist nun, ob der Prozeß der Vertragsfortbildung („Auf Räder-Setzen"), durch den der NATO-Vertrag materiell abgewandelt wurde, der Zustimmungspflicht des Deutschen Bundestages unterliegt. Die hierzu vom Bundesverfassungsgericht vertretenen Auffassungen, und zwar sowohl der das ablehnende Urteil tragenden Richter, als auch der ein Mitwirkungsrecht des Bundestages bejahenden dissentierenden Richter, wurden bereits dargestellt.[1] Während das tragende Votum eine streng formalistische Sichtweise einnimmt, und für die Verneinung eines völkerrechtlichen Vertrages im Sinne des Art. 59 II 1 GG allein auf den fehlenden Willen der NATO-Vertragspartner zur Eingehung neuer vertraglicher Bindungen abstellt, sieht das abweichende Votum in den einverständlichen Erklärungen der NATO-Partner einen undurchschaubaren, „evolutiven" Prozeß hin zu einer rechtsverbindlichen Absprache, der im völkerrechtlichen Verkehr kaum anders behandelt werde könne, als wenn ihm seitens der Parteien ausdrückliche Rechtsverbindlichkeit zukäme. Angesichts der offensichtlichen Erweiterung des vertraglichen Aufgabenspektrums nützten die Beteuerungen, auf der Grundlage des ursprünglichen Vertrags zu handeln, nichts;[2] Sinn und Zweck des Art. 59 II GG sei es, angesichts der zerfließenden Formen völkerrechtlicher Vertragsfortbildung die Gefahr zu bannen, daß der Gesetzgeber unversehens mit völkerrechtlichen Pflichten konfrontiert werde, die er später nicht mehr aus der Welt schaffen könne.[3]

Das abweichende Votum geht folglich davon aus, daß es ungeachtet der von den Parteien gewählten Bezeichnung des vertraglichen Entwicklungsprozesses auf die tatsächliche (schleichende) Gefahr einer neuen vertraglichen Bindung ankomme. Diese Gefahr sei bei der Entwicklung des NATO-Vertrages gegeben, da der entscheidende Schritt vom unverbindlichen Konsens hin zur rechtlich verpflichtenden Übereinkunft kaum im voraus zu markieren sei.

Die Befürchtung einer möglichen schrittweisen Verbindlichmachung der gemeinsamen Erklärungen ist jedoch – wie versucht wurde zu zeigen – unbegründet: Die NATO-Partner haben vorläufig eindeutig darauf verzichtet, ihre neue Zusammenarbeit rechtlich verpflichtend zu machen. Von daher bestände auch für die abweichenden Richter gar kein Bedürfnis, den Vertrag "auf Rädern" unter das Zustimmungserfordernis des Art. 59 II GG zu fassen, denn die Rechts-

1 Siehe oben 1. Kapitel, B. I. 2., 3.
2 BVerfGE 90, 286 (374).
3 BVerfGE 90, 286 (377).

verbindlichkeit der neuen Aufgaben sollte gerade nicht "im Dunkeln" gelassen werden.[4] Da die Rechte des Bundestages nach ihrer Argumentation nur dann unmittelbar gefährdet sein könnten, wenn die Gefahr einer *verbindlichen* Vertragsmodifikation außerhalb der traditionellen Verfahrensweisen gegeben ist,[5] müßte die Anwendung des Art. 59 II GG auf die vielfältigen Erscheinungsformen des "weichen" Völkerrechts im konkreten Fall konsequenterweise verneint werden. Unter dem Gesichtspunkt einer möglichen Verbindlichkeit der neuen Strategischen Konzepte der NATO wäre eine Anwendung des Art. 59 II 1 GG nach beiden Gerichtsvoten richtigerweise abzulehnen. An keiner Stelle in den NATO-Erklärungen lassen sich Anhaltspunkte für eine durch übereinstimmende Willenserklärungen erzielte Einigung über bestimmte völkerrechtliche Rechtsfolgen entdecken, die nach richtiger Ansicht des Gerichts hätten vorliegen müssen, um eine Vertragsänderung annehmen zu können.[6] Zwar kann auch bei bewußt unverändertem Vertragswortlaut regelmäßig der Vertragsänderungswille unterstellt werden, wenn eine "authentische" Interpretation auf eine relevante inhaltliche Änderung vertraglicher Verpflichtungen abzielt;[7] eine derartige Erweiterung vertraglicher Verpflichtungen ist hier nach dem ausdrücklichen Parteiwillen aber ebenso abzulehnen wie die Annahme eines informellen Änderungskonsenses.

Wenn allerdings das tragende Votum behauptet, im konkreten Fall der Einsätze im ehemaligen Jugoslawien handele es sich lediglich um eine tatsächliche Umsetzung der Sicherheitsratsresolutionen 713, 757 und 816, und nicht um eine Erweiterung der Aufgaben des NATO-Vertrages,[8] so verkennt es, daß die auf dem NATO-Gipfel von Rom 1991 benannten neuen Friedenssicherungsaufgaben zwar keine rechtlichen Auswirkungen auf den vertraglichen Pflichtenkreis haben sollten,[9] gleichwohl aber eine vom Vertrag zu legitimierende Grundlage hätten vorweisen müssen. Da die Untersuchung ergeben hat, daß sich die Konzepte - trotz wiederholter gegenteiliger Behauptung – nicht im Rahmen des bisherigen Vertrages gehalten haben, sondern inhaltlich eine Vertragsverletzung darstellen, ist der Frage nachzugehen, ob die vertragswidrige Anwendung und Vollziehung des nicht geänderten NATO-Vertrages noch vom ursprünglichen Zustimmungsgesetz aus dem Jahre 1955 gedeckt ist, oder aber infolge der Vertragsfortbildung ein Vertrag gewissermaßen fingiert werden muß, damit der Bundestag nach Art. 59 II 1 GG seine innerstaatliche Ermächtigung erteilen kann. Andersherum gewendet: Benötigt nur ein Vertrag ein Änderungsgesetz

4 Vgl. BVerfGE 90, 286 (374).

5 BVerfGE 90, 286 (373).

6 BVerfGE 90, 286 (359).

7 PERNICE, in: DREIER, GG, Bd. II, Art. 59 Rn. 44.

8 BVerfGE 90, 286 (371).

9 Vgl. Punkt 23 des Strategischen Konzepts vom 7./8.11.1991.

oder verlangt jede Änderung zugleich einen Vertrag? Die Beantwortung dieser Frage richtet sich nach der Funktion, die Art. 59 II GG in der Verfassungsordnung erfüllen soll. Die Ausgangsfrage kann damit wie folgt formuliert werden: Hat das Parlament tatsächlich nur dann ein Mitwirkungsrecht, wenn die Bundesregierung einen formellen völkerrechtlichen Vertrag abschließen *will*, oder beinhaltet diese Vorschrift ein umfassendes parlamentarisches Beteiligungsrecht an allen wichtigen außenpolitischen Entscheidungen? Im letzteren Fall wäre der Begriff "Verträge, welche die politischen Beziehungen des Bundes regeln" weit auszulegen, und gewissermaßen im Sinne von "Akten, die für die Bundesrepublik hochpolitische Bedeutung haben" zu verstehen.

A. Die Stellung des Art. 59 II GG im System der Gewaltengliederung

I. Die Funktion der Vorschrift

1. Der traditionelle Streitstand

Art. 59 II 1 GG regelt die innerstaatliche Willensbildung beim Zustandekommen völkerrechtlicher Verträge und bindet in diesem Bereich die Organe der Exekutive bei Ausübung der auswärtigen Gewalt an die Mitwirkung der gesetzgebenden Bundesorgane.

Damit wird dem Parlament eine Zuständigkeit für innerstaatliche Akte übertragen, die auf die Regelung der auswärtigen Beziehungen gerichtet sind; es übt insofern materielle auswärtige Gewalt aus.[10] Es erhält dadurch eine eigene politische Mitwirkungsbefugnis, deren Ausübung sich – funktionell betrachtet – als ein Regierungsakt in der Form eines Bundesgesetzes darstellt.[11] Die eigentliche Funktion des Bundestages beim Erlaß des Zustimmungsgesetzes ist zumindest bei politischen Verträgen nicht das Setzen von Rechtsnormen, sondern rein exekutive Gestaltung. Lediglich bei der Transformation von Gegenständen der Gesetzgebung erfüllt das Vertragsgesetz einen Doppelzweck, nämlich die Ermächtigung zum Vertragsschluß und innerstaatliche Gesetzgebung.

Nach Auffassung des BVerfG wird durch Art. 59 II 1 GG dem Bundestag somit ein Handlungsbereich eröffnet, der nicht nur Gesetzgebung im Sinne des

[10] BVerfGE 90, 286 (357); HIENSTORFER, Die auswärtige Gewalt, S. 81.

[11] BVerfGE 1, 372 (395); LEHNER, in: Steuern im Verfassungsstaat, S. 98.

Art. 20 II 2 GG darstellt, sondern grundsätzlich der Exekutive vorbehalten ist. Dies bedeute einen Eingriff in den Zuständigkeitsbereich der Regierung.[12] Die auswärtige Gewalt sei grundsätzlich der Exekutive und damit der Bundesregierung zugeordnet, weshalb Art. 59 II 1 GG als Ausnahmevorschrift anzusehen und folglich restriktiv ausgelegt werden müsse.[13] Diesen Ausnahmecharakter der Beteiligung des Bundestages und die funktionelle Zuordnung der auswärtigen Gewalt zur Exekutive begründet das Gericht vor allem damit, daß Art. 59 II 1 GG im Lichte des Grundsatzes der Gewaltenteilung (Art. 20 II 2 GG) auszulegen sei, wonach die Außenpolitik eine Funktion der Regierung ist. Allein die Regierung verfüge in hinreichendem Maße über die personellen, sachlichen und organisatorischen Möglichkeiten, auf wechselnde äußere Lagen zügig und sachgerecht zu reagieren,[14] und sei daher – gemäß dem Grundsatz, daß staatliche Entscheidungen möglichst richtig, d.h. von den Organen getroffen werden, die dafür nach ihrer Organisation, Zusammensetzung, Funktion und Verfahrensweise über die besten Voraussetzungen verfügen -, als Trägerin der auswärtigen Gewalt anzusehen.[15] In der parlamentarischen Demokratie sei grundsätzlich dem Parlament die Rechtsetzung und der Regierung die Verwaltung zugewiesen, wozu auch die Führung der Außen- und Handelspolitik gehöre. Entschieden tritt das BVerfG der Ansicht entgegen, daß die Organisation der Demokratie des Grundgesetzes auf einem umfassenden Parlamentsvorbehalt für alle weittragenden Entscheidungen beruhe und daß der Exekutive wegen einer etwaigen minderen demokratischen Legitimation solche Entscheidungen nicht ohne unmittelbare parlamentarische Kontrolle übertragen werden dürften.[16] Das grundgesetzliche System der Gewaltenteilung dürfe nicht durch einen aus dem Demokratieprinzip fälschlich abgeleiteten Gewaltenmonismus in Form eines allumfassenden Parlamentsvorbehalts unterlaufen werden, denn das Grundgesetz habe eine rechtsstaatliche – vor allem also gewaltenteilende – Demokratie errichtet. Auch der Grundsatz der parlamentarischen Verantwortung der Regierung setze notwendigerweise einen Kernbereich exekutivischer Eigenverantwortung voraus.

Diese Ansicht des BVerfG wird von einem Teil der Literatur unterstützt, hat aber auch grundsätzliche Kritik erfahren. Während von den Befürwortern einer absoluten Vorrangstellung der Exekutive mit Hinweis auf die Tradition der europäischen Staatstheorie und Verfassungsentwicklung teilweise gar von einem

---

12 BVerfGE a.a.O.; ausdrücklich bestätigt in E 90, 286 (357f., 364).
13 BVerfGE 68, 1 (85f.).
14 BVerfGE 68, 1 (86).
15 Zustimmend ROELLECKE, Der Staat 34 (1995), 415 (425).
16 BVerfGE 49, 89 (124ff.); 68, 1 (87).

"Regierungsmonopol" bei der auswärtigen Gewalt gesprochen wird,[17] sehen mehr differenzierende Auffassungen das Verhältnis zwischen Regierung und Parlament auf dem Gebiet der auswärtigen Gewalt als "gestaffelte Zuständigkeit" in verschiedenen Phasen des Entscheidungsprozesses[18] oder als "kombinierte" [19] bzw. "gemischte" Gewalt,[20] die der Exekutive und Legislative "zur gesamten Hand" zugewiesen sei.[21] Gerade Art. 59 II 1 GG zeige eine parlamentarisch-demokratische Grundtendenz des Grundgesetzes, kraft derer der Bereich der Staatsleitung, zu der auch die völkerrechtliche Gestaltung auswärtiger Angelegenheiten gehöre, der Regierung und dem Parlament gemeinsam obliege.[22] Einer "allgemeinen Tendenz zur zunehmenden Demokratisierung des Staatslebens"[23] entspreche der Vorrang des Parlaments bei politischen Leitentscheidungen. Ein "Vorbehaltsgebiet für die Regierung" sei ausgeschlossen; vielmehr sei rechtlich eine Vorrangstellung des Parlaments in auswärtigen Angelegenheiten anzunehmen.[24] Die parlamentarischen Mitwirkungsrechte beim völkerrechtlichen Vertragsschluß sind nach dieser Auffassung nicht Ausnahmebestimmungen, sondern Ausdruck eines allgemeinen Prinzips. Der Abschluß von völkerrechtlichen Verträgen führe zu einer Aushöhlung der Gesetzgebungszuständigkeiten des Parlaments, die nur durch eine extensive Auslegung des parlamentarischen Beteiligungsrechts verhindert werden könne.[25]

Die traditionelle Gegenmeinung versteht die auswärtige Gewalt seit jeher als eine Domäne der Exekutive, was sich unter anderem daran zeige, daß die Außenvertretung, d.h. der Kontakt zu anderen Völkerrechtssubjekten, in aller Regel durch Regierungsstellen wahrgenommen werde. Diese könnten den Staat völkerrechtlich auch in bezug auf solche Materien binden, die intern einer Re-

---

[17] GEIGER, Grundgesetz und Völkerrecht, S. 130; GREWE, VVDStRL 12 (1954), 129 (174); ähnlich DOEHRING, Staatsrecht, 3. Aufl., S. 194f.; MOSLER, in: FG Bilfinger (Völkerrechtliche und Staatsrechtliche Abhandlungen, Heft 29), S. 269; wohl auch SCHMIDT-BLEIBTREU/KLEIN, GG, Art. 59 Rn. 1a.

[18] SCHUPPERT, Die verfassungsgerichtliche Kontrolle, S. 74ff.; MÖSSLE, Regierungsfunktionen des Parlaments, S. 165.

[19] MENZEL, AöR 79 (1953/54), 327 (347f.); DERS., VVDStRL 12 (1954), 179 (194); STERN, Staatsrecht I, S. 499.

[20] BAADE, Das Verhältnis von Parlament und Regierung, S. 115ff.; BRYDE, Jura 1986, 363 (366).

[21] FRIESENHAHN, VVDStRL 16 (1958), 9 (38). Vgl. zum Streitstand allgemein HOBE, JA 1996, 818ff.

[22] SCHEUNER, DÖV 1957, 633 (635); WEIß, Auswärtige Gewalt und Gewaltenteilung, S. 67; RIEDEL, DÖV 1991, 305 (307).

[23] MENZEL, AöR 79 (1953/54), 327 (348).

[24] BAADE, Das Verhältnis von Parlament und Regierung, S. 7.

[25] FRIESENHAHN, VVDStRL 16 (1958), 9 (38ff.); wohl auch BLECKMANN, Allgemeine Staats- und Völkerrechtslehre, S. 252.

gelung durch Gesetz vorbehalten sind.[26] Bereits JOHN LOCKE (1632-1704), der den Begriff der auswärtigen Gewalt erstmals systematisch entwickelt und ihr als "federative power" einen selbständigen Platz neben der Exekutive und Legislative angewiesen hat, habe betont, daß exekutive und föderative Gewalt immer in einer Hand vereinigt sein müsse, um zu verhindern, daß die Machtmittel des Gemeinwesens verschiedenen Befehlen unterstellt werden.[27] Auch MONTESQUIEU (1689-1755) sei davon ausgegangen, daß die auswärtige Gewalt vollständig in die Hände des Königs als Haupt der Exekutive gehöre; sie sei von vornherein eine Bestandteil der vollziehenden Gewalt.[28] HEGEL (1770-1831) als Verfechter einer Bindung des Monarchen an die Verfassung (konstitutionelle Theorie) habe die auswärtige fürstliche Gewalt damit begründet, daß der Staat nicht nur mit einem anderen Staat im Verhältnis stehe, sondern mit mehreren; hierbei könnten die Verwicklungen der Verhältnisse so "delikat" werden, daß sie nur "von der Spitze" aus zu behandeln seien.[29] Die Staaten verkehrten nun einmal durch ihre Regierungen miteinander, nicht über ihre Parlamente, wobei letzteren auch die genügende Kenntnis der außenpolitischen Tatsachen fehle. Auch die in der Folgezeit schrittweise eingetretene "Parlamentarisierung" der auswärtigen Gewalt bis hin zum Inkrafttreten des Grundgesetzes habe an der Prärogative der Exekutive in diesem Bereich nichts geändert:[30] Die vereinzelt im Grundgesetz vorgesehene Beteiligung der gesetzgebenden Körperschaften seien als Ausnahmen von der Regel eng auszulegen und nicht analogiefähig.[31]

2. Auslegung der konkreten Norm statt Orientierung an abstrakten Prinzipien

Bei dem Versuch zu entscheiden, ob das Grundgesetz ein restriktives oder extensives Beteiligungsrecht des Parlaments vorsieht, helfen jedoch allgemeine Überlegungen zu der grundgesetzlichen Kompetenzverteilung im Bereich der auswärtigen Gewalt und ein daraus möglicherweise herzuleitendes Regel-/Ausnahmeverhältnis nicht weiter. Die beiden bisher genannten Lösungsansätze bestimmen die konkrete Aufteilung der auswärtigen Gewalt zu sehr aufgrund abstrakter Prinzipien und zu wenig anhand der Ratio des Art. 59 II GG.[32] Ei-

---

26 Vgl. zu den geschichtlichen Hintergründen GREWE, HStR III, § 77 Rn. 9ff.; GIEGERICH, ZaöRV 57 (1997), 409 (498f.).

27 JOHN LOCKE, Two treatises of government, Bd. II (1690), §§ 145-147.

28 CHARLES DE MONTESQUIEU, De l'esprit des lois, 1748, Buch XI, Kap. 6.

29 GEORG FRIEDRICH WILHELM HEGEL, Grundlinien der Philosophie des Rechts, 1821, § 329 Zusatz 190.

30 GIEGERICH, ZaöRV 57 (1997), 409 (500f.).

31 GREWE, HStR III, § 77 Rn. 41ff.

32 STREINZ, in: SACHS, Art. 59 Rn. 26.

genart und Reichweite der parlamentarischen Vertragsgewalt sind durch "apriorische Deduktion"[33] aus dem traditionellen Gewaltenteilungsprinzip, bei der sich das Beteiligungsrecht aus Art. 59 II 1 GG als "Ausnahme" und "Durchbrechung" herausstellt, nicht angemessen zu erfassen. Gewiß ist es richtig, daß die Außenpolitik grundsätzlich eine Funktion der Regierung ist.[34] Aber ebenso sicher räumt Art. 59 II GG – wie auch eine Reihe weiterer Vorschriften des Grundgesetzes – dem Bundestag in bestimmtem Umfang Mitwirkungsbefugnisse an der Willensbildung für die Vornahme von Akten im Bereich der auswärtigen Beziehungen ein. Ob diese Ein- und Mitwirkungsbefugnisse insgesamt betrachtet es schon rechtfertigen, diese als "kombinierte" Gewalt anzusprechen, ist verfassungsrechtlich unerheblich; denn aus einer Begriffsbildung lassen sich keine weiteren Rechtsfolgen deduzieren, die sich nicht schon aus den einzelnen, den Bereich der auswärtigen Gewalt normierenden Verfassungsbestimmungen selbst unmittelbar ergeben.[35] Für den Umfang der parlamentarischen Vertragsgewalt entscheidend ist allein ihre konkrete Ausgestaltung in der gewaltenteilenden Verfassung, nicht die axiomatische Behauptung eines auslegungsleitenden Grundprinzips.[36] Auch der vom BVerfG im Somalia-Urteil entwickelte sog. „konstitutive Parlamentsvorbehalt“ für alle Einsätze bewaffneter deutscher Streitkräfte soll nicht aufgrund abstrakter Grunderwägungen etwa aus dem Demokratie- oder Rechtsstaatsprinzip abzuleiten sein, sondern aus einer historisierenden Gesamtschau der die Wehrverfassung betreffenden Grundgesetzartikel 45a/b, 87a I 2 und 115a/b, die „Ausdruck eines ausgeprägten Systems der parlamentarischen Kontrolle“ seien.[37] Es ist nichts dafür ersichtlich, daß das Gericht durch den konstitutiven Parlamentsvorbehalts die Wesentlichkeitstheorie sozusagen „durch die Hintertür“ auch im Bereich der auswärtigen Gewalt fruchtbar machen wollte; wäre dies seine Absicht gewesen, hätte es dieses Ergebnis viel einfacher durch eine weite, demokratiefreundliche Auslegung des Art. 59 II GG erreichen können. Schon im Jahre 1984 ging MAHRENHOLZ in seinem abweichenden Votum zum Mittelstreckenwaffen-Urteil zu recht davon aus, daß Art. 59 II GG kein Ausdruck des Wesentlichkeitsgedankens im Bereich der auswärtigen Gewalt sei, sondern seinerseits als eine Positivierung und Konkretisierung des Gewaltenteilungsprinzips aufgefaßt werden müsse.[38] Der Gewaltenteilungsgrundsatz ist daher im Lichte des Art. 59 II GG auszulegen, und

---

33 BRYDE, Jura 1986, 363 (366).

34 BVerfGE 90, 286 (357).

35 HILLGRUBER, in: FS LEISNER, S. 53 (63).

36 Im Ergebnis ähnlich KEMPEN, in: V. MANGOLDT/KLEIN/STARCK, II, Art. 59 Rn. 31; ROJAHN, in: v. MÜNCH/KUNIG II, Art. 59 Rn. 21f.

37 BVerfGE 90, 286 (385).

38 So auch LEHNER, in: Steuern im Verfassungsstaat, S. 108; KOKOTT, in: FS DOEHRING, S. 503 (509).

nicht umgekehrt Art. 20 II 2 GG als abstrakte Grundlage im Sinne der konkreten Ausgestaltung.[39] Auch wenn man die parlamentarischen Mitentscheidungsrechte - ungeachtet einer verfassungsgeschichtlich zu konstatierenden "Tendenz zur verstärkten Parlamentarisierung der Willensbildung in diesem Bereich"[40] - noch immer als Ausnahmen vom Grundsatz der ausschließlichen Kompetenz der Bundesregierung als der Trägerin der auswärtigen Gewalt versteht und Art. 59 II GG dementsprechend als Ausnahmetatbestand deutet, verleiht diese Bestimmung, *so weit sie reicht*,[41] dem Parlament doch unstreitig eine eigene politische Mitwirkungsbefugnis.[42] Auswärtige Befugnisse von vornherein als exklusive Regierungstätigkeit zu charakterisieren, heißt außerdem, von dem überkommenden Bild der Außenpolitik als Machtpolitik auszugehen.[43]

Damit ist durch Auslegung des Wortlauts sowie von Ziel und Zweck des Art. 59 II GG konkret zu ermitteln, welche Beteiligungsrechte dem Bundestag denn nun tatsächlich zustehen, ohne hierbei auf der Auslegung angeblich zugrunde liegende allgemeingültige Interpretationsmaximen zurückzugreifen.

II. Die Anwendung des Art. 59 II 1 GG auf den NATO-Vertrag

1. Der NATO-Vertrag als politischer Vertrag

Zunächst ist hinsichtlich der verschiedenen Regelungsvarianten des Art. 59 II 1 GG festzustellen, daß es im vorliegenden Fall nur auf die erste Alternative des Art. 59 II 1 GG (politischer Vertrag) ankommen kann. Bei dem Beitritt zu einem militärischen Verteidigungsbündnis handelt es sich nämlich nicht um eine Regelungsmaterie, die innerstaatlich durch Gesetz geregelt und in nationales Recht transformiert werden müßte.[44] Vielmehr geht das Grundgesetz in Art. 24 II und Art. 87 a I 1 davon aus, daß militärische Verteidigung und der Beitritt zu einer Verteidigungsorganisation eine traditionelle Staatsfunktion ist, die schon durch die Existenz des Staates alleine gerechtfertigt ist,[45] ohne daß zu deren Er-

---

39 Abw. Votum in BVerfGE 68, 1/111 (129).

40 BVerfGE 68, 1 (85); 90, 286 (357).

41 Vgl. BVerfGE 90, 286 (357).

42 HILLGRUBER, in: FS LEISNER, S. 53 (63).

43 FASTENRATH, Kompetenzverteilung, S. 215f.

44 Art. 59 II 1, Alt. 2 GG betrifft nicht Gegenstände, die potentiell der Gesetzgebung unterworfen werden können, sondern nur solche, die einer gesetzlichen Regelung *bedürfen*, damit sie innerstaatlich Rechtswirksamkeit entfalten können (BREIER, ZG 1992, 277, 279; FASTENRATH, Kompetenzverteilung, S. 219 m.w.N.).

45 STERN, Staatsrecht II, S. 846f.

füllung erst der Gesetzgeber tätig werden müßte. Sinn und Zweck des Art. 59 II 1, Alt. 2 GG ist es, eine Durchlöcherung des Prinzips der Gewaltenteilung zu verhindern, indem ein wichtiger Teil der gesetzgebenden Gewalt durch die Regierung allein aufgrund ihrer auswärtigen Gewalt ausgeübt wird.[46] Damit soll eine Präjudizierung des parlamentarischen Gesetzgebers vermieden und seine gesetzgeberische Entschließungsfreiheit gewahrt werden.[47] In gleicher Weise dient die Regelung der innerstaatlichen Vollzugssicherung, indem verhindert wird, daß die Exekutive völkerrechtliche Verpflichtungen eingeht, die später wegen Ablehnung des Vertragsinhalts durch das Parlament innerstaatlich nicht erfüllt werden können.[48] Einem Vertragsgesetz kommt somit eine doppelte Funktion zu: Kontrolle der Regierung in der Form der Ermächtigung zum Vertragsschluß[49] und Sicherung des innerstaatlichen Vertragsvollzugs. Im Falle des Beitritts zu einem Verteidigungsbündnis ist jedoch keine innerstaatliche Regelungsmaterie betroffen, die nach der "Wesentlichkeitstheorie" für die parlamentarische Demokratie, insbesondere für die Grundrechtsausübung, eine derart wesentliche Grundentscheidung darstellt, daß sie nur vom unmittelbar demokratisch legitimierten Gesetzgeber getroffen werden könnte.[50] Der NATO-Vertrag enthält keine Verpflichtungen, zu deren Durchführung nach nationalen Verfassungsgrundsätzen ein Gesetz erforderlich wäre. Weder werden durch ihn unmittelbar Rechte und Pflichten für den Staatsbürger begründet, was der Zustimmung durch ein Parlamentsgesetz bedurft hätte (sog. "self-executing treaty"), noch wird der Bund zu einer bestimmten Gesetzgebung verpflichtet. Die NATO-Bündnispflichten beziehen sich nur auf den außenpolitischen Bereich der Erbringung einer militärischen Beistandsleistung, nicht aber auf die Regelung eines innerstaatlichen Sachverhalts. Insbesondere verlangt der NATO-Vertrag keine Verwendung deutscher Soldaten in anderen als den in Art. 87 a I, II, 24 II GG bereits vorgesehenen Fällen; unter Verteidigung im Sinne des Art. 87 a GG ist dabei in Übereinstimmung mit Art. 51 SVN auch die Nothilfe zugunsten eines Bündnispartners außerhalb des deutschen Staatsgebiets zu verstehen.[51]

---

46 MAUNZ, in: MAUNZ/DÜRIG, GG, Art. 59 Rn. 15.

47 ROJAHN, in: v. MÜNCH/KUNIG II, Art. 59 Rn. 32; KOKOTT, in: FS DOEHRING, S. 503 (511).

48 BVerfGE 1, 372 (390); GREWE, HStR III, § 77 Rn. 59.

49 BVerfGE 36, 1 (13); 90, 286 (358); RUDOLF, Völkerrecht und deutsches Recht, S. 200.

50 Vgl. zur Wesentlichkeitstheorie BVerfGE 49, 89 (126f.).

51 KOKOTT, in: SACHS, Art. 87a Rn. 18; DEPENHEUER, DVBl. 1997, 685 (687); WIELAND, DVBl. 1991, 1174 (1179); *F.* KIRCHOF, HStR III, § 78 Rn. 24: Das GG begrenzt insoweit nicht den geographischen Einsatzraum, sondern den politischen Einsatzzweck.

Von daher geht das BVerfG zu recht davon aus, daß der Beitritt zur NATO nicht unter die zweite Alternative des Art. 59 II 1 GG fällt, sondern einen "politischen Vertrag" im Sinne der ersten Alternative darstellt.[52]

Unter einem "Vertrag, der die politischen Beziehungen regelt", werden nicht schon alle Verträge verstanden, die sich ganz allgemein mit öffentlichen Angelegenheiten, dem Gemeinwohl oder den Staatsgeschäften befassen. Vielmehr muß die Existenz des Staates, seine territoriale Integrität, seine Unabhängigkeit, seine Stellung oder sein maßgebliches Gewicht in der Staatengemeinschaft durch den Vertrag selbst berührt sein.[53] Der Begriff der "politischen Beziehungen" ist daher eng auszulegen, da im Grunde jeder völkerrechtliche Vertrag irgendwie die politischen Beziehungen berührt und somit das Kriterium konturenlos und Art. 59 II 1, Alt. 1 GG überflüssig würde.[54] In jedem Fall sind hierunter aber Verträge zu fassen, die darauf gerichtet sind, die Machtstellung eines Staates anderen Staaten gegenüber zu behaupten, zu befestigen oder zu erweitern, also "hochpolitischen" Charakter haben.[55] Dazu wiederum sind vor allem Bündnisse, Garantiepakte, Abkommen über politische Zusammenarbeit, Friedens-, Nichtangriffs-, Neutralitäts- und Abrüstungsverträge zu zählen,[56] demnach auch der Beitritt zu einem Verteidigungsbündnis oder einem System gegenseitiger kollektiver Sicherheit. Während das Verfassungsgericht es in der *Mittelstreckenwaffen*-Entscheidung noch offengelassen hatte, ob die NATO neben ihrer unbestrittenen Funktion als Verteidigungsbündnis auch als kollektives Sicherheitsbündnis bezeichnet werden könne,[57] bejahte es diese Funktion im AWACS-Urteil und erklärte, daß für einen Beitritt hierzu nach Art. 24 II i.V.m. Art. 59 II GG die Zustimmung des Gesetzgebers erforderlich sei.[58]

Hierbei ist ohne Bedeutung, daß die Einordnung in die NATO nicht durch Aushandlung und Abschluß eines neuen völkerrechtlichen Vertrags zustande gekommen ist, sondern durch Beitritt zu einem bereits existierenden Vertrag. Bei einem Beitritt zu internationalen Organisationen kommen völkervertragliche Bindungen nicht nur durch die Abgabe wechselseitiger Willenserklärungen zustande, sondern auch durch einseitige Beitrittserklärungen, wenn der betreffende Vertrag bzw. die Satzung einer internationalen Organisation dies vorsieht (Art. 15 lit. a WVRK). Da Art. 10 NATO-Vertrag bestimmt, daß Staaten durch Hinterlegung ihrer Beitrittsurkunde Mitglied des Vertrages wer-

---

52 BVerfGE 90, 286 (358); 68, 1 (79f.).

53 BVerfGE 1, 372 (380f.).

54 STREINZ, in: SACHS, Art. 59 Rn. 29.

55 FASTENRATH, Kompetenzverteilung, S. 217; BVerfGE 40, 141 (164).

56 GECK, Völkerrechtliche Wirkungen verfassungswidriger Verträge, S. 122ff.; MAUNZ, in: MAUNZ/DÜRIG, GG, Art. 59 Rn. 15; ROJAHN, in: v. MÜNCH/KUNIG II, Art. 59 Rn. 22.

57 Vgl. BVerfGE 68, 1ff.

58 BVerfGE 90, 286 (350f.).

den können, konnte die vertragliche Bindung für die Bundesrepublik auch durch den Beitritt zur NATO im Jahre 1955 entstehen.[59] Die einseitige Beitrittserklärung war rechtstechnisch die Annahme des Vertragsangebots der übrigen Vertragsparteien und somit ebenfalls Vertragsschluß im Sinne des Art. 59 II 1 GG.[60]

2. Zustimmungsbedürftigkeit der Vertragsfortbildung bei Erweiterung des Aufgabenkreises

Hinsichtlich der Änderung eines zustimmungsbedürftigen Vertrages gilt, daß diese ebenfalls der Zustimmung der gesetzgebenden Körperschaften bedürfen, wenn sie die politischen Beziehungen regelnde Bestimmungen enthalten.[61] Nur so kann die Kontrollfunktion der gesetzgebenden Körperschaften über den Vertrag als Ganzes gewahrt bleiben und mißbräuchliche Aufspaltungen des Vertrages verhindert werden.[62] Im Rahmen der ersten Alternative des Art. 59 II 1 GG kommt es also darauf an, ob die Vertragsänderung den Inhalt des Vertrages so modifiziert, daß die politischen Beziehungen des Bundes anders geregelt werden, als sie durch den Vertrag vor der Änderung geregelt waren.[63]

Die Erweiterung der Bündnisaufgaben in den Strategischen Konzepten von 1991 und 1999 um die Durchführung von Friedenseinsätzen bei humanitären und sonstigen sicherheitsbedrohenden Notlagen bedeutet eindeutig eine inhaltliche Vertragsergänzung in wesentlichen, die Machtstellung der NATO-Staaten im internationalen Verkehr berührenden Punkten. Materiell wurde gewissermaßen ein "neuer" NATO-Vertrag beschlossen, der neben Verteidigung bei bewaffneten Angriffen auch die militärische Abwehr sonstiger Sicherheitsbedrohungen erlaubt. Durch die Beteiligung der Bundesrepublik an Einsätzen kollektiver Sicherheit unter Umständen auch außerhalb des Kreises der Bündnispartner wird die Zweckbindung der Organisation überschritten und auf eine neue vertragliche Grundlage gestellt.[64] In der Mittelstreckenwaffen-Entscheidung hatte das BVerfG eine wesentliche Änderung des Bündnisprogramms, dem der Gesetzgeber beim Beitritt der Bundesrepublik Deutschland zu

---

59 Vgl. WOLFRUM, VVDStRL 56 (1997), 38 (51).

60 BERNHARDT, Bundesverfassungsgericht und völkerrechtliche Verträge, S. 163; FASTENRATH, Kompetenzverteilung, S. 230; ZULEEG, in: AK-GG II, Art. 59 Rn. 45; SCHWEITZER, Staatsrecht III, Rn. 296; JARASS, in: JARASS/PIEROTH, Art. 59 Rn. 11.

61 MAUNZ, in: MAUNZ/DÜRIG, GG, Art. 59 Rn. 17, 46; PERNICE, in: DREIER, GG, Bd. II, Art. 59 Rn. 43; FASTENRATH, Kompetenzverteilung, S. 235f.

62 MAUNZ, in: MAUNZ/DÜRIG, GG, Art. 59 Rn. 46; BERNHARDT, HStR VII, § 174 Rn. 15.

63 HIENSTORFER, Die auswärtige Gewalt, S. 111f; HILLGRUBER, in: FS LEISNER, S. 53 (64f.).

64 So auch HILLGRUBER, in: FS LEISNER, S. 53 (72).

dem Bündnisgefüge zugestimmt hat, im Hinblick auf die Aufstellung der in Rede stehenden Waffensysteme ungeachtet einer unterstellten, qualitativ neuen strategischen Dimension mit der Begründung verneint, daß die "grundsätzliche *Zielrichtung des Bündnissystems als eines Verteidigungssystems*, wie es in den genannten vertraglichen Rechtsgrundlagen festgelegt ist, davon unberührt bleibt."[65] Gerade dieser beschränkte militärische Zweck des Bündnisses aber erfährt durch die beschriebenen neuen Aufgaben aber eine grundlegende Ergänzung.

Diese wesentliche Änderung des im Gründungsvertrag angelegten Bündnisprogramms wird auch nicht durch die unbestimmten Zielvorgaben der Präambel des Nordatlantikvertrags relativiert. Zwar wird in der amtlichen Begründung des Entwurfs des Zustimmungsgesetzes zum Nordatlantikvertrag die "Bemühungen der Mitgliedstaaten für die Erhaltung des Friedens und der Sicherheit" als Vertragsziel hervorgehoben und die in Art. 2 NATO-Vertrag geregelte Zusammenarbeit hinsichtlich der internationalen Sicherheit unterstrichen, die über die Verteidigung der Bündnispartner hinausgehe:

"Die Unterzeichnerstaaten bringen in dem Artikel ihre Auffassung zum Ausdruck, daß es nicht genügt, einen möglichen Aggressor abzuschrecken, sondern daß es darauf ankommt, die friedlichen und freundschaftlichen Beziehungen im internationalen Verkehr zu fördern".[66]

Auch wenn der Gesetzgeber dem NATO-Vertrag also – wie ohnehin bei völkerrechtlichen Verträgen allgemein unterstellt[67] - in Kenntnis der Bedeutung der Präambeln und Zielvorgaben zugestimmt hat, bedeutet dies keine automatische Einwilligung in alle dynamischen Entwicklungsprozesse, die von den Zielen zwar mitumfaßt, im konkreten vertraglichen Aufgabenprogramm jedoch nicht angelegt sind.

3. Zustimmungsgesetz als dynamische Verweisung auf vertragswidrige Entwicklungen?

Zu einem anderen Ergebnis könnte man allerdings dann gelangen, wenn man das Zustimmungsgesetz als *dynamische Verweisung* auf das jeweilige, zum Zeitpunkt der Auslegung gegebene Vertragsverständnis der Vertragsparteien verstehen würde. Zwar schreibt der Grundsatz "pacta sunt servanda" nur eine vertragsgemäße Erfüllung vor, beantwortet also nicht die Frage, welche Rechtsstellung dem völkerrechtlichen Vertrag im innerstaatlichen Rechtsraum zukommen soll, so daß sich ihm unmittelbar auch keine Antwort für die inner-

---

65 BVerfGE 68, 1 (102).

66 BT-Drs. II/1061, S. 54.

67 Vgl. BVerfGE 90, 286 (362).

staatliche Interpretation entnehmen läßt.[68] Tatsächlich wird aber allgemein angenommen, daß der Gesetzgeber mit der Zustimmung zum Vertrag die maßgebliche Auslegung antizipiert hat, die im völkerrechtlichen Zusammenhang zum Zeitpunkt der Interpretation geboten ist.[69] Das Zustimmungsgesetz ordnet also die innerstaatliche Geltung von Völkerrecht an, so wie es im Bereich des Völkerrechts gilt.

Daß in der Bundesrepublik völkerrechtliche Verträge nach völkerrechtlichen Auslegungsregeln zu interpretieren sind und nicht nach den Regeln, die für die Auslegung nationaler Gesetze gelten,[70] begründet die "Transformationstheorie"[71] mit der Vermutung, daß der Gesetzgeber den Vertrag so übernehmen wollte, wie er auf der Völkerrechtsebene gilt.[72] Es wird gleichsam fingiert, die völkerrechtskonforme Auslegung sei mit dem Vertragstext mittransformiert.[73] Für die "Vollzugslehre"[74] ergibt sich dieses Ergebnis schon daraus, daß der Vollzugsbefehl als innerstaatliche Geltungsanweisung den völkerrechtlichen Geltungsgrund unangetastet läßt.[75] Welcher der beiden Konzepte man sich anschließt, ist im Hinblick auf die Auslegung völkerrechtlicher Verträge im innerstaatlichen Bereich unerheblich: Art. 59 II 1 GG läßt seinem Wortlaut nach

---

68 PARTSCH, BDGV 6 (1964), 13 (18).

69 RESS, BDGV 23 (1982), 7 (51); SCHREUER, ebd., S. 61 (79); GOLD, in: SCHWEBEL (Hg.), The Effectiveness of International Decisions, S. 88; SKUBISZEWSKI, PolishYBIL 80 (1968/69), 87; MEYER, YaleLJ 62 (1953), 884; ENGEL, Völkerrecht als Tatbestandsmerkmal deutscher Normen, S. 120.

70 TOMUSCHAT, DÖV 1973, 801f.; BOEHMER, Der völkerrechtliche Vertrag im deutschen Recht, S. 88ff.; HILF, Die Auslegung mehrsprachiger Verträge, S. 124ff., 144ff.; MOSLER, Das Völkerrecht in der Praxis der deutschen Gerichte, S. 25ff; ROJAHN, in: v. MÜNCH/KUNIG II, Art. 59 Rn. 38a mit Nachweisen aus der Rspr.

71 Nach der Transformationstheorie, die eng mit der dualistischen Lehre verbunden ist, wonach Völkerrecht und innerstaatliches Recht als zwei selbständige Rechtsordnungen nebeneinander bestehen, wird eine völkerrechtliche Norm im innerstaatlichen Bereich nur aufgrund eines Transformationsaktes wirksam. Das Vertragsgesetz stellt hierbei den "Transformator" dar, der die Vertragsnorm von ihrem völkerrechtlichen Geltungsgrund löst und in eine innerstaatliche Rechtsquelle umwandelt (RUDOLF, Völkerrecht und deutsches Recht, S. 205ff.).

72 RUDOLF, Völkerrecht und deutsches Recht, S. 168, 171; BLECKMANN, Grundgesetz und Völkerrecht, S. 288.

73 Vgl. SCHREUER, BDGV 23 (1982), 61 (65).

74 Die Vollzugslehre beruht auf dem Monismus, wonach Völkerrecht und Landesrecht Teile einer einheitlichen Rechtsordnung bilden. Wegen dieser Einheitlichkeit sieht sie in dem Vertragsgesetz lediglich einen Vollzugsbefehl, der allein erforderlich ist, um einer völkerrechtlichen Norm im innerstaatlichen Bereich zur Geltung zu verhelfen. Der Vertrag an sich wird weiterhin im Völkerrecht belassen (PARTSCH, BDGV 6 [1964], 13 [19ff.]).

75 PARTSCH, BDGV 6 (1964), 13 (109ff.); RESS, BDGV 23 (1982), 7 (38).

Raum sowohl für die Transformations- als auch die Vollzugslehre.[76] Das Vertragsgesetz kann als "Transformator" oder "Vollzugsbefehl" betrachtet werden. Während in der älteren Rspr. überwiegend die Transformationslehre zugrunde gelegt wurde,[77] spricht das BVerfG in seiner AWACS-Entscheidung vom "innerstaatlichen Rechtsanwendungsbefehl", den das nationale Zustimmungsgesetz erteile.[78] Dies legt die Annahme nahe, daß das Gericht sich der Vollzugslehre zugewandt hat.[79] Diese Wendung ist im Ergebnis zu begrüßen, da die Vollzugslehre eher als die Transformationslehre geeignet ist zu begründen, daß auch im innerstaatlichen Bereich für die Auslegung völkerrechtlicher Verträge die Grundsätze maßgebend sind, die auch im Völkerrecht gültig sind.

Unabhängig davon, ob der Vollzugs- oder Transformationslehre gefolgt wird, gilt das Gebot, völkerrechtliche Auslegungsmaßstäbe anzuwenden, auch aufgrund des vom BVerfG anerkannten Grundsatzes der Völkerrechtsfreundlichkeit der deutschen Rechtsordnung.[80] Wie rechtsvergleichende Untersuchungen belegen, ist in den westeuropäischen Verfassungsstaaten die Tendenz zur völkerrechtskonformen Interpretation völkerrechtlicher Verträge vorherrschend.[81] Denn ein Ziel des Vertragsgesetzes ist es gerade, die Einhaltung des Völkervertragsrechts innerstaatlich zu gewährleisten.[82] Folglich muß das Vertragsgesetz (Zustimmungsgesetz) insofern dynamisch verstanden werden, als es dem völkerrechtlich beschlossenen Inhalt des Vertrages Wirksamkeit verleiht. Mit einem Zustimmungsgesetz wird also einem regelmäßig ebenso auslegungsfähigen wie auslegungsbedürftigen Vertrag zugestimmt, wobei die Auslegungskompetenz zunächst der Regierung als Verhandlungspartner zukommt. Die Zustimmung zum Vertragstext erfaßt daher von vornherein auch die darin enthaltenen Interpretationsspielräume: "Der Gesetzgeber, der einem völkerrechtlichem Vertrag zustimmt, tut das in Kenntnis der Bedeutung von Präambeln und Zielvor-

---

76 STREINZ, in: SACHS, Art. 59 Rn. 60.

77 BVerfGE 1, 396 (410); 29, 348 (360); BGHZ 16, 211; BVerwGE 35, 262 (265).

78 BVerfGE 90, 286 (364).

79 So STEINBERGER, ZaöRV 48 (1988), 1 (4f.) im Hinblick auf die Rspr. zu Art. 25 GG (BVerfGE 46, 342, 363).

80 BVerfGE 6, 309 (362); 18, 112 (121). MOSLER hat schon 1957 festgestellt, daß die Auffassung, für die Auslegung seien völkerrechtliche Auslegungsregeln anzuwenden, Gemeingut der richterlichen Praxis in Deutschland geworden sei (Das Völkerrecht in der Praxis der deutschen Gerichte, S. 25). Vgl. auch BLECKMANN, Grundgesetz und Völkerrecht, S. 298.

81 Vgl. ZEITLER, Verfassungsgericht und völkerrechtlicher Vertrag, S. 48ff., 71ff., 95ff., 262ff.

82 GEIGER, Grundgesetz und Völkerrecht, S. 180; ROJAHN, in: v. MÜNCH/KUNIG II, Art. 59 Rn. 32.

gaben."[83] Insofern setzt das Zustimmungsgesetz einen relativ weiten, ausfüllungsfähigen Ermächtigungsrahmen.[84]

Die Berücksichtigung der (Begriffs)Entwicklung einer völkerrechtlichen Norm gilt nach allgemeiner Ansicht jedoch nur im Rahmen der völkerrechtlichen Auslegungsverfahren und –maximen. Wird der Rahmen der vertretbaren Auslegungsmöglichkeiten verlassen und die Abweichung vom ursprünglichen Vertragsinhalt offenkundig, wird der Gesamtcharakter der Vertrags angegriffen und vom ursprünglichen Konsens der Parteien losgelöst. Eine derartige evidente Abänderung des Inhalts, dem das Parlament bei Vertragsabschluß zugestimmt hat, stellt ihrem Wesen nach keine Interpretation mehr dar, sondern eine Neufassung des Vertrages. Bei Fehlen eines erneuten Zustimmungsgesetzes stimmt die innerstaatliche Rechtslage folglich nicht mehr mit der völkerrechtlichen überein, so daß die innerstaatliche Rechtslage von der völkerrechtlichen abgekoppelt und der auslegungswidrigen Praxis die Anerkennung versagt werden muß.[85]

In den vorherigen Kapiteln wurde unter Anwendung der völkerrechtlichen Auslegungsverfahren festgestellt, welchen Inhalt der NATO-Vertrag zum Zeitpunkt der Zustimmung durch den Bundestag im Jahre 1955 hatte. Trotz der auf Erhaltung von Frieden und Sicherheit ausgerichteten Zielvorgaben waren und sind vertraglich nur Maßnahmen zur Verteidigung gegen bewaffnete Angriffe erlaubt, nicht aber Friedenseinsätze zur Abwehr allgemeiner Sicherheitsbedrohungen. Weitergehende, auch informelle Vertragserweiterungen zulassende dynamische Verweisungen werden von der h.M. generell abgelehnt.[86] Das BVerfG hat in seinem Mittelstreckenwaffen-Urteil – freilich im Hinblick auf ein Übertragungsgesetz nach Art. 24 I GG - festgestellt, daß wesentliche Änderungen eines im Gründungsvertrag einer internationalen Organisation angelegten Integrationsprogramms nicht mehr vom ursprünglichen Zustimmungsgesetz gedeckt sind.[87] Nur dort, wo der Gründungsvertrag, dem durch Gesetz zugestimmt worden ist, die einzelnen Vollzugsschritte eines Integrationsprogramms bereits enthält, bedarf es für den weiteren Integrationsverlauf keines gesonderten Gesetzes mehr. Behält nun Art. 24 I GG es dem Gesetzgeber vor, in jedem Stadium eines Integrationsprozesses selbst zu entscheiden, ob und in welchem Umfang Hoheitsrechte auf eine zwischenstaatliche Einrichtung übertragen werden, um eine

---

83 BVerfGE 90, 286 (362).

84 HILLGRUBER, in: FS LEISNER, S. 53 (62).

85 ENGEL, Völkerrecht als Tatbestandsmerkmal deutscher Normen, S. 122; RESS, in: FS ZEIDLER, S. 1775 (1782ff.); WENGLER, Völkerrecht I, S. 692f.; BOEHMER, Der völkerrechtliche Vertrag im deutschen Recht, S. 93f. Ähnlich ROJAHN, in: v. MÜNCH/KUNIG II, Art. 59 Rn. 38b, 44.

86 Vgl. VOGEL, in: FS LERCHE, S. 95 (100).

87 BVerfGE 68, 1 (98f.).

selbstherrliche Entäußerung deutscher Staatsgewalt durch die Exekutive zu verhindern, dann gilt diese "ratio legis" mit ihrer Rechtsfolge auch für Art. 59 II 1 GG.[88] Nur wenn das ursprüngliche völkerrechtliche Übereinkommen Mechanismen zur Fortentwicklung vorsieht und, zweitens, auch die generelle Linie der weiteren Entwicklung erkennen läßt, deckt die ursprüngliche Zustimmung des Bundestages die Fortentwicklung des Vertrages ab.[89]

Die gewichtigsten Bedenken gegen eine vom Zustimmungsgesetz abgekoppelte unbegrenzte Fortentwicklung völkerrechtlicher Bestimmungen ergeben sich aus dem Demokratieprinzip. Eine dynamische Verweisung über den Vertragsinhalt hinaus bedeutet eine versteckte Verlagerung von Gesetzgebungsbefugnissen auf die Exekutive oder internationale Entscheidungsorgane, die einen Einfluß auf die deutsche Rechtsordnung bekämen, der nach dem Grundgesetz nur dem Parlament zusteht.[90] Es ist untragbar, wenn die unbegrenzte innerstaatliche Beachtung einer völkerrechtlichen Vertragsfortbildung zur Einbruchstelle für vom Parlament nicht verantworteten und für den Bürger unvorhersehbaren Rechtsetzung werden würde. Der Exekutive als Normautor darf keine Regelungskompetenz in dem Sinne eingeräumt werden, daß, "was immer diese beschließen mag", innerstaatlich verbindlich wird.[91] Der Grundsatz, daß Verfassung und Gesetz in Übereinstimmung mit dem Völkerrecht auszulegen sind, kann nicht bedeuten, daß ein Verfassungsprinzip hinter einem völkerrechtlichem Verhalten, das vorgeblich auf Grundlage des Vertrages durchgeführt wird, zurücktreten muß.[92] Im Verfassungsstaat, in dem die Staatsgewalt umfassend rechtlich gebunden ist, kann sich die Staatsräson nicht gegen das geltende Verfassungsrecht durchsetzen.[93] Eine Funktion des Art. 59 II 1 GG besteht darin, die Eingehung insbesondere solcher langfristiger oder gar unauflöslicher, völkervertraglicher Bindungen an die vorherige Zustimmung der Legislative zu binden, mit denen der Status der Bundesrepublik Deutschland in der Staaten- und Völkerrechtsgemeinschaft festgelegt wird.[94] Erhebliche Statusveränderungen, die von einer rechtlichen Bindungswirkung begleitet sind, können deshalb von einer früher einmal erteilten Zustimmung nicht legitimiert werden.

---

88 HILLGRUBER, in: FS LEISNER, S. 53 (71).

89 WOLFRUM, VVDStRL 56 (1997), 38 (55).

90 BVerfGE 42, 285 (312); ENGEL, Völkerrecht als Tatbestandsmerkmal deutscher Normen, S. 116; HIENSTORFER, Die auswärtige Gewalt, S. 115.

91 BRUGGER, VerwArch 78 (1987), 1 (25).

92 Vgl. RESS, BDGV 23 (1982), 7 (47).

93 Vgl. H.H. KLEIN, Bundesverfassungsgericht und Staaträson, S. 29.

94 BVerfGE 68, 1 (88).

Eine denkbare dynamische Verweisung des Zustimmungsgesetzes auf den gegenwärtigen Stand des Vertrages ist im Falle einer inhaltlichen Vertragsfortbildung verfassungsrechtlich also unzulässig.

Dies wird schon bei Zugrundelegung der anerkannten völkerrechtlichen Auslegungsmethoden klar: Da eine deutlich erkennbare inhaltlich Abänderung des ursprünglichen Vertragsrahmens in der Regel von den herkömmlichen Auslegungsmethoden nicht mehr erfaßt ist, kann folglich auf sie auch nicht durch das Vertragsgesetz im Rahmen des Antizipierten verwiesen werden. Am Beispiel des NATO-Vertrages wäre es daher unerheblich, ob das Zustimmungsgesetz möglicherweise eine völkerrechtliche Weiterentwicklung des Verteidigungsbegriffs antizipiert hat. In jedem Fall sind die in Anspruch genommenen Kompetenzen auch nach der "dynamischsten" Auslegungsvariante nicht mehr vom Wortlaut des NATO-Vertrages gedeckt und stellen eine evidente Fortbildung des Gründungsvertrages dar. Bei einer derart wesentlichen und offenkundigen Überschreitung des Vertragsrahmens geht die Praxis zu recht davon aus, daß ein eigenes Zustimmungsgesetz nach Art. 59 II 1, Alt. 1 GG erforderlich ist.[95]

4. Notwendigkeit eines Vertrages

Allerdings hat die Untersuchung der Möglichkeiten einer Vertragsfortbildung ergeben, daß bei allen Handlungen, die (konkludent) eine Änderung des Vertragsinhalts bewirken, ein sie tragender Vertragsänderungswille feststellbar sein muß.[96] Das tragende Votum im AWACS-Urteil stellte zu Recht fest, daß die Frage, ob ein abgestimmtes rechtserhebliches Handeln den Charakter eines völkerrechtlichen Vertrages hat, sich meist anhand der von den Beteiligten in ihren Erklärungen gewählten Formulierungen entscheiden läßt; ein Vertragsabschlußwille wird von den in Betracht kommenden Vertragsparteien regelmäßig deutlich zum Ausdruck gebracht.[97] Fehlt es daran – wie bei der Neuformulierung der NATO-Aufgaben[98] -, kann nur bei *eindeutigen* anders lautenden Anhaltspunkten auf einen Vertragsbindungswillen geschlossen werden.[99] Andernfalls würde im vorliegenden Fall der Bundesregierung ein Verhalten angesonnen, das in direktem Gegensatz zu ihrer Rechtsansicht steht, der Vertragsrahmen sei nicht überschritten.

---

[95] Vgl. SCHREUER, BDGV 23 (1982), 61 (73).

[96] BVerfGE 90, 286 (360); PERNICE, in: DREIER, GG, Bd. II, Art. 59 Rn. 43.

[97] BVerfGE 90, 286 (360f.).

[98] So auch HILLGRUBER, in: FS LEISNER, S. 53 (68); ROELLECKE, Der Staat 34 (1995), 415 (419).

[99] Vgl. BVerfGE 68, 1 (82).

Diese strikt am Rechtsbindungswillen der Parteien orientierte Wertung entspricht dem Maastricht-Urteil des BVerfG, wo das Gericht ebenfalls zu Recht zwischen Vertragsauslegung und –erweiterung unterschieden und letztere ohne förmliche Änderung im Blick auf das Demokratieprinzip für unzulässig und innerstaatlich unbeachtlich erklärt hat.[100] Zwar sind die neuen Bündnisaufgaben der NATO wegen fehlender innerstaatlicher Anknüpfungspunkte im Hinblick auf das Demokratieprinzip unproblematisch, doch ist kein Grund ersichtlich, an das Vorliegen eines Rechtsänderungswillens geringere Anforderungen zu stellen, wenn die Übertragung im Rahmen des Art. 24 I GG geschieht und keine Rechte und Pflichten für den Staatsbürger begründet, abgeändert oder aufgehoben werden.[101] Auch im Fall des Art. 59 II 1, Alt. 1 GG verlangt das Prinzip der Rechtsklarheit und die Vertragssouveränität der Staaten, die Eingehung von neuen vertraglichen Bindungen nur dann anzunehmen, wenn deutliche Anhaltspunkte dafür sprechen, daß die Parteien ihre Zusammenarbeit auf eine rechtlich erweiterte Grundlage stellen wollen. Hierfür sind beim NATO-Vertrag keine Anhaltspunkte ersichtlich. Demzufolge ist Art. 59 II 1 GG im Rahmen der beschriebenen Vertragsfortbildung dem Wortlaut nach nicht anwendbar.

III. Die Anwendung des Art. 59 II 1 GG auf außervertragliche Akte

Fraglich und äußerst umstritten ist, ob der Begriff des "Vertrages" in Art. 59 II 1 GG analog auch auf eine nachfolgende Praxis angewandt werden kann, die sich materiell als Vertragsänderung darstellt, nach dem erklärten Willen der Parteien jedoch keinen Änderungsvertrag beinhalten soll.

Zur Feststellung der Reichweite des Art. 59 II 1 GG ist zunächst der Zweck der Norm als leitendes Auslegungskriterium zu ermitteln.[102] Wie oben[103] bereits kurz angedeutet, kommt es bei der Ermittlung des konkreten Regelungszwecks des Art. 59 II 1, Alt. 1 GG nicht auf abstrakte allgemeingültige Interpretationsmaximen an, sondern auf die vom Verfassungsgeber im Rahmen "politischer Verträge" tatsächlich gewollten parlamentarischen Beteiligungsrechte.

---

[100] BVerfGE 89, 155 (187f., 210).

[101] So auch PERNICE, in: DREIER, GG, Bd. II, Art. 59 Rn. 44, Fn. 193; WOLFRUM, VVDStRL 56 (1997), 38 (54). Ähnlich HILLGRUBER, in: FS LEISNER, S. 53 (71).

[102] STREINZ, in: SACHS, Art. 59 Rn. 20. In diesem Sinne auch ROJAHN, in: v. MÜNCH/KUNIG II, Art. 59 Rn. 21f.

[103] Siehe oben bei A. I. 2.

1. Das Kontrollrecht des Bundestages bei politischen Verträgen

Während die zweite Alternative des Art. 59 II 1 GG - "Verträge, welche sich auf Gegenstände der Bundesgesetzgebung beziehen" - auf den eigentlichen Funktionsbereich des Bundestages abstellt und ein Äquivalent dafür bietet, daß die Exekutive über die zwischenstaatlichen Verträge Materien der innerstaatlichen Gesetzgebung zu gestalten und damit nach der Gewaltenteilungslehre in den Bereich der Legislative einzugreifen vermag,[104] geht es bei den politischen Verträgen um ein echtes parlamentarisches Kontrollrecht gegenüber der Exekutive.[105] Die außenpolitische Entscheidung soll vom Parlament kontrolliert und zugleich mitverantwortet werden; es handelt sich somit um eine "genuin außenpolitische Mitentscheidungskompetenz des Parlaments".[106] Nach Ansicht des BVerfG verleiht das Mitwirkungsrecht beim Abschluß sog. politischer Verträge dem Parlament eine eigene politische Mitwirkungsbefugnis, "deren Ausübung sich - funktionell betrachtet - als ein Regierungsakt in der Form eines Bundesgesetzes darstellt".[107]

Gegenstand der "verfahrensrechtlichen Ausprägung der Regierungskontrolle im parlamentarischen Regierungssystem des Grundgesetzes"[108] ist der im Vertragsabschluß liegende Regierungsakt, der die auswärtigen Beziehungen gestaltet. Das Erfordernis vorheriger Zustimmung soll das Parlament davor schützen, daß sein Kontrollrecht dadurch unterlaufen wird, daß ein Vertrag eine völkerrechtliche Bindungswirkung erzeugt, die durch eine spätere parlamentarische Mißbilligung nicht mehr beseitigt werden kann.[109] Regelungszweck der ersten Alternative des Art. 59 II 1 GG ist es dagegen nicht, eine innerstaatliche Vollzugssicherung dadurch zu erreichen, daß der Gesetzgeber zur Sicherung seiner legislatorischen Entschließungsfreiheit und Vermeidung präjudizieller Auswirkungen auf die innerstaatliche Rechtslage vor Abschluß des Vertrages diesem zustimmen muß. Diese *ratio legis* trifft nur auf die zweite Alternative des Art. 59 II 1 GG zu.[110] Verträge, die allein die politischen Beziehungen des

---

[104] Vgl. zur Funktion des Zustimmungsgesetzes, Eingriffe in die Zuständigkeit der Legislative zu verhindern MENZEL, in: BoK-GG, Art. 59 Anm. II 6; REICHEL, Die auswärtige Gewalt, S. 106f.; BVerfGE 1, 372 (390).

[105] HIENSTORFER, Die auswärtige Gewalt, S. 106; MENZEL, in: BoK-GG, Art. 59 Anm. II 5; MAUNZ, in: MAUNZ/DÜRIG, GG, Art. 59 Rn. 14; ROJAHN, in: v. MÜNCH/KUNIG II, Art. 59 Rn. 30; STREINZ, in: SACHS, Art. 59 Rn. 22; BAYER, Die Aufhebung völkerrechtlicher Verträge, S. 111, 106 m.w.N.

[106] GEIGER, Grundgesetz und Völkerrecht, § 26 II 2 a; HILLGRUBER, in: FS LEISNER, S. 53 (64).

[107] BVerfGE 90, 286 (357).

[108] Vgl. ROJAHN, in: v. MÜNCH/KUNIG II, Art. 59 Rn. 30.

[109] BVerfGE 90, 286 (357) mit Hinweis auf GREWE, HStR III, § 77 Rn. 59.

[110] Vgl. BVerfGE 1, 372 (388-390).

Bundes zu anderen Völkerrechtssubjekten regeln, bedürfen keines Vollzugs durch den innerstaatlichen Gesetzgeber.[111] Die Zustimmungspflicht zu solchen Verträgen soll lediglich sicherstellen, daß das Parlament sein Veto einlegen kann, bevor auf der Ebene des Völkerrechts ein "fait accompli" entstanden ist.[112] Damit wird dem Bundestag die Möglichkeit verliehen, die Vertragspolitik der Bundesregierung durch Vorenthaltung seiner notwendigen Zustimmung zu durchkreuzen. Art. 59 II 1 GG ermöglicht aber keine aktive, gestaltende Einflußnahme auf die Außenpolitik, sondern räumt nur die Befugnis ein, das vorgelegte Vertragsgesetz entweder annehmen oder ablehnen (vgl. § 82 II GeschO-BT). Eine unmittelbare inhaltliche Mitgestaltung des Vertragsinhalts bleibt dem Parlament versagt.[113] Nach ganz überwiegender Auffassung hat abweichend von Art. 76 GG nur die Bundesregierung das Gesetzesinitiativrecht und damit die Kompetenz zur Festlegung des Vertragsinhalts.[114] Weder kann der Bundestag kraft Art. 59 II GG verhindern oder erzwingen, daß die Bundesregierung Vertragsverhandlungen unterläßt, aufnimmt oder abbricht, noch erzwingen, daß ein völkerrechtlicher Vertrag, dem er gesetzlich zugestimmt hat, von der Bundesregierung für die Bundesrepublik Deutschland völkerrechtlich verbindlich gemacht oder nach seinem Abschluß aufrechterhalten oder umgekehrt beendet wird.[115]

2. Keine Vertragspflicht der Exekutive

Art. 59 II GG kann auch nicht entnommen werden, daß immer dann, wenn ein Handeln der Bundesregierung im völkerrechtlichen Verkehr die politischen Beziehungen der Bundesrepublik Deutschland regelt oder Gegenstände der Bundesgesetzgebung betrifft, die Form eines der gesetzgeberischen Zustimmung bedürftigen Vertrages gewählt werden muß.[116] Der Gesetzgeber kann nicht den - ergänzenden - Abschluß eines weiteren völkerrechtlichen Vertrages erzwingen, wenn er meint, daß sich ein Vertrag inhaltlich vom ursprünglichen

---

[111] ROJAHN, in: v. MÜNCH/KUNIG II, Art. 59 Rn. 30.

[112] BAYER, Die Aufhebung völkerrechtlicher Verträge, S. 162.

[113] WOLFRUM, VVDStRL 56 (1997), 38 (48); ROJAHN, in: v. MÜNCH/KUNIG II, Art. 59 Rn. 39; GREWE, HStR III, § 77 Rn. 59, Fn. 77.

[114] BVerfGE 90, 286 (358); DOEHRING, Staatsrecht, 3. Aufl., S. 194f.; MOSLER, in: FG Bilfinger, S. 290; SCHNEIDER, Lehrbuch zur Gesetzgebung, Rn. 224; HILLGRUBER, in: FS LEISNER, S. 53 (65); ähnlich PARTSCH, VVDStRL 16 (1958), 74 (101). A.A. STREINZ, in: SACHS, Art. 59 Rn. 55; KRETSCHMER, in: FS Helmrich, S. 537 (537f.).

[115] BVerfGE 68, 1 (85f.); 90, 286 (358); HILLGRUBER, in: FS LEISNER, S. 53 (65).

[116] BVerfGE 68, 1 (86); 90, 286 (358, 363): auch die vier abweichenden Richter waren dieser Ansicht; ZULEEG, in: AK-GG, Art. 59 Rn. 46; ähnlich FRIESENHAHN, VVDStRL 16 (1958), 9 (70).

Vertragstext so weit entfernt habe, daß dieser auf eine erweiterte völkerrechtliche Grundlage gestellt werden müßte. Dies ist deshalb ausgeschlossen, weil die Bundesregierung ein zweiseitiges oder multilaterales Vorgehen auf völkerrechtlicher Ebene nicht einseitig vorschreiben kann; sie liefe bei einer solchen Einengung auf den Vertragsweg Gefahr, ihre außenpolitische Handlungsfähigkeit zu verlieren.[117] Die Entscheidung über die Einleitung von Vertragsverhandlungen trifft nach der verfassungsrechtlichen Zuständigkeitsverteilung die Regierung, und nicht das Parlament.[118] Die Idee, der Exekutive den Weg des zustimmungsbedürftigen völkerrechtlichen Vertrages dann vorzuschreiben, wenn eine Maßnahme in der Bereich der "hochpolitischen Akte" fällt,[119] ist daher zu recht auf überwiegende Ablehnung gestoßen. Zwar mag es richtig sein, in einem unbegrenzten Ausweichen auf "außerrechtliche Verträge" die unzulässige Umgehung des parlamentarischen Mitwirkungsrechts zu erblicken;[120] selbst wenn man - entgegen der Ansicht des Verfassers[121] - die Existenz solcher quasivertraglichen Handlungsformen bejaht, stellen die gemeinsamen Erklärungen der NATO-Partner eben gerade keinen "nichtrechtlichen Vertrag" dar, sondern sind unverbindliche politische Absichtserklärungen ohne jeden Rechtscharakter.

3. Keine Anwendung auf außerrechtliche Absichtserklärungen

Die analoge Anwendung des Art. 59 II 1 GG auf politische Absichtserklärungen würde bedeuten, der in den 60er Jahren von JESCH[122] und RUPP[123] vertretenen Lehre vom Totalvorbehalt zu folgen. Ausgehend von der These, daß ausschließlich die Legislative demokratisch legitimiert sei, und die Exekutive nur eine abgeleitete Legitimation besitze, wurde behauptet, daß das Handeln der Verwaltung nur gesetzesabgeleitet und gesetzesvollziehend sei.[124] Damit wurde

---

117 BVerfGE 90, 286 (360); 68, 1 (86); BRYDE, Jura 1986, 363 (367); BLECKMANN, DVBl. 1984, 6 (12); ECKERTZ, EuGRZ 1985, 165 (166); ROJAHN, in: v. MÜNCH/KUNIG II, Art. 59 Rn. 49; SCHULTZ, Die Auslandsentsendung, S. 481.

118 BERNHARDT, HStR VII, § 174 Rn. 9.

119 MENZEL vertrat 1953 die These, daß in diesem Bereich die eigentliche Entscheidung der Legislative zukommt (VVDStRL 12 [1954], 179 [195]). Ähnlich auch MAHRENHOLZ in seinem abw. Votum: Der Sinn des Art. 59 II GG würde verfehlt, wenn die Exekutive durch Wahl der Rechtsform ihrer Erklärungen über die Tragweite des Gesetzesvorbehalts entscheiden könnte (BVerfGE 68, 1/111 [128]).

120 So RUDOLF, ArchVR 27 (1989), 1 (15).

121 Siehe oben 2. Kapitel, B. IV.

122 JESCH, Gesetz und Verwaltung, 1961.

123 RUPP, Grundfragen der heutigen Verwaltungsrechtslehre, S. 113ff.

124 JESCH, Gesetz und Verwaltung, S. 171ff., 205.

der Gedanke des Gesetzesvorbehalts sowohl in den Bereich der Leistungsverwaltung als auch in den der Verwaltungsorganisation hineingetragen.[125] Ein derartiger Totalvorbehalt wäre jedoch nur dann verfassungsrechtlich begründbar, wenn die Legitimation der Exekutive tatsächlich nur eine abgeleitete wäre und ihr Handeln daher tatsächlich nur "gesetzesabgeleitet" und "gesetzesvollziehend" wäre. Dies entspricht jedoch nicht der Konzeption des Grundgesetzes. Abgesehen davon, daß auch eine unmittelbare demokratische Legitimation nicht per se in der Lage ist, Kompetenzen zu begründen,[126] ist die Regierung unter der demokratisch-parlamentarischen Herrschaftsordnung institutionell wie funktionell ebenfalls demokratisch legitimiert.[127] Die Organe der gesetzgebenden wie der vollziehenden Gewalt beziehen ihre Legitimation aus der in Art. 20 II GG getroffenen Entscheidung des Verfassungsgebers.[128] Folglich gibt es unter dem Grundgesetz keine Kompetenz-Kompetenz eines Staatsorgans, sondern jede Kompetenzbehauptung muß sich auf die Kompetenzverleihung durch die Verfassung berufen können.[129] Es existiert demnach auch kein Primat eines Staatsorgans. Somit kennt das Grundgesetz weder einen Totalvorbehalt des Gesetzes noch eine Kompetenzregel, die besagt, daß alle "objektiv wesentlichen" Entscheidungen vom Gesetzgeber zu treffen wären.[130] Auch Art. 59 II 1 GG wollte gerade keinen allumfassenden Parlamentsvorbehalt im Bereich der Außenpolitik zu Lasten der Exekutive begründen, sondern lediglich ein Mitwirkungsrecht.[131] Die Exekutive, und innerhalb ihrer besonders die Regierung, ist nämlich als "politische" Gewalt ausgestaltet und nicht etwa von vornherein auf politisch weniger bedeutsame Entscheidungen beschränkt.[132]

Daher kann auch die abgeschwächte, auf die Wesentlichkeitstheorie abstellende Auffassung ZULEEGS nicht überzeugen, wonach das Gesetz als politische Leitentscheidung zu verstehen sei, was dazu führen müsse, den Grundsatz des Vorbehalts des Gesetzes im Sinne der Wesentlichkeitstheorie über den engen Bereich des Vertrages in Art. 59 II 1 GG hinaus auch auf sonstige wichtige

---

[125] Vgl. OSSENBÜHL, Verwaltungsvorschriften und Grundgesetz, S. 211; KISKER, NJW 1977, 1313ff.

[126] GOTZEN, VerwRdschau 1996, 7 (11).

[127] BVerfGE 68, 1 (109); 49, 89 (124ff.) - Kalkar; BÖCKENFÖRDE, Die Organisationsgewalt im Bereich der Regierung, S. 79ff; KUHL, Kernbereich der Exekutive, S. 96.

[128] BVerfGE 49, 89 (125).

[129] SCHNAPP, VVDStRL 43 (1985), 172 (181f.).

[130] BVerfGE 68, 1 (109); M.H. MÜLLER, Die innerstaatliche Umsetzung von einseitigen Akten, S. 32; GOTZEN, VerwRdschau 1996, 7 (10).

[131] SCHULTZ, Die Auslandsentsendung, S. 483.

[132] BVerfGE 68, 1 (89); STREINZ, in: SACHS, Art. 59 Rn. 40.

außenpolitische Entscheidungen auszudehnen.[133] Zum einen fehlt es an hinreichenden Kriterien, ab welcher "Wichtigkeitsstufe" die Zustimmungsbedürftigkeit einsetzen soll. Zum anderen - und dies ist das Entscheidende am Zustimmungsgesetz - wird mangels der Verhinderung von rechtlichen *„faits accomplis“* der Normzweck des Art. 59 II 1 GG gar nicht ausgelöst. Gegenstand der Zustimmung des Bundestages wäre nämlich nicht ein Vertrag, sondern ein politischer Beschluß der Bundesregierung zur Teilnahme an kollektiven Friedensaufgaben im Rahmen der NATO bzw. ein von der Bundesregierung unterstützter politischer Entwicklungsprozeß. Einem eventuellen „Vertrags“-Gesetzgebungsverfahren würde somit nicht nur der völkerrechtlich relevante Gegenstand fehlen, mit der Folge, daß für dieses ein Vertragstext fingiert werden müßte. Auch würde die Anwendung des Art. 59 II 1 GG auf politische Erklärungen und Programmsätze unter Umständen erfordern, daß jede von den NATO-Vertragsparteien festgestellte Änderung der weltpolitischen Lage durch ein neues Zustimmungsgesetz gebilligt werden müßte.[134] Dies würde in der Tat die grundsätzliche Entscheidung der Verfassung unterlaufen, wonach die Bestimmung von Inhalt und Ausmaß der internationalen Kontakte, insbesondere die Aufnahme und die Beendigung von Vertragsverhandlungen, grundsätzlich der Exekutive überlassen bleiben soll.[135]

Mangels Rechtsverbindlichkeit lehnt demzufolge die h.M. die Ausdehnung des Art. 59 II 1 GG auf unverbindliche - "soft law" - Absprachen zu recht ab. Gegenstand parlamentarischer Zustimmung können daher nur rechtsverbindliche Akte sein.[136] Der "Therapievorschlag" kann nicht einfach lauten, die Rechte des Art. 59 II GG über den Wortlaut und die Ratio der Vorschrift hinaus auf außerrechtliche Gegenstände auszudehnen. Dies würde bedeuten, die Dynamik

---

[133] ZULEEG, in: AK-GG, Art. 59 Rn. 46; ähnlich KOKOTT, in: FS DOEHRING, S. 503 (511, 513) und STREINZ, in: SACHS, Art. 59 Rn. 27.

[134] Vgl. BVerfGE 90, 286 (364).

[135] BVerfGE 1, 372 (394); 2, 347 (379); 68, 1 (84f.); FASTENRATH, Kompetenzverteilung, S. 215; BERNHARDT, HStR VII, § 174 Rn. 9; STERN, Staatsrecht I, § 14 IV 2; BLECKMANN, Staatsrecht I, Rn. 1262; BADURA, Staatsrecht, Rn. D 116; GEIGER, Grundgesetz und Völkerrecht, § 26 II 1.

[136] BVerfGE 68, 1 (80f.); FASTENRATH, Kompetenzverteilung, S. 105; ROJAHN, in: v. MÜNCH/KUNIG II, Art. 59 Rn. 3, 38c; STREINZ, in: SACHS, Art. 59 Rn. 40; BRYDE, Internationale Verhaltensregeln für Private, S. 37; ROELLECKE, Der Staat 34 (1995), 415 (421); MÄRZ, Bundeswehr in Somalia, S. 58f.; GEIGER, Grundgesetz und Völkerrecht, § 26 II 2 a. Im Ergebnis so wohl auch JARASS, in: JARASS/PIEROTH, Art. 59 Rn. 11. A.A. KOKOTT, in: FS DOEHRING, S. 503 (517).

der völkerrechtlichen Entwicklung vom Boden des Verfassungsrechts aus korrigieren zu wollen.[137]

4. Bindungswirkung durch einseitige Verpflichtungserklärung zur Teilnahme an neuen NATO-Aufgaben?

Ein ausnahmsweise dennoch denkbarer Zustimmungsvorbehalt des Parlaments aus Art. 59 II 1 GG analog könnte aber dann in Betracht kommen, wenn durch die zustimmenden Erklärungen der Bundesregierung bei der Fortschreibung des NATO-Aufgabenprogramms schwere und langfristige oder gar unauflösliche Bindungen der Bundesrepublik Deutschland gegenüber den anderen NATO-Partnern eintreten würden. Nach einer weit verbreiteten - aber nicht unumstrittenen - Meinung gebietet es der Sinn und Zweck des Art. 59 II 1 GG, über den formalen, auf wechselseitige Willenserklärungen abstellenden Vertragsbegriff hinaus auch diejenigen einseitigen Maßnahmen in die Zustimmungsbedürftigkeit einzubeziehen, die in irgendeiner Weise völkerrechtliche Bindungen erzeugen bzw. das ursprüngliche Zustimmungsgesetz nachträglich modifizieren. Es sei mit der Kontrollfunktion des Bundestages nicht zu vereinbaren, wenn die Bundesregierung durch ihre - anerkannte - freie Formenwahl die Möglichkeit zur Umgehung des Zustimmungserfordernisses hätte, indem sie, statt einen Vertrag zu schließen, beispielsweise ein einseitiges Versprechen abgeben würde, das aber in gleicher Weise wie ein Vertrag eine völkerrechtliche Bindung auslöst.[138] Der IGH habe in seinen Entscheidungen betreffend die französischen Atomwaffenversuche im Pazifik ausdrücklich festgestellt, daß ein Staat sich nicht nur durch Verträge, sondern auch durch einseitige, nicht formbedürftige Erklärungen, die keines bestimmten Adressaten und nicht einmal der Annahme durch andere bedürfen, völkerrechtlich verpflichten könne.[139] Verneine man die Zustimmungsbedürftigkeit solch bindender einseitiger Akte, eröffne

---

[137] TOMUSCHAT, VVDStRL 36 (1978), 7 (34). A.A. KOKOTT, in: FS DOEHRING, S. 503 (517): auch bei "unverbindlichen" Empfehlungen und Absprachen bestehe die Möglichkeit der Entstehung von Zwangssituationen, die eine gewisse Präjudizierung des Gesetzgebers auslösen könne. Diese wolle Art. 59 II GG aber gerade vermeiden. Folglich sei danach zu differenzieren, ob sich an die Nichtbefolgung derartiger außerrechtlicher Absprachen völkerrechtliche Sanktionen knüpfen könnten. Letzteres ist hinsichtlich der gewollten Unverbindlichkeit der neuen NATO-Programmsätze zu verneinen.

[138] KOKOTT, in: FS DOEHRING, S. 503 (503); WOLFRUM, VVDStRL 56 (1997), 38 (49, Fn. 54); JARASS, in: JARASS/PIEROTH, Art. 59 Rn. 11; STREINZ, in: SACHS, Art. 59 Rn. 43; FASTENRATH, Kompetenzverteilung, S. 242.

[139] *Australia vs. France* und *New Zealand vs. France*, ICJ-Reports 1974, S. 251, 267 und S. 455, 472.

man der Bundesregierung die Möglichkeit, das Parlament bei der Eingehung völkerrechtlicher Bindungen auszuschließen.[140]

Die Gegenansicht[141] stelle zu formalistisch auf den Wortlaut des Art. 59 II 1 GG ab, der von "Vertrag" als der Abgabe wechselseitiger Willenserklärungen spreche. Entscheidend sei nicht der nur einseitige Charakter z.B. einer Kündigung, sondern - in Anlehnung an die allseits akzeptierte Definition von "politischen Verträgen" - vielmehr, ob dadurch die Existenz des Staates, seine territoriale Integrität, seine Unabhängigkeit bzw. sein Gewicht in der Staatengemeinschaft betroffen sei.[142]

Allerdings verlangen auch die Vertreter einer extensiven Auslegung des Art. 59 II 1 GG, daß die von der Regierung getroffene einseitige Maßnahme rechtlich und nicht nur politisch relevant sein muß.[143] Diese Einschränkung ist zwingend, wenn man sich die Ratio des Art. 59 II 1, Alt. 1 GG vergegenwärtigt, völkerrechtliche Bindungen - woraus auch immer - ohne Beteiligung des Parlaments zu verhindern. Die Rechte des Bundestages als von der Exekutive unabhängiges Staatsorgan können definitionsgemäß nicht verletzt sein, wenn keine Rechte oder Pflichten für das Völkerrechtssubjekt Bundesrepublik Deutschland - und damit eine Bindung des Parlaments - erzeugt werden, sondern ein anderes Staatsorgan lediglich seinen ihm zugestandenen politischen Ermessensspielraum wahrnimmt. Ausscheiden müssen daher solche Maßnahmen, die im internationalen Verkehr von vornherein keine Rechtswirkung entfalten sollen. Folglich werden die in den NATO-Gremien abgegebenen Erklärungen der Bundesregierung auch bei einer weiten analogen Anwendung des Art. 59 II 1 GG aufgrund des außerrechtlichen Charakters und der daraus folgenden Unverbindlichkeit vom Zustimmungsvorbehalt des Bundestages nicht erfaßt.[144]

---

140 Vgl. MAHRENHOLZ, abw. Votum, BVerfGE 68, 1 /111 (128).

141 BVerfGE 68, 1 (84ff.); SCHMIDT-BLEIBTREU/KLEIN, Art. 59 Rn. 14; BAYER, Die Aufhebung völkerrechtlicher Verträge, S. 206f., 215; BLECKMANN, Grundgesetz und Völkerrecht, S. 225; differenzierend GEIGER, Grundgesetz und Völkerrecht, § 26 II 2 a.

142 WOLFRUM, VVDStRL 56 (1997), 38 (50). Differenzierter ROJAHN, in: v. MÜNCH/KUNIG II, Art. 59 Rn. 49: Es sei erwägenswert, das Erfordernis einer parlamentarischen Mitwirkung für bestimmte einseitige Akte in Form eines Gesetzes oder eines konstitutiven Parlamentsvorbehalts unmkittelbar aus den zu Art. 20 III GG entwickelten Grundsätzen des Gesetzes- und Parlamentsvorbehalts abzuleiten. Es gebe keinen Grund, warum bspw. dem konstitutiven Parlamentsvorbehalt nicht über die Wehrverfassung hinaus ein größerer Anwendungsbereich eingeräumt werde.

143 Soweit erkennbar, läßt lediglich KOKOTT nichtrechtliche Absprachen, Beschlüsse bzw. Empfehlungen genügen, sofern deren Nichtbefolgung völkerrechtliche Sanktionen mit sich bringen könnte (Fn. 138).

144 Im Ergebnis so auch MÄRZ, Bundeswehr in Somalia, S. 59.

5. Genereller Parlamentsvorbehalt aufgrund der *AWACS*-Entscheidung?

Auch aus dem im AWACS-Urteil des BVerfG entwickelten allgemeinen Parlamentsvorbehalt für den Einsatz bewaffneter deutscher Streitkräfte[145] läßt sich nicht ableiten, daß die Beteiligung der Bundeswehr an kollektiven Friedensmissionen der NATO einer vorherigen (quasi)vertraglichen Zustimmung nach Art. 59 II 1 GG bedarf. Denn das Gericht hat die Notwendigkeit einer parlamentarischen Beteiligung vor dem Einsatz von Streitkräften gerade nicht auf Art. 59 II GG gestützt, sondern aus der Gesamtschau der Bestimmungen der deutschen Wehrverfassung vor dem Hintergrund der deutschen Verfassungstradition seit 1918 abgeleitet.[146] Insoweit differenziert es deutlich zwischen auswärtiger Gewalt, die weitgehend der Exekutive zugeordnet sei, und der Wehrverfassung, in der der Gedanken des „Parlamentsheeres" zum Ausdruck komme.[147] Daß der Parlamentsvorbehalt in eine andere rechtliche Kategorie fallen sollte als eine weit verstandene, „demokratiefreundliche" Zustimmungspflicht nach Art. 59 II GG, macht schon der Umstand deutlich, daß er ausdrücklich nicht unter Art. 59 II GG diskutiert wird, sondern auch im Falle vorhergehender parlamentarischer Zustimmung – etwa zu einer Beistandsverpflichtung – zusätzlich zu einem Vertragsgesetz für erforderlich gehalten wird.[148] Schließlich versucht das Gericht, mögliche Bedenken gegen eine Aushöhlung exekutivischer Eigenverantwortung durch eine zusätzliche Zustimmungspflicht zu bewaffneten (Auslands)Einsätzen dadurch zu zerstreuen, daß es betont, daß der „der Regierung von der Verfassung für außenpolitisches Handeln gewährte Eigenbereich exekutiver Handlungsbefugnis und Verantwortlichkeit" durch den Parlamentsvorbehalt nicht berührt werde.[149] Es wird deutlich, daß keine unmittelbare Beschneidung der Exekutive im Bereich der auswärtigen Angelegenheiten beabsichtigt war.

Im übrigen wäre ein Rückgriff auf Art. 59 II GG zur Herleitung eines ungeschriebenen Parlamentsvorbehalts für den Einsatz der Streitkräfte auch mit dem Regelungsgehalt der Vorschrift nicht zu vereinbaren. Die Zustimmung erfolgt nämlich nicht zu einer Erklärung oder Absprache der Regierung mit anderen Völkerrechtssubjekten, sondern sie ist ohne Vorliegen eines relevanten völkerrechtlichen Akts konstitutiv und originär aus der Verfassung hergeleitet.[150] Es fehlt damit an einem mit dem völkerrechtlichen Vertrag vergleichbaren Zu-

---

145 BVerfGE 90, 286 (381ff.).

146 BVerfGE 90, 286 (383ff.) sowie oben I. 2. Kritisch hierzu etwa WOLFRUM, VVDStRL 56 (1997), 38 (53) und BADURA, Staatsrecht, Abschn. G 83.

147 BVerfGE 90, 286 (381f.).

148 BVerfGE 90, 286 (387).

149 BVerfGE 90, 286 (389).

150 NOLTE, ZaöRV 54 (1994), 652 (673ff.).

stimmungsgegenstand. Die vom Verfassungsgericht vorgeschriebene Beteiligung des Parlaments bedeutet daher keinen Erlaß von gesetzesförmlichen Bundestagsbeschlüssen, sondern eine völlig neue Kategorie von Rechtsakten. Sie ist nicht mit der Forderung nach umfassender Beteiligung des Parlaments in wichtigen außenpolitischen Entscheidungen gleichzusetzen. Wegen der Unterschiedlichkeit der angesprochenen Regelungsmaterien kann somit nicht davon ausgegangen werden, daß das BVerfG nunmehr doch „durch die Hintertür" einen umfassenden Parlamentsvorbehalt im außenpolitischen Bereich begründen wollte. Denn dann würde es sich zu der wenig vorher gemachten Aussage in Widerspruch setzen, wonach alle nichtvertraglichen Akte gerade aus dem Anwendungsbereich des Art. 59 II 1 GG herausfallen sollten.[151]

6. Zwischenergebnis

Damit ist im Ergebnis die (quasi-)vertragliche Beteiligung des Bundestages an Beschlüssen der Bundesregierung, die keine rechtliche Bindungswirkung auslösen sollen und erkennbar als außerrechtliche Akte gekennzeichnet sind, zu verneinen. Art. 59 II 1, Alt. 1 GG will nach seinem Ziel und Zweck nur rechtliche Bindungen der Bundesrepublik Deutschland ohne Parlamentsbeteiligung vermeiden, nicht aber die außenpolitische Prärogative und Handlungsfähigkeit der Bundesregierung einschränken. Politische Beschlüsse im Rahmen einer internationalen Organisation, mögen sie auch materiell eine Vertragsänderung in sich bergen, kann und darf der Bundestag nicht durch ein Zustimmungsgesetz zu Fall bringen. Für seine Beteiligung fehlt nicht nur ein tauglicher Zustimmungsgegenstand, sondern auch die verfassungsrechtliche Grundlage im grundgesetzlichen Gefüge der Gewaltenteilung.

---

151 Vgl. BVerfGE 90, 286 (358).

B. Ergebnis der völkerrechtlichen und verfassungsrechtlichen Analyse der NATO-Vertragsfortbildung

Als Ergebnis der Untersuchung der "dynamischen Fortbildung" des NATO-Vertrags und ihrer verfassungsrechtlichen Auswirkungen kann damit folgendes festgehalten werden:

1. Obwohl die NATO ihrer Funktionsweise und ihrem Selbstverständnis nach sowohl ein System gegenseitiger kollektiver Sicherheit, als auch eine Regionalorganisation nach Art. 52 ff. SVN darstellt, handelt sie bei der Inanspruchnahme von entsprechenden Befugnissen völkerrechtswidrig. Zum einen sind ihr keine Kompetenzen zur Durchführung von kollektiven Friedensmissionen übertragen worden; es fehlt demzufolge die notwendige satzungsrechtliche Grundlage für andere Militäreinsätze, als zur Verteidigung im Sinne des Art. 51 SVN. Zum anderen richteten sich die bisherigen Einsätze der NATO gegen ein Nichtmitglied, was zwar nicht unbedingt mit dem Charakter eines Systems kollektiver Sicherheit unvereinbar ist, aber jedenfalls einen Verstoß gegen die "pacta tertiis"-Regel darstellt.

2. Ein neuer Satz des Völkergewohnheitsrecht, wonach kollektive Sicherheitsbündnisse Zwangsmaßnahmen auch gegen Drittstaaten durchführen können, wenn Friede und Sicherheit der Region gefährdet ist bzw. schwerwiegenden Menschenrechtsverletzungen begegnet werden soll, hat sich bislang nicht herausbilden können. Ebensowenig erlaubt Art. 51 SVN, auf den die einzige operative Vorschrift des NATO-Vertrags verweist (Art. 5), bislang die Inanspruchnahme eines weiten, humanitär "aufgeladenen" Verteidigungsbegriffs, demzufolge auch die gravierende Verletzung fundamentaler Menschenrechte als ein "armed attack" aufzufassen wäre und den Bündnisfall nach Art. 5 NATO-Vertrag auslösen könnte.

3. Eine ausdrückliche oder stillschweigende Änderung des NATO-Vertrags hat bislang nicht stattgefunden.

4. Die Anwendung der völkerrechtlich anerkannten Auslegungsregeln, insbesondere der teleologischen Maxime der "implied powers", kann die Inanspruchnahme von militärischen Befugnissen kollektiver Sicherheit nicht rechtfertigen. Auch nach einer dynamischen, den „evolutiven" Charakter internationaler Organisationen berücksichtigenden Interpretation des NATO-Vertrages in seiner Gesamtheit bleiben Militäroperationen ohne Vorliegen eines bewaffneten Angriffs völkerrechtswidrig.

5. Die Beschlüsse der NATO-Gremien zum Einsatz von Streitkräften im ehemaligen Jugoslawien sowie die Erklärungen und Resolutionen auf den NATO-Ratstagungen stellen keine tauglichen Gegenstände eines parlamentarischen Zustimmungsaktes nach Art. 59 II 1 GG dar. Sie wurden daher zulässigerweise von der Bundesregierung allein verantwortet. Den neuen Bündnisaufgaben fehlt damit zwar die völkerrechtliche, nicht aber die verfassungsrechtliche Legitimation. Damit ergibt sich ein Auseinanderfallen von völkerrechtlicher Rechtswidrigkeit und innerstaatlicher Rechtmäßigkeit.

Literaturverzeichnis

AGO, ROBERTO	Droit des Traités à la lumière de la Convention de Vienne in: RdC 134 (1971 III), 297
AGRAWALA, S.K. (HG.)	Essays on the Law of Treaties Bombay/Calcutta/Madras/New Delhi 1972
AKEHURST, MICHAEL	The Hierarchy of the Sources of International Law in: BYIL 47 (1974/75), 273
ARNDT, CLAUS	Bundeswehreinsatz für die UNO in: DÖV 1992, 618
BAADE, HANS-W.	Das Verhältnis von Parlament und Regierung im Bereich der auswärtigen Gewalt der BR Deutschland Hamburg 1962
BACHMANN, ULRICH	Die Verfassungsmäßigkeit von Bundeswehreinsätzen im Ausland in: MDR 1993, 397
BADURA, PETER	Staatsrecht 2. Auflage, München 1996
BÄHR, BINER K.W.	Verfassungsmäßigkeit des Einsatzes der Bundeswehr im Rahmen der Vereinten Nationen in: ZRP 1994, 97
BÄHR, BINER K.W	Verfassungsmäßigkeit des Einsatzes der Bundeswehr im Rahmen der Vereinten Nationen Frankfurt 1994
BALLREICH, HANS	Völkerrechtliche Verträge zu Lasten Dritter in: FS Bilfinger, S. 1 Köln/Berlin 1954

BARRETT, JOHN — NATO Reform: Alliance Policy and Cooperative Security
in: Peters (Hg.), New Security Challenges: The Adaption of International Institutions, S. 123
New York 1996

BARRETT, JOHN — Regional Peacekeeping Arrangements and NATO
in: Gilman/Herold (Hg.), Peacekeeping Challenges, S. 41
Rom 1994

BAYER, HERMANN W. — Die Aufhebung völkerrechtlicher Verträge im deutschen parlamentarischen Regierungssystem
Tübingen 1969

BEBR, GERHARD — Regional Organizations: A United Nations Problem
in: AJIL 49 (1955), 166

BECKETT, W.E. — The North Atlantic Treaty, the Brussels Treaty and the Charter of the United Nations
London 1950

BERBER, FRIEDRICH — Lehrbuch des Völkerrechts, Band III
2. Auflage, München 1977

BERNHARDT, RUDOLF — Die Auslegung völkerrechtlicher Verträge – insbesondere in der neueren Rechtsprechung internationaler Gerichte
Köln/Berlin 1963

BERNHARDT, RUDOLF — Homogenität, Kontinuität und Dissonanzen in der Rechtsprechung des Internationalen Gerichtshofes
in: ZaöRV 33 (1973), 33

BERNHARDT, RUDOLF — Interpretation and Implied (Tacit) Modification of Treaties. Comments on Arts. 27, 28, 29, 38.
in: ZaöRV 27 (1967), 491

BERNHARDT, RUDOLF — Ungeschriebenes Völkerrecht
in: ZaöRV 36 (1976), 50

BERNHARDT, RUDOLF — Verfassungsrecht und völkerrechtliche Verträge
in: ISENSEE/Kirchhof (Hg.), HStR VII, § 174

BERNHARDT, RUDOLF / BINDSCHEDLER, RUDOLF L. (HG.) — ***Encyclopedia of Public International Law***
Vols. 3, 4, 5: Amsterdam 1982 / Vol. 6: Amsterdam 1983 / Vol. 8: Amsterdam 1985
Vol. II: Amsterdam 1995 / Vol. III: Amsterdam 1997

BEYERLIN, ULRICH — Die humanitäre Aktion zur Gewährleistung des Mindeststandards in nicht-internationalen Konflikten
Berlin 1975

BIEBER, ROLAND — Verfahrensrecht von Verfassungsorganen: ein Beitrag zur Theorie der inner- und innerorganschaftlichen Rechtsetzung in der Europäischen Gemeinschaft
Baden-Baden 1992

BIEBER, ROLAND / RESS, GEORG (HG.) — Die Dynamik des Europäischen Gemeinschaftsrechts
Baden-Baden 1987

BINDSCHEDLER, RUDOLF L. — Das Problem der Beteiligung der Schweiz an Sanktionen der Vereinten Nationen, besonders im Falle Rhodesiens
in: ZaöRV 28 (1968), 1

BINDSCHEDLER, RUDOLF L. — Der Schutz der Menschenrechte und das Verbot der Einmischung
in: FS SCHLOCHAUER (hrsg. von Ingo v. MÜNCH), S. 179
Berlin/New York 1981

LANKE, HERMANN-JOSEF — Menschenrechte als völkerrechtlicher Interventionstitel
in: ArchVR 36 (1998), 257

BLECKMANN, ALBERT — Allgemeine Staats- und Völkerrechtslehre: vom Kompetenz- zum Kooperationsvölkerrecht
Köln 1995

BLECKMANN, ALBERT — Analogie im Völkerrecht
in: ArchVR 17 (1977), 161

BLECKMANN, ALBERT
Die Entwicklung staatlicher Schutzpflichten aus den Freiheiten der Europäischen Menschenrechtskonvention
in: FS RUDOLF Bernhardt (hrsg. von Ulrich BEYERLIN, Michael BOTHE, Rainer HOFMANN, Ernst-Ulrich PETERSMANN), S. 309
Berlin 1995

BLECKMANN, ALBERT
Gesetzesvorbehalt für Nachrüstung
in: DVBl. 1984, 6

BLECKMANN, ALBERT
Grundgesetz und Völkerrecht
Berlin 1975

BLECKMANN, ALBERT
Grundprobleme und Methoden des Völkerrechts
Freiburg i. Br. 1982

BLECKMANN, ALBERT
Staatsrecht I – Staatsorganisationsrecht
Köln 1993

BLECKMANN, ALBERT
Teleologie und dynamische Auslegung des Europäischen Gemeinschaftsrechts
in: Europarecht 1979, 239

BLECKMANN, ALBERT
Völkergewohnheitsrecht trotz widersprüchlicher Praxis?
in: ZaöRV 36 (1976), 374

BLECKMANN, ALBERT
Völkerrecht
Baden-Baden 2001

BLUM, YEHUDA Z.
State Response to Acts of Terrorism
in: GYIL 19 (1976), 223

BLUMENWITZ, DIETER
Der Einsatz deutscher Streitkräfte nach der Entscheidung des Bundesverfassungsgerichts vom 12.7.1994
in: BayVBl. 1994, 641

BLUMENWITZ, DIETER	Der nach außen wirkende Einsatz deutscher Streitkräfte nach Staats- und Völkerrecht in: NZWehrr 1988, 133
BLUMENWITZ, DIETER	Die humanitäre Intervention in: Aus Politik und Zeitgeschichte 1994, Beilage 47, S. 3
BÖCKENFÖRDE, ERNST-WOLFGANG	Die Organisationsgewalt im Bereich der Regierung Berlin 1964
BOEHMER, GERHARD	Der völkerrechtliche Vertrag im deutschen Recht Köln 1965
BOLDT, HANS	Einsatz der Bundeswehr im Ausland? in: ZRP 1992, 218
BORTLOFF, JENS	Die OSZE: eine völkerrechtliche Bestandsaufnahme Berlin 1996
BOTHE, MICHAEL	Das Verfahren wegen des Adria-Einsatzes der Bundeswehr vor dem Bundesverfassungsgericht in: Kritische Vierteljahresschrift für Gesetzgebung 1993, 53
BOTHE, MICHAEL	Legal or Non-Legal Norms – a Meaningful Distinction in International Relations in: Netherlands Yearbook of International Law 11 (1980), 65
BOTHE, MICHAEL	Streitkräfte internationaler Organisationen Köln 1968
BOTHE, MICHAEL / MARTENCZUK, BERND	Die NATO und die Vereinten Nationen nach dem Kosovo-Konflikt: eine völkerrechtliche Standortbestimmung in: VN 1999, 125
BOUTROS-GHALI, BOUTROS	Contribution à l´ Étude des Ententes Régionales Paris 1949

BOWETT, DEREK W. The Interrelation of Theories of Intervention and Self-Defence
in: MOORE (Hg.), Law and Civil War in the Modern World, S. 38
Baltimore/London 1974

BOWETT, DEREK W. The Law of International Institutions
4. Auflage, London 1982

BREIER, SIEGFRIED Die parlamentarische Zustimmungsbedürftigkeit völkerrechtlicher Verträge
in: Zeitschrift für Gesetzgebung 1992, 277

BREITENMOSER, STEPHAN / RICHTER, DAGMAR Die Verwirklichung der KSZE-Grundsätze zum Schutz nationaler Minderheiten durch Organleihe bei der EMRK
in: EuGRZ 1991, 141

BRING, OVE Sollte die NATO bei der Konzeption einer Doktrin der humanitären Intervention die Führung übernehmen?
in: NATO-Brief 3/1999, S. 24

BROWNLIE, IAN Humanitarian Intervention
in: MOORE (Hg.), Law and Civil War in the Modern World, S. 217
Baltimore/London 1974

BROWNLIE, IAN Principles of Public International Law
5. Auflage, Oxford 1998

BRÜEL, ERIK Die juristische Bedeutung des Atlantikpakts
in: ArchVR 4 (1953/54), 288

BRUGGER, WINFRIED Rechtsprobleme der Verweisung im Hinblick auf Publikation, Demokratie und Rechtsstaat
in: VerwArch 78 (1987), 1

BRUNNER, STEFAN Die internationale Verwendung der Bundeswehr
in: ZRP 1991, 133

BRUNNER, STEFAN Militärische Maßnahmen nach Kapitel VII UN-Charta
in: NZWehrr 1992, 1

BRYDE, BRUN-OTTO Internationale Verhaltensregeln für Private: völkerrechtliche und verfassungsrechtliche Aspekte
Frankfurt/M. 1981

BRYDE, BRUN-OTTO Sicherheitspolitik zwischen Parlament und Regierung
in: Jura 1986, 363

BUCHAN, ALSTAIR Crisis Management: The New Diplomacy, Atlantic Paper
Boulogne-sur-Seine 1966

BUCHAN, ALSTAIR NATO in the 1960´s. The Implications of Interdependence
London 1960

BURMESTER, GABRIELE Verfassungsrechtliche Grundlagen beim Einsatz der Bundeswehr zur Verteidigung
in: NZWehrr 1993, 133

BÜSCHER, WOLFGANG Völkerrechtliche Regionalpakte. Eine staatsrechtliche und völkerrechtliche Untersuchung über die gegenwärtigen Staatenverbindungen
Diss. Mainz 1952

BUß, THOMAS Grenzen der dynamischen Vertragsauslegung im Rahmen der EMRK
in: DÖV 1998, 323

CALVARE, LOUIS Le droit international public positif, Band II
Paris 1962

CAMPANELLA, A.P. Western Justification of the North Atlantic Pact
Barcelona 1952

CANNIZZARO, ENZO La nuova dottrina strategica della NATO
in: Rivista del Diritto Internazionale 1999, 729

CASSESE, ANTONIO Comment on: SIMMA „NATO, the UN and the Use of Force: Legal Aspects“
in: EJIL 10 (1999), 23

CASSESE, ANTONIO (HG.) The Current Legal Regulation on the Use of Force
Dordrecht 1986

CHARNEY, JONATHAN I. Kosovo and the Law of "Humanitarian Intervention"
in: AJIL 93 (1999), 834

CONSTANTINESCO, LEONTIN-JEAN Das Recht der Europäischen Gemeinschaften, Band 1
Baden-Baden 1977

COT, JEAN-PIERRE La conduite subséquente des Parties à un traité
in: RGDIP 70 (1966), 632

COT, JEAN-PIERRE/ PELLET, ALAIN (HG.) La Charte des Nations Unies, Commentaire
2. Auflage, Paris 1991

CRONAUER, HARALD Der internationale Vertrag im Spannungsfeld zwischen Verfassung und Völkerrecht
München 1986

DAHM, GEORG Völkerrecht, Band I und II
Stuttgart 1961

DÄUBLER, WOLFGANG Stationierung und Grundgesetz
Reinbek b. Hamburg 1982

DE VISSCHER, CHARLES Problèmes d´ interprétation judiciaire en droit international public
Paris 1963

DEBATIN, HELMUT Doppelbesteuerungsabkommen und innerstaatliches Recht
in: DSteuerR 1992, Beihefter zu Heft 23, S. 1

DEISEROTH, DIETER „Humanitäre Intervention" und Völkerrecht
in: NJW 1999, 3084

DEKKER, IGE F. / MYJER, ERIC P.J. Luchtaanvallen op Bosnische stellingen. Is de NAVO ook juristisch het geeigende instrument van de VN?
in: Nederlands Juristenblad 1995, 1275

DELBRÜCK, JOST (HG.) Allocation of Law Enforcement Authority in the International System
Berlin 1995

DEPENHEUER, OTTO Der verfassungsrechtliche Verteidigungsauftrag der Bundeswehr
in: DVBl. 1997, 685

DISTEFANO, GIOVANNI La Pratique Subséquente des États Parties à un Traité
in: Annuaire Français de Droit International 1994, 41

DOEHRING, KARL Das Staatsrecht der Bundesrepublik Deutschland
3. Auflage, Frankfurt/M. 1984

DOEHRING, KARL Diskussionsbeiträge
in: FROWEIN/STEIN (Hg.), Rechtliche Aspekte einer Beteiligung der BR Deutschland an Friedenstruppen der Vereinten Nationen
Heidelberg 1990

DOEHRING, KARL Systeme kollektiver Sicherheit
in: ISENSEE/KIRCHOF (Hg.), HStR VII, § 177

DOEHRING, KARL Völkerrecht
Heidelberg 1999

DREIER, HORST (HG.) Grundgesetz, Kommentar, Band 2
Tübingen 1999

DUURSMA, JORRI Justifying NATO's Use of Force in Kosovo?
in: Leiden Journal of International Law 12 (1999), 287

ECKERTZ, RAINER Atomare Rüstung im Verfassungsstaat. Das Raketenurteil des Bundesverfassungsgerichts
in: EuGRZ 1985, 166

EHRLICH, THOMAS L'interprétation des Traités
in: RdC 24 (1928 IV), 5

EICHEN, KLAUS D. Die NATO - ein System kollektiver Sicherheit im Sinne des Art. 24 Abs. 2 GG?
in: NZWehrr 1984, 221

EIDE, ASBJÖRN Peace-Keeping and Enforcement by Regional Organizations
in: Journal of Peace Research 3 (1966), 125

EL ERIAN, ABDULLAH The Legal Organization of International Society
in: Sörensen: Manual of Public International Law, S. 55
London/Melbourne/Toronto 1968

EMDE, RAIMOND Voraussetzungen für die Zulässigkeit eines Bundeswehreinsatzes innerhalb und außerhalb der NATO
in: NZWehrr 1992, 133

ENDEMANN, HARALD Kollektive Zwangsmaßnahmen zur Durchsetzung humanitärer Normen
Frankfurt/M. 1997

ENGEL, CHRISTOPH Völkerrecht als Tatbestandsmerkmal deutscher Normen
Berlin 1989

ENGEL, FRANZ-WILHELM (HG.) Handbuch der NATO. Grundwerk (1957) nebst Ordner 1-16 (1957-72)
Frankfurt/M. 1957-72

EPPING, VOLKER Der Fall "Godewind"
in: NZWehrr 1993, 103

ESCHER, REGINA Friedliche Erledigung von Streitigkeiten nach dem System der Vereinten Nationen
Zürich 1985

EVERLING, ULRICH Sind die Mitgliedstaaten der Europäischen Gemeinschaft noch Herren der Verträge?
in: FS Hermann MOSLER (hrsg. von RUDOLF BERNHARDT und Karl-Wilhelm GECK), S. 173
Berlin/Heidelberg/New York 1983

FALK, RICHARD A. On Treaty Interpretation and the New Haven Approach: Achievements and Prospects
in: Virginia Journal of International Law 8 (1967/68), 323

FALK, RICHARD A. The Authority of the United Nations over Non-Members
Princeton 1965

FAẞBENDER, BARDO Die Völkerrechtssubjektivität internationaler Organisationen
in: ÖZöR 37 (1986), 17

FASTENRATH, ULRICH Kompetenzverteilung im Bereich der Auswärtigen Gewalt
München 1986

FAVRE, ANTOINE L'Interprétation objectiviste des Traités Internationaux
in: SchweizerJIR 17 (1960), 75

FIBICH, HOLGER Auslandseinsätze der Bundeswehr
in: ZRP 1993, 5

FINK, UDO Der Kosovo-Konflikt und die Entstehung von Völkergewohnheitsrecht
in: FS Hartmut Schiedermair (hrsg. von Dieter Dörr, Udo Fink, Christian Hillgruber, Bernhard Kempen, Dietrich Murswiek), S. 803
Heidelberg 2000

FINK, UDO Kollektive Friedenssicherung
Frankfurt/M. 1999

FINK, UDO Verfassungsrechtliche und verfassungsprozeßrechtliche Fragen im Zusammenhang mit dem Kosovo-Einsatz der Bundeswehr
in: JZ 1999, 1016

FITZMAURICE, GERALD The Law and Procedure of the International Court of Justice 1951-54: Treaty-Interpretation and other Treaty Points
in: BYIL 33 (1957), 203

FONTEYNE, JEAN-PIERRE Forcible Self-Help by States to Protect Human Rights : Recent Views of the United Nations
in: LILLICH (Hg.), Humanitarian Intervention and the United Nations
Carlottesville 1973

FOX, GREGORY H. — The Right to Political Participation in International Law
in: Yale Journal of International Law 1992, 539

FRANK, MICHAEL — Der Beitritt zum Nordatlantik-Vertrag
Frankfurt/M. 1991

FRANZKE, HANS-GEORG — Art. 24 II GG als Rechtsgrundlage für den Außeneinsatz der Bundeswehr
in: NJW 1992, 3075

FREUDENSCHUß, HELMUT — Between Unilateralism and Collective Security: Authorizations of the Use of Force by the UN Security Council
in: EJIL 5 (1994), 492

FRIESENHAHN, ERNST — Parlament und Regierung im modernen Staat
in: VVDStRL 16 (1958), 9

FROWEIN, JOCHEN A. — Der europäische Grundrechtsschutz und die deutsche Rechtsprechung
NVwZ 2002, 29

FROWEIN, JOCHEN A. — Die Europäische Menschenrechtskonvention in der neueren Praxis der Europäischen Kommission und des Europäischen Gerichtshofs für Menschenrechte
in: EuGRZ 1980, 231

FROWEIN, JOCHEN A. — Globale und regionale Friedenssicherung nach 50 Jahren Vereinte Nationen
in: ZSchweizR 1995, 257

FROWEIN, JOCHEN A. — Zwangsmaßnahmen von Regionalorganisationen
in: FS RUDOLF BERNHARDT (hrsg. von ULRICH BEYERLIN, MICHAEL BOTHE, RAINER HOFMANN, ERNST-ULRICH PETERSMANN), S. 57
Berlin 1995

FROWEIN, JOCHEN ABR. — Der völkerrechtliche Status von VN-Friedenstruppen und seine Bedeutung für das deutsche Recht
in: DERS./STEIN, Rechtliche Aspekte, S. 1

FROWEIN, JOCHEN ABR. / STEIN, THORSTEN (HG.)	Rechtliche Aspekte einer Beteiligung der Bundesrepublik Deutschland an Friedenstruppen der Vereinten Nationen Heidelberg 1990
GECK, WILHELM K.	Die völkerrechtlichen Wirkungen verfassungswidriger Verträge Köln 1963
GEIGER, RUDOLF	Grundgesetz und Völkerrecht 2. Auflage, München 1994
GEROLD, RAINER	Die Sicherung des Friedens durch die Organisation der Amerikanischen Staaten (OAS) Berlin 1971
GIEGERICH, THOMAS	Verfassungsgerichtliche Kontrolle der auswärtigen Gewalt im europäisch-atlantischen Verfassungsstaat: Vergleichende Bestandsaufnahme mit Ausblick auf die neuen Demokratien in Mittel- und Osteuropa in: ZaöRV 57 (1997), 409
GORNIG, GILBERT	Die Verfassungsmäßigkeit der Entsendung von Bundeswehrsoldaten zu "Blauhelm"-Einsätzen in: JZ 1993, 123
GOTZEN, HANS-H.	Die Stellung der auswärtigen Gewalt im Gewaltenteilungssystem des Grundgesetzes in: VerwRdschau 1996, 7
GREENWOOD, CHRISTOPHER	Gibt es ein Recht auf humanitäre Intervention? in: Europa-Archiv 1993, 93
GREWE, WILHELM	Auswärtige Gewalt in: ISENSEE/KIRCHHOF (Hg.), HStR III, § 77
GREWE, WILHELM	Ein neues System kollektiver Sicherheit in: AöR 78 (1952/53), 243

GREWE, WILHELM — Epochen der Völkerrechtsgeschichte
2. Auflage, Baden-Baden 1988

GREWE, WILHELM — Völkerrecht und Außenpolitik
in: 40 Jahre Grundgesetz: Der Einfluß des Verfassungsrechts auf die Entwicklung der Rechtsordnung, S. 27
Heidelberg 1990

HACKER, JENS — Völkerrechtliche Aspekte neuerer Interventionsfälle
in: Recht in Ost und West, Jg. 1987, S. 65

HAILBRONNER, KAI — Kontrolle der auswärtigen Gewalt
in: VVDStRL 56 (1997), 7

HARASZTI, GYÖRGY — Some Fundamental Problems of the Law of Treaties
Budapest 1973

HART, HERBERT L. — The Concept of Law
New York/London 1961/1972

HEINDEL, RICHARD H. / KALIJARVI, HORSTEN / WILCOX, FRANCIS — The North Atlantic Treaty in the United States Senate
in: AJIL 43 (1949), 633

HENKIN, LOUIS — The Invasion of Panama under International Law: A Gross Violation
in: Columbia Journal of Transnational Law 29 (1991), 293

HERDEGEN, MATTHIAS — Europarecht
2. Auflage, München 1999

HERDEGEN, MATTHIAS — Völkerrecht
München 2000

HERDEGEN, MICHAEL — Der Sicherheitsrat und die autoritative Konkretisierung des VII. Kapitels der UN-Charta
in: FS BERNHARDT (hrsg. von ULRICH BEYERLIN, MICHAEL BOTHE, RAINER HOFMANN, ERNST-ULRICH PETERSMANN), S. 103
Berlin 1995

HEUN, WERNER — Anmerkung zur Entscheidung des Bundesverfassungsgerichts zum Auslandseinsatz deutscher Streitkräfte
in: JZ 1994, 1073

HEUSEL, WOLFGANG — Weiches Völkerrecht: eine vergleichende Untersuchung typischer Erscheinungsformen
Baden-Baden 1991

HIENSTORFER, ERIK — Die auswärtige Gewalt des Deutschen Bundestages
Jur. Diss. Marburg 1968

HILAIRE, MAX — The United States Intervention in Panama: Legal or Illegal under International Law?
in: RDI 1990, 241

HILF, MEINHARD — Die Auslegung mehrsprachiger Verträge: eine Untersuchung zum Völkerrecht und zum Staatsrecht der BR Deutschland
Berlin 1973

HILLGENBERG, HARTMUT — „Soft Law“ im Völkerrecht
in: ZEuS 1998, 81

HILLGRUBER, CHRISTIAN — Die Fortentwicklung völkerrechtlicher Verträge als staatsrechtliches Problem: Wie weit trägt der Rechtsanwendungsbefehl des Zustimmungsgesetzes nach Art. 59 Abs. 2 Satz 1 GG?
in: FS Walter Leisner (hrsg. von Josef Isensee und Helmut Lecheler), S. 53
Berlin 1999

HOBE, STEPHAN — Die Auswärtige Gewalt – Tendenzen zur Föderalisierung und Parlamentarisierung
in: JA 1996, 818

HOLSTEIN, ALEXIA Das Verhältnis des Sicherheitsrates der Vereinten Nationen zu NATO und OSZE
Stuttgart 1996

HUMMER, WALDEMAR „Ordinary" versus „Special" Meaning
in : ÖZöR 26 (1975), 88

HYDE, CHARLES CH. International Law. Chiefly as Interpreted and Applied by the United States, Band II
2. Auflage, Boston 1947

IKLÉ, FRED CH. Strategie und Taktik des diplomatischen Verhandelns
Gütersloh 1965 (Übersetzung)

IPSEN, KNUT Bündnisfall und Verteidigungsfall
in: DÖV 1971, 583

IPSEN, KNUT Der Kosovo-Einsatz – Illegal? Gerechtfertigt? Entschuldbar?
in: Die Friedenswarte 1999, 19

IPSEN, KNUT Die rechtliche Institutionalisierung der Verteidigung im atlantisch-west-europäischen Raum
in: JöR 21 (1972) n.F., S. 1

IPSEN, KNUT Rechtsfragen des Einsatzes der Bundeswehr im Rahmen der NATO und WEU
in: SCHWARZ/STEINKAMM (Hg.), Rechtliche und politische Probleme, S. 51

IPSEN, KNUT Rechtsgrundlagen und Institutionalisierung der atlantisch-europäischen Verteidigung
Hamburg 1967

IPSEN, KNUT Völkerrecht
4. Auflage, München 1999

IPSEN, KNUT — Völkerrechtliche Probleme des Nordatlantikvertrages
in: SCHWARZ/STEINKAMM (Hg.), Rechtliche und politische Probleme, S. 435
Heidelberg 1990

ISENSEE, JOSEF — Weltpolizei für Menschenrechte
in: JZ 1995, 421

ISENSEE, JOSEF / KIRCHOF, PAUL (HG.) — Handbuch des Staatsrechts der Bundesrepublik Deutschland
Band III: Heidelberg 1988
Band VII: Heidelberg 1992

JACOBS, FRANCIS G. — Varieties of Approach to Treaty Interpretation: With Special Reference to the Draft Convention on the Law of Treaties before the Vienna Diplomatic Conference
in: ICLQ 18 (1969), 318

JARASS, HANS-D. (HG.) — Grundgesetz für die Bundesrepublik Deutschland
Kommentar, hrsg. von Hans-D. JARASS/Bodo PIEROTH
6. Auflage, München 2002

JESCH, DIETRICH — Gesetz und Verwaltung: eine Problemstudie zum Wandel des Gesetzmäßigkeitsprinzips
Tübingen 1961

JESSUP, PHILIP C. — Modernes Völkerrecht
Wien 1950

JESSUP, PHILIP C. — Parlamentary Diplomacy
in: RdC 89 (1956 I), 185

JIMENEZ DE ARECHAGA, EDUARDO — La Coordination des Systèmes de l´ONU et de l´Organisation des États Américains pour le Règlement Pacifique des Différends et la Sécurité Collective
in: RdC 111 (1964 I), 461

KADELBACH, STEFAN — Zwingendes Völkerrecht
Berlin 1992

KAMP, KARL-HEINZ — Das neue Strategische Konzept der NATO. Entwicklung und Perspektiven
in: Aus Politik und Zeitgeschichte 1999, Beilage 11, S. 19

KAPLAN, LAWRENCE S. — Collective Security and the Case of NATO
in: SMITH (Hg.), The Origins of NATO, S.95
Exeter 1990

KARL, WOLFRAM — Vertrag und spätere Praxis im Völkerrecht
Berlin/Heidelberg/New York/Tokio 1983

KARL, WOLFRAM — Vertragsauslegung – Vertragsänderung
in: SCHREUER (Hg.), Autorität und internationale Ordnung, S. 9
Berlin 1979

KELSEN, HANS — Recent Trends in the Law of the United Nations – a Supplement to „The Law of the United Nations“
London 1951

KELSEN, HANS — The Law of the United Nations
New York 1951

KERSTING, KLAUS — Die Entscheidung über den Einsatz der Bundeswehr zur Verteidigung
in: NZWehrr 1982, 84

KEWENIG, WILHELM A. (HG.) — Völkerrecht und internationale wirtschaftliche Zusammenarbeit: Referate und Diskussionen
Berlin 1978

KIMMINICH, OTTO — Der Mythos der humanitären Intervention
in: ArchVR 33 (1995), 430

KIMMINICH, OTTO/ HOBE, STEPHAN — Einführung in das Völkerrecht
7. Auflage, Tübingen 2000

KIRCHOF, FERDINAND — Bundeswehr
in: ISENSEE/KIRCHOF (Hg.), HStR III, § 78

KISKER, GUNTER — Neue Aspekte im Streit um den Vorbehalt des Gesetzes
in: NJW 1977, 1313

KLEIN, ECKART — Diskussionsbeiträge
in: FROWEIN/STEIN (Hg.), Rechtliche Aspekte, S. 62
Heidelberg 1990

KLEIN, ECKART — Sanctions by International Organizations and Economic Communities
in: ArchVR 30 (1992), 101

KLEIN, ECKART — Statusverträge im Völkerrecht
Berlin/Heidelberg/New York 1980

KLEIN, HANS-HUGO — Bundesverfassungsgericht und Staatsräson
Frankfurt/M. 1968

KÖCK, HERIBERT / FISCHER, PETER — Allgemeines Völkerrecht
4. Auflage, Wien 1994

KÖCK, HERIBERT / FISCHER, PETER — Das Recht der Internationalen Organisationen
3. Auflage, Wien 1997

KÖCK, HERIBERT F. — Die „implied powers" der Europäischen Gemeinschaften als Anwendungsfall der „implied powers" Internationaler Organisationen überhaupt
in: FS SEIDL-HOHENVELDERN (hrsg. von KARL-HEINZ BÖCKSTIEGEL, HANS-ERNST FOLZ, JÖRG MANFRED MÖSSNER), S. 279
Köln 1988

KÖCK, HERIBERT F. — UN-Satzung und allgemeines Völkerrecht – zum exemplarischen Charakter von Art. 103 SVN
in: FS Zemanek (hrsg. von Konrad Ginther und Gerhard Hafner), S. 69
Berlin 1994

KÖCK, HERIBERT F. — Vertragsinterpretation und Vertragsrechtskonvention
Berlin 1976

KÖCK, HERIBERT F. — Zur Interpretation völkerrechtlicher Verträge
in: ZÖR 53 (1998), 217

KOKOTT, JULIANE — Art. 59 Abs. 2 GG und einseitige völkerrechtliche Akte
in: FS Karl Doehring (hrsg. von Kai Hailbronner, Georg Ress und Torsten Stein), S. 503
Berlin 1989

KÖRBS, HARTMUT — Die Friedenssicherung durch die Vereinten Nationen und Regionalorganisationen nach Kapitel VIII der Satzung der Vereinten Nationen
Bochum 1997

KORULA, ERKKI — Peace-Keeping and Regional Arrangements
in: CASSESE (Hg.), UN Peacekeeping. Legal Essays, S. 95
Alphen a.d. Rijn 1978

KREß, CLAUS — Staat und Individuum in Krieg und Bürgerkrieg
in: NJW 1999, 3077

KRETSCHMER, GERALD — Gesetzentwürfe aus der Mitte des Bundestages und völkerrechtliche Verträge
in: FS HELMRICH (hrsg. von KLAUS LETZGUS), S. 537
München 1994

KRIELE, MARTIN — Nochmals: Auslandseinsätze der Bundeswehr
in: ZRP 1994, 103

KRÖKEL, MICHAEL — Die Bindungswirkung von Resolutionen des Sicherheitsrates gegenüber Mitgliedstaaten
Berlin 1977

KÜHNE, HARTMUT — Friedenssicherung durch regionale Organisationen in Europa
Frankfurt/M. 1998

KUNZMANN, KARL-HEINZ — Vereinte Nationen oder Nordatlantikpakt-Organisation?
in: VN 1962, 103

LAGONI, RAINER — Resolution, Declaration, Decision
in: WOLFRUM (Hg.), United Nations: Law, Policies and Practice, Vol. II, S. 1081
München 1995

LANG, WINFRIED — Les Règles d'Interprétation Codifiées par la Convention de Vienne sur le Droit des Traités et les divers Types de Traités
in: ÖZöR 24 (1973), 113

LANGE, CHRISTIAN — Zu Fragen der Rechtmäßigkeit des NATO-Einsatzes im Kosovo
in: EuGRZ 1999, 313

LARENZ, KARL — Methodenlehre in der Rechtswissenschaft
4. Auflage, Berlin/Heidelberg/New York 1979

LAUTERPACHT, HERSCH — Recognition in International Law
Cambridge 1948

LAUTERPACHT, HERSCH — Restrictive Interpretation and the Principle of Effectiveness in the Interpretation of Treaties
in: BYIL 26 (1948), 48

LAUTERPACHT, HERSCH — The Development of International Law by the International Court
London 1958

LAW, DAVID / RÜHLE, MICHAEL — Die NATO und das „Out-of-Area"-Problem
in: Europa-Archiv 1992, 439

LEHNER, MORIS — Die Rolle des Parlaments beim Zustandekommen von DBA
in: „Steuern im Verfassungsstaat". Symposion zu Ehren von KLAUS VOGEL mit Beiträgen von PAUL KIRCHOF, DIETER BIRK und MORIS LEHNER (S. 95)
München 1996

LEURDIJK, DICK A. — The United Nations and NATO in Former Yugoslavia, 1991-1996: Limits to Diplomacy and Force
Den Haag 1996

LILLICH, RICHARD B. — Humaitarian Intervention: A Reply to Dr. BROWNLIE and a Plea for Constructive Alternatives
in: MOORE (Hg.), Law and Civil War in the Modern World, S. 229
Baltimore/London 1974

LINK, WERNER — Die NATO im Geflecht internationaler Organisationen
in: Aus Politik und Zeitgeschichte 1999, Beilage 11, S. 9

LÖWE, VOLKER — Peacekeeping-Operationen der UN - Aspekte einer Beteiligung der Bundesrepublik Deutschland
Münster/Hamburg 1994

LÜDERITZ, ALEXANDER — Auslegung von Rechtsgeschäften: vergleichende Untersuchung anglo-amerikanischen und deutschen Rechts
Karlsruhe 1966

LUTZ, DIETER S. — Seit dem 12. Juli 1994 ist die NATO ein System gegenseitiger kollektiver Sicherheit - Eine Urteilsschelte
in: Neue Justiz 1994, 505

MAAßEN, HANS-GEORG — Die Rechtsstellung des Asylbewerbers im Völkerrecht
Frankfurt/M. 1997

MAHNKE, HANS H. — Das Problem der Einheit der Völkerrechtsgemeinschaft und die Organisation der internationalen Sicherheit
Berlin 1965

MANGOLDT, HERMANN VON / KLEIN, FRIEDRICH / STARCK, CHRISTIAN (HG.) — Das Bonner Grundgesetz, Kommentar, Band 2
4. Auflage, München 2000

MARESCA, ADOLFO — Il Diritto dei Trattati
Milano 1969

MAROTTA RANGEL, VICENTE — Les Conflits de Accords Internationaux
in: Revista de Faculdade de Direito, S. 231
Sao Paulo 1963

MARTENS, WOLFGANG — Zur Frage der Bindung von Nichtmitgliedern an die Grundsätze der Satzung der Vereinten Nationen
in: Der Staat 7 (1968), 431

MÄRZ, WOLFGANG — Bundeswehr in Somalia - Verfassungsrechtliche und verfassungspolitische Überlegungen
Berlin 1993

MAUNZ, THEODOR/ DÜRIG, GÜNTER/ HERZOG, ROMAN/ SCHOLZ, RUPERT (HG.) — Grundgesetz, Kommentar
Loseblattsammlung, Stand: 33. Lieferung
November 1997

MAYER-MALY, THEO M. — Auslegen und Verstehen
in: Österr.JBl. 91 (1969), 413

MCDOUGAL, MYRES S. / LASSWELL, HAROLD D. / MILLER, E.M. — The Interpretation of Agreements and World Public Order
New Haven/London 1961

MCNAIR, ARNOLD D. — The Law of the Treaties
Oxford 1961

MEEKER, LEONARD C. — Defensive Quarantine and the Law
in: AJIL 57 (1963), 514

MEIER, GERT — Der bewaffnete Angriff. Begriff und rechtliche Bedeutung in der Satzung der Vereinten Nationen, im Brüsseler Vertrag und im NATO-Vertrag
Jur. Diss. Göttingen 1963

MENG, WERNER — Das Recht der Internationalen Organisationen – eine Entwicklungsstufe des Völkerrechts
Baden-Baden 1979

MENK, THOMAS M. — Gewalt für den Frieden
Berlin 1992

MENZEL, EBERHARD — Die auswärtige Gewalt der Bundesrepublik
in: VVDStRL 12 (1954), 179

MENZEL, EBERHARD Die auswärtige Gewalt der Bundesrepublik in der Deutung des Bundesverfassungsgerichts
in: AöR 79 (1953/54), 327

MENZEL, EBERHARD Grundfragen eines europäischen Sicherheitssystems
in: SCHAUMANN (Hg.), Völkerrechtliches Gewaltverbot und Friedenssicherung, S. 261
Baden-Baden 1991

MENZEL, EBERHARD Völkerrecht. Ein Studienbuch
München/Berlin 1962

MOORE, JOHN B. NATO and the Future of Europe
New York 1958

MOORE, JOHN N. The Role of Regional Arrangements in the Maintenance of World Order
in: FALK/BLACK (Hg.), The Future of the International Legal Order, S. 122
Princeton 1971

MOSLER, HERMANN Das Völkerrecht in der Praxis der deutschen Gerichte
Karlsruhe 1957

MÖSSLE, WILHELM Regierungsfunktionen des Parlaments
München 1986

MÖSSNER, JÖRG-MANFRED Bundeswehr in blauen Helmen – Verfassungsrechtliche Aspekte des Einsatzes von Bundeswehrsoldaten im Rahmen von UN-Peace-Keeping-Forces
in: FS SCHLOCHAUER (hrsg. von INGO V. MÜNCH), S. 97
Berlin 1981

MÖSSNER, JÖRG-MANFRED Der Begriff des Internationalen Steuerrechts in der neueren Literatur
in: ÖZöR 25 (1974), 255

MÖSSNER, JÖRG-MANFRED — Zur Auslegung von Doppelbesteuerungsabkommen
in: FS IGNAZ SEIDL-HOHENVELDERN (hrsg. von K.-H- BÖCKSTIEGEL, HANS-ERNST FOLZ, JÖRG-MANFRED MÖSSNER), S. 403
Köln/Berlin/Bonn/München 1988

MÜLLER, JÖRG P. — Vertrauensschutz im Völkerrecht
Köln/Berlin 1971

MÜLLER, MICHAEL H. — Die innerstaatliche Umsetzung von einseitigen Maßnahmen der auswärtigen Gewalt
Berlin 1994

MÜNCH, INGO VON/ KUNIG, PHILIP — Grundgesetz-Kommentar, Band 2
5. Auflage, München 2001

MÜNCH, INGO VON — Völkerrecht
2. Auflage, Berlin/New York 1982

MURSWIEK, DIETRICH — Souveränität und humanitäre Intervention
in: Der Staat 35 (1996), 31

NASSAUER, OTFRIED — Junger Wein in alten Schläuchen: Vereinte Nationen oder Nordatlantikpakt-Organisation (II)?
in: VN 1999, 132

NERLICH, UWE — Neue Sicherheitsfunktionen der NATO
in: Europa-Archiv 1993, 663

NICOLAYSEN, GERT — Zur Theorie von den implied powers in den Europäischen Gemeinschaften
in: Europarecht 1966, 129

NIEWERTH, JOHANNES / REHR-ZIMMERMANN, THILO — Der Einsatz der NATO zur Streitbeilegung nach der UN-Charta
in: Humanitäres Völkerrecht 1994, 186

NOLTE, GEORG	Bundeswehreinsätze in kollektiven Sicherheitssystemen in: ZaöRV 54 (1994), 652
NOLTE, GEORG	Die "neuen Aufgaben" von NATO und WEU: Völker- und verfassungsrechtliche Fragen in: ZaöRV 54 (1994), 95
NOLTE, GEORG	Eingreifen auf Einladung Berlin 1999
NOLTE, GEORG	Kosovo und Konstitutionalisierung: Zur humanitären Intervention der NATO-Staaten in: ZaöRV 59 (1999), 941
ÖHLINGER, THEO	Der völkerrechtliche Vertrag im staatlichen Recht Wien/New York 1973
OPPERMANN, THOMAS	Europarecht 2. Auflage, München 1999
OSSENBÜHL, FRITZ	Verwaltungsvorschriften und Grundgesetz Bad Homburg 1968
ÖSTERDAHL, INGER	Threat to Peace: The Interpretation by the Security Council of Art. 39 of the UN Charter Uppsala 1998
PAHR, WILLIBALD	Der Vertrag zu Lasten Dritter im Völkerrecht in: ÖZöR 6 (1955), 600
PAPE, MATTHIAS	Humanitäre Intervention: zur Bedeutung der Menschenrechte in den Vereinten Nationen Baden-Baden 1997
PARTSCH, KARL-JOSEF	Die Anwendung des Völkerrechts im innerstaatlichen Recht, Überprüfung der Transformationslehre in: BerDGVR 6 (1964), 113

PAUER, ALEXANDER — Die humanitäre Intervention. Militärische und wirtschaftliche Zwangsmaßnahmen zur Gewährleistung der Menschenrechte
Basel/Frankfurt a.M. 1985

PECHSTEIN, MATTHIAS — Der Golfkrieg. Völkerrechtliche und grundgesetzliche Aspekte
in: Jura 1991, 461

PERNICE, RÜDIGER — Die Sicherung des Weltfriedens durch Regionale Organisationen und die Vereinten Nationen
Hamburg 1972

PESCATORE, PIERRE — Die Gemeinschaftsverträge als Verfassungsrecht – ein Kapitel Verfassungsgeschichte in der Perspektive des Europäischen Gerichtshofes
in: FS KUTSCHER (hrsg. von WILHELM GREWE, HANS RUPP, HANS SCHNEIDER), S. 319
Baden-Baden 1981

PETERSMANN, ERNST U. — Völkerrechtliche Fragen der Weltwährungsreform
in: ZaöRV 34 (1974), 462

PIEROTH, BODO (HG.) — Grundgesetz für die Bundesrepublik Deutschland
Kommentar, hrsg. von Hans JARASS/Bodo PIEROTH
4. Auflage, München 1999

POLLUX — The Interpretation of the Charter
in: BYIL 23 (1946), 54

POSER, GÜNTER — Die NATO
München 1974

PRADETTO, AUGUST — Die NATO, humanitäre Intervention und Völkerrecht
in: Aus Politik und Zeitgeschichte 1999, Beilage 11, S. 26

QUADRI, ROLANDO — Diritto Internazionale Publico
4. Auflage, Palermo 1963

RAAP, CHRISTIAN — Die Kontrolle der Streitkräfte durch das Parlament
in: JuS 1996, 980

REICHEL, GERHARD H. — Die auswärtige Gewalt nach dem Grundgesetz für die BR Deutschland
Berlin 1967

REISMAN, MICHAEL / MCDOUGAL, MYRES S. — Humanitarian Intervention to Protect the Ibos
in: LILLICH (Hg.), Humanitarian Intervention and the United Nations, S. 167
Charlottesville 1973

RESS, GEORG — Die Bedeutung der nachfolgenden Praxis für die Vertragsinterpretation nach der Wiener Vertragsrechtskonvention (WVRK)
in: BIEBER/RESS (Hg.), Die Dynamik des Europäischen Gemeinschaftsrechts, S. 49
Baden-Baden 1987

RESS, GEORG — Die Bedeutung der Rechtsvergleichung für das Recht internationaler Organisationen
in: ZaöRV 36 (1976), 227

RESS, GEORG — Verfassungsrechtliche Auswirkungen der Fortentwicklung völkerrechtlicher Verträge
in: FS WOLFGANG ZEIDLER (hrsg. von WALTER FÜRST, ROMAN HERZOG, DIETER UMBACH), Band 2, S. 1775
Berlin/New York 1987

RESS, GEORG — Wechselwirkungen zwischen Völkerrecht und Verfassung bei der Auslegung völkerrechtlicher Verträge
BerDGVR 23 (1982), 36

REST, ALFRED — Interpretation von Rechtsbegriffen in internationalen Verträgen
Köln 1971

REUTER, PAUL — Introduction au droit des traités
Paris 1972

RIEDEL, NORBERT — Der Einsatz deutscher Streitkräfte im Ausland
Frankfurt/M. 1989

RIEDEL, NORBERT K. Deutsche als UNO-Soldaten
in: DÖV 1989, 890

RIEDEL, NORBERT K. Die Entscheidung des Bundesverfassungsgerichts zum Bundeswehreinsatz im Rahmen von NATO-, WEU- bzw. UN-Militäraktionen
in: DÖV 1995, 135

RIEDEL, NORBERT K. Grundgesetz und UN-Friedenstruppen
in: NZWehrr 1991, 5

ROBERTS, ADAM Humanitarian War: Military Intervention and Human Rights
in: HuV-I 1993, 147

ROELLECKE, GERD Bewaffnete Auslandseinsätze - Krieg, Außenpolitik oder Innenpolitik? - Ein verfassungsänderndes Urteil des Bundesverfassungsgerichts
in: Der Staat 34 (1995), 415

RÖLING, BERT V.A. Hat das Kriegsverbot noch einen Sinn?
in: JIR 14 (1969), 174

ROSENKRANZ, ERHARD Der politische Stellenwert des militärischen Gleichgewichts
in: KAISER/KREIS (Hg.), Sicherheitspolitik vor neuen Aufgaben, S. 273
Bonn 1979

ROTTER, MANFRED Die Abgrenzung zwischen völkerrechtlichem Vertrag und außerrechtlicher zwischenstaatlicher Abmachung
in: FS ALFRED VERDROß (hrsg. von RENÉ MARCIC, HERMANN MOSLER, KARL ZEMANEK), S. 413
München/Salzburg 1971

ROUSSEAU, CHARLES Principes Généraux du Droit International Public, Band 1
Paris 1944

RUDA, J.M. Relaciones de la OEA y la ONU en cuanto al Mantenimiento de la Paz y la Seguridad Internacionales
in: Separata de Revista Juridica de Buenos Aires 1961 (I-II), S. 15

RUDOLF, WALTER Bundesstaat und Völkerrecht
in: ArchVR 27 (1989), 1

RUDOLF, WALTER Völkerrecht und deutsches Recht
Tübingen 1967

RÜHLE, MICHAEL Die NATO als Instrument des Krisenmanagements
in: Europa-Archiv 1993, 673

RUNGE, CHRISTIAN Einführung in das Recht der Europäischen Gemeinschaften
2. Auflage, München 1975

RUPP, HANS-HEINRICH Grundfragen der heutigen Verwaltungsrechtslehre
2. Auflage, Tübingen 1991

SABA, HANNA Les Accords Régionaux dans la Charte de l'ONU
in: RdC 80 (1952 I), 635

SACHS, MICHAEL Verfassungsmäßigkeit des Auslandseinsatzes der Bundeswehr
in: JuS 1995, 163

SACHS, MICHAEL (HG.) Grundgesetz, Kommentar
2. Auflage, München 1999

SALMON, JEAN J.A. Quelques Observations sur les Lacunes du Droit International Public
in: Revue Belge de Droit International 3 (1967), 440

SAPIRO, MIRIAM Changing the CSCE into the OSCE: Legal Aspects of Political Transformationin: AJIL 89 (1995), 631

SCHACHTER, OSCAR International Law in Theory and Practice
Dordrecht 1991

SCHACHTER, OSCAR International Law in Theory and Practice
in: RdC 178 (1982 V), 9

SCHENCK, DEDO V. Das Problem der Beteiligung der Bundesrepublik Deutschland an Sanktionen der Vereinten Nationen, besonders am Fall Rhodesiens in: ZaöRV 29 (1969), 257

SCHEUNER, ULRICH Schriften zum Völkerrecht (hrsg. von CHRISTIAN TOMUSCHAT) Berlin 1984

SCHINDLER, DIETRICH Die Grenzen des völkerrechtlichen Gewaltverbots BerDGVR 26 (1986), 11

SCHMIDT-BLEIBTREU, BRUNO/ KLEIN, FRANZ Kommentar zum Grundgesetz für die BR Deutschland 9. Auflage, Neuwied/Kriftel/Berlin 1999

SCHNAPP, FRIEDRICH E. Der Verwaltungsvorbehalt in: VVDStRL 43 (1985), 172

SCHNAPP, FRIEDRICH E. Dogmatische Überlegungen zu einer Theorie des Organisationsrechts in: AöR 105 (1980), 243

SCHNEIDER, HANS Lehrbuch zur Gesetzgebung 2. Auflage, Heidelberg 1991

SCHOLZ, RUPERT Deutsche UNO-Soldaten in: KOCH (Hg.), Die Blauhelme: im Einsatz für den Frieden, S. 205 Frankfurt/M. 1991

SCHREUER, CHRISTOPH Wechselwirkungen zwischen Völkerrecht und Verfassung bei der Auslegung völkerrechtlicher Verträge BerDGVR 23 (1982), 61

SCHREUER, CHRISTOPH (HG.) Autorität und internationale Ordnung – Aufsätze zum Völkerrecht Berlin 1979

SCHRÖDER, MEINHARD Die Geiselbefreiung von Entebbe – eine völkerrechtswidriger Akt Israels? in: JZ 1977, 420

SCHROEDER, WERNER — Verfassungs- und völkerrechtliche Aspekte friedenssichernder Bundeswehreinsätze
in: JuS 1995, 398

SCHULTZ, MARCUS — Die Auslandsentsendung von Bundeswehr und Bundesgrenzschutz
Frankfurt/M. 1998

SCHUPPERT, FOLKE G. — Die verfassungsgerichtliche Kontrolle der Auswärtigen Gewalt
Baden-Baden 1973

SCHWARZ, JÜRGEN H. / STEINKAMM, ARMIN A. (HG.) — Rechtliche und politische Probleme des Einsatzes der Bundeswehr "out of area"
Baden-Baden 1993

SCHWARZENBERGER GEORG — The Fundamental Principles of International Law
in: RdC 87 (1955 I), 195

SCHWEBEL, STEPHEN M. (HG.) — The Effectiveness of International Decisions
Leyden 1971

SCHWEISFURTH, THEODOR — Zur Frage der Rechtsnatur, Verbindlichkeit und völkerrechtlichen Relevanz der KSZE-Schlußakte
in: ZaöRV 36 (1976), 681

SCHWEITZER, MICHAEL — Staatsrecht III. Staatsrecht, Völkerrecht, Europarecht.
7. Auflage, Heidelberg 2000

SEIDL-HOHENVELDERN, IGNAZ / LOIBL, GERHARD — Das Recht der Internationalen Organisationen, einschließlich der Supranationalen Gemeinschaften
6. Auflage, Köln/Berlin/Bonn/München 1996

SEIDL-HOHENVELDERN, IGNAZ / STEIN, THORSTEN — Völkerrecht
10. Auflage, Köln/Berlin/Bonn/München 2000

SIMMA, BRUNO	Die NATO, die UN und militärische Gewaltanwendung: Rechtliche Aspekte in: MERKEL (Hg.), Der Kosovo-Krieg und das Völkerrecht, S. 9 Frankfurt/M. 2000
SIMMA, BRUNO	NATO, the UN and the Use of Force: Legal Aspects in: EJIL 10 (1999), 1
SIMMA, BRUNO (HG.)	Charta der Vereinten Nationen, Kommentar München 1991 englische Ausgabe: Oxford 1995
SKUBISZEWSKI, KRYSZTOF	Remarks on the Interpretation of the United Nations Charter in: FS MOSLER (hrsg. von RUDOLF BERNHARDT, Wilhelm K. GECK, Günther Jaenicke, Helmut STEINBERGER), S. 891 Berlin/Heidelberg/New York 1983
SODER, JOSEF	Die Vereinten Nationen und die Nichtmitglieder Bonn 1956
SOFAER, ABRAHAM D.	The Legality of the United States Action in Panama in: Columbia Journal of Transnational Law 29 (1991), 281
STEIN, ERIC / CARREAU, DOMINIQUE	Law and Peaceful Change in a Subsystem : Withdrawal of France from the North Atlantic Treaty Organization in: AJIL 62 (1968), 577
STEIN, TORSTEN	Die regionale Durchsetzung völkerrechtlicher Verpflichtungen in: ZaöRV 47 (1987), 95
STEIN, TORSTEN / KRÖNINGER, HOLGER	Bundeswehreinsatz im Rahmen der NATO-, WEU- bzw. VN-Militäraktionen in: Jura 1995, 254
STEINBERGER, HELMUT	Auswärtige Gewalt unter dem Grundgesetz in: MUßGNUG (Hg.), Rechtsentwicklung unter dem Bonner Grundgesetz, S. 1101 Heidelberg 1990

STEINBERGER, HELMUT	Entwicklungslinien in der neueren Rechtsprechung des BVerfG zu völkerrechtlichen Fragen in: ZaöRV 48 (1988), 1
STEINHOFF, JOHANNES	Wohin treibt die NATO? München 1978
STERN, KLAUS	Das Staatsrecht der BR Deutschland, Band I München 1980
STERN, KLAUS	Staatsrecht der BR Deutschland, Band II München 1980
STONE, JULIUS	Aggression and the World Order London 1958
STONE, JULIUS	Legal Controls of International Conflicts London 1959
STONE, JULIUS	Non Liquet and the Function of Law in the International Community in: BYIL 35 (1959), 124
STRUPP, KARL / SCHLOCHAUER, HANS-JÜRGEN (HG.)	Wörterbuch des Völkerrechts, Band III Berlin 1962
TÉSON, FERNANDO R.	Humanitarian Intervention : an Inquiry into Law and Morality 2. Auflage, Irvington on Hudson (N.Y.) 1996
TÉSON, FERNANDO R.	Collective Humanitarian Intervention in: Michigan Journal of International Law 17 (1996), 323
THÜRER, DANIEL	Der Kosovo-Konflikt im Lichte des Völkerrechts: Von drei echten und scheinbaren Dilemmata in: ArchVR 38 (2000), 1
TOLUSCH, EDITH A.	Die Verpflichtungen der Bundesrepublik im Rahmen der NATO Frankfurt/M. 1990

TOMUSCHAT, CHRISTIAN — Auswärtige Gewalt und verfassungsgerichtliche Kontrolle
in: DÖV 1973, 801

TOMUSCHAT, CHRISTIAN — Der Verfassungsstaat im Geflecht der internationalen Beziehungen
in: VVDStRL 36 (1978), 7

TOMUSCHAT, CHRISTIAN — Kontrolle der auswärtigen Gewalt
in: VVDStRL 56 (1997), 38

TOMUSCHAT, CHRISTIAN — Völkerrechtliche Aspekte des Kosovo-Konflikts
in: Die Friedenswarte 74 (1999), 33

TUNKIN, GREGORIJ I. — Völkerrechtstheorie
Berlin 1972

VELLAS, PIERRE — Le Régionalisme International et l'Organisation des Nations Unies
Paris 1948

VERDROSS, ALFRED/ SIMMA, BRUNO — Universelles Völkerrecht
3. Auflage, Berlin 1984

VITZTHUM, WOLFGANG GRAF (HG.) — Völkerrecht
2. Auflage, Berlin/New York 2001

VOGEL, KLAUS — Doppelbesteuerungsabkommen der BR Deutschland, Kommentar
3. Auflage, München 1996

VOGEL, KLAUS — Gesetzesvorbehalt, Parlamentsvorbehalt und völkerrechtliche Verträge
in: FS Peter Lerche (hrsg. von Peter Badura und Rupert Scholz), S. 95
München 1993

VOICU, IOAN — De l'interprétation authentique des traités internationaux
Bukarest 1967

VON DOEMMING, KLAUS-BERTO / FÜßLEIN, RUDOLF W. / MATZ, WERNER — Die Entstehungsgeschichte der Artikel des Grundgesetzes
JöR 1 n.F. (1951), 227

WAGNER, HELLMUTH — Die Rechtsstellung der Nicht-Mitgliedstaaten und der Feindstaaten gegenüber der Organisation der Vereinten Nationen
Diss. Münster 1951

WALTER, CHRISTIAN — Vereinte Nationen und Regionalorganisationen: eine Untersuchung zu Kapitel VIII der Satzung der Vereinten Nationen
Berlin 1996

WALZ, DIETER — Die Bundeswehr und die NATO - Rechtsfragen der Integration in das Bündnis
in: NZWehrr 1986, 89

WASSERMANN, RUDOLF (HG.) — Alternativ-Kommentar zum Grundgesetz für die BR Deutschland, Band 2
2. Auflage, Neuwied 1989

WEBER, HERMANN — Die „erbetene" Intervention. Die Landung auf Grenada im Lichte des Völkerrechts
in: VN 1983, 169

WEIß, SIEGFRIED — Auswärtige Gewalt und Gewaltenteilung
Berlin 1971

WEISSER, ULRICH — NATO ohne Feindbild. Konturen einer europäischen Sicherheitspolitik
Bonn/Berlin 1992

WENGLER, WILHELM — "Nichtrechtliche" Staatenverträge in der Sicht des Völkerrechts und des Verfassungsrechts
in: JZ 1995, 21

WENGLER, WILHELM — Rechtsvertrag, Konsensus und Absichtserklärung im Völkerrecht
in: JZ 1976, 193

WESTERDIEK, CLAUDIA — Humanitäre Interventionen und Maßnahmen zum Schutz eigener Staatsangehöriger im Ausland
in: ArchVR 21 (1983), 383

WETZEL, RALF GÜNTHER	Verträge zugunsten und zu Lasten Dritter nach der Wiener Vertragsrechtskonvention Göttingen 1973
WETZEL, RALF GÜNTHER / RAUSCHNING, DIETRICH	Die Wiener Vertragsrechtskonvention. Materialien zur Entstehung der einzelnen Vorschriften Frankfurt/M. 1978
WIELAND, JOACHIM	Verfassungsrechtliche Grundlagen und Grenzen für einen Einsatz der Bundeswehr in: DVBl. 1991, 1174
WIGGERSHAUS, NORBERT / HEINEMANN, WINFRIED (HG.)	Nationale Außen- und Bündnispolitik der NATO-Mitgliedstaaten München 2000
WOHLSCHLEGEL, HANSPETER	Doppelbesteuerungsabkommen: Treaty Override und Grundgesetz in: Finanzrundschau 1993, 48
WOLFRUM, RÜDIGER	Der Beitrag regionaler Abmachungen zur Friedenssicherung: Möglichkeit und Grenzen in: ZaöRV 53 (1993), 576
WOLFRUM, RÜDIGER	Die Bundesrepublik Deutschland im Verteidigungsbündnis in: ISENSEE/KIRCHOF (Hg.), HStR VII, § 176
WOLFRUM, RÜDIGER	Kontrolle der auswärtigen Gewalt in: VVDStRL 57 (1997), 38
WOLFRUM, RÜDIGER	Handbuch Vereinte Nationen 2. Auflage, München 1991
WOOPEN, HERBERT	Dürfen die europäischen NATO-Staaten ihre Streitkräfte außerhalb des NATO-Gebietes einsetzen? in: NZWehrr 1983, 201

WRIGHT, QUINCY — The Outlawry of War and the Law of War
in: AJIL 47 (1953), 365

YASSEEN, MUSTAFA K. — L'Interprétation des Traités d'après la Convention de Vienne sur le Droit des Traités
in: RdC 151 (1976 III), 1

ZEITLER, FRANZ-CHRISTOPH — Verfassungsgericht und völkerrechtlicher Vertrag
Berlin 1974

ZIMMER, MARK — Einsätze der Bundeswehr im Rahmen kollektiver Sicherheit
Frankfurt/M. 1995

ZIPPELIUS, REINHOLD — Deutsche Einheit und Grundgesetz
in: BayVBl. 1992, 289

ZUCK, RÜDIGER — Der Krieg gegen Jugoslawien
in: ZRP 1999, 225

ZUCK, RÜDIGER — Die Deutschen an die Front
in: ZRP 1991, 120

Kölner Schriften zu Recht und Staat

Herausgegeben von
Hartmut Schiedermair und Bernhard Kempen

Band 1 Bernhard Kempen: Die deutsch-polnische Grenze nach der Friedensregelung des Zwei-plus-Vier-Vertrages. 1997.

Band 2 Hans-Georg Maaßen: Die Rechtsstellung des Asylbewerbers im Völkerrecht. Überlegungen zu den völkerrechtlichen Rahmenbedingungen einer europäischen Asylrechtsharmonisierung. 1997.

Band 3 Udo Fink: Kollektive Friedenssicherung. Kapitel VII UN-Charta in der Praxis des Sicherheitsrats der Vereinten Nationen. 1999.

Band 4 Stephan Grigolli: Sprachliche Minderheiten in Italien, insbesondere Südtirol, und in Europa. Der Gebrauch der Sprache vor Behörden und Gerichten und die Vergabe öffentlicher Stellen. 1997.

Band 5 Uta Stoy-Schnell: Das Bundesverfassungsgericht und die Corte costituzionale. Ein Vergleich der Verfassungsgerichtsbarkeiten in Deutschland und Italien. 1998.

Band 6 Christian Hillgruber: Die Aufnahme neuer Staaten in die Völkerrechtsgemeinschaft. Das völkerrechtliche Institut der Anerkennung von Neustaaten in der Praxis des 19. und 20. Jahrhunderts. 1998.

Band 7 Jochen Seitz: Planungshoheit und Grundeigentum. Die verfassungsrechtlichen Schranken der städtebaulichen Entwicklungsmaßnahmen. 1999.

Band 8 Jochen Herbst: Rechtskontrolle des UN-Sicherheitsrates. 1999.

Band 9 Kristin Möller: Die Beschaffung naturschutzrechtlicher Ausgleichsflächen im Baurecht. 1999.

Band 10 Klaus Löffelbein: Genehmigungsfreies Bauen und Nachbarrechtsschutz. Die baurechtlichen Anzeige- und Freistellungsverfahren der Länder aus nachbarlicher Sicht. 2000.

Band 11 Patrick Mittmann: Die Rechtsfortbildung durch den Gerichtshof der Europäischen Gemeinschaften und die Rechtsstellung der Mitgliedstaaten der Europäischen Union. 2000.

Band 12 Martin R. Albus: Zur Notwendigkeit eines Internationalen Umweltgerichtshofs. Zugleich eine Analyse der Staatenpraxis zum Internationalen Umwelthaftungsrecht und der Rechtsschutzmöglichkeiten bei grenzüberschreitenden Umweltbeeinträchtigungen. 2000.

Band 13 Irene Baur: Die Haftung der Europäischen Zentralbank. 2001.

Band 14 Tobias R. Ehlen: Zentralisierungsmöglichkeiten der deutschen Börsenaufsicht. 2003.

Band 15 Ulrich Steiner: Wertsicherungsklauseln. Zur Europarechtskonformität des neuen § 2 PaPkG. 2003.

Band 16 Stephanie Vogel: Der Prüfungsumfang des Bundesverfassungsgerichts bei Verfassungsbeschwerden am Beispiel der Kunstfreiheitsrechtsprechung. 2004.

Band 17 Thomas Schmidt: Deutsche Hochschulräte. Begriff, Darstellung und rechtliche Analyse. 2004.

Band 18 Kirsten Schmalenbach: Die Haftung Internationaler Organisationen im Rahmen von Militäreinsätzen und Territorialverwaltungen. 2004.

Band 19 Gunter Warg: Von Verteidigung zu kollektiver Sicherheit. Der Nato-Vertrag *auf Rädern*. 2004.

FSC
www.fsc.org
MIX
Papier | Fördert gute Waldnutzung
FSC® C083411

Kolibri 360 GmbH
Ferdinand-Jühlke-Straße 7
99095 Erfurt, Deutschland
produktsicherheit@kolibri360.de

Druck:
CPI Druckdienstleistungen GmbH
im Auftrag der
Kolibri 360 GmbH
Ferdinand-Jühlke-Str. 7
99095 Erfurt